高等政法院校系列教材

政治学原理

（第二版）

主　编：王楷模　张师伟　丁韶彬
副主编：陈　博　杨立峰
撰稿人：丁韶彬　王伟勤　王楷模　田正利
　　　　刘文沛　杨立峰　宋　伟　张师伟
　　　　张宏斌　陈　博　康　鸿　谢　斌

中国政法大学出版社

2014·北京

声　明　1. 版权所有，侵权必究。
　　　　2. 如有缺页、倒装问题，由出版社负责退换。

图书在版编目（CIP）数据

政治学原理 / 王楷模，张师伟，丁韶彬主编. —2版. —北京：中国政法大学出版社，2014.2
ISBN 978-7-5620-5274-6

Ⅰ. ①政… Ⅱ. ①王… ②张… ③丁… Ⅲ. ①政治学-高等学校-教材 Ⅳ. ①D0

中国版本图书馆CIP数据核字(2014)第021029号

出 版 者	中国政法大学出版社
地　　址	北京市海淀区西土城路25号
邮寄地址	北京100088 信箱8034分箱　邮编100088
网　　址	http://www.cuplpress.com（网络实名：中国政法大学出版社）
电　　话	010-58908435（第一编辑部）　58908334（邮购部）
承　　印	保定市中画美凯印刷有限公司
开　　本	720mm×960mm　1/16
印　　张	21.5
字　　数	398千字
版　　次	2014年2月第2版
印　　次	2018年1月第3次印刷
印　　数	7001~9000册
定　　价	36.00元

出版说明

21世纪，我国的高等教育迎来了前所未有的机遇和挑战。知识经济的到来，中国加入WTO，科教兴国、依法治国的战略决策，以及西部大开发战略的实施，对高等教育的发展和人才培养的质量提出了新的更高的要求。2000年以来，我院在全面推进素质教育，进一步深化教学改革，提高教育教学质量，加强教学基本建设等方面取得了较大成绩。教育思想与教育观念的进一步转变，全面推进素质教育实施意见的出台，专业结构的调整，教学计划的全面修订，以及新一轮课程建设工作的启动，都为进一步提高我校的教育教学质量乃至整体办学水平奠定了良好的基础。

教材作为反映教育思想、教育观念，以及教学改革成果的重要载体，是我校新一轮课程建设的重点。为了适应培养基础扎实、知识面宽、实践能力强，具有国际竞争意识和创新精神的人才目标的要求，学校决定由教材委员会编审和规划出版一套能够聚合时代特点，反映学校教学、科研最新成果的高质量系列教材。这套教材由长期从事教学工作、教学经验丰富，具有教授、副教授职称的教师承担编写任务。

我们力求教材具有较强的科学性、系统性、新颖性和适应性，也希望这套教材能够为进一步提高学校的教育教学质量做出积极的贡献。

西北政法大学教材委员会

目录

绪 论 ··· 1
    第一节 政治的概念 / 1
    第二节 政治学的对象与体系 / 5
    第三节 政治学的历史发展线索 / 7
    第四节 政治学的基本功能 / 11
    第五节 政治学的研究方法 / 14

第一编 政治实体

第一章 政治群体 ··· 21
    第一节 阶 级 / 21
    第二节 民 族 / 29
    第三节 人 民 / 34

第二章 政治组织 ··· 42
    第一节 国 家 / 42
    第二节 政 党 / 57
    第三节 政治社团 / 66

第三章 政治人 ··· 77
    第一节 公 民 / 77
    第二节 官 员 / 84
    第三节 政治家 / 92

第二编　政治权力

第四章　政治权力 …… 103
第一节　权力的一般含义 / 103
第二节　政治权力的含义及其结构功能 / 108
第三节　政治权力的运行过程 / 116
第四节　政治权力的异化及其治理 / 123

第五章　政治权利 …… 131
第一节　政治权利的含义及其功能 / 131
第二节　政治权利的基本内容 / 141
第三节　政治权利的获得、维护和行使 / 147

第三编　政治文化

第六章　政治心理 …… 157
第一节　政治心理的概念和特点 / 158
第二节　政治心理的构成要素和类型 / 161
第三节　政治心理的阶级性和时代性 / 166
第四节　政治心理的作用与制约性 / 173

第七章　政治思想 …… 179
第一节　政治思想的概念和特征 / 179
第二节　政治思想的逻辑结构和主要类型 / 185
第三节　剥削阶级的政治思想 / 190
第四节　无产阶级政治思想 / 196
第五节　政治思想的功能和作用 / 202

第四编 政治行为

第八章 政治决策 ·· 211
第一节 政治决策及其地位作用 / 212
第二节 政治决策的类型 / 216
第三节 政治决策的模型 / 219
第四节 政治决策的原则、程序和方式 / 222

第九章 政治管理 ·· 230
第一节 政治管理的含义 / 230
第二节 政治管理的方式 / 238
第三节 政治管理的作用 / 252

第十章 政治参与 ·· 256
第一节 政治参与的概念 / 256
第二节 影响政治参与的因素 / 262
第三节 政治参与的方式 / 266
第四节 政治参与的作用 / 271

第五编 政治发展

第十一章 政治发展的一般理论 ·································· 279
第一节 政治发展的含义 / 279
第二节 政治发展的动力 / 284
第三节 政治发展的功能 / 292

第十二章 政治民主化 ·············· 305
第一节 政治民主 / 305
第二节 政治民主化 / 312
第三节 我国社会主义政治民主化 / 325

参考书目 ·············· 329

第二版后记 ·············· 333

绪　论

自从人类由动物状态进入社会状态，获得社会性和政治性之后，便成为"社会动物"和"政治动物"，于是人们便同政治结下了不解之缘，政治成为人类社会生活的有机组成部分，开始广泛而深刻地影响社会生活的各个层面和社会过程的各个环节。事实上，无论人们是否喜欢，都无法回避、摆脱和超越政治；无论人们是否愿意，都不得不充当政治的"剧中人"和"剧作者"；无论人们是否自觉，都必然基于自己生存与发展的本能和实现其利益的需要，关注、认识和介入政治。政治学就是人们基于介入政治的需要而认识政治的产物，它是研究各种社会政治现象，描摹政治的形态，揭示政治的本质和规律，以造福于人类社会的一门社会科学。

科学的性质和内容主要是由科学研究的对象决定的。了解政治学，必须认识和研究政治社会。政治社会由政治现象组成，但政治学作为再现政治社会的逻辑体系，并不从政治现象说起，采取"由具体到抽象"的思维路径，而是从抽象的政治概念说起，沿着"由抽象到具体"的演绎路经，从"抽象的规定在思维行程中导致具体的再现"[1]。坚持这一原则，合乎人类表达认识成果的一般思维规律，便于政治学体系顺理成章地表述其内容，再现其对象，也便于人们理解和把握。反之，如果从具体到抽象，从千头万绪、千差万别的政治现象说起，不仅势必要注意许多无关紧要的材料，而且还会因为纠缠于这些现象材料而打断思想的进程。

第一节　政治的概念

"政治"是政治学的基本概念，出现于早期文明社会。由于人类政治现象具有普遍的共同性，不同民族文化相互作用，所以不同民族思维中的政治含义具

---

[1]《马克思恩格斯选集》第 2 卷，人民出版社 1972 年版，第 103 页。

有相似性。但不同民族所处的环境不同，各自的政治生态与特色不同、表达概念的方式和词语不同，因而对政治概念赋予的含义与界说也就各不相同。

中国很早就开始使用"政治"一词，《尚书》有"道洽政治，德润生民"[1]、《周礼》有"掌其政治禁令"[2]、《管子》有"政治不悔"[3]、《论语》有"政者，正也"[4]和"不在其位，不谋其政"[5]等说法。这表明中国古代的"政治"，主要指称统治者管理国家和社会事务的"治国之道"，具有浓厚的"以政治国"的王权主义人治色彩。西方社会的"政治"一词，是从古希腊的polis（城邦）演化来的。"城邦"是由一个中心城市和周围若干村落组成的政治共同体，在政治性质上具有公民普遍参与、政府依据程序操作、政治较早摆脱宗教影响等特征，因此城邦政治的概念，也浓缩反映了这些特征。虽然人类社会的政治活动形式、内容千差万别，但是，各种政治活动又存在基本的共性特征，这些共性特征也会相应地反映在"政治"的概念中。各民族"政治"一词所表达的"政治"的共性，就是政治活动的公共强制性质。

随着经济的发展、社会的进步、政治现象的丰富、政治思维的演进以及政治行为与政治期待的变化，高度抽象反映这一切的政治概念也相应地发生变化。纵观先后出现的非马克思主义的政治概念含义，可以归纳为这样几种有代表性的政治观：①伦理政治观，认为政治是一种社会价值追求和规范性的道德。孔子所谓"政者，正也"，亚里士多德所谓政治在于追求"至善"，就是把政治追求的道德价值作为政治的本质。②神秘政治观，认为政治是某种超自然、超社会的神秘意志和神秘力量的外在化，是神意与神性的外在表现。中国古代的"天人感应"、"天人合一"，西方中世纪流行的"君权神授"，都属于这种政治观。③权力政治观，认为政治就是统治者取得、占有和运用权力的权术。我国先秦法家思想家韩非和意大利文艺复兴时期政治思想家马基雅维里的政治观就是如此。④权利政治观，认为政治实质在于，组建合乎理性原则的公共权力和政治法律制度，用来维护人性和人权。这是资产阶级启蒙和革命时期自然法学派的政治观。⑤管理政治观，认为政治是一种公共管理活动。中国民主革命的先行者孙中山先生就认为，"管理众人之事，便是政治"[6]。西方当代政治学界也大多从公共事务管理方面探讨政治的含义。⑥决策政治观，认为政治是以社

---

[1]《尚书·毕命》。
[2]《周礼·地官·遂人》。
[3]《管子·宙合第十一》。
[4]《论语·颜渊》。
[5]《论语·泰伯》。
[6]《孙中山选集》（下），人民出版社1981年版，第661页。

会价值的权威性分配为内容的公共决策活动。美国著名政治学家戴维·伊斯顿是这种政治观的首创者。另外也有思想家把政治看做法律秩序的"国家人格化",看做公共权力、公共权威的象征和运用。对"政治"概念的这些界说,都是对人类政治现象某个方面、环节、要素和功能等的能动反映,因此,综合考察上述各种"政治"概念有助于我们从整体上揭示"政治"的基本含义。

中国当代政治学属于马克思主义政治学,但由于多年受政治蒙昧主义的影响和环境条件的限制,使一些人对政治概念作了种种非理性的曲解:①仰视政治,视之为"神物",只能领袖权威阐释,不准民众研究谈论,导致政治学研究荒芜30年之久。②片面夸大政治,放大、泛化政治,视政治为决定一切的法宝,曾使所有社会领域都多多少少被政治所异化,甚至成为导致当代中国"文化大革命"那场社会灾难的一个重要原因。③窄化政治,把政治仅仅看做权力活动,视为命令服从关系,忽视民众参与,进一步固化了官场奋力谋权和民众贯于服从的劣根性,这是中国公权不受限制而被滥用的深层文化原因。④贬化政治,认为政治仅仅是权力活动,就是角逐权力、玩弄权术、搞阴谋诡计、有悖道德伦理的那一套,从而导致了人们普遍的政治冷漠,以为政治学没有什么好的用处。这些理解是错误的、有害的,必须用科学的政治观加以矫正并取而代之。

马克思主义经典作家没有给出完整的"政治"定义,但在不同时期、不同情况下,从不同角度论述过政治的含义:"政治是经济的集中表现"[1];"政治就是各阶级之间的斗争"[2];"政治就是参与国家事务,给国家定方向,确定国家活动的形式、任务和内容"[3]。这些论述有机地构成了马克思主义的政治观,这是我们揭示政治基本含义、界说政治概念的理论基础。马克思主义政治观的基本内容有如下几个理论要点。

1. 政治在本质上是经济的集中反映。这有三点具体的规定:①政治决定于经济。马克思主义经典理论认为,生产力和生产关系是社会经济基础,政治和思想文化等则是上层建筑,经济基础决定上层建筑,上层建筑反作用于经济基础。所谓"经济基础决定上层建筑",就是指经济基础是上层建筑产生的根源、存在的前提、发展的动力、消亡的条件。什么样的经济基础产生什么样的上层建筑,一定的经济基础如果已经消失了,与之适应的上层建筑也就失去了存在的必然条件。政治作为上层建筑,其产生、存在、发展、消亡都取决于相应的

---

[1]《列宁全集》第32卷,人民出版社1992年版,第71页。
[2]《列宁选集》第4卷,人民出版社1972年版,第370、234页。
[3]《列宁文稿》第2卷,人民出版社1998年版,第407页。

经济基础。②政治表现经济，对经济产生能动的反作用。一定的政治上层建筑总要维护一定的经济关系，实现一定的经济利益，而限制与它对立的经济关系的发展和经济利益的实现。③政治对经济的表现是集中表现。各种上层建筑都直接间接地反映经济关系、经济利益，但是由于政治具有直接分配社会价值的功能，它与经济关系、经济利益的关系最直接，它通过由表及里、由近及远、去次存主、去殊存共的分析整合方式，集中反映和实现它所代表的根本经济利益，所以它对经济的表现必然具有集中性。

2. 政治的基本属性是阶级性。马克思和恩格斯在《共产党宣言》中指出，人类历史在某种意义上就是阶级斗争史[1]。阶级关系既是人类历史发展的主题，也是政治现象存在的主题。政治总是一定阶级的政治，为一定阶级的根本利益服务。列宁认为，"所谓阶级，就是这样一些大的集团，这些集团在历史上一定社会生产关系中所处的地位不同，对生产资料的关系（这种关系大部分是在法律上明文规定了的）不同，在社会劳动组织中所起的作用不同，因而领得自己所支配的那份社会财富的方式和多寡也不同。所谓阶级，就是这样一些集团，由于他们在一定社会经济结构中所处的地位不同，其中一个集团能够占有另一个集团的劳动"[2]。任何人都不能不属于某个阶级，这是一切社会现象发生的前提，也是一切政治现象发生的前提。各个阶级基于一定的利益关系发生一定的政治关系，形成人类社会特有的政治现象。政治总是为了实现和维护一定的阶级利益，阶级利益的核心则是经济利益，这是由政治的本质决定的。阶级经济利益关系是政治现象的基础和归宿。

3. 政治的核心是国家政权，围绕国家展开的各种回答构成它的基本内容。人类文明史从根本上说就是各个阶级的产生、成长、更替和消亡过程。现实的人都是追求一定利益的社会个体，但是，社会个体的利益同许多社会现象一样都是个体性和社会性的统一，他们总是结成各种社会关系进行基本的社会利益活动。阶级关系是最基本的核心社会关系，是其他各种社会关系形成的基础。各个阶级为了维护自己的根本利益就不能不结成政治实体，参与社会公共权力的活动。各个阶级都企图在社会公共权力中占有绝对优势，甚至独占公共权力，至少也要求能够有效地参与社会公共权力。既然国家政权问题是政治现象的核心，那么，一切由人构成的群体之间的政治关系、政治制度和政治活动等都必然以国家为轴心，即各种政治现象都直接间接地与社会公共权力有必然联系，否则就构不成政治现象。反过来说，只要社会还存在着对社会公共权力的需求，

---

[1]《马克思恩格斯选集》第1卷，人民出版社1972年版，第272页。
[2]《列宁选集》第1卷，人民出版社1972年版，第10页。

围绕公共权力而发生的政治现象就不会消失，政治现象与社会公共权力共存亡。

马克思主义经典作家虽然没有完整界说"政治"概念，但他们的论述为科学定义政治提供了充分的基础。按照经典作家的论述，政治实际上就是社会政治共同体中的各阶级、集团、社会团体、政党、领袖和人民，为了实现和维护其所代表的根本利益，围绕公共权力发生的各种关系、形成的各种制度和进行的各种活动的总和。政治的核心是社会政治共同体中具有强烈的强制性的公共权力、集体意志和公共选择。政治的基本内容即外延，在空间上，既包括居于支配地位的政治实体巩固、维护和运用公共权力对社会进行的统治、整合、管理和提供公共服务的政治活动，也包括处于被支配地位的政治实体参与争取、影响公共权力的各种斗争和施压影响的政治活动，是这两个向度上的政治交互作用的统一；在时间上，政治的历史是公共权力主体强制分配社会资源的历史，只要满足人类生存与发展的社会资源总量处在短缺状态，就需要用公共权力对社会资源进行强制性分配，政治也就依然存在。

第二节　政治学的对象与体系

政治学同其他学科一样，都有特定的研究对象。政治学是研究社会政治现象的科学。但由于人们对政治现象的理解不同，观察的角度和分析的重点不同，因而对政治学研究的对象也众说纷纭。其中有代表性的提法有：

1. "政治就是国事，政治学便是以国家为研究的对象，或竟可称之为国家学"[1]。

2. 政治学研究的对象是"社会公共权力"，政治学就是研究这种公共权力的获得和使用的科学。"社会中的权力——权力的本质、基础、前提、范围和结果——是政治学的主要研究对象，……政治学家的兴趣焦点是明确的，它集中于夺取或获得权力，对他人运用权力和影响力，或抵制这种运用的斗争上"。

3. 政治学的研究对象是公共事务，政治学就是对众人管理之事的研究。"所谓政治学，就是用科学的方法，研究出关于管理众人的事的原理原则，造成一种精密的有系统的理论，或能够实地应用的政策"[2]。

4. 政治是一种特殊的人类关系，即上升到国家事务管理过程中的人与人之间的一种权力关系。西方学者有人认为，政治是"人与人之间关系中的权力现

---

[1] 李剑农：《政治学概论》，商务印书馆1934年版，第2页。
[2] 高一涵：《政治学纲要》，上海神州国光社1932年版，第1页。

象","是统治与服从的关系"。[1]

另外,还有人认为政治学的研究对象是政府机构及实行革命和专政的理论策略、以国家权力为中心的一切政治关系的总和,甚至干脆将政治学肢解为政治制度学、政治行为学、政府学、政策学等。

政治学的定义和研究对象与政治的概念密不可分。其实前面对政治概念所做的解读,已经说明了政治学的研究对象,那就是政治概念的外延。在横向上,它包括居于支配地位的政治实体巩固、维护和运用公共权力对社会进行的统治、整合、管理和提供公共服务的政治活动,也包括处于被支配地位的政治实体参与争取、影响公共权力的各种斗争和施压影响的政治活动,及其在这两个向度上的政治交互作用的关系与过程;在纵向上,则是满足人类生存与发展的社会资源总量处在短缺状态的条件下,公共权力主体强制分配社会资源的历史运演过程。

政治学的对象纷繁复杂,是由上下重叠、左右相随、先后相继的政治现象构成的复杂体系,所以政治学也必然是一个多层面的学科群,从不同的层面上开展对政治现象的研究。作为学科群的政治学,内容非常广泛,可以分作不同的层次和类别。西方政治学界,有的划分较粗,把政治学的内容划分为政治学原理、本国政治、比较政治和国际政治四大板块,这是第二次世界大战以前较为流行的划分方法。第二次世界大战以来,西方政治学界对政治学的划分依然莫衷一是,但普遍划分较细。在古丁和克林格曼主编的《政治科学新手册》中,他们把政治科学划分为八个子学科:政治制度、政治行为、比较政治学、国际关系、政治理论、公共政策与行政、政治经济学、政治学研究方法论。[2] 我国学者也对政治学的内容进行了划分,提出了一些富有启发性的分类主张。万斌提出了政治学内容分类的四层次理论,认为,政治学可以分为通俗政治学、应用政治学、理论政治学和哲学政治学四个层次。《中国大百科全书》(政治学卷)将政治学的内容分作七类:政治理论、中国政治、比较政治、公共政策、公共行政、国际政治和政治学方法论。这种分类主要根据政治现象的横向联系,它是当前我国比较流行的一种政治学分类。

政治学的学科体系是个层次体系,因此,可以就其层次划分为政治哲学、政治学概论、专门政治学三个层面:①政治哲学研究各种政治现象即政治社会发展的基本问题,是各门政治科学的概括和总结,揭示政治最一般的本质、规

---

[1] 参见王邦佐等主编:《政治学概要》,复旦大学出版社1987年版,第2页。
[2] [美]罗伯特·古丁、汉斯-迪特尔·克林格曼主编:《政治科学新手册》(上册),生活·读书·新知三联书店2006年版,第40~42页。

律和价值，为人们认识和改造政治社会提供一般的方法论。②政治学概论亦即政治学原理，是通观政治学各领域的基础性学科，是政治学在各个领域认识成果的有机整合，是联结政治哲学与专门政治学的逻辑中介。③专门政治学是研究政治领域某方面、某层次、某环节的政治学分支学科。专门政治学包括部门科学，如国家学、政府论、政党论、政治行为理论等；历史科学，如政治制度史、政治思想史、政治文化史、政治运动史等；交叉、边缘科学，如政治心理学、政治社会学、政治伦理学和发展政府理论等。专门政治学是政治学走向精深的必由之路。

本教材在政治学科群中处于中间层次。它按照政治社会的自然展开与理论思维运演相互统一的致思原则，建构了自身的逻辑体系：依次论述政治实体，即从事政治活动的各种政治群体、组织机构和个体，确定构成政治社会的基本单元；阐述政治权力和权利，说明构成政治社会的政治活动的基本特征；讨论政治文化，阐释政治主体如何认识和启动、导引和维持其政治活动的内在机理；论述政治统治、管理和参与行为，展现政治社会活的内容；讨论政治发展，阐明政治社会演进的目标、动力和方式；最后以政治民主结章，阐释政治社会发展的实践潮流，显现本书的价值追求。

第三节　政治学的历史发展线索

自从人类有了公共事务和公共权力，就产生了最初的朦胧朴素的政治认识。但人类真正产生理性层面的政治学理论，则是在公元前800年到公元前500年之间的事情。此后，世界各民族开始了认识政治的历史，形成了具有不同历史特色的政治理论。根据习惯，我们也将自古以来的政治学理论运演的历史轨迹，分作西方政治学、中国传统政治学和马克思主义政治学三个分支来论述。

一、西方政治学说

西方政治学的历史运演，大致经历了如下几个历史时期：①古希腊、罗马时期，政治学把国家、政治存在的目的说成是追求至善、实现正义，认为"人是天生的政治动物"，"人类自然是趋向于城邦生活的动物"，个人只有在城邦中才能过"善的生活"。柏拉图、亚里士多德等人的政治学理论都企图找到一种能够实现正义、达到至善的理想的城邦制度。古罗马的政治学在理论上大多继承了古希腊政治学成果，它的贡献在于赋予政治学理论以功利特点，把古希腊的政治学理论推进到一个应用阶段。这个阶段的政治学说带有浓厚的伦理色彩，所以被称为政治学说发展的伦理阶段。[1] ②中世纪，政治学发展进入了所谓神学阶段。这个阶段的政治学以《圣经》为理论出发点，信仰的绝对权威成为判断政治是非的唯一标准。从奥古斯丁的《上帝之城》到阿奎那的《反异教大全》都以神学世界观作为政治学的逻辑起点和终极归宿，即使是反对教会的异端思想家也是以《圣经》为判断一切是非的标准。上帝、《圣经》、教廷成为中世纪正统政治学极力维护和尊崇的权威；教权和王权的斗争成为各派政治研究的中心内容。文艺复兴开始以后，政治学研究渐渐具有了世俗特点，出现了人文主义者从"人"的角度观察、解释社会政治问题为世俗王权服务的政治学派别。马基雅维里的《君主论》和让·布丹的《论国家》是这派政治学说的代表作。③进入近代社会以后，理性主义的启蒙思潮席卷社会思想的各个角落，政治学研究也具有理性主义和自由主义的特点。这个时期的政治学把理性作为逻辑起点，把保护个人自由作为政治学的追求目的。近代理性主义政治学大都认为，人有天赋的自然理性和安全、自由、平等、追求幸福等自然权利，在前政治社会的自然状态中，人的本性和权利的实现容易遭到践踏，为此，人们在自然理性的指导下，通过让渡自己的自然权利形成社会公共权力，组成合乎理性的国家权力机构，运用国家公共权力，实行法治，实现人的理性，保障人的自然权利。这个时期政治学的代表人物有格老秀斯、斯宾诺沙、霍布斯、洛克、孟德斯鸠、卢梭、康德、黑格尔等人，他们都把人的理性看做是政治运动的逻辑起点和终极归宿，并且把理性作为判断政治学理论是非的标准。"一切都必须在理性的法庭面前为自己的存在作辩护或者放弃存在的权利"。[2] ④19世纪中叶，西方资本主义社会的矛盾和弊病普遍暴露出来，社会科学处在发生巨大变革的前夜。这时，启蒙时代以来的乐观主义的理性精神引起了人们的普遍怀疑，社会科学工作者步入经验世界，出现了科学主义的社会研究潮流。一方面，社会动荡孕育了马克思主义的经典理论，另一方面又产生了实证主义的社会科学研究，前者发展成了科学社会主义思潮和马克思主义政治学，后者则导致了社会学和实证主义政治学的产生。⑤20世纪是政治学多元发展的辉煌世纪。这个时期，各个国家的科学技术对社会生活产生了广泛深远的影响，政治活动手段的科技化水平日益提高，解决社会问题和政治问题的方式更加社会化、多样化，再加上学科发展的交叉取向、哲学思潮的多方面影响，西方政治学的研究出现了多元共存的学科格局：一是政治学研究课题的多元化，出现了比较政治、政治系统、政治功能、政治控制、政治文化、政治发展、政治社会化、政治人格、

---

[1] 王楷模：《现代政治概论》，陕西人民教育出版社1998年版，第12页。
[2] 《马克思恩格斯选集》第1卷，人民出版社1972年版，第404页。

政治心理、政治行为、政治决策、政党政治、压力集团和政治信息以及政治博弈论等新课题。二是政治学研究方法也出现了多样化，社会调查方法、模拟模型等计量分析、个案分析、多变量分析方法、系统分析方法和结构功能主义等方法纷纷用于政治研究。三是政治学科多元化，除传统的学科外，还出现了政治心理学、政治社会学、政治伦理学、生物政治学、地缘政治学、政治人类学、政治计量学、政治语言学等新兴交叉和边缘学科。

西方政治学蔓延两千余年，它"对于政治的思考表现出某种完全可以识别的一致性和继承性，从而与世界其他地区对于政治的理解形成明显的区别"[1]。西方政治学说一直关注人与社会的关系。从古代希腊开始，苏格拉底、柏拉图、亚里士多德开创了这一传统。中世纪神学思维笼罩一切，人与社会关系的问题被人与神的关系问题取代，人与社会关系问题采取了神学化的表现形式。步入近代，人与社会的关系问题被重新提起，直至今天，它仍然是西方政治研究的主要课题之一。

二、中国政治学说

中国历史上虽然没有出现西方政治学那样的系统理论，但是也非常注重对政治现象的研究。中国传统政治理论发轫于商代末年，活跃于春秋战国时代，定型于两汉时期，深化于宋明时期，变革于鸦片战争以后。夏、商、周时期是中国传统政治理论的孕育期，中国社会当时还普遍匍匐在神权的阴影之下"尊鬼"、"事神"、"敬天"。但是，它已经确定了中国传统政治理论的研究主题是"治国"、"平天下"的"王权"，同时也确立了传统政治思维的特点，如天人合一、天人感应、相生相克、注重实用等。西周后期，社会动荡开始动摇神权支撑下的政治秩序，出现了不少"怨天"、"骂天"的言论，中国传统政治研究开始摆脱纯粹神权的制约，要求从人的角度考虑社会政治问题。

春秋战国时期，中国传统政治研究开始进入理论表述的自觉创造阶段。这个时期，中国学术界呈现出"百家争鸣"的繁荣气象，诸子百家分别从不同的角度和层面发展了中国传统政治理性，它们共同奠定了中国传统政治理性的思维方式和理论框架。诸子百家在众多的问题上常呈现多方向、多线条的思维，一个问题经常有不同的见解。但是，在君主专制这个问题上却是百川归海，几个主要派别主要讨论的问题都集中在如何巩固、强化和完善君主专制政治上。百家争鸣的结果不是政治民主的发展和民主思想的活跃，而是极大地促进了君主专制主义理论的发展与完善。两汉时期，天人感应、阴阳五行、谶纬政治迷

---

[1] 唐士其：《西方政治思想史》，北京大学出版社2002年版，第1页。

信盛行，中国传统政治理性获得了它的第一次理论综合。董仲舒的政治理论是这个阶段政治理性的主要标志。董仲舒综合了原始儒家"天人合一"、法家的"大一统"、"法、术、势"、墨家的"天志"和阴阳家的"阴阳五行"等思想成果，建立了一套以"天人感应"为基础，以君权至上为核心，突显"三纲五常"和"阴刑阳德"的政治理论体系。魏晋南北朝以至唐代中叶，董仲舒的政治理论虽然渐渐失去了它的神学色泽，但是它的理论结构仍然顽强地保持着，它失去了浓厚的神学目的论的色泽以后，又从宋明理学那里获得了另一种更具说服力的目的论。宋明理学是中国传统思想发展的顶峰，也是中国传统政治思想发展的顶峰。17世纪中叶以后，中国传统思想整体上没有根本突破，只是进入了它的延续阶段，即"实践理学"的阶段。"实践理学"并没有产生新的社会追求，也没有孕育出新的社会生活形态，而只是强调把原先提出的社会追求及社会生活形态付诸实践。鸦片战争以后，中国传统思想的态势仍然保持了几十年之久。19世纪末叶，中华民族面临的严峻局势促使中国人产生了了解、学习新政治思想的自觉性，康有为、梁启超等维新派终于开启了中国的近代政治思想史。戊戌变法失败以后，中国近代政治思想的发展主阵地转到了留学生集中的日本，梁启超对西方政治学说的集中概要介绍促进了中国近代政治学说的发展。严复对"进化论"等西方理论的介绍也大大促进了中国近代政治思想的发展。孙中山的"三民主义"、"五权宪法"等理论是中国近代政治学说的主要支派，它极大地影响了近代中国后30年的政治史。新文化运动以后，中国社会从各方面深化了对西方政治文化的认识，开始自觉建立中国自己的政治学理论体系。一方面是西方政治学说广泛、快速地在中国大地上传播和移植，并出现了一批追求建立资产阶级共和国的政治学理论著作。另一方面是马克思主义政治学开始在神州大地上逐渐流行起来，出现了一批马克思主义政治学著作，如恽代英的《政治学概论》、邓初民的《政治科学大纲》、王亚南的《中国官僚政治研究》等。

新中国建立后，政治学长期被看做是资产阶级的"伪科学"，政治学的教学和科研几乎完全停顿，政治科学的发展处在瘫痪状态，这种状态一直持续到"文化大革命"结束。中国共产党十一届三中全会以后，政治学才有了恢复和发展的契机。经过20多年的努力，中国政治学在马克思主义理论的指导下，吸纳人类政治文明成果，随着中国特色社会主义政治文明建设的进展而与时俱进，走向繁荣。

三、马克思主义政治学说

马克思主义政治学是在欧美资本主义广泛发展，无产阶级登上政治舞台，成为争夺政权的第三个战士的背景下产生的。它产生的标志是1848年问世的

《共产党宣言》，其核心内容包括：①关于国家的起源、历史类型、管理形式和未来消亡的思想；②关于国家政权，特别是资产阶级国家的本质、特征和职能的思想；③关于阶级斗争必然导致无产阶级专政和无产阶级国家的特点、历史任务和统治形式的思想；④关于无产阶级斗争的战略、策略思想和政党理论。马克思主义政治学的产生，是政治学史上的一场深刻革命，它开创了人类认识政治现象的科学时代，使政治学研究第一次从总体上获得了科学的性质。

以后，列宁在领导俄国无产阶级革命和社会主义建设的过程中，从理论和实践的结合上，继承和发展了马克思主义政治学。他在《帝国主义论》、《三种宪法或三种国家制度》、《社会民主党在民主革命中的两种策略》、《国家与革命》、《论国家》、《论双重领导与法制》、《无产阶级专政时代的经济和政治》等著作中，对国家问题、阶级斗争、无产阶级革命、战争与和平、党的建设、民主与法制、社会主义政权建设等基本政治问题，进行了全面而深刻的论述，为马克思主义政治学的发展做出了伟大的贡献。

在中国长期的革命斗争中，中国共产党人从理论和实践的结合上极大地发展了马列主义的政治学说。毛泽东同志撰写了《中国社会各阶级的分析》、《中国革命和中国共产党》、《战争和战略问题》、《新民主主义论》、《论联合政府》、《论人民民主专政》、《关于正确处理人民内部矛盾的问题》等一系列光辉著作，系统地论述了关于阶级和阶级斗争的理论、新民主主义革命的理论、人民军队建设和战略策略的理论、统一战线的理论、社会主义革命的理论、人民民主专政的理论、党的领导和建设的理论，以及如何巩固无产阶级专政、防止资本主义复辟和建设中国社会主义等理论，为丰富和发展马克思主义的政治学说做出了不可磨灭的贡献。改革开放以来，中国共产党人紧密结合社会主义建设的具体实践，进一步丰富和发展了马列主义和毛泽东思想的政治学理论。邓小平理论，"三个代表"重要思想，以人为本、全面协调和持续发展的"科学发展观"，都为马克思主义的政治学理论宝库增添了丰富的新内容。

第四节 政治学的基本功能

政治学是一门历史悠久的科学，它之所以世代延续，备受关注，具有旺盛的生命力，就是因为它具有多方面的基本功能。

一、政治解释功能

政治学的基本功能，简单地说，就是它在现实政治社会中所起的实际作用。按政治学发生作用的逻辑顺序，它的功能首先应是政治解释功能，它能对政治现象和政治生活做出令人信服的理论解释。

任何政治学都必须具有一定的政治解释功能。一种政治学说,如果不能对政治现象、政治生活做出自己的理论解释,那它就不成其为政治学说;如果它对政治现象和政治生活的解释没人信服,那它就没有存在的必要性,就不能逃脱昙花一现的可悲命运。政治学说具有这种功能的原因在于:①政治学都从不同角度,在不同的程度上反映了客观存在的政治现象、政治生活及其本质、特点和变化的规律,这是政治学具有理论解释功能的内在根据。政治学只有反映了政治现象和政治生活的本质与规律,才能反过来说明和解释政治现象与政治生活。②政治学都反映了一定人们的共同利益要求,并具有理论形式上的自洽性,这是政治学具有这一功能的基本条件。政治学理论只有反映了一定人们的共同利益,适应人们的理解力,在理论形式上没有自相矛盾,有这种利益要求的人们才能理解它,才会相信它所做出的理论解释,从而使这种解释获得现实性。

政治学都有政治解释功能,但解释功能的效能大小不同,即解释的正确性、准确性、全面性和可信性的程度不同。政治学解释功能的效能,是由政治学体系所包含的真理成分、反映的利益要求和逻辑论证的严密程度决定的。一般说来,政治学说的真理成分越多、反映的利益代表的人数越广、论述的逻辑性越强,它的解释功能就越大。反之,它的功效就会减少变小。

二、政治指导功能

政治学是系统化和理论化了的政治思想,它一旦在社会政治实践中产生,为人们所接受,就能直接指导人们的政治实践活动,对政治社会乃至整个社会发生巨大的反作用。这就是政治学的政治指导功能。

政治学的指导功能是以它的解释功能为基础的。它反映了政治现象、政治生活的本质与规律,对政治社会的解释令人信服,所以,能够启动和指引人们的政治实践活动,使原来的社会政治关系、政治制度、政治权力或者得以巩固、完善和正常运转,或者被新的政治关系、政治制度和政治权力取而代之。这一功能,是政治学最基本和最重要的功能。因为一个阶级或集团,创立自己政治学说的根本目的,就在于指导其政治生活和政治活动,按照自己的政治观改造政治社会。

政治学的政治指导功能,主要表现在三个方面:

1. 指导新兴阶级的革命斗争。任何一个新兴的阶级,为了有效地进行夺取政权的政治斗争,都要通过自己的思想家创立其所需要的政治学说,而这种政治学说一旦形成,就能为这个阶级的领袖集团制定斗争目标和战略战术、调动和整合阶级整体力量,为其发动和领导政治斗争提供理论依据和理论指导,并一直持续到取得国家政权。

2. 指导统治阶级的治国活动。新兴阶级一旦取得政权，便成为整个社会的统治阶级，就要运用国家政治权力治理整个国家。为了适应政治统治和社会管理的需要，统治阶级的思想家就会提出相应的治国理论，指导国家权力的合理分配和有效运行；指导公共政策的制定和执行，从而稳定政治秩序，巩固社会政治制度，实现统治阶级的意志和利益要求。

3. 指导国家的政治体制改革。随着社会的发展，政治体制也要相应地发生变化，以适应社会变化的需要。政治体制改革，关系着统治阶级的根本利益，涉及国家的前途命运，因此绝不可以盲目进行，而必须有政治理论的具体指导。政治体制改革需要推进政治学对于政治体制及其改革的意义、目标、基础、条件、方式、方法和步骤、措施的研究，从而形成政治学体系中的改革理论。这种政治理论一旦成熟，就能为改革者提出改革方案，动员改革力量，创造实施条件，为其组织、领导和维持改革进程提供理论依据和理论指导，从而保证改革的成功，使政治体制适应国家政治统治和社会管理的需要。

不同政治学说的政治指导功能，在不同的时代和国家，有着不同的性质和形式，因此，具体研究某一种政治学说对某一阶级和国家的政治指导功能时，还需结合政治学说的具体内容和指导对象，进行具体的分析。

三、政治育人功能

政治学的育人功能亦即促进人的政治化功能，是指政治学在自然人、社会人转化为政治人的过程中所起的实际作用。具体点说，这种作用就是促使非政治人转化成为具有政治理论知识、政治价值观念、政治行为能力和特定政治人格，能够扮演政治角色，参与政治生活的政治人的作用。

政治学具有的这种功能，是由其自身的理论内容决定的。在政治学的体系中，包含着关于政治现象及其本质、政治生活及其过程和规律的内容；关于政治价值观念和政治理想的内容；关于政治行为的规范、模式和方式方法的内容。这些内容，通过传播、教育和实际运用，就能够内化于非政治人的心灵之中，使其掌握一定的政治知识，确立一定的政治价值观念和政治理想，获得实际的政治能力，从而成为能够扮演一定政治角色、参与政治生活和政治活动的政治人。

需要指出的是，不同时代、不同阶级的政治学说，对人的政治化功能，有着不同的内容和性质，促使不同性质的政治人的形成。封建专制主义和资产阶级的政治学说促使封建地主阶级和资产阶级政治人的形成；马克思主义的政治学说则促使无产阶级政治人的形成。我们学习马克思主义的政治学说，目的就在于用马克思主义的政治理论武装自己，使自己成为无产阶级的政治人，从而在社会主义的政治生活中扮演角色，为社会主义的民主政治建设做出一定的贡献。

第五节 政治学的研究方法

政治学研究方法，是指人们认识、把握和在思维中再现政治社会的基本方式法则。政治学的研究方法随着人类政治实践的丰富和政治认识能力的提高而不断发展。进入现时代，政治学的研究方法显现出了综合性和多元化的基本特点。我们主要介绍几种常见、常用的研究方法。

一、哲学方法

政治学研究的哲学方法，实即政治哲学方法。政治哲学是政治认识中的世界观和政治学研究的方法论。它作为政治学的世界观，综合考察和把握政治社会存在的一般本质、运演的一般规律和功用上的一般价值，是各门政治学说的概括和总结。正是因为政治哲学概括和总结了政治社会中普遍蕴涵的一般本质、规律和价值，所以它能指导人们认识、描摹、改造政治社会的认识活动、研究活动和实践活动。也正是在这个意义上说，政治哲学也就是政治学的方法论。

政治哲学的方法论意义，不在于提供具体的实证操作办法，而在于它从政治社会的价值层面，为政治理论的追求明确一般的价值目标，从而为政治学的研究指引方向；它从政治社会的本体层面，为政治学的研究提供一般的理论支点，使政治学的研究成果建立在稳健的理论基础之上；它从政治社会运行的普遍规律层面，为政治学的研究和政治学理论体系的建构，提供必须遵循的基本原则和致思秩序，从而保证政治学研究的逻辑自洽性和理论说服力。

马克思主义政治哲学为我们提供的政治学研究的方法论，既是唯物的也是辩证的。按照它的主张，①政治学研究所追求的价值目标，是通过政治民主的历史发展达到的人的全面的解放。②政治学的研究，必须从客观的政治社会出发，而不能从抽象的原则出发。③政治学的研究，必须用联系的、全面的和矛盾、发展的观点看问题，而不能用孤立的、片面的和静止的观点看问题。④政治学的研究，不仅要透过政治现象，认识本质规律，找到"批判的武器"；而且要运用"批判的武器"，进行"武器的批判"，改造政治社会，实现人民民主政治的价值目标。这是马克思主义政治哲学的基本观点，也是马克思主义政治学研究的根本方法。

二、经济方法

自从古典政治经济学产生以来，经济研究方法就成为人们理解和解释社会现象的重要方法，20世纪初期以来，经济研究方法已经成为政治学研究的最基本的方法之一。

经济研究方法是马克思主义政治学研究的最基本的方法。马克思主义认为,政治与经济有内在而必然的相关性,政治决定于经济、反作用于经济,所以政治学研究必须采用经济研究方法。马克思主义在政治学研究中采用经济方法的致思取向,是从社会的经济关系和经济发展水平入手,分析社会的政治生活和政治发展。分析的基本路径有三:一是从经济发展的逻辑去推演政治发展的结果;二是挖掘政治现象背后的经济动因和经济基础;三是分析政治对现实的经济、社会造成的后果,带来的影响,以确定采取的政治措施。

政治学研究的经济方法,也是现代西方政治学者青睐的研究方法之一。他们采用这种方法,有两个基本致思特点:一是对政治活动进行经济核算,追求政治活动的低成本和高收益,利用统计经济学和数理经济学的知识对政治实体的政治行为进行经济分析,试图找出政治活动的经济、有效的方式和途径,甚至为此构造了政治行为的经济模型;二是在政治行为的研究中,注重借鉴有关研究市场经济体制的法则与机制的经济学理论成果。比如理性选择分析、博弈论、联盟理论和公共选择分析,等等。

三、历史方法

任何政治现象的产生和发展,都有其历史根源,都决定于自身运演的历史规律,所以应当采用历史方法去研究。历史方法是以历史学的视觉,把政治现象置于特定历史背景之中,利用政治历史的证据进行研究的方法。比如,研究廉政建设,就可以借助历史史料,考察古代、近代、现代不同社会历史背景下廉政建设的思路、制度和举措,从而总结历史经验,发现历史规律,用于指导现实的廉政建设。

在政治学的研究中,采用历史方法,要注意分析研究的逻辑过程的四个环节:①把所要研究的政治现象和政治事物放到相应的历史范围和背景中加以考察、分析,从历史的因果联系中找出其产生的原因和存在的客观必然性。②在相应的历史条件下,从历史的因果联系中,去把握政治现象或事物的本质及其发展规律。③站在新的历史高度,对研究的政治现象或事物进行再认识,也就是提炼政治历史经验,吸纳历史的智慧、精华,找到解决现实政治问题的思路、原则和方法。④取得关于研究对象的认识成果后,再现认识的理论成果,务必坚持逻辑与历史相统一的原则,做到认识成果的理论逻辑符合对象自然展开的历史过程。

四、制度方法

制度方法,是通过对政治制度和程序的分析来理解社会的政治生活的方法,是政治学史上最为悠久的研究方法,是常用的常规研究方法,直到今天仍然是政治学研究的重要方法之一。

制度方法在政治学研究的历史上之所以长盛不衰，在政治学研究的方法中一直是主要的方法，是因为政治制度作为政治生活的规范，规约人们的政治行为，调节人们的政治关系，直接决定和表征现实政治存在的和发展的现状、性质、水平；同时在现实的政治社会中，经济基础、政治文化、对政治生活的影响也主要是通过社会政治制度来实现的。

制度方法在传统政治学中所分析的对象基本上是始于国家、终于国家，是对国家政治制度的分析。在当代十分流行的新制度主义，虽然在对制度的界定和分析上不同于传统的制度主义，但在基本点上两者是相同的，也是试图通过对政治制度和程序的分析来理解社会的政治生活。在方法和手段上，早期制度研究方法的主要手段是利用文献记载来分析解读政治制度。当代的制度分析，不再单纯依赖历史文献文本解释政治制度，而是强调社会调查，利用政治事件中的政治制度解读政治生活。随着人类政治社会的发展政治制度还会继续发生相应的变化，人们研究政治的制度方法也会有所更新。

五、社会学方法

社会学研究方法，是运用社会学的理论与技术来考察、分析政治现象的方法。19世纪中叶，西方资本主义社会的矛盾和弊病普遍暴露出来，原有的社会科学作为解决社会政治矛盾、治理社会弊病的良药妙方已经变得力不从心，于是产生了社会学。随之社会学研究方法被引入政治学研究，成为政治学的一种研究方法。20世纪50年代以来，社会学研究方法成为政治学研究中最为重要的研究方法之一。这种方法的普遍采用，拓宽了政治学的研究视野，丰富了政治学的理论内容，放大了政治学的功能，提高了政治学的研究层次，乃至催生并促成政治学的一门新兴边缘科学——政治社会学迅速兴起。

现代政治学研究中，常用而又具有代表性的社会学研究方法，主要有政治精英分析、政治团体分析、政治角色分析及政治文化分析方法等。"政治精英分析以社会学的社会分层学说和精英理论为背景，以政治统治阶层和精英人物为分析对象并试图由此出发揭示政治的内容及其发展规律；政治团体分析受益于社会团体和利益集团分析，以政治团体作为政治分析的基本单元，认为政治本质上是不同政治团体的相互作用；政治角色分析借用了社会角色理论，把政治分析的任务归结为对于具有不同行为规定性的政治角色及其相互关系的分析；政治文化分析以社会文化和文化社会化研究为背景，着力从政治文化及其变迁分析政治的本质及其决定因素。"[1]

---

[1] 王浦劬主编：《政治学基础》，北京大学出版社1995年版，第44页。

六、心理学方法

现代政治学把研究重点由政治价值、政治制度转移到政治行为之后,基于政治行为是政治心理外化结果的认识,政治学的研究者们便把心理学的理论与方法引入政治学研究领域,把政治行为的心理基础作为政治学研究的重要课题,把心理学的研究方法作为政治学研究的重要方法,从而产生了政治学的边缘交叉学科政治心理学。政治学家使用的心理学研究方法有五个特点:①致思的基础是心理学的刺激—反应模式,运用这一模式分析和解释人们的政治行为。②关注人的心理的政治性和人的心理在政治中的作用机制,主要研究政治态度、政治情绪、政治动机、政治态度、政治性格等政治心理。③对政治心理的研究,兼顾潜意识和有意识两个心理层面,尤其重视政治人的潜意识和政治本能的研究。④政治学研究中重视心理测验方法的运用,特别是重视心理测验数据的收集和分析。⑤政治学研究使用心理学方法,特别注意将政治心理与人的各种社会政治表现结合起来,强调通过对人的政治行为的观察来探寻和研究人的政治心理,将政治心理研究看做政治行为研究的重要学理基础。

七、数理统计方法

现代政治学同其他社会科学研究一样,也显示出了越来越注重量化分析的特点,越来越注重分析不同政治变量之间的逻辑和事实联系。国内外政治学都开始关注政治变量的捕捉和变量关系模式分析表明,数理量化分析已成为政治学研究的一个重要方面。

现代政治学研究使用的数理统计方法,主要有以下特点:①一般都比较注重政治变量的确认。不论是具体政治问题研究,还是社会政治系统的整体性研究,都致力于把政治系统的存在和发展刻画为一系列政治变量构成的一个完整的政治函数关系,用各种变量之间的数理联系来取代以前笼统的政治事物之间的联系。②政治学研究采用数理统计方法,要求进行充分的社会调查,以获取数理分析所需要的基本经验数据,特别是具有典型代表性的经验数据。因为,只有获得一系列经验性数据,才能充实它的各级各类政治变量系统,进而进行统计分析。③政治学数理统计方法还必须在它的研究结果上表现出来,不仅研究成果中要出现大量的典型的经验数据,而且还要充分展示各种经验数据之间的逻辑关系,即通过一系列的关系表达式展现各种数据的逻辑关系,以构建清楚明晰的政治系统模型。

八、政治系统分析法

政治系统分析方法,是运用一般系统论研究社会政治现象的方法。这一方法着重对政治现象、政治行为作整体性的宏观分析,以便建立能够普遍适用于分析各个层面和各个区域政治的"统一的理论",也就是对于政治体系及其活动进行系统分析的基本框架或理论模式。政治系统分析法,包括一般政治系统分析和"结构—功能"分析。

一般政治系统分析的特点是,根据一般系统理论,以互动着的政治行为为基本单元,建立政治系统的一般框架,并着力就政治系统与环境之间的关系开展"输入—输出"分析。"结构—功能"分析的特点是,集中研究政治系统履行的功能和履行功能的结构,强调分析每一特定系统中结构和功能的相互关系。它假定:一方面,系统的结构是功能的基础,政治系统的功能是由它的结构决定的。另一方面,功能是结构存在的前提和根据,政治系统结构要想存在和得到适当维护,必须完成必要的政治功能。"结构—功能"分析方法,就是通过"结构—功能"互动关系的分析来揭示政治系统运行的状况和规律的。

关键概念

政治;伦理政治观;神秘政治观;权力政治观;权利政治观;经济分析法;政治精英分析;政治文化分析;输入—输出分析;结构—功能分析

思考题

1. 你如何理解政治?
2. 马克思主义政治观包括哪些基本内容?
3. 政治学的研究对象主要包括哪些内容?
4. 政治学的学科体系包括哪几个层次?
5. 政治学原理课程的基本功能是什么?
6. 20世纪以来,西方的政治学有哪些重要变化?
7. 鸦片战争前中国政治学说经历了哪些重要发展阶段?
8. 政治学有哪些基本功能?
9. 现代经济学理论与方法对政治学有哪些影响?
10. 如何理解政治学研究方法的跨学科性?

第一编 政治实体

政治实体是具有一定政治行为能力，并在事实上介入政治活动，担当一定政治角色，谋取一定根本利益的各政治组织、群体和个人。它们既是政治活动的主体，也是政治社会的基础，还是一切政治现象最基本的要素。政治实体具有如下几个特征：①阶级性。阶级不仅是最基本的政治实体，而且是政治实体的根源。其他政治实体要么由阶级所派生，要么依附于或归属于各阶级，由此决定了政治实体鲜明的阶级性。具有相同阶级属性的政治实体所维护的阶级利益也具有相同的性质，而阶级属性不同的政治实体所追求的阶级利益则各不相同。阶级性是政治实体区别于其他社会实体的鲜明特征，也是划分政治实体类型的重要标志。②多元性。政治是由经济决定的。经济实体的复杂多样性，决定了政治实体的多元性。从阶级性上看，不仅阶级属性各异的政治实体互不相同，就是具有共同阶级属性的政治实体内部也有不同的阶层、集团、政党和政治社团等区分。从政治实体在政治权力系统中所处的地位看，既有掌握和行使政治权力的政治主体，也有作为政治权力强制对象的政治客体。在实体形态上，既有像阶级、民族和人民这样的政治群体，也有国家、政党和政治社团等政治组织，还有公民、官员、政治家等政治个体……诸多政治实体在不同的国家和不同的历史时期又有不同的表现形态，从而使政治实体呈现出更为丰富多彩的多元性特征。③可变性。由于社会条件和政治环境的变化，使政治实体处于不断变动之中，不仅其内部成分、活动内容与方式随着外界条件和政治形势的变化而变化，而且其性质和在政治社会中的地位也在一定条件下发生变化。政治实体的各种变化是由社会经济、政治和思想文化条件的变化引发的，同时又给予社会发展以深刻的影响。④政治参与性。政治是为经济服务的，因而各政治实体为实现和维护其经济利益，必然要积极参与政治活动，否则就不能称之为政治实体。其政治参与的形式多种多样，与统治阶级同质的政治实体一般通过直接或间接的方式参与国家的决策和管理，极力维护和巩固现存的国家政权，而与统治阶级异质的政治实体则力图通过各种形式的抗争，甚至暴动和革命，以改变现存的国家制度，代之以维护自身利益的国家政权。

第 1 章 政治群体

政治群体是以群体形态参与政治活动的政治实体，它指生活在同一社会环境，具有某些共同的政治和社会属性，属于同一类型的个体组成的无序非组织集合体，主要有阶级、民族和人民。其中阶级是最基本的政治实体，也是其他政治实体的根源，还是阶级社会一切政治现象的源头，因而便成为研究其他政治实体和一切政治现象的首要内容；民族则通过与国家政权的相互作用而对政治社会产生十分重要的作用和影响，是政治学研究中的重要课题；人民不仅是推动整个社会历史前进的基本力量，在政治社会中也始终发挥着决定性的作用，正确认识并充分发挥人民群众的伟大历史作用，是马克思主义政治学研究的重要内容。

这三种政治群体都属于本体性政治实体，即它们能够派生出诸如国家、政党、政治团体、政治家等诸多政治实体，而其自身则不能被其他政治实体所派生。因此，要准确把握国家、政党等政治实体的含义、本质和作用等，就必须从研究分析阶级、民族、人民这三种政治群体入手。只有深刻认识和准确把握各种政治群体的本质、特点和历史作用，才能准确理解和把握各种政治实体，进而更好地揭示政治规律，促进政治社会发展。对各种政治群体的深入研究，不仅是进一步研究其他政治实体的前提和基础，也是整个政治学研究的重要内容。当前，正确认识和处理阶级和阶层问题，正确处理民族关系，充分调动广大人民群众的积极性，对于促进中国特色社会主义政治文明建设具有十分重要的现实意义。

第一节 阶 级

一、阶级的本质与特征

（一）阶级的定义与本质

关于阶级的定义与本质，人们曾从不同的角度给予多种解释，但真正揭示出阶级的本质并赋予阶级以科学而完整的定义的还是马克思主义理论，其中最有代表性的是列宁提出的阶级定义："所谓阶级，就是这样一些大的集团，这些集团在历史上一定社会生产体系中所处的地位不同，对生产资料的关系（这种关系大部分是在法律上明文规定了的）不同，在社会劳动组织中所起的作用不同，因而领得自己所支配的那份社会财富的方式和多寡也不同。所谓阶级，就是这样一些集团，由于它们在一定社会经济结构中所处的地位不同，其中一个集团能够占有另一个集团的劳动。"[1] 列宁这段话所说的"社会生产体系"和"社会经济结构"都是就生产关系而言的。"在一定社会生产体系中所处的地位不同"是对阶级含义的总的概括，表明阶级是在一定社会生产关系中处于不同地位的社会集团。其后的三个"不同"分别从生产关系所包含的三个方面揭示阶级的特征，其中"对生产资料的关系"不同是阶级的根本特征，对人们"在社会劳动组织中所起的作用"和"领得自己所支配的那份社会财富的方式和多寡"起决定性作用；最后两个"不同"则揭示了阶级剥削的原因和阶级对立的根源。

由此可见，阶级是社会生产关系的产物，与生产关系息息相关，密不可分。阶级的产生、演变和灭亡是生产关系变革的结果。阶级的区别源于人们在生产关系中的不同地位，而生产关系实质是一种经济关系，因而阶级的本质就是经济实体或经济范畴。

（二）阶级的特征

作为经济实体的阶级有如下基本特征：

1. 不同的阶级在社会生产关系中地位不同，有的处于支配地位，有的处于服从地位。在阶级社会中，总有一部分人利用他们在生产关系中的优越地位奴役和支配在生产关系中处于劣势地位的群体，从而引起阶级关系的尖锐对立。

2. 不同的阶级对生产资料的占有不同，即各阶级是否占有生产资料及占有生产资料的多少各不相同。这既是人们在社会生产体系中地位、作用及产品分配关系不同的决定性因素，也是划分阶级的标准和衡量阶级是否产生和消灭的主要标志。

3. 不同的阶级在社会劳动组织中所起的作用不同。在阶级社会中，占有较多生产资料的阶级在生产中总是起着指挥、管理和监督的作用，而不占有生产资料的阶级则是被指挥被奴役的劳动者。

4. 不同的阶级获取社会财富的方式和多寡不同。有的阶级凭借其对生产资

---

[1]《列宁选集》第4卷，人民出版社1972年版，第10页。

料的占有或垄断不劳而获，占有大量社会财富，而不占有或极少占有生产资料的阶级则不得不蒙受剥削阶级的剥削压迫，只能得到自己劳动创造的社会财富的一小部分。

阶级的基本特征表明，不同的阶级在生产关系诸方面的地位各不相同。这种经济地位的差异规定了不同的阶级相互区别的特殊本质，使它们在政治、思想方面呈现明显的差异性，而同一阶级在生产关系诸方面的地位则是相同的，这种经济地位的一致性，是把特定社会群体联结为一个阶级的经济纽带，并使同一阶级在政治上呈现高度共同性。

1. 同一阶级具有共同的政治立场。作为上层建筑的政治决定于经济。同一阶级具有共同的经济地位，必然在处理同其他阶级和社会群体的关系中产生共同的利益要求。在阶级社会中，各阶级经济地位不同，利益要求亦各异。当某一阶级利益的实现同其他阶级的利益相矛盾，从而受到压制或奋起抗争时，这一阶级的成员必然会为本阶级利益的实现而形成共同的政治态度，并站在同一政治立场，同仇敌忾，与妨害其利益实现的敌对力量进行斗争。

2. 同一阶级具有共同的政治意识。同一阶级具有共同的经济地位，必然产生反映这种经济地位的共同政治心理和政治思想，并与其他敌对阶级的政治意识相对立。思想领域中不同意识形态之间的斗争就是这种情况的反映。

3. 同一阶级具有共同的政治行为。人的行为是受其思想意识支配的；同时还受到政治立场的主导和政治利益的驱动。同一阶级具有共同的政治意识和政治立场，必然会为实现和维护其共同利益而产生共同的政治目标，并为之实现而采取共同的政治行为。

由此可见，阶级不仅是经济实体，也是政治实体，而且是最基本的政治实体，其他政治实体都与阶级息息相关：有的派生于阶级（如国家和政党），有的依附于阶级（如宗教和政治团体），有的则可划归于阶级（如民族和人民）。在阶级社会，所有社会成员都依其经济地位的不同而分属于一定的阶级，一切政治实体也都具有阶级性，既不存在游离于政治实体之外的社会成员，也不存在超阶级的政治实体。

二、阶级的内部结构及其在当前的表现

（一）阶级的内部结构

阶级是由不同的阶层构成的。阶层一般是指同一阶级中由于经济地位的差异或谋生方式等方面的不同而分成的若干层次。如果说不同阶级之间有着质的差异，则同一阶级内部的各阶层之间就是量的区别。如地主阶级以其自身不劳动，出租土地剥削佃户的特性（"质"）而区别于农民和资产阶级。凡是地主，都有此质的规定性，但其占有土地的数量（"量"）则有较大差异，从而又可区分为大、中、小地主等阶层。农民阶级以其既是劳动者，又是私有者的特性区别于地主和无产阶级，农民阶级内部又因土地、财产的多少不同而区分为富农、中农、贫农几个阶层，甚至在中农中还可细分为上中农、下中农等层次。

知识分子是一个特殊的阶层。这一群体不占有生产资料，以其智力和知识服务于社会，在生产关系中并无特殊地位，因而不是一个独立的阶级，其阶级属性取决于它所服务的社会阶级。在人民当家做主的新中国，知识分子是为工农大众服务的，是建设社会主义劳动大军的重要组成部分。在进入"知识经济"时代的今天，充分发挥知识分子在社会主义建设和改革开放中的积极作用更有其特殊的重要意义。

（二）我国当前的社会阶层分析

在生产资料所有制方面的社会主义改造完成之后，我国已确立了生产资料公有制为基础的社会主义制度。这表明，剥削阶级已被消灭，人民群众成为生产资料的所有者。在公有制经济制度下，人们经济地位平等，没有高低贵贱之分，加之计划经济时期人们的职业和身份相对固定，很少有社会流动和职业变动，因而在社会群体中，特别是在工农两大阶级中谈不上阶层的划分。改革开放以来，随着商品经济的发展和市场经济体制的逐渐确立，人们在经济方面有了较多选择的自由，社会结构发生了很大的变化，出现了一些新的阶层，不仅在工农两个阶级中形成了不同的阶层，而且还产生了游离于工农两阶级之外的一些特殊阶层。

如何对我国当前的社会阶层进行划分？我们认为仍应坚持马克思主义关于阶级和阶层划分的基本思想，即以经济方面的差异作为划分依据，同时也须结合我国当前社会改革和经济转型的具体情况。具体应把握两条：一是坚持以生产资料所有制及其表现形式为划分标准；二是应充分考虑到社会分工、谋生方式等诸多不同。据此可将我国当前经济领域中的诸多社会群体划分为以下各种阶层：

1. 工人阶级内部各阶层。工人阶级是由个人不占有生产资料，依靠工资为生的劳动者群体所构成的阶级。在我国现阶段，工人阶级中由于社会分工和具体职业不同，可分为以下三个阶层：

（1）直接或间接从事物质生产的工人阶层，其中既包括全民所有制企业和集体所有制企业的工人，也包括私营企业和"三资企业"的工人。这一阶层在工人阶级中人数最多，所占比例最大，是工人阶级的主体。

（2）知识分子阶层，包括在我国文教卫生科研等事业单位工作的专业人员，也包括在企业从事物质生产的科技人员，还包括一些不属于任何事企业单位，凭借自己的知识专长为社会提供精神产品并获取劳动报酬的自由职业者。他们是工人阶级中科技文化素质较高，掌握一定专业知识的脑力劳动者。随着社会经济、文化的发展，知识分子群体的队伍必将逐渐壮大，并在社会主义物质文明、政治文明和精神文明建设中发挥越来越大的促进作用。

（3）管理人员阶层，包括各级国家机关、政党和社会团体中的管理者，也包括企事业单位的管理者。这一阶层在整个工人阶级群体中人数较前两个阶层要少，也不直接从事物质财富和精神财富的生产，但地位十分重要，特别是处于决策层的管理人员（领导干部）掌握党政大权，对企事业单位乃至党和国家的兴衰存亡具有重大影响。

2. 农民阶级内部各阶层。当前我国的农民已不限于单纯从事农业生产的劳动者，而是与农村集体经济相联系的，属于农村户口的劳动者群体。在商品经济大潮中，农民阶级由于具体劳动方式、生活来源不同，已分化为以下几个阶层：

（1）直接从事农业生产的劳动者阶层，包括从事种植业的农民，也包括从事渔业、林业和畜牧业的农村劳动者。这是传统意义上的农民，在整个农民群体中人数已日渐减少。

（2）民工阶层。这一阶层的成员多有一技之长，通过打工或劳务服务获取报酬，经济收入较一般粮农丰厚，但与工人阶级群体仍有区别：他们仍属农村居民，有责任田，享有农民的权利，也须尽农民的义务；不少人外出工作不稳定，随时可能回乡从事农业生产，故这一群体仍应归入农民阶级。在当前的经济体制改革中，这种情况也并非一成不变，如有些外出打工的农民会随着其所属企业的发展壮大和农民工劳动技能的熟练而转化为工人阶级的成员。

（3）农村专业户，包括专门从事种植业和养殖业，以其产品供应市场的农户及从事农产品加工、运输等劳务服务的农民。他们一般拥有从事本专业的少量必需的生产资料，比一般农民收入来源广泛，其中有些人可能发展为个体工商户和私营企业主。

3. 工人、农民两大阶级之外的阶层。

（1）个体工商户阶层，即以户为"单位"，独自经营、自负盈亏的经济实体。其特点是：与私有制相联系，拥有一定的生产资料和经营资金；依靠家庭劳动力从事生产经营活动。他们既是有别于工人和农民的私有者，又是从工人、农民中分化出去的劳动者。个体户随着经济实力的强大，可能转化为私营企业主。

（2）私营企业主阶层。同个体工商户一样，私营企业主也与生产资料私有制相联系，拥有一定生产资料和资金；不同的是，他们是依靠雇佣劳动进行生产经营的，其经济实力和生产规模也远比个体工商户要雄厚和强大。这一阶层在发展经济，促进就业，增加税收方面做出了积极贡献。他们的经营管理活动也是一种劳动，而且是一种有较大风险的复杂劳动，因而他们也同其他社会阶层一样，都是中国特色社会主义事业的建设者。

（3）城市无业、失业者阶层。这一群体除了从社会保障系统获取少量救济性补助外，再无其他经济来源，个人和家庭生活面临较大压力，成为社会中的弱势群体。解决这一阶层的问题，关键在于就业。随着社会经济的发展和改革的深化，城市无业和失业问题一定会逐步得到妥善解决的。

三、阶级在政治社会中的地位和作用

（一）阶级在政治社会中的地位

阶级是政治的源头，是构成政治社会的最重要、最基本的要素。政治社会随着阶级的出现而产生，也必将随着阶级的消灭而退出历史舞台。没有阶级就没有政治社会，从而也就没有政治。对阶级在政治社会中的重要地位，我们可以从以下三方面进行分析：

1. 阶级是政治实体的本源。在政治社会中，人们都在一定经济地位中生活，分属于不同的阶级，具有不同的经济利益和欲望要求。政治是经济的集中表现，是为一定经济利益服务的有力武器，因此，各阶级为维护和实现其经济利益，必然要结成一定的政治关系，积极从事政治活动，这样便由阶级产生出各种政治实体。

由于各阶级及其内部的不同阶层和集团获得或实现自身利益的途径不同，参与政治活动的方式各异，因而便使各种政治实体表现出各自不同的特点。人们也正是根据这一点将政治实体区分为形态和内容不同的多种形式。这些形式多样的政治实体都与阶级密切相关。其中国家和政党及其领袖和政治家是由阶级直接派生的；政治团体和利益集团或由阶级所派生，或依附于一定的阶级，同样是以阶级为本源的；即使以"出世"相标榜的宗教团体，也同样依附于特定的阶级，通常须借助统治阶级的权力扩大其社会影响，同时也通过传播教义等宗教活动，麻痹人民的反抗意志，为剥削阶级的政治统治服务。

有些以社会群体形式出现的政治实体（如人民和民族）并不是由阶级所派生的，也不依附其他阶级，但却是由不同阶级的成员所组成的，因而可依据其成员的经济地位的不同划分为不同部分而归入不同的阶级。

由此可见，阶级不仅是最基本的政治实体，而且也是其他政治实体产生和存在的根源。没有阶级，就不会有政治实体，从而也就不会有政治活动和政治社会。

2. 阶级关系是政治社会的基本内容。列宁指出："什么是政治？①无产阶级

先锋队对它的群众；②无产阶级对农民；③无产阶级（和农民）对资产阶级。"[1] 列宁是就当时俄国的具体阶级关系讲政治的。根据这一思路，我们可以从一般意义上分析阶级关系的三种类型及其与政治和政治社会的关系。

列宁所讲的第一条实际是指同一阶级内部政党与本阶级群众的关系。政党是本阶级群众的根本利益和共同意志的代表者，因而能够带领和引导本阶级群众为实现其根本利益而共同奋斗。这是同一阶级内部的政治领导关系，而不是阶级关系，但却与反对敌对阶级的斗争密切相关。在夺得国家政权之前，被统治阶级通过政党对群众的领导，统一本阶级的思想，制定路线方针，整合阶级力量，以夺取国家政权，实现本阶级的统治。夺得国家政权之后，新的统治阶级通过其政党的领导，组织政府，利用国家权力维护本阶级的根本利益。

列宁所讲的第二条是指具有共同利益的阶级之间的关系。这种共同利益使它们能够结成阶级合作关系，以反对侵害其共同利益的敌对阶级或者为维护和发展其共同利益而奋斗。如我国的工农联盟就具有这一性质，它不仅是我国革命和建设事业取得胜利的政治保证，也是中国特色的社会主义政治的基本内容。

列宁所讲的第三条是指利益根本对立的敌对阶级之间的政治关系。剥削阶级利用其所掌握的国家机器镇压被剥削阶级的反抗以维护其经济利益。被剥削阶级为争取其生存权利，摆脱被剥削被压迫的悲惨境地，必然将斗争的矛头指向剥削阶级的国家机器。这两大阶级围绕国家政权所展开的政治斗争构成了阶级社会政治关系的主要内容，决定和影响着其他各种社会关系的状况和变化。

利益根本对立的阶级在特定历史条件下也可能化干戈为玉帛，结成政治合作关系以反对共同的敌人。如法国大革命时期，资产阶级与无产阶级、农民阶级和小资产阶级结成反封建的政治合作关系，我国抗日战争时期国共合作，共同抗日。但这种合作关系并未消除阶级差别和对立，合作中仍有斗争。这种既合作又斗争的关系构成特定历史时期政治社会的基本内容。

3. 阶级分析是无产阶级政党制定路线、方针、政策的重要依据。在阶级社会和有阶级存在的社会，只有用马克思主义的阶级观点科学分析社会各阶级、阶层的经济地位和政治态度，准确把握各阶级和阶层的历史、现状和发展趋势，才能在分清敌我友的基础上，确定依靠力量、团结对象和打击目标，从而制定出正确的路线、方针和政策与策略。新民主主义革命时期，毛泽东同志就是通过对旧中国各阶级和阶层的深刻分析，提出了中国新民主主义革命的总路线，即无产阶级领导的，人民大众的，反对帝国主义、封建主义和官僚资本主义的

---

[1]《列宁全集》第32卷，人民出版社1992年版，第314页。

新民主主义革命。这一正确路线是指引全党战胜"左""右"倾错误路线，夺取新民主革命的指路明灯。土地改革中，党在农村实行依靠贫下中农，团结中农，限制富农，消灭地主的阶级路线，极大地推动了土地改革工作的顺利进行。如果没有对阶级和阶层的正确把握，便无法提出这些正确的路线和政策。

社会主义时期，剥削阶级已经消灭，但阶级和阶级差别依然存在，随着经济体制改革的深入进行，又出现了许多新的社会阶层。因此，今天依然有必要对国内外各种阶级力量、政治势力和国内各阶层的状况进行科学分析和正确把握，据以制定出党在社会主义时期各个阶段的路线、方针和政策。当然，这种分析必须实事求是，恰如其分，既不能任意夸大，也不能随意抹杀。

(二) 阶级在政治社会中的作用

阶级在政治社会中的作用，主要表现为阶级斗争对政治社会的推动作用。阶级斗争是指经济利益根本对立的对抗阶级之间的斗争，包括劳动阶级与剥削阶级之间的矛盾斗争，也包括新兴的剥削阶级与腐朽没落的剥削阶级之间的矛盾斗争。

在阶级社会，阶级斗争之所以成为社会发展的直接动力，是因为社会基本矛盾推动着社会发展，而阶级斗争则是社会基本矛盾的表现形式。首先，在生产力和生产关系的矛盾中，劳动者作为生产力中最积极最活跃的主导因素，代表了生产力发展的要求；剥削者作为生产资料的占有者，是生产关系的代表者。于是生产力和生产关系的矛盾就具体表现为劳动者阶级与剥削阶级之间的阶级斗争。这一斗争不仅迫使统治阶级进行政治改良，导致同一社会形态发生量变，而且也可演化为政治革命，促使不同社会形态更替的质变。其次，在资本主义社会之前的每一社会形态的末期，由于生产力的发展，促使新的生产关系的萌生和壮大，并最终在社会经济中占据统治地位而成为新的经济基础。新兴剥削阶级作为这一新的生产关系的代表者，必然要极力为其发展排除障碍，开辟道路，而腐朽没落的剥削阶级则利用其所掌握的政治和思想资源，即上层建筑的力量，极力"排除异己"，阻碍、限制新的生产关系（经济基本）的发展。于是，经济基础和上层建筑的矛盾就表现为新、老剥削阶级的矛盾斗争。这种斗争最终促使新的社会形态的诞生和旧的社会形态的灭亡。

由此可见，生产力和生产关系、经济基础和上层建筑之间的矛盾，直接表现为劳动阶级与剥削阶级及新老剥削阶级之间的阶级斗争。"阶级斗争是阶级社会发展的直接动力"，实际就是"社会基本矛盾是社会发展的基本动力"这一普遍原理在阶级社会的具体表现形态。

在社会主义社会，剥削阶级已被消灭，广大劳动人民既是生产力的主导因素，又是以公有制为基础的社会主义生产关系或经济基础中生产资料的所有者，还是上层建筑领域国家政权的执掌者。因此,社会主义社会的社会基本矛盾主要表现为以劳动人民为主体的人民内部矛盾。正确处理人民内部矛盾,调动广大人民群众的积极性和创造性,就成为促使社会发展的强大动力。任何夸大阶级斗争,鼓吹"以阶级斗争为纲"的论调都是极其荒谬的和毫无根据的。当然,这并不是说社会主义就没有阶级差别和阶级斗争,也不能否认还有极少数敌视社会主义的分子在破坏捣乱。事实上,国内外各种敌对分子和敌对势力从来没有放弃对社会主义国家的颠覆、破坏和"和平演变"的阴谋活动。因此,在重点抓经济建设的同时,还应注意调整阶级关系,打击各种敌对分子的违法犯罪活动,为经济建设和改革开放创造良好、安定的社会环境和团结、和谐的社会秩序。

我们这里所说的阶级斗争,是指为生产力发展扫除障碍、开辟道路的阶级斗争,是为解放和发展生产力服务的阶级斗争,而不是干扰、阻碍和破坏生产力的阶级斗争。"文化大革命"期间的那种阶级斗争,绝不是社会发展的直接动力,而是社会发展的直接阻力,给我国的社会主义建设事业带来了严重的损害。必须认真吸取我们这一沉痛教训。

第二节 民 族

一、民族的含义、特征和历史类型

民族既是社会学、历史学的重要范畴,也是政治学的一个重要概念,它所指称的是"人们在历史上形成的一个有共同语言、共同地域、共同经济生活以及表现在共同文化上的共同心理素质的稳定的共同体"[1]。这一定义是斯大林根据英、法、德、意、匈、俄等民族的历史与现状所下的,它从民族存在与发展的角度,强调了民族的四个基本特征。

1. 共同的语言。语言是人们沟通认识、交流思想和传递信息的工具,有了通用的共同语言,民族成员才能相互往来,共同生产,实现经济联系,进行政治活动,从而联结为统一的民族共同体,并得以延续下去。很明显,共同语言是民族产生和存在的必要条件。

2. 共同的地域。共同地域是民族成员共同居住和生活的地区。共同地域是民族形成的地理基础。民族成员只有长期居住于同一地区,才能形成共同的语言、共同的经济生活和共同的文化心理素质,从而形成民族共同体。共同地域

---

[1]《斯大林选集》上卷,人民出版社1979年版,第64页。

也是民族存续的重要条件。随着民族的变迁,各民族间的杂居现象普遍出现,但大多数民族仍有自己相对固定的生存活动范围。我国的自治区、州、县等,就具有民族"共同地域"的意义。

3. 共同的经济生活。共同经济生活,主要是民族成员在共同地域内的生产与交换的活动中,建立起来的民族共同体内部的经济联系,也就是民族成员在经济上的联系性、不可分割性和相互依赖的关系。同一地区的人们,只有在生产、特别是在交换过程中建立起经济上的相互联系,才能集合成为一个民族共同体,也只有保持经济生活上的不可分割性,一个民族共同体才能存续下去。所以,共同经济生活既是民族形成的物质基础,也是民族存续的主要条件。

4. 共同的心理素质。表现于共同民族文化特点上的共同心理素质,是指民族成员共同的心理状态和民族性格,其中包括共同的爱好、传统、气质、情操和民族自尊心、自豪感及自我意识等。民族都有共同的心理素质,并通过民族的文学艺术、风俗习惯、宗教信仰等文化现象表现出来,反映为民族文化特点。共同心理素质是形成民族的重要因素,也是维系民族共同体的精神纽带。

一般说来,只要具备上述四个特征的人们共同体,就可称其为民族。但由于社会历史的发展,民族及其特征也会有些变化,有的民族(如吉卜赛)虽不完全具有上述四个特征,但依然作为一个民族而存在着。因此,运用斯大林的民族界说分析民族,绝不可机械套用,还要结合民族的实际情况,进行具体分析。

民族也是个历史范畴,也有其形成、发展和融合而消亡的历史过程。在人类历史上,最先出现的人们共同体是氏族和部落,而不是民族。原始社会末期,随着生产力的发展,社会分工的发生,商品生产与交换的出现,贫富分化及阶级分化的加剧,掠夺财富的战争日益频繁,以及氏族和部落的迁徙流动,加强了部落间的联系,并形成了部落联盟。部落之间的联盟,使氏族、部落成员的杂居状况进一步发展,地域联系进一步扩大、固定,共同的经济生活逐渐形成,各部落的方言渐渐融合为通用的共同语言,并积淀而形成共同的文化心理素质,于是民族也就形成了。

民族成员同时也是社会成员,所以,随着社会的发展,民族也随之发展,并经历了古代民族、资本主义民族和社会主义民族等阶段。

古代民族包括奴隶制社会和封建制社会的民族。这类民族是在自然经济基础上形成的,民族经济处于分散孤立状态,经济联系的广度和深度受到很大局限,因此民族发展尚不充分,民族特征表现得不很突出。古代民族内部,有奴隶主阶级与奴隶阶级、封建主阶级与农民阶级的划分,其中奴隶主或封建主在民族中占据统治地位。

资本主义民族与社会主义民族统称为现代民族。资本主义民族是在资本主义生产方式的基础上形成的。由于工业生产和商品经济的发展，民族国家和统一市场的形成，改变了由于封建割据和自然经济而形成的分散隔绝状态。这使同一地域内、操同一语言的人们在经济生活上联结起来，于是形成了发展更为充分、民族特征更为突出、民族共同体更为稳定的资本主义民族。资本主义民族内部划分为无产阶级和资产阶级，资产阶级占居统治地位，实行对内剥削本民族的无产阶级和对外掠夺其他民族的民族压迫政策。

社会主义民族的产生，是社会主义生产方式代替资本主义生产方式的结果。社会主义民族的特点是，民族内部作为剥削阶级的阶级已被消灭，民族成员团结一致，共同当家作主，建设社会主义；工人阶级及其政党是民族的领导力量，执行着民族平等、团结和共同繁荣的民族政策，反对民族压迫和民族歧视。在社会主义条件下，随着经济的发展，文化交流的扩大和加深，各民族相互渗透，取长补短，共同性逐渐增多，差别性渐渐减少，并最终在共产主义社会实现民族融合，民族也就随之消亡了。

二、民族在国家中的地位和作用

民族在国家中的地位和作用问题，实质上也就是民族与国家的关系问题。民族与国家的关系是相互依存的关系，是在相互作用的互动中实现的，所以，把握它们的关系，了解民族在国家中的地位与作用，就必须了解它们的互动作用。民族存在于国家之中，国家对民族的生存和发展起着重大作用。

1. 国家对民族的存续起着巩固和促进的作用。这种作用在于：①国家利用其强制力量，制定和实施一定的民族政策，使民族成员稳定地生活于一定的区域之内，并促进民族语言与文字的统一与发展。②国家制定和实施一定的民族经济政策和经济发展战略，促进民族经济发展，以巩固民族存续的经济基础。③国家通过对社会意识形态的引导和对大众传播媒介的控制，以促进民族情感和民族意识的发展。

2. 国家对民族关系的形成与巩固起着重要作用。①国家使用暴力，征服其他民族，强迫造成某种民族关系。这种作用往往是一个大民族，以国家的身份或利用国家暴力，征服其他民族，使之与其结合，从而形成某种民族关系。②国家利用其强制力量，限制民族分裂活动，加强民族之间的交往，促进各民族在经济和思想文化等方面的相互渗透、共同发展，从而增强和巩固多民族共同体的凝聚力。

3. 国家在民族对外交往中起着代表作用。一方面，民族是以社会群体的形式出现的，它本身没有对外交往的手段与功能，更不具有对外斗争的功能。另一方面，国家是全社会的代表者，具备对外交往的一切功能。所以，民族的对外交往，必须通过国家的形式来实现，由国家代表民族来进行。

国家由民族所构成，民族对国家也起着重要作用。

1. 国家中的民族构成，是决定国家结构形式的重要因素。国家是由民族组成的，有的由单一民族组成，有的则是多民族国家。一般说来，单一民族组成的国家，通常采用单一制的国家结构形式。多民族国家由于多民族存在的原因，往往采用联邦制的国家结构形式，即使采用单一制，也要有兼顾各民族特点的政治制度，如我国的民族区域自治制度。

2. 国家中的民族关系，往往成为国家安危和政权更迭，以及国家统一或发生分裂而解体的重要因素。在多民族国家中，消除民族之间的隔阂，实行民族平等，加强各民族的团结合作，弘扬奋发向上的民族精神，就可以保证国家安定团结，繁荣兴旺，有序发展。反之，民族关系紧张，就可能造成与之相反的两种情况：一种是政权更迭，从一个民族的统治者转移到另一个民族的统治者。中国宋、元、明、清各朝之间发生的改朝换代，政权更替，就属于这种情况，就是由民族之间的斗争引起的。另一种是国家分裂而解体，由一个统一的多民族国家，分裂为若干单一民族国家。苏联之所以分裂为15个独立的主权国家，其重要的原因之一，就是各民族间的分崩离析。

3. 民族解放运动是社会政治革命的一部分，也是推动政治社会向前发展的重要力量。

（1）在资本主义上升时期，民族运动是资产阶级民主革命的一部分。资本主义战胜封建主义的过程，通常是同民族运动联系在一起的。在西欧，英、法、德、意等国家，资本主义的发展要求打破封建割据的局面，建立统一的市场，而统一市场的建立又要求把同一地区操同一语言的人们，以国家的形式固定下来。于是在资产阶级的领导下，击退了其他民族的干扰或侵犯，通过资产阶级民主革命或资产阶级性质的改革，形成了统一的资本主义民族，建立了民族国家，适应了资本主义的发展。在北美，英属13个殖民地推翻英国殖民统治的民族独立战争，同样也是资产阶级的民主革命。通过这种民族独立运动和资产阶级革命，建立了美利坚合众国，促进了资本主义的迅速发展。东欧与西欧、北美的情况不同，还在封建时期，由于防御土耳其人和鞑靼人侵袭的需要，形成了多民族的中央集权的封建国家，如俄国和奥匈帝国等。这类国家通常是一个政治和经济上最发达的民族占统治地位，而其他民族则处于受剥削和被压迫的地位。随着资本主义的发展，被压迫民族逐渐觉醒，在本民族资产阶级的领导下开展民族独立运动，以发展民族资本主义。这种民族运动对资产阶级的民主革命具有重要的推动作用。

（2）在帝国主义时期，由于帝国主义瓜分世界，使大部分地区成为帝国主义的殖民地，世界各民族被划分为压迫民族和被压迫民族。少数几个帝国主义大国的民族成为压迫民族，而广大殖民地半殖民地民族都成为被压迫民族，民族问题成为世界重大政治问题。在帝国主义的压迫下，被压迫民族逐步觉醒，亚、非、拉殖民地民族解放运动风起云涌，并在二战后达到高潮。这种民族解放运动的兴起，改变了世界政治格局，使原来帝国主义的后方变成了反帝斗争的前方，这既有利于帝国主义国家的无产阶级革命，又有利于世界社会主义革命，因而属于无产阶级革命的一部分。

三、我国社会主义条件下的多民族共同体

我国是多民族的社会主义国家。全国 56 个民族在国家政治生活中，地位平等，权利平等，都是国家的主人。它们相互团结，相互合作，是一个新型的民族大家庭。在社会主义条件下，我国各民族间尽管建立了平等、团结、互助、合作的新型民族关系，但民族问题依然存在，而且还将长期存在。这是因为：①民族是稳定的共同体，不可能在短期内实现民族融合，民族间在历史上形成的经济、文化、语言文字、风俗习惯、心理素质等方面的差别，都将长期存在；②历史上遗留下来的民族隔阂和相互猜疑不可能一下子消除，大民族主义和地方民族主义思想的消极影响，也不可能在短期内完全肃清；③国际和国内的敌对势力，为分裂统一的社会主义国家，都不遗余力地挑拨民族关系，制造民族纷争。所有这些，都是各民族间产生种种矛盾，发生种种问题的基本原因。

社会主义条件下的民族问题同资本主义条件下的民族问题是根本不同的：①在资本主义社会，民族划分为根本对立的阶级，民族问题实质上是阶级斗争问题。而在社会主义条件下，由于作为阶级的剥削阶级已经消灭，民族关系基本上是各族劳动人民之间的关系，民族矛盾基本上是各族劳动人民的内部矛盾。当然，在少数情况下，由于国内外敌对势力的挑拨与介入，会使民族问题复杂化，带上阶级斗争的性质，但这只是局部的和暂时的。就总体而言，民族问题基本上是人民内部的矛盾问题，而不是阶级斗争问题。②在资本主义条件下，民族问题的主要内容是民族压迫问题，实质上是压迫民族中的统治阶级对被压迫民族中绝大多数劳动人民的压迫。而在社会主义社会，民族压迫已经消除，民族问题主要表现为由于历史原因而存在的民族之间的事实上的不平等——一些民族的经济、文化比较发达，能较充分享受政治上和法律上的平等权利；而另一些民族的经济、文化比较落后，在享受政治上和法律上的平等权利方面，实际上受到了限制，是事实上的不平等。③在资本主义条件下，民族问题的解决同社会主义革命的胜利相联系，只有通过社会主义革命，推翻了资本主义制度，消灭了作为阶级的剥削阶级，以阶级压迫为核心的民族问题才能得到解决。在社会主义条件下，民族问题的解决同社会主义建设相联系，只有通过社会主

义建设，使各民族在经济、政治和文化等方面共同发展，特别是加速发展不发达民族地区的经济、政治和文化，从而不断缩小同发达民族地区的差距，才能逐渐消除各民族之间的事实上的不平等。

对于民族问题的处理，不同的国家有不同的原则和政策。我国处理民族问题的哲学理论基础是历史唯物论。唯物史观认为，民族只有发展上的先进与落后之别，而无优劣、高低和贵贱之分；各民族都有自己的特点、长处和多方面的聪明才智，都是人类物质财富和精神财富的创造者，都对人类社会的发展和世界文化的宝库做出了自己独特的贡献。不仅如此，未来共产主义的实现，更需要各民族的共同努力奋斗，因而无产阶级的政党和国家处理民族问题的原则，只能是民族平等，共同繁荣。这一原则的基本内容是：①民族平等不仅包括多民族国家中的各民族之间的平等，而且包括世界上一切民族之间的平等。②民族平等不仅包括政治上、法律上应享有平等的权利和地位，而且这种平等还应是事实上的平等，是实实在在的共同繁荣和共同发展。③民族平等的前提是社会主义革命的胜利，实现的时间和条件是彻底消灭剥削制度和剥削阶级。

我国解决民族问题的基本政策是实行民族区域自治，即在国家统一领导下，以少数民族聚居区为基础，建立相应的自治地方，由少数民族人民当家做主，管理本民族内部的地方性事务。这一政策的实行，对于保障少数民族的平等地位，充分发挥各民族人民的社会主义积极性和创造性，保证少数民族按照自己的特点发展经济、政治和文化，加强民族团结互助、共同繁荣发展，巩固祖国的统一，促进社会主义事业的发展，都具有重大意义。这一点已为几十年的实践经验所证明。

第三节 人 民

一、人民的概念

人民的概念是人类进入阶级社会，出现了国家，形成了统治与被统治的政治关系后才产生的。人民是相对于敌人而言的，是指一定历史条件下，由那些具有共同利益和政治目标，能顺应历史潮流和推动社会发展的阶级、阶层和集团所构成的社会政治群体。人民既有量的规定性，即它占居民人口的大多数；又有质的规定性，即它对历史的发展起推动作用；同时还有其主体部分的稳定性，即它的主体部分始终是从事物质资料生产的劳动者及其知识分子。此外，人民还具有如下特点：

1. 历史性。人民是一个历史范畴，它的内容与范围随着社会历史条件的变化而变化，发展而发展。比如，在欧洲资产阶级革命时期，人民叫做"第三等级"，主要由反对封建专制统治的资产阶级、城市平民、农民和无产者所组成。在我国抗日战争时期，人民包括一切赞成抗日的阶级、阶层和社会集团；在解放战争时期，一切反对"三座大山"的阶级、阶层和社会集团均属人民的范围；在社会主义建设时期，一切赞成、拥护和参加社会主义建设事业的阶级、阶层、社会集团和个人都属于人民的范围。随着社会主义现代化建设事业的发展，祖国统一大业的完成，我国人民的范围还将进一步扩大。

2. 政治性。人民反映了一种政治关系，是若干进步的阶级和阶层为实现共同的政治目标而自然形成的一种社会群体，它不仅介入政治生活，而且对国家政治具有最终的决定意义，因此，必然是个政治范畴。人民同阶级既有区别，又有联系。其区别在于：人民本质上是一个政治范畴，其划分的标准是人们的政治立场和政治态度，即对人类进步事业的态度；而阶级虽然也是一个政治实体概念，但本质上是经济范畴，其划分的依据是人们对生产资料的占有关系。其联系在于：人民的历史内容与其阶级内容互相交叉，具有统一性的一面，人民由若干推动社会发展和历史进步的阶级、阶层所组成，因此也可以划分为若干进步的阶级和阶层。

3. 集合性。人民是一个集合体，所以人民的概念也是一个集合概念。人民是具有某种共同性的诸多个体的人组成的集合体，但集合体所具有的属性和价值，并不为其中的每个个体所具有，人民是历史的创造者，但其中的任何一个个人都不可能决定历史。所以，绝不可以把作为集合体的人民同人民的个体分子混淆起来。我们不能说人民中的某个人就是人民，而只能说他是人民的一分子。

在我国，人民、公民和国民的概念中，公民与国民的概念含义一致，是不同时期的不同提法，而人民同公民或国民则是不同的概念：①概念的性质不同，人民是政治学概念，反映一定的社会政治关系；而公民或国民则是法学概念，反映一定的法律关系。②概念的内涵不同，人民是对社会历史发展起推动作用的多数人组成的集合体；而公民则是指具有国籍，并依法享有权利和承担义务的每个人。③概念的外延不同，在人数上公民多于人民，因为敌人在个体上也是公民，只是没有完全公民权罢了。④概念所属的逻辑种类不同，人民属于集合概念，是众多个人的集合体，任何一个人都不能被称为人民；而公民是非集合概念，用于单个人。

二、人民的政治作用

人民作为一国范围内的社会群体，占国家人口的大多数。它既是国家赖以存在的基本因素，又是社会政治生活的主体，因而对国家政治生活必然具有重大的意义和决定性的作用：

1. 人民是社会物质财富的创造者，他们的物质生产是政治社会得以存在和发展的客观基础。人们要从事政治活动，首先要解决吃、穿、住、用等物质生活资料问题，所有这些问题的解决，都依赖于人民的物质生产活动；政治社会的变化、发展是由生产关系的发展变化引起的，而生产关系的变化发展又取决于人民群众的物质生产活动，所以，政治社会的变化、发展，归根到底也决定于人民的物质生产。

2. 人民（特别是知识分子）是社会精神财富的创造者，他们的精神生产深刻地影响着政治社会的发展。他们不仅在长期的斗争实践中创造了良好的政治道德、自强不息的民族意识和顺应潮流的政治价值观念，从而直接影响政治生活和政治社会的发展，而且直接或间接创造的其他精神文明成果——各门科学的成果，也介入政治领域，深化着人们的政治认识，影响着人们的政治活动，从而也影响着整个政治社会。

3. 人民是社会政治实践的主体，他们的革命斗争是推动政治社会发展的决定性力量。政治社会发展的终极原因是社会的基本矛盾运动，这种矛盾在阶级社会又集中表现为阶级斗争，而阶级斗争的主体从来就是人民群众，所以，人民群众的革命斗争，自然成为推动政治社会发展的决定性力量。人民的革命斗争，不仅迫使统治者让步，使政治社会呈现为量的发展过程，而且摧毁整个旧的政治上层建筑，建立新的国家政治制度，实现整个政治社会的质的飞跃。在特定历史条件下，推翻旧国家制度的革命，是由上升时期的剥削阶级领导的，但主力军还是人民群众。新兴剥削阶级要打垮腐朽势力，建立新的剥削阶级国家，不凭借人民群众的力量是根本不可能的。

在不同的历史条件下，人民政治作用的发挥程度和作用大小是不同的。这是由这样一些因素造成的：

1. 经济制度。在剥削制度下，人民群众深受剥削，缺少从事政治活动的经济资源，因而平时无条件发挥政治作用，处于"沉睡"状态，只是在大革命时期，才猛醒过来，表现出自己奋起革命的主动性，发挥出推动政治社会实现飞跃的巨大作用。而在社会主义的公有制度下，人民是生产资料的主人，获得了从事政治活动的经济资源，因而有充分的经济条件长期发挥建设和完善社会主义国家的政治作用。

2. 政治制度。在剥削阶级掌握政权的国家中，人民处于受压迫、受奴役的地位，根本无权或权利很少，所以平日发挥政治作用的范围十分狭小，他们的政治积极性和创造性受到极大的限制，政治作用受到摧残；只有在大革命时期，他们推倒旧政权和促成新政权的政治作用才充分发挥出来。在社会主义政治制度下，人民掌握了国家政权，享有广泛而充分的政治权利，从事政治活动的积极性和创造性充分发挥出来，因而决定国家和社会命运的政治作用也得到充分的发挥。

3. 自身政治素质。政治素质是政治思想觉悟、政治价值观念和政治行为能力的总和。人民群众的政治素质是其政治作用的内在根据，同其政治作用的大小与久暂成正比。政治素质高，政治作用大而持久，反之则小而短暂。

三、人民在资本主义政治生活中的地位与作用

在推翻封建专制制度、建立资本主义民主共和制度的斗争中，人民群众发挥了主力军作用。随着资本主义民主共和制度的建立和完善，人民群众的不断斗争和资产阶级做出一定让步，使人民群众的政治地位，较之封建时代，有了很大的改善。按照资产阶级宪法和法律的规定，公民享有政治方面的权利和财产、安全、人身自由等社会方面的权利；公民有人身、居住、财产、劳动、迁徙和订约等自由；有言论、思想、信仰、集会、结社、通讯、请愿、罢工和游行、示威等自由；有受教育、诉讼、选举和被选举等权利。随着普选权的扩大，工人政党的候选人不但被选入各级议会，还担任了一些政府机关的公职。这都表明人民的政治地位，在资本主义条件下，已有了较大提高，并呈现出逐渐提高的趋势。然而必须看到，在资本主义条件下，由于物质财富和国家政权掌握在资产阶级手里，人民群众的各项权利由于缺少实现的条件而在许多情况下流于形式，即使实现也是以资产阶级国家所允许的范围为限度的。所以，人民在资本主义国家，仍然处于被统治地位。

随着资本主义民主共和制度的逐渐完善，人民群众获得了许多发挥政治作用的有利条件。①在资本主义的民主制度和法律制度下，公民在法律上获得的自由和民主权利，为人民群众发挥政治作用，提供了合法的形式、手段和权利。②人民群众可以利用自己的合法权利，组建政党或各种社团，并开展各种活动，这是团结和教育群众，锻炼和提高群众，从而在国家政治生活中发挥更大政治作用的重要条件。③资本主义国家的普选制和代议制度，使人民群众可以在一定条件下把代表自己意愿的人选入议会，推上政府职位，为人民群众在国家政治生活中发挥更大作用，提供了一定的舞台和较多的机会。

在资本主义国家，人民群众的政治作用首先表现在政治社会的量变过程中。他们运用自己的合法权利，采用政治集会、罢工和示威、游行等形式，通过自己的合法组织、政治代表和大众传播媒介等渠道，对资产阶级政府及其政策和制度进行抨击、揭露和抗议，造成强大的经济和政治压力，乃至使政府陷入危机，迫使统治阶级进行一定的政治改良。于是政治社会就会发生量的变化，呈现出渐进发展的状态。人民群众的政治作用突出地表现在资本主义制度向社会主义制度的过渡时期。在马列主义政党的领导下，人民群众浴血奋战，砸碎旧

的国家机器，建立无产阶级国家政权，使少数人专政的政治社会被多数人专政的政治社会所代替。社会主义国家政权，是用劳动人民的鲜血和生命换来的，因此，只能属于人民，当然也只能用于为人民谋利益。

四、人民在社会主义国家中的地位与政治作用

在社会主义国家，人民群众的政治地位发生了根本变化，人民第一次成为整个国家的主人。人民的主人翁地位，不仅为宪法和法律所确认，而且有物质上和政治上的可靠保证。人民群众在社会主义国家的主人翁地位，主要表现在三个方面：

1. 全体人民对社会生产资料拥有不同形式的所有权、支配权和在此基础上的对于国家与社会公共事务的各种管理权。人民对生产资料拥有的所有权和支配权是社会主义国家人民当家做主的物质基础。人民正是由于获得了这些经济权力，才在社会政治生活中处于主人翁地位，享有管理国家和社会公共事务的政治权力。人民的政治权力在于：国家的宪法和法律明确规定，社会主义国家一切权力属于人民，人民是国家一切权力的源泉；人民选举并通过自己的代议机构行使国家权力；人民有权监督和罢免国家机关及其公职人员，而国家机关及其工作人员则必须接受人民的监督，向人民代议机关报告工作；人民还采取各种形式，通过各种渠道，直接或间接参与国家的经济、文化和社会事务的管理。

2. 人民群众的根本利益是党和国家活动的逻辑起点和实践归宿。在社会主义国家，党和国家机关都是人民的政治代表，它们的使命是支持和保证人民当家做主，领导和组织人民实现自己的根本利益，不断满足人民群众日益增长的物质生活和文化生活的要求。因此，只要还是马列主义政党和社会主义的国家机关，就必然也必须把自己的一切活动置于人民的利益之下，倾听人民的呼声，适时制定符合人民利益的路线、方针和政策，并把它们变成客观现实，把人民的利益落到实处。

3. 人民群众是整个国家和社会活动的主体。他们在社会主义国家，除通过代表自己的国家机关行使当家作主的权利外，还建立了共青团、妇女联合会、工会、文化学术团体等社团组织，并通过社团活动，使各界群众的主人翁地位得到广泛的实现。

社会主义国家人民的主人翁地位，是由宪法和法律赋予的公民的权利与义务来保障实现的。公民的权利与义务，是在一切权力属于人民的原则下，根据全体人民的共同意志和根本利益来规定的。根据我国宪法和法律的规定，我国公民的基本权利是：民主参政权——凡符合宪法规定的公民，都享有选举权和被选举权、管理和监督国家与社会事务的各项民主权利。社会政治自由权——

公民在宪法和法律规定的范围内，享有人身、思想、信仰、言论、出版、通讯、结社、集会、游行、示威和文艺创作与科学研究等自由。地位平等权——凡属公民，一律平等地享有宪法和法律规定的权利，任何组织与个人不论以何种理由，都不享有超越宪法和法律之上的特权，法律面前人人平等。享受社会公益与福利的权利——凡公民一律享有劳动、休息、教育、保健医疗、文化娱乐、社会保险、物质帮助，以及妇女、婚姻、家庭和老幼受国家保护等权利。社会政治保障权——公民为着国家、集体、他人和自己的各种合法权益不受损害，享有建议、批评、申诉、检举、控告的权利，以及诉讼辩护和要求赔偿损失的权利。与此相对应，公民还必须履行宪法和法律规定的义务：遵守宪法和法律，维护国家统一和民族团结，保守国家机密，爱护公共财产，遵守劳动纪律，遵守公共秩序，遵守社会公德，尊重他人合法权益，维护国家的安全、荣誉和利益，依法服兵役、保卫祖国、抵抗外敌，以及依法纳税等。公民的权利与义务是相互平等和彼此统一的，绝不允许多享权利，少尽义务，更不允许只要权利，不尽义务。公民权利与义务的统一性，是由国家和人民根本利益的一致性决定的。国家活动的目的在于满足人民群众日益增长的物质和文化生活需要，国家只有保障人民的权利，才能调动人民群众的积极性和创造性，才能实现自己的目的。同时，人民只有切实履行自己的义务，使国家富强起来，健康发展，才能实现自己的利益。国家与公民利益的这种一致性，是公民的权利与义务相统一的客观基础。

在社会主义条件下，由于人民是国家的主人，其主人翁地位受法定的公民权利与义务的保障，所以，他们的历史主动性、巨大的积极性和空前的首创精神，极大地焕发出来，从而在国家政治生活中发挥了巨大的政治作用。人民的政治作用在于：

1. 人民在社会主义国家担负着管理国家和社会公共事务的历史任务。其表现是：按照法定程序，通过直接或间接方式，把人民中的优秀分子选入各类各级国家机关，代表人民管理国家和社会事务；对国家机关及其工作人员实行广泛的监督，依法弹劾和罢免各种以权谋私和腐败变质分子；对政府工作发表意见，提出建议，参与政策的制定和执行，从而保证人民政府的人民性，促进社会主义事业健康发展。

2. 人民在社会主义物质文明和精神文明的建设中，发挥着主力军作用。人民群众作为社会主义物质文明的创造者，以主人翁的态度，艰苦创业的精神，积极生产，改善管理，革新技术，大力提高劳动生产率，从而为社会主义国家政权的巩固和发展创造雄厚的物质基础。他们以马克思主义为指导，努力发展科学文化教育事业，培植社会主义的新思想、新道德、新文化，从而为社会主义国家的巩固和发展，创造了良好的精神条件和文化环境。

3. 人民群众是促进社会主义改革事业的推动力。社会主义是通过适时的改革而趋于完善和不断进步的，因而以马克思主义为指导，进行有领导、有计划的社会改革，是社会主义国家自我发展的一项重要事业。社会主义的改革事业是人民的事业。改革只有符合人民群众的要求和共同利益，有人民群众的广泛参与，才能做到革故鼎新，兴利除弊，使社会主义充满活力，不断发展。

4. 人民群众还是社会主义国家的捍卫者。他们作为国家的主人，以高度的爱国主义精神，担负着抵御外敌入侵，捍卫国家主权，保卫社会主义事业和国家神圣领土的重任。

人民群众的政治地位和政治作用的充分实现，不仅决定于各国的政治、经济条件，而且决定于人民群众自身的政治素质。政治素质是政治意识和政治行为能力的统一，是人民群众成为国家主人和发挥其政治作用的内在根据。所以，加强人民群众的政治修养，提高他们的政治素质，对人民充分实现其政治地位和政治作用具有特别重要的意义。从我国的情况看，提高人民群众的政治素质，主要包括这样一些内容：①提高政治觉悟和政治理论水平，使人民群众能够对社会主义政治有一个比较全面而系统的正确认识；能够用正确的社会主义、集体主义和爱国主义的价值观念，去处理国家、集体和个人的利益关系；能够用社会主义的民主政治理论，指导自己的政治行为，推进民主政治建设。②提高公民意识，使人民群众树立主人翁的责任感和社会主义法制观念，能够正确行使公民权利，切实履行公民义务，推进社会主义的法制建设。③提高政治道德水平，使人民群众能够自觉运用社会主义的政治道德原则规范自己的政治行为，能够做到实事求是，说真话、办实事；能够廉洁奉公，勇敢抵制不止之风；能够顾全大局，正确处理人民内部矛盾；能够团结合作，遵守社会主义的人道主义原则。

提高人民群众的政治素质，是一项艰巨而复杂的系统工程，必须做好这样几项工作：大力发展社会生产力，为提高人民群众的政治素质提供物质基础；大力发展文化教育事业，为提高人民群众的政治素质创造必要的文化条件；进行马克思主义的政治学和法学教育，为人民群众提高政治素质，提供科学的理论指导；大力发扬民主，为人民群众参政议政提供机会，使人民群众在切身的政治实践活动中提高政治素质。

关键概念

政治群体；阶级；阶层；知识分子阶层；民族；古代民族；现代民族；民

族区域自治；人民；公民

思考题

1. 何谓政治群体？政治群体主要有哪些类型？
2. 简述阶级的本质和基本特征。
3. 谈谈你对我国当前阶层划分的看法。
4. 阶级在政治社会中的地位和作用是什么？
5. 简述民族的概念与基本特征。
6. 试述民族与国家的互动关系。
7. 我国解决民族问题的基本政策是什么？
8. 简述人民的概念与特点。
9. 人民的政治作用主要表现在哪些方面？
10. 请谈谈你对"人民群众在社会主义国家的主人翁地位"的理解。

第 2 章 政治组织

政治组织是政治群体为了通过政治权力维护和实现其根本利益而在一定思想指导下，按照一定的宗旨和规则建立的集体。政治组织一般都有共同的利益目标、特定的成员和组织制度以及活动方式。国家、政党和政治社团是现代政治社会中最重要的政治组织。其中，国家是政治生活的核心和最重要、最根本的政治组织；政党是旨在夺取和执掌国家政权以实现其政治纲领的政治组织；政治社团则是极力通过影响国家政权以争取和维护本团体根本利益的政治组织。这三者的有机结合，构成了现代社会政治体系的基本内容，也是社会政治体系得以发挥其作用的根本原因。

第一节 国 家

国家是最基本、最重要的政治现象和政治主体之一，也是一切政治活动的核心和主题，任何政治现象都与国家密不可分。因此，国家便成为政治学研究的基本课题。

由于国家是政治上层建筑的核心，因而从它产生之日起，就成为人们关注和探索的重要对象。但究竟什么是国家？其本质何在？它发挥着什么样的作用？自其产生以后是否会永世长存？针对这一系列的问题，不同阶级，甚至同一阶级中不同派别的思想家都有不同的回答，以致国家问题日趋复杂化。

有鉴于此，我们先抛开各种各样的国家定义，试从源头上，也就是国家的起源上来探讨有关国家的一些实质性问题，并揭示其发展演变的内在规律。

一、国家的起源、演进及其消亡

我们知道，国家作为一种政治现象，并不是从来就有的，而是社会发展到一定历史阶段才出现的。人类历史至今已有三百多万年之久，而国家产生以来的历史只不过五千余年。

那么，国家是怎样产生的？为什么会产生国家？国家有没有自身发展、演变的规律呢？这是我们首先要面对的问题。

(一) 国家的起源

1. 关于国家起源的各种推断。

(1) 君权神授论。这种理论认为，国家来源于神，是根据神的意志建立的，君主是秉承神的意志来行使权力，治理国家的。这在中国和西方的奴隶与封建社会都颇为流行。例如，中国古代认为君主的权力"受命于天"，皇帝被称为"天子"，所以有"奉天承运"之说。而古埃及的法老自称为"太阳的儿子"；古巴比伦王国的汉谟拉比法典则宣称自己的权力是太阳神授予的等。君权神授论凭借宗教的势力和影响，把剥削阶级国家说成是神的意志的体现，以此来迷惑人民群众对国家阶级本质的认识，具有极大的欺骗性。

(2) 社会契约论。这种理论认为，在国家产生之前，人类社会处于原始的自然状态之下，为了避免自然状态下的混乱无序和生活的不便，人们自动地在某种契约下集合起来，形成组织，组成国家和政府，将各自的权力让渡给国家，由国家协调，互通有无。这是西方资产阶级革命时期占主导地位的国家起源理论，英国16、17世纪之交的哲学家霍布斯，是契约理论的首倡者，主要代表人物还有洛克、卢梭等人。契约说的核心是人们在自然状态下是可以沟通与合作的，沟通与合作，需要达成契约，于是产生了国家。社会契约论在历史上曾起过一定的进步作用，因为它将政府视为人民共同意志的体现，认为政府的权力来源于人民的约定，是一种天赋人权、主权在民的思想，具有反封建、反神权的积极意义。但这种理论无法回答人们在什么时候、什么地方签订过社会契约；当原始人对国家和法律一无所知时，怎么能够想到签订这方面的契约。所以这是一种没有事实根据的非科学理论。

(3) 暴力征服论。这种理论的主要代表人物有德国的杜林、奥地利的巩普洛维奇以及俄国的考茨基等，他们认为，国家起源于掠夺和征服，是人对人使用暴力的结果。在具有一定发展水平的部族之间，必定存在资源的争夺，正如恩格斯所说："他们是野蛮人，进行掠夺在他们看来是比进行创造的劳动更容易甚至更荣誉的事情。"[1] 而在农业和非农业部族之间，发生战争的可能性，几乎大到不可避免的程度，无论是防止外敌入侵的掠夺，还是通过征服、兼并等方式进一步获取资源，都要完善自己的组织形式，强化武装力量，在此基础上产生了国家。我们说，暴力或战争虽在一定条件下对国家的形成起过促进作用，但如果没有内部经济发展的要求，没有阶级矛盾的不可调和，单纯的暴力是不

---

[1]《马克思恩格斯选集》第4卷，人民出版社1995年版，第164页。

会产生国家的。

除上述几种理论之外,阐述国家起源问题的还有贸易论、水利灌溉论、圣人造福论等多种推断,这些理论不懂得国家的产生是社会内部矛盾发展的必然结果,不懂得国家的起源与阶级及阶级斗争的关系,因而难以得出关于国家起源的令人信服的科学结论。

2. 马克思主义对国家起源的研判。我们知道,在漫长的原始社会,没有阶级,也没有国家,整个社会是以血缘关系为主要纽带联结起来的。由于当时人类的生产能力极其低下,对各种自然威胁几乎是无能为力,一两个人根本无法单独生产或生活,只有依靠群体的力量,才能获得一些最基本的生活资料,并抵御猛兽或其他自然灾害的侵袭。人们为能存活,只能相互依赖,共同劳动,共同消费,生产资料也为全体氏族成员所共有。人们在共同的产生劳动中形成了互助合作的关系,不存在根本的利害冲突,所以对社会公共事务的管理以及对社会关系的调节都极其简单,无须专门的公共权力机构来承担。

在原始民主制下,氏族的一切重大问题均由氏族成员共同讨论解决,氏族首领只具有道德上的权威,而无特权,即他们的权威主要来自于社会自发的、普遍的尊敬。他们实际上充当的是社会名义上的代表者;生产、狩猎活动的建议者;发生各种可能纠纷的调停人之类的角色。他们对其他社会成员并无强制性的权力,其他社会成员对他们也没有一定要服从的义务。氏族的所有成员都是平等的,人人享有平等的权利,没有军队、警察、监狱、法庭等暴力机关。

这种原始民主制的社会管理形式,与后来的国家管理形式有着本质的区别:

(1) 这种管理所依靠的是管理者的威信和被管理者服从的自觉性,而不是依靠强制的力量。

(2) 它是全体氏族成员共同享有的民主制度,而不是国家产生后特定阶级的民主制度。由于在氏族内部,生产资料属于全体社会成员共有,这就决定了人与人之间的平等关系,全体社会成员可以平等地、真正地享有各种民主权利。而不像国家出现后特定阶级的民主制度只是相对于特定阶级而言才是真实的。

(3) 这种管理所拥有的权力是处于社会之中的,而不像国家权力那样是凌驾于社会之上的。这是因为氏族的范围小,生产工具简陋,组织管理简单,无须专人管理;况且,低下的生产力水平也供养不起专门的管理者;同时,氏族首领也没有自己的特殊利益,这些就决定了原始民主制中的氏族首领,不可能成为特权人物而凌驾于社会之上。

经过上述对比分析,恩格斯指出:"文明国家的一个最微不足道的警察,都拥有比氏族社会的全部机构加在一起还要大的权威;但是文明时代最有势力的王公和最伟大的国家要人或统帅,也可能要羡慕最平凡的氏族酋长所享有的,不是用强迫的手段获得的，无可争辩的尊敬。后者是站在社会之中，而前者却不得不企图成为一种处于社会之外和社会之上的东西。"[1]

尽管原始社会没有剥削，没有压迫，但它绝不是人类的所谓"黄金时代"，异常艰苦的生活，导致了极短的寿命，相关考古资料证实，仅死于14岁以下的儿童就占了40%左右，这说明所谓的原始共产主义社会并不是人类高觉悟的产物，而是落后的生产力逼迫人们不得不过那种方式的生活。

到了原始社会末期，随着生产工具的发展和劳动生产率的提高，社会生产不再需要依靠集体的力量来进行。于是，原始的集体劳动逐渐让位于家庭的个体劳动。与此相适应，生产资料和劳动产品的原始公有制也必然要让位于家庭私有制。家庭便成为社会生产的基本单位。家庭私有制刺激了人们的生产积极性，开始出现了剩余产品，而剩余产品只有通过交换，才能获取生活必需品之外的享受物品。这又推动了社会大分工的出现，使畜牧业、手工业、商业先后从农业中分离了出来。从事不同职业的人都需要生产出剩余产品来换取享受物品，那么剩余物品就成为一种常态，也成了人们过上舒适生活的根本途径。于是，氏族部落里的酋长、军事首领、宗教贵族等就打起了剩余产品的主意，他们利用自己的地位和便利条件，千方百计地把剩余财富和优质生产资料据为己有，把战俘、贫穷以及负债的人变为自己的劳动力。这样一来，阶级产生的两个基本条件——剩余产品和私有制就都具备了。整个社会分化为奴隶主和奴隶阶级已不可避免，而社会一旦有了巨大的利益分化和利益对立的阵营，国家的产生也就水到渠成了。

奴隶主阶级迫使奴隶从事各种繁重的体力劳动，无偿占有他们创造的大量社会财富，这必然会激起奴隶的强烈不满和激烈的反抗。这种日益激化的阶级矛盾已无法用原始社会氏族首领的威望和传统习惯来调节和解决。奴隶主阶级为维护自己在经济上的既得利益，并协调本阶级内部的利益关系，就建立起一套专门从事阶级压迫和社会管理的暴力机构，以便有效地镇压奴隶的反抗斗争，维护和巩固有利于本阶级的新的社会秩序，于是，一种特殊的"公共权力"——国家便应运而生了。

最早认识到这一社会现象的是法国18世纪的启蒙思想家、哲学家卢梭（1712年~1778年），他认为在国家产生之前，人已经分为穷人和富人，富人为了结束由于财产占有不公所导致的人与人之间的"战争状态"，创建了国家与政府，使之为富人服务。马克思、恩格斯则将穷人与富人的冲突强化到阶级斗争

---

[1]《马克思恩格斯选集》第4卷，人民出版社1972年版，第172页。

的境地，认为人从原始社会走出来，是因为生产力的发展导致了社会剩余的出现，结果社会分化出了阶级，其中一个阶级可以占有另一个阶级的产品，富人为了维护这种状态，于是创建了国家机器。恩格斯据此指出："国家是社会在一定发展阶段上的产物；国家是表示：这个社会陷入了不可解决的自我矛盾，分裂为不可调和的对立面而又无力摆脱这些对立面。而为了使这些对立面，这些经济利益互相冲突的阶级，不致在无谓的斗争中把自己和社会消灭，就需要有一种表面上凌驾于社会之上的力量，这种力量应当缓和冲突，把冲突保持在'秩序'的范围以内；这种从社会中产生但又自居于社会之上并且日益同社会脱离的力量，就是国家。"[1]

由此可见，国家是社会固有的基本矛盾发展的结果，是阶级矛盾不可调和的产物，是阶级压迫的工具。任何企图脱离阶级和阶级斗争来说明国家起源的理论和观点都不可能揭示出国家产生的真正原因。那些试图用"全民的"、"超阶级的"国家来掩盖资本主义国家阶级压迫实质的说教，更是骗人的鬼话！

（二）国家的演进与消亡

1. 演进。马克思主义认为，国家作为一种历史现象，有其自身运动、变化、发展的轨迹和规律。国家的历史演变是由社会基本矛盾，即生产力与生产关系、经济基础与上层建筑的矛盾运动决定的。生产关系一定要适合生产力状况的规律以及上层建筑一定要适合经济基础状况的规律，是人类社会发展的基本规律。其中，生产力是社会发展的最终决定力量。当社会生产力发展到一定阶段，必然要同现存的社会生产关系发生矛盾。当生产关系不再适应生产力状况而阻碍生产力的进一步发展时，生产力必然要求对这种生产关系进行变革。生产关系或者说经济基础的变革，必然引起上层建筑的相应变革。于是，代表生产力发展要求的新兴阶级通过社会革命或社会改革，推翻旧的统治阶级，取得国家政权，使社会基本矛盾得以解决并在新的基础上重新展开。

按照国家赖以建立的经济基础和阶级本质的不同，我们可以把人类有史以来国家演进的历程划分为奴隶制国家、封建制国家、资本主义国家和社会主义国家四种基本类型。

2. 消亡。就像国家的产生是一种历史的必然一样，国家最终也必将随着历史的进一步发展而渐趋消亡。由于国家是阶级矛盾不可调和的产物和表现，当生产力高度发展之后，作为贫富分化标志的阶级消灭，国家也必然随之消亡。恩格斯对此预言说："阶级不可避免地要消失，正如它们从前不可避免地产生一

---

[1]《马克思恩格斯选集》第4卷，人民出版社1972年版，第166页。

样，随着阶级的消失，国家也不可避免地要消失。以生产者自由平等的联合体为基础的、按新方式来组织生产的社会，将把全部国家机器放到它应该去的地方，即放到古物陈列馆去，同纺车和青铜斧陈列在一起。"[1] 不过，这将是一个十分漫长而曲折的过程，或者说是一个只可无限接近但却很难实现的目标。

二、国家的本质与职能

国家的本质问题，是政治学的一个核心问题，政治学中其他基本问题的解决，都在不同程度上依赖于对国家本质的正确理解。与国家本质问题密切相连的是国家的职能问题。国家的本质决定国家的职能，国家职能集中地反映国家的本质。

（一）国家的本质

在两千多年的政治学发展史上，出现了各种不同的国家概念，正如列宁所指出的那样："目前几乎所有的政治争论、分歧和意见，都是围绕着国家这一概念的。"[2] 所谓国家的概念，就是要求对国家的本质进行科学、准确的概括和揭示。但旧政治学对待国家的本质就像对待国家的起源一样，总是把国家说成是超阶级的或非阶级的国家，把剥削阶级国家冒充为代表全民利益的社会组织，从而使国家的根本性质被有意无意地掩盖或者歪曲了。

1. 关于国家本质的几种代表性论述。

（1）把国家理解为社会共同体或联合体。古希腊的亚里士多德认为，国家是许多家庭及村落为了完善的和自治的生活而组织起来的联合体。古罗马的西塞罗也认为，国家是由许多社会团体，基于共同的权利意识及利益互享的观念而结合成的组织体。近代德国的康德则认为，国家是许多人依据法律组织起来的联合体等。这些观点把国家看成人们为了特定的目的而在一起生活的群体。这仅仅涉及了国家的表面社会特征，据此是无法把国家与氏族、部落等社会群体区别开来的。

（2）把国家理解为社会管理的组织。古希腊的柏拉图最早把国家视为一种管理组织。他主张由专门从事社会管理的人作为第一等级，由哲学家来管理国家。法国的狄骥也认为，国家是一种人群组织，在这组织中，人群有治者与被治者之分。这些观点看到了国家生活中管理与统治的一面，但却未能指出这种管理与统治的阶级根源与实质，因而没有正确揭示国家的本质。

（3）把国家理解为由领土、人民、主权所构成的社会共同体。这可从"国"字谈起，我们知道，"国"，最初作"或"，为荷戈守卫土地、人口之意，实际上

---

[1]《马克思恩格斯选集》第4卷，人民出版社1972年版，第174页。
[2]《列宁选集》第4卷，人民出版社1972年版，第36页。

是指有着固定居住人口的城邦，而对于当时的每个城邦国家来说，它们无疑是有一定疆域的，但同时又是无疆域的，因为其所控制的农耕面积没有什么明确的边界，而是随着农夫的开垦能力而扩张，也随着加入城邦部落成员的增多而拓展。围绕着中心城邦，王朝的地域从理论上讲可以无限延伸，由于那时人们缺乏地理知识，还不知道自己居住的地方只是一个局部的地域范围，所以，就没有给"国"一个严格的边界，没有将它框起来。后来，随着人们地理知识的增加，才给"国"划定了相应的疆界，将其框了起来。这是从政治地理学意义上理解国家的，认为国家是在一定的领土内由一定的人民组成的一个需要捍卫主权的社会共同体。

现代西方也流行着从这个角度对国家的理解，即所谓著名的"国家三要素说"。这种观点从国家的构成要素出发界定国家，抓住了国家和其他社会共同体或社会管理组织的不同之处，但却混淆了国家与国度的区别，抹杀了国家的阶级属性，同样未能揭示出国家的本质属性。

上述关于国家的概念分别从不同角度一定程度地揭示出了国家的某些外在的、浅层的或非本质的属性与特征，虽有其合理的成分，但却都没有揭示出国家的根本属性即阶级属性，因而都具有片面性。

2. 马克思主义对国家本质的揭示。马克思主义从国家产生的阶级根源和经济根源入手，科学、准确地揭示了国家的本质。恩格斯说，国家"照例是最强大的，在经济上占统治地位的阶级（的）国家，这个阶级借助于国家而在政治上也成为占统治地位的阶级，因而获得了镇压和剥削被压迫阶级的新手段"[1]。列宁也指出："国家是维护一个阶级对另一个阶级的统治的机器。……是一个阶级压迫另一个阶级的机器，是迫使一切从属的阶级服从于一个阶级的机器。"[2]这都清楚地告诉我们：国家是经济上占支配地位的阶级进行阶级统治的机器。

既然国家主要是阶级压迫的工具，人们为什么不千方百计地摆脱它呢？当然，人们试图摆脱的做法也是有的，但并不是人人都想摆脱。原因在于虽然阶级性是国家的根本属性，但并不是它的全部属性。我们说，阶级分化固然是国家产生的决定因素，但并非唯一的原因，国家也绝非仅仅是阶级压迫的工具。从国家的起源上不难看出，对于城邦国家的低阶层民众而言，国家机器虽然在压迫他们，但也起着保护他们的作用，他们对于国家臣服和归顺的意向，远远大于叛逆之心。因为在那个时代，脱离了城邦保护的家族或宗族都是难以生存的。灌溉、贸易需要国家组织创造条件，人身安全也需要国家保护等。这就引

---

〔1〕《马克思恩格斯选集》第4卷，人民出版社1972年版，第168页。
〔2〕《列宁选集》第4卷，人民出版社1972年版，第48页。

出了国家的另一个属性——社会属性,即管理社会公共事务的职责。而且随着国家形态的演进,国家管理社会公共事务,维持社会公共秩序,组织社会经济文化建设作用的属性越来越凸显出来。

但这却并不会否定或掩盖国家的阶级本质,因为国家行使这些职能的最终目的,并不是,也不可能是为了整个社会或"全民"的利益,而只是为了统治阶级自身的根本利益,使整个社会运行在有利于统治阶级的特定秩序之内,以巩固其统治地位。以调整行为规范的法律为例,它追求公平、正义的原则,是国家管理社会公共事务的主要依据。表面上看它凌驾于社会之上,要求所有社会成员都要严格依法办事,甚至宣扬法律面前人人平等,对统治阶级内部触犯法律者也要依法制裁,似乎不偏不倚,一视同仁。但实际上,法律规范本身就是统治阶级意志的体现,贯穿或渗透着阶级压迫的基本精神。至于对统治阶级内部一些害群之马的惩治,只是因为他们损害了统治阶级的整体利益和根本利益,妨害了统治阶级更好地对被统治阶级的统治,这与对被统治阶级的镇压是性质不同的两码事,故不能据此而否认国家法律的阶级性。社会主义国家尽管仍然进行阶级统治,但由于它在本质上代表了更广大人民的根本利益,故在管理社会公共事务、维护社会公共秩序、组织社会经济和文化建设的职责上,比其他一切剥削阶级国家都更加突出。

(二) 国家的职能

国家职能是国家为实现其基本目的和使命而担负的职责和功能。国家职能是国家本质的内在要求和具体表现,国家本质决定了国家职能的性质、基本内容和实施方式。

1. 国家职能的共性。尽管不同类型的国家所承担的任务和所起的作用不尽相同,甚至国家的具体职能也各有特点,但是任何国家都具有政治统治和社会管理两大基本职能。

国家的政治统治职能是指国家运用暴力、法制等特殊的强制力,控制、镇压被统治阶级及其一切破坏分子反抗的职能。这种职能是由国家的阶级本质决定的,具有鲜明的阶级性。

国家的社会管理职能是指国家对经济、科学文化教育、公共福利等社会公共事务的管理。它同样体现了国家的本质。因为对社会公共事务的管理必须服从和服务于统治阶级的利益和意志,受着统治阶级制定的根本政治、法律等制度的制约。

国家的政治统治职能和社会管理职能是相互依存,密不可分的:一方面,社会管理职能是政治统治职能的基础,因为,只有有效地实现了社会管理职能,国家政权才能巩固和强大有力,政治统治才能稳固和延续。另一方面,政治统治职能又是社会管理职能的前提。因为，国家只有有效地镇压敌对阶级和破坏分子的反抗，才能保持社会秩序的稳定，从而有效地实现社会管理职能。

对国家的这两种基本职能，我们应该全面、辩证地去理解。既要看到国家区别于无阶级社会的社会管理机关的本质特征，认清国家是阶级统治的工具。同时也不要把国家的阶级统治职能绝对化，把其当做国家的唯一职能。更不能因为承认国家具有多方面的社会管理职能，从而否认国家作为阶级统治工具的本质。

在此基础上，我们还应以历史的、发展的眼光来看待国家的这两种基本职能。从理论上讲，社会管理职能存在的前提是社会的存在，而政治统治职能存在的前提则是国家的存在。

具体来讲，国家的政治统治职能一般包括两方面的内容：一是镇压被统治阶级的反抗；二是调整统治阶级内部的矛盾和利益关系。

而国家的社会管理职能因社会公共事务的复杂多样而涉及社会生活的方方面面，诸如组织社会产生、维持社会秩序、发展科学文化教育事业，治理生态环境等。在诸多的社会管理职能中，经济职能居于核心地位，这是因为经济是政治的基础。

政治统治职能和社会管理职能主要是从国家活动的性质和方式的角度来划分的，通常，人们还可以从国家活动的不同指向的角度将国家职能划分为对内职能和对外职能两大部分。

对内职能的主要任务是实行社会控制，以求得经济发展、社会稳定。

对外职能的主要任务是防御外来侵略，保卫国家安全，调整国家之间的关系。

国家的对内职能和对外职能也是密切联系，相互作用的。一方面，只有有效发挥国家的对内职能，才能稳定国内政治局势，增强国家经济、政治实力，为顺利实现对外职能提供政治经济前提和军事实力方面的后盾（弱国无外交）；另一方面，国家对外职能的有效实施，可以为本国创造有利的国际环境，提高本国的国际地位，从而促进国家对内职能的顺利实施。

国家的上述职能是各种类型的国家都共同具有的一般职能，体现了国家职能的共性。在不同类型的国家和不同的历史时期，国家职能的具体表现形式和侧重点又有所不同，这又显示了国家职能的个性特点。

2. 国家职能的个性特点。

（1）不同类型国家职能的侧重点有所不同。一般说来，剥削阶级国家对内职能侧重于政治统治方面，主要采用暴力手段镇压劳动人民的反抗斗争，以维护剥削阶级的私有制，同时也制定和推行有利于剥削阶级利益的政策法令，营造和维护有利于本阶级的统治秩序。社会主义国家则侧重于社会管理方面，把发展生产力，组织、领导经济文化建设作为国家的主要任务和中心工作，同时对极少数敌对分子的破坏、捣乱活动也要依法进行镇压和制裁。

在对外职能方面，除维护本国领土、主权不受外敌侵犯之外，剥削阶级国家还热衷于推行侵略扩张的殖民政策，只要有可能，就极力对别国进行侵略和掠夺。社会主义国家则坚持无产阶级的国际主义原则，支持各国被压迫民族和人民反对殖民主义和霸权主义的正义斗争，在独立、平等、互利的基础上加强与各国人民的友好往来，保卫世界和平，促进共同发展。

（2）同一类型国家在不同历史时期的具体职能有所不同。对人民民主专政的国家来说，在生产资料的社会主义改造完成之前，国家主要是加强对反动阶级的反抗破坏活动进行镇压，以保证社会主义改造的顺利进行。在社会主义经济基础确立之后，应不失时机地将工作重点转入以经济建设为中心的轨道，大力发展生产力。

对剥削阶级国家来说，在小农经济占统治地位的奴隶制和封建制国家，政治统治职能压倒一切，社会的管理职能一直居于次要地位；在商品经济占主导地位的近现代，资本主义国家的社会管理职能则日渐突出，特别是进入垄断资本主义阶段之后，国家已经由已往对经济的自由放任，逐渐转变为对社会经济、政治、文化领域的全面干预。

在对外政策方面，资本主义国家也由以前对社会主义国家的武装干涉和侵略，逐渐转化为和平演变和武力威胁双管齐下；二战后，特别是20世纪80年代以来，则主要采用和平演变的手法，企图达到不战而胜的目的。

（3）国家职能随着国内外政治形势的变化而有所不同。就国内形势来说，在阶级斗争尖锐，政局动荡时，政治统治职能就格外突出；在政局平稳，社会相对稳定时，社会管理职能的地位就会提升。一般情况下，国内职能是主要的，但在遭遇外敌入侵，民族矛盾上升为主要矛盾时，对外职能便可能成为国家的主要职能。

国家职能的具体表现形式是复杂多变的，但并非杂乱无章，而是有其规律性的。从总的历史发展趋势看，国家的政治统治职能在逐步趋于弱化，社会管理职能则不断扩张；一旦后者完全取代前者而成为国家的唯一职能，国家也便逐渐走向了衰亡。

三、国家政权的组织形式与结构形式

我们知道，任何事物都是内容与形式的有机统一体，国家也不例外，其内容就是其阶级压迫的本质即国体，其形式则是实现其阶级统治的具体表现形式，主要包括政权组织形式即政体以及国家结构形式。内容决定形式并通过一定的形式表现出来，形式表现内容并反作用于内容。因此，马克思主义不仅重视对国家内容的揭示，而且还注重对国家形式的研究。

（一）国家政权的组织形式

1. 国体与政体。所谓国体，就是国家的阶级性质，是指"社会各阶级在国家中的地位"。它表明在国家生活中，哪个阶级处于统治地位，哪个阶级处于被统治地位。所谓政体，则是国家政权的组织形式，是指一个国家的统治阶级采取什么样的组织形式组成反对敌对势力维护自身利益的政权机关，特别是国家的最高权力机关。

根据国家的阶级性质即国体的不同，可以把国家划分为奴隶主阶级专政、封建主阶级专政、资产阶级专政、无产阶级专政这四种基本类型。而前三者又可统称为剥削阶级专政的国家。可见，国体为国家的分类提供了科学的依据。

而根据政体的不同，主要是根据最高国家权力执掌者的人数及其产生方式和任职期限的不同，则可以将古往今来的国家政体总体上划分为君主政体与共和政体两大类。君主政体一般由君主执掌最高国家权力，君主通常世袭并终身任职。共和政体一般由若干人共同执掌最高国家权力，他们由选举产生并有任期限制。

2. 国体与政体的关系。国体和政体的关系是内容和形式的关系，是同一个事物的两个不同方面。

一方面，国体决定政体，国家的阶级性质决定着国家政权所要采取的组织形式。任何政体的选择，都必须与国体相适应，必须符合阶级统治的需要。也就是说，在二者的关系中，国体起着主导的决定作用。

另一方面，政体也并非完全消极被动的适应，它可以反作用于国体，并具有相对的独立性。就是说，如果政体选择得当，就能够起到巩固和发展国体的作用；反之，则会影响阶级统治的顺利实现。

还需说明的是，国体对政体的决定作用是根本性的，但并不具有唯一性。具体的历史条件、经济生活方式、文化传统、民族构成以及政治力量的对比和国际环境等因素也影响着具体国家和不同历史发展阶段中具体政体的选择和采用。因此，阶级性质相同的国家其政权组织形式可能不同，如同属资产阶级专政的国家，美、法等国实行共和制，而英、日等国则采用君主立宪制；反之，阶级性质不同的国家其政权组织形式却可能相同，如奴隶制国家采用过的君主制政体，也为封建制和一些资本主义国家所沿袭；广泛存在于资产阶级专政国家的共和制政体，不仅为社会主义国家所普遍采用，还曾是中世纪城邦国家和古希腊奴隶制国家曾采用的政权组织形式。甚至还有国体未变的同一国家，在不同的历史时期，竟选择了不同的政体。如有些资本主义国家曾交替使用过民主共和制和君主立宪制。这些情况充分说明了政体的相对独立性和丰富多彩性。

由于政体形式的多样性，这就需要对其加以分类，进行比较分析，以供择优选用。马克思主义认为对政权组织形式的分类不能脱离对阶级统治性质的分析，因此，首先依据国体的不同将各种政体形式划分为剥削阶级国家政体和社会主义国家政体两大类，在此基础上，又将各种政体划分为君主制政体与共和制政体两大类。

3. 剥削阶级国家的政体。剥削阶级国家的政体有君主制和共和制两大类型。按照君主的实际权限，君主政体又可以分为专制君主政体和立宪君主政体。而依据时代特征和民主程度，共和制则可以分为贵族共和制与民主共和制两种基本类型。

（1）专制君主制。专制君主制又称绝对君主制，这是奴隶与封建制国家普遍采用的政体形式。其主要特征是君主独自掌握最高统治权，拥有绝对的、任何机关和个人无法对其施加实质性制约与限制的权力。这种政体形式出现于奴隶社会，到封建社会日趋完善，并与中央集权制紧密地结合在一起，成为典型的、极为普遍的政权组织形式。中国封建社会历代王朝都实行的是专制君主制，西欧各国在封建社会末期也都发展成为专制君主制国家。

专制君主制有两个变种：一是等级君主制，由僧侣、贵族、商人、市民等组成等级会议成为君主的咨询机关，用以协调社会利益矛盾；二是贵族君主制，君主名义上是最高统治者，实际上却受到贵族的牵制和操纵。

（2）立宪君主制。立宪君主制亦称有限君主制，这是资产阶级国家的政权组织形式之一。其主要特征是以君主为国家元首，但其权力由宪法加以规定和限制，并在不同程度上受到其他国家机关的制约。按照君主地位和实际权限的差别，立宪君主制又可分为二元君主制和议会君主制两种形式。

在二元君主制下，君主仍然拥有较大的实际权力，掌握着政府任命、解散议会、钦定宪法等权力。这就在整个国家权力体系中并存着君主和议会两个权力中心，分别控制着行政权和立法权，故称其为二元君主制。这种政体形式一般存在于封建势力强大，资产阶级相对软弱的国家，如一战时的德国，明治维新至二战时的日本，当代的尼泊尔、约旦等。

在议会君主制下，议会是唯一的国家权力中心，政府由议会产生并对议会负责，君主受宪法和议会的限制，徒有虚名而无实权，一般只具有国家象征意义。这种政体形式一般存在于资产阶级占优势，但又保留有一定封建残余势力的国家，如当代的英国、日本、西班牙等国。

区别二元君主制和议会君主制的关键是看君主有无实权，即看政府是对君主负责还是对议会负责。

(3) 贵族共和制。这是奴隶制国家曾经采用过的一种政权组织形式，它主要存在于古希腊雅典共和国与古罗马共和国。其主要特征是最高国家权力由奴隶主贵族担任的执政官掌握，他们由公民大会选举产生，并有任期限制。执政官虽然可以召集公民大会，但公民大会没有立法权，只有对公共事务的表决权。而由贵族组成的元老院掌握着立法、行政、军事、外交等实际权力。

(4) 民主共和制。这是资产阶级国家普遍采用的政权组织形式，而根据总统、议会和政府三者之间关系的不同，可将资产阶级的民主共和制分为议会共和制和总统共和制两种主要形式。

议会共和制是指议会在国家权力结构中居主导地位，内阁（政府）由议会产生并对议会负责。议会掌握着国家最高权力，总统只是名义上的国家元首，居于虚位，不掌实权。议会共和制与议会君主制比较相似，国家机关的权力配置也大致相同，区别仅在于用选任的总统取代了世袭的君主。因此，与总统制政体相对应，它们又被统称为议会制政体。当代世界的德国、意大利、印度、新加坡等国都是实行议会共和制的国家。

总统共和制是总统和议会按不同职能分别享有国家的最高权力。政府由总统组阁并向总统负责，总统既是国家元首又是政府首脑，握有行政实权。议会掌握着立法权，可与总统相互制衡。议会不能对政府表示不信任以迫使总统辞职，总统也无权解散议会。总统虽然要向议会报告工作，但并不向议会负责，并可以对议会的法案行使否决权。总统共和制简称总统制，它首先出现于美国，并以美国为典型。后来，大多数拉美及亚非的一些国家也纷纷效仿。

4. 社会主义国家的政体。社会主义国家一般采取民主共和制的政权组织形式。不过，由于社会主义国家实行一切权力属于人民的原则，因而它所采用的民主共和制根本不同于任何剥削阶级的民主共和制，是一种完全新型的、"议行合一"的政体形式。同时，由于历史条件和各国国情不同，社会主义国家也有着不同的共和制的政权组织形式，其中最具典型意义的主要有苏维埃制和人民代表大会制。

(1) 苏维埃制。这是俄国十月革命胜利后建立的第一个正式的社会主义国家的政权组织形式，其主要特征在于：

第一，最高苏维埃既是最高立法机关，又是最高国家权力机关，其他一切国家机关都由它产生并向它负责，它所设立的主席团为其常设机构。

第二，苏维埃的代表由选举产生，向选民负责，并可以随时撤换。

第三，苏维埃由联邦院和民族院组成，两院具有平等的权力地位。

苏维埃制是对巴黎公社制的继承和发展，是社会主义国家政权组织形式的伟大创举，为后来的社会主义国家提供了宝贵的经验。

（2）人民代表大会制。这是有中国特色的社会主义国家政权组织形式。其主要特征在于：

第一，全国人民代表大会是最高国家权力机关，其他一切国家机关都由它产生并对它负责，受其监督，从而实现"议行合一"。全国人民代表大会常务委员会为其常设机构。

第二，各级人民代表大会的代表由人民直接或间接选举产生，向选民负责，受选民监督，选民可依法罢免不称职的人民代表。

第三，人民代表大会实行民主集中制的组织原则，保证人民当家做主和享有广泛而真实的民主权利。

人民代表大会制是我国的根本政治制度，是适合中国国情的社会主义国家政权组织形式。

（二）国家结构形式

前面所讲的政权组织形式是国家形式中最重要的内容，它直观地反映了一个国家的统治形式和权力结构的特征，并直接受到国家阶级性质的制约。同时，国家形式还包括国家结构形式的内容。所谓国家结构形式，是指国家的整体与部分之间、中央与地方之间的相互关系和结合形式，也就是一个国家的各个部分以什么样的形式和方式整合为国家的问题。

按照中央权力与地方权力的不同构成方式，国家结构形式可以分为单一制和复合制两种基本类型。

1. 单一制。单一制是指由若干行政单位组成统一主权国家的国家结构形式，由中央权力机关集中掌握着国家主要的和最高的权力，地方权力的中央权力之间是服从和被服从的关系。其基本特征如下：

第一，国家具有统一的宪法和其他基本法律。

第二，国家具有统一的立法、行政和司法体系，最高国家权力归中央政府掌握。

第三，全国行政单位按地域划分，地方权力受中央权力的统辖。

第四，由中央机关统一行使外交权，地方行政单位包括自治单位对外不具有独立性，因而不具有独立的外交权。

第五，国民具有统一的国籍。

现代大多数国家如日本、法国、意大利等都采用的是单一制国家结构形式。

我国属于统一的多民族的单一制国家，宪法对中央和地方的关系确定了两个基本原则：一是确保中央政府的统一领导，坚持地方服从中央，下级服从上级；二是在中央统一领导下，充分发挥地方的积极性和创造性。

此外，针对我国的具体国情，在充分尊重历史与现实的基础上，我国还实行着民族区域自治制度与特别行政区制度，从而突破了传统的单一制的国家结构形式，创造了一种具有中国特色的，带有某些复合制特征的单一制。

所谓民族区域自治制度，就是在国家统一领导下，于各少数民族聚居的地方，设立自治机关，行使自治权，实行区域自治。但宪法规定："各民族自治地方都是中华人民共和国不可分离的部分。"民族区域自治制度是在坚持单一制国家结构的前提下，独创性地解决民族问题，较快地改变民族间事实上不平等的有效制度。

所谓特别行政区制度，是指在坚持一个中国的前提下，在国家的主体部分——大陆实行社会主义制度，而在香港、澳门、台湾保持原有的资本主义制度。作为实行资本主义制度的特别行政区，它们不拥有国家的主权，但享有法律规定的高度自治权，可以有自己的立法、行政和司法机关。实行一国两制，设立特别行政区，这是在国家结构问题上的重大创新。这种制度现已在香港、澳门实行。

2. 复合制。复合制是指由若干独立的国家或政治实体（如共和国、州、盟、邦等）通过某种协议而组成联合体的国家结构形式。复合制国家的中央与地方的关系较之单一制国家而言是较为松散的。而根据各组成单位联合程度的不同，复合制又可分为联邦制和邦联制两种基本形式。

（1）联邦制。联邦制是由若干个联邦单位（共和国、邦、州等）组成的联合国家。其基本特征如下：

第一，国家有统一的、各联邦单位必须服从和遵循的宪法和基本法律，各联邦组成单位在此基础上也有自己的宪法和法律，但其效力和法律适用范围仅限于该联邦成员所管辖的区域。

第二，国家有最高的立法、行政、司法机关，行使国家最高政治权力，各联邦组成单位也有相应的机关，在各自行政区域内行使政治权力，并与中央机关之间没有隶属关系，联邦和成员单位之间的权限划分由联邦宪法所规定。

第三，联邦是国际政治中的主权国家，中央政府拥有外交权，各联邦组成单位一般不具有外交权，但享有宪法所规定的某些外事权。

第四，国民既有联邦国籍，又有联邦组成单位的国籍。

当代复合制国家以联邦制为主，实行联邦制的国家有美国、德国、瑞士等。

（2）邦联制。邦联制国家是由若干独立的主权国家为了特定的利益或目的而结成的国家联盟，它实际上并非完全意义上的国家，而是一种松散的国际组织，是一种国家联合。其基本特征如下：

第一，各成员国都是独立的主权国家，仍保留着各自的对内、对外的主权。它们之间并不存在彼此隶属和制约的关系，只是根据协议在某些方面采取程度不同的一致行动。

第二，邦联一般没有统一的最高权力机关，没有统一的军队、赋税和国籍。

第三，邦联一般设有一个由各成员国代表组成的协商机关，根据成员国的明确委托行使某些权力，主要是协商成员国之间的共同事宜。

第四，邦联的决定以各成员国政府的认可为基础，各成员国可以自由退出邦联，因此，邦联的联合是比较松散的、非永久性和非主权性的。从这个意义上来说，邦联并不具有真正的国家性质。

当今的"欧盟"是邦联制的典型，独联体和东南亚联盟等也属于邦联组织。

第二节 政 党

政党是现代世界各国社会政治生活中一个极为普遍而又十分重要的政治现象，目前世界上不存在或不允许存在政党的国家不足20个。随着政党的产生和发展，政党在社会政治生活中的地位和作用日益重要。政党活动通常是围绕国家政权而展开的，在政治运作中逐渐处于核心的地位。作为一种政治类型，政党政治是一种民主政治，是对君主专制政治的否定，是历史的进步。所以对政党及政党制度进行研究，无疑具有重要的意义。

一、政党政治

（一）政党的产生

不了解政党的产生，就无法认清政党的本质，而要准确把握其特征及作用则更无从谈起。我们知道，政党不是从来就有的，而是历史发展的产物。

早在古代社会，就有以"党"命名的政治集团和政治派别的存在。古希腊的雅典曾有山地党、平原党、海滨党等。在中国，关于"党"的概念出现更早，《周礼·官记》就有"五家为比，五比为间，五间为族，五族为党"的记载，这里的党显然是指乡间的一个基层组织。其本义中具有邻里、相近的含义，我们今天所说的乡党即源于此。由这层含义又逐渐引申出在政治上因利害相关或观点意见相近的结帮拉派。这种官僚帮派在中国古代不时形成，如《汉书·高五王传》中就记载有这样的规定："诸侯有罪，傅相不举奏，为阿党。"无论这类帮派在历史上有着积极的一面还是消极的一面，最高统治者总是对其讳莫如深，极为反感，唯恐威胁到自己的统治，故总体上赋予其"朋比为奸，结党营私"的贬义。东汉的党锢之祸，唐代的牛（牛僧儒）、李（李德裕）党争，明末的东林党、阉党等，其党人都是朝廷打击或百姓指责的对象。正是由于这个原因，后来，中国资产阶级革命派所建立的政党性质的政治组织，不叫党，而叫"会"，大家所熟知的兴中会、同盟会等都是如此。

上述中外团体或派别虽冠有党的称谓，但却不是真正意义上的政党，只是统治阶级内部因各种利益关系而结成的狭隘的帮派组织。

真正意义上的政党严格地讲最早产生于英国，它是近代资本主义商品经济、议会斗争和自由民主思想发展的产物。英国工业革命的发生和完成，是英国现代政党和政党制度产生的最为重要的历史条件和根本原因。工业革命不仅造成了生产力的巨大飞跃，而且引起了生产关系的重大变革，引起了社会阶级结构的巨大变化，造就了现代工业资产阶级和无产阶级，为政治的社会化提供了强大的物质基础和阶级基础。随着经济实力的不断增长和经济地位的日益提升，资产阶级要求获得与经济地位相适应的政治权利，改变政治上的无权地位。这种努力直接导致了三次议会改革。而议会正是西方现代政党的摇篮，随着议会的发展以及适应议会斗争的需要，不同阶级、阶层或集团的代表为了控制和影响议会，实现各自的利益和主张，都必须借助于政治组织的力量。于是，现代政党应运而生。早在17世纪末期的英国国会中，就存在着相互对立的两派政治力量。其中，代表资产阶级和新贵族利益的一派被称为辉格派，而代表地主贵族利益的一派则被称为托利派。

随着议会改革的逐步深入，随着普选制的形成和发展，为了争取更多的选票和议席，两派都走出议会的象牙宝塔，积极介入地方性选举，并相应建立地方和全国的组织机构，成为全国性政党，并分别于1833年和1839年更名为保守党和自由党。为了在全国性竞选中获胜，两党逐步建立起从中央到地方纪律较为严明的组织领导机构。为了吸引选民，争取选票，两党还竞相发表竞选纲领，阐述施政方针。于是，两党逐渐具备了现代政党的基本特征，从而演变为真正意义上的政党。美国政党的产生和演变过程也大抵如此。

（二）政党的本质

在搞清了政党产生的大致情况之后，再来揭示政党的本质，就相对容易把握了。

1. 关于政党本质的各种不同观点。西方是从17～18世纪开始使用政党概念的，英文中的Party以及法文、德文、西班牙文中的政党一词，全都来自于拉丁文的Pars，本义为"一部分"，泛指社会上一部分政治观点和利益相同的人所组成的政治派别。在此基础上，西方学者还从不同角度对其进行过定义和解释，用以揭示政党的本质，其中最具代表性的观点有以下几种：

（1）认为政党是以特殊原则为基础而结成的团体。最早给政党下定义的埃德蒙·柏克（Edmund Burke）就认为，所谓政党，"就是大家基于一致同意的某些特殊原则，并通过共同奋斗来促进国家利益而团结起来的人民团体"[1]。柏克关于政党的定义在西方政治学中产生了深远影响，因为他第一次指出了政党是以特殊原则为基础而结成的团体。

但由于现实中政党存在的基础不仅仅是基于特殊的原则，它还可能是基于特殊的利益、情感、同一民族、宗教、阶级等。因此很快地，政治学家们基于不同的价值，又从不同的角度给出了各自不同的政党定义。

（2）认为政党是为适应选举而建立的政治组织。《新时代百科全书》将政党定义为："是为争取选民投票支持它所提名的候选人而高度组织起来的集中统一的团体。"当代美国政治学家拉斯韦尔也认为："最好是把政党定义为：在选举时以自己的名义提出候选人和问题的特殊化组织。"[2] 这种观点在英美政治学界较为流行。不过，它认为政党只是一个选举组织，是与竞选有关的政治组织，从而忽略了政党的其他社会政治功能。

（3）认为政党是为谋取公职而建立的组织。当代美国政治学家戴维·杜鲁门指出："政党被认为是一种工具，那些期望获得职位的人可以通过它来达到目的。"《大英百科全书》也认为"政党是政治体制内为取得和行使权力的目的而组织的集团"。这种观点忽视了人们结成政党的根本目的并不仅仅是为了谋取公职和权力，而是为了实现和维护自身的利益。

（4）认为政党是具有明确的政治纲领和目标、在观点和行动上基本统一的团体。《新时代百科全书》就认为："政党通常用来指人们为了取得对政府的控制以制订政策，从而在观点上和行动上或多或少统一起来的团体。"这种观点指出了政党是具有明确纲领和目标的政治组织，看到了政党与政府或政权的联系，较之前两种观点深入了一步，但它仍然没能揭示出政党的阶级实质。

2. 马克思主义对政党本质的提示。马克思主义运用阶级分析的方法，把政党与阶级利益紧密结合起来，科学地揭示了政党的阶级实质。认为"各阶级政治斗争的最完善、最完全和最明显的表现就是各政党的斗争"[3]。"党是阶级的先进觉悟阶层，是阶级的先锋队"[4]。"政治社会的第一类就是党派，党是阶级的组织"[5]。

在马克思主义看来：政党实质上是特定阶级或阶层利益的集中代表，是由

---

[1] 转引自赵晓呼主编：《政党论》，天津人民出版社2002年版，第13页。
[2] V. B. Boothe, *The Political Parties*, NY: Arno Press, 1955, p. 5.
[3] 《马克思恩格斯选集》第1卷，人民出版社1972年版，第159页。
[4] 《列宁全集》第24卷，人民出版社1990年版，第38页。
[5] 《毛泽东选集》第4卷，人民出版社1966年版，第1357页。

特定阶级的骨干分子在共同政治纲领的指引下，为谋取和巩固政权而在政治活动中采取共同行动的政治组织。

从中不难看出，阶级性是政党的根本属性，政党的性质是由它所代表的那个阶级所决定。任何政党都是一定阶级、阶层或集团的利益代表者，都要为实现其阶级利益而奋斗。

（三）政党的特征

政党作为一种社会政治组织，不同于一般的社会组织和社会团体，具有以下基本特征：

1. 政党具有鲜明的阶级性。政党是代表一定阶级、阶层利益，在一定的阶级基础上产生的政治组织，是阶级斗争发展到一定阶段的产物。因此，政党的组织和活动集中体现了它所代表的阶级和阶层的利益。

2. 政党有自己的政治纲领。政党的政治纲领即根据其所代表的阶级和阶层利益而制定的以谋取和巩固国家政权为奋斗目标的途径和行动路线。政治纲领是一个政党的阶级性和所代表的根本利益的具体表现，它通常规定了政党的政治目标、任务和政策，集中体现了政党的基本性质。

3. 政党和政权密不可分。政党要实现其政治纲领和政治目标，就必须掌握和控制政权，这是由政党的阶级性质所决定的。政党作为一定阶级、阶层或集团利益的代表者，如果不借助于政权的力量，就无法实现、巩固和扩大其阶级利益。所以，政党的活动往往围绕政权而展开，这在资本主义的总统竞选和议会斗争中表现的淋漓尽致。

4. 政党由特定阶级或阶层的骨干分子组成。政党的活动一般是由政党中最积极、最活跃、最有权威的成员来领导和组织，因此，这些政党中的骨干分子是政党的代表。

5. 政党有自己的组织机构。为了在政治活动中采取共同行动，政党都具有以层级结构为特征的组织机构，政党组织机构的形式多种多样。政党的组织机构的作用就是动员和组织党员和群众参与政治生活。资产阶级政党通常组织松散，党员出入自由。无产阶级政党则实行民主集中制的组织原则，只有具备党员条件并经过严格的手续才能成为党员。

6. 政党有特定的组织纪律。为了约束党员的行为，政党通常都会有自己的组织纪律。政党的组织纪律的严格程度因国家和政党的性质的不同而不同。资产阶级政党的纪律一般是用来控制党员在竞选中投本党候选人的票或在议会中投票赞成本党的政治意图。无产阶级政党则有严格的组织纪律，以保证党的战斗力。

政党的这些基本特征是相互联系、不可分割的，任何政党都不同程度地具有这些特征。它们从总体上反映了政党的基本面貌，成为政党组织的基本标志，构成政党与其他社会组织的根本区别。

（四）政党的类型

根据不同的标准，可以将政党划分成不同的类型。现实中影响较大的几种划分方式是：

1. 根据政党的群众基础的不同，可以把政党分为大众型政党、干部型政党和信徒型政党。

2. 根据政党在意识形态上的倾向的不同，可以对政党进行一个左右派系分类，在从左翼到右翼的范围内，将政党归入不同的类别，如左翼政党、中左政党、中间政党、中右政党、右翼政党等。一般来说，左翼政党在意识形态上较为激进，右翼政党在意识形态上则较为保守。

3. 根据政党的阶级属性的不同，可以将政党分为资产阶级政党和无产阶级政党。这是马克思主义划分政党类型的标准。

4. 根据政党是否被一国的法律所认可，可以将政党分为合法的政党和非法的政党。

（五）政党的历史作用

1. 影响政党作用发挥的因素。现代政党从其诞生之日起，就在社会政治生活中发挥着越来越重要的作用。但不同类型的政党所发挥作用的大小和社会效果，往往是由多方面因素决定的。

（1）政党的阶级性质直接决定着政党作用的性质和方向。在资产阶级上升时期，其政党能够顺应历史潮流，符合历史发展的方向，因而其作用是积极的、进步的。但随着资产阶级统治的确立、巩固与强化，资产阶级及其政党日益走向了相反的道路。而无产阶级是与社会化大生产相联系的新兴阶级，是先进生产力和生产关系的代表，因而，其政党始终是历史前进的推动力量。

（2）与政党的阶级性质相联系，不同阶级的政党由于所代表的阶级利益不同，因而其政治纲领和奋斗目标也各不相同，相应的，其组织力、号召力以及社会影响力也相距甚远。

（3）政党的作用与其地位密切相关。任何政党要在社会政治生活中发挥更大作用，当务之急就是争取其合法地位，在此前提下，还要力争政治地位，显然，执政党与参政党及在野党的作用不可同日而语。

（4）政党的规模及其活动范围的大小、斗争经验的多少等，也都对政党的作用有一定的影响。

2. 政党作用的具体体现。尽管不同政党的作用千差万别，但作为阶级利益的代表者和阶级力量的领导者，政党在当代社会政治生活中主要发挥着以下几方面的作用。

（1）争取和教育群众。作为阶级的先锋队组织，政党的首要任务就是争取和教育本阶级群众，同时还要尽可能地争取其他阶级和阶层的群众作为自己的同盟军，一个政党拥有群众的多少是该党势力大小和强弱的重要标志。如果一个政党只靠少数人孤军奋斗的话，它就没有力量去实现自己的纲领和目标。所以列宁指出："任何一个代表着未来的政党的第一个任务，都是说服大多数人民相信其纲领和策略的正确。"一个政党只有使自己所代表的阶级、阶层和集团利益的群众充分认识到自己的利益所在，认识到自身利益与政党利益的一致性，他们才会为了实现自己的根本利益而紧紧追随在其政党之下。

（2）集中本阶级的意志。任何政党都是一定阶级争取和实现政治统治的工具，但是，每一个阶级内部的不同阶层、集团以及个人都有其具体的现实利益和要求，一般来说，每个阶级的成员在维护本阶级利益的问题上，立场基本是一致的。不过，对于什么才是本阶级的根本利益之所在，怎样才能使本阶级的利益最大化等问题，往往存在着很大的分歧。这就需要由政党尽可能地集中本阶级的意志，形成基本一致的阶级意志，以便采取统一行动。所有政党在这方面都当仁不让地发挥着极其重要的作用。当一个政党成为执政党的时候，还可以通过制定法律和政策把这种集中的阶级意志上升为国家意志。

（3）掌握政权和行使国家权力。任何政党要实现其政治纲领和政治目标，要实现本阶级的政治统治，就必须掌握政权。只有通过执掌政权，行使国家权力，才能把集中起来的阶级意志上升为国家意志，从而最大限度地实现本阶级的根本利益。

二、政党制度

（一）政党制度的含义与特征

1. 政党制度的含义。鉴于政党在社会政治生活中的地位、作用和影响日益增强，世界各国逐渐从法律上承认政党的存在，并对其活动予以规范，于是就形成了各种各样的政党制度。

所谓政党制度，就是指一个国家关于政党的各项制度规范的总和，主要是指由国家法律规定或在实际政治生活中形成的关于政党的社会政治地位、作用、执掌政权或参与政治的方式、方法、程序的制度性规定。

2. 政党制度的特征。政党制度的特征主要表现在以下几个方面：

（1）政党制度通常是按照统治阶级的利益要求设立的，所以，统治阶级为了更有利于其政治统治以及利益的最大化，根据自身的需要，会不断地改变政党制度。

（2）政党制度有些是成文法规定的，有些是在实际政治生活中形成的，尚无成文法规定。

（3）政党制度不仅规范着政党本身的地位、作用和活动方式，也深刻地影响着国家的政治制度、政治体制以及社会成员的政治生活内容。

（二）政党制度的类型

1. 资本主义国家政党制度。按照参与执政的政党数量和政党竞争体制的不同，通常把资本主义国家的政党制度划分为一党制、两党制和多党制三种类型。

（1）一党制。一党制是指长期由一个政党执政，而不允许其他政党存在或不允许其他政党与之争夺政权的一种政党制度。前一种情况主要存在于二战期间的德、意、日等法西斯国家，后者则主要存在于亚、非、拉的一部分民族独立国家。

第一，法西斯主义一党制。法西斯主义一党制代表的是大垄断资本的利益和要求，是其实行专政统治的政治工具。其共同特点是：①公开取缔一切其他政党，规定法西斯党为唯一合法的政党。②党、国一体，党的领袖即国家领袖，集党、政、军大权于一身，实行高度的个人独裁。③对内实行恐怖专政、血腥统治，对外进行疯狂的军事扩张。

第二，民族主义的一党制。二战以后，随着世界殖民体系的彻底崩溃，许多亚、非、拉国家取得了民族独立，建立了民族国家，在政党制度方面，它们有的选择了多党制，而大部分则实行一党制。

由于这些国家的执政党是在反对帝国主义、殖民主义的斗争中建立、发展和执政的，代表着本国民族资产阶级的共同利益和要求。这种一党制有利于执政党的集中统一领导，对于维护民族独立和国家主权，发展国民经济，保持政治和社会稳定等都相对有利。在新独立的50个非洲国家中，曾经有37个国家实行过民族主义一党制。

此外，在有些国家虽存在几个政党，但只有一个党长期执政，其他政党也可以自由参加竞选，但力量弱小，只能处于陪衬地位。人们称之为一党独大制，实际是一种事实上的一党制。

（2）两党制。所谓两党制，是指在一个资本主义国家中，由代表资产阶级不同集团利益的两个势均力敌的政党通过竞选而轮流执政的一种政党制度。两党制中的"两党"仅仅是指轮流执政的政党数目，而不是指国家政治生活中实际存在的政党数目。事实上，在实行两党制的国家，除了轮流执政的两大政党以外，往往还存在着其他若干小党，不过，由于其政治力量弱小，不可能单独执政，只能以其他方式和途径影响政府决策和社会政治生活。两党制的主要特征如下：

第一，在一个国家有两个以上的政党，但居垄断地位的政党只有两个。

第二，这两个大党势均力敌，相互对峙，长期轮流执掌政治权力。

第三，两党通过竞选，夺取议会多数组阁或当选总统执政。

第四，其他政党没有希望掌权，但在政治上有一定影响。

两党制最早出现于英国，后来为英国的殖民地和受英国影响较大的国家所采用，典型的两党制国家是英国和美国。

英国的两党制与其国家政体上的议会制密切相关，英国下议院的议席由政党通过竞选争夺；政党议员的投票意向是由所属政党决定的；获多数议席的政党即为执政党。

美国的两党制则与国家政体上的总统制结合在一起，其执政党与在野党的区分是由是否在选举中获得总统职位决定的；执政党与国会中的多数党并不一定有对应关系。同时，美国政党对其国会议员的投票意向并没有统一的支配作用，因此，政党很难控制国会中的稳定多数。

此外，实行两党制的国家还有加拿大、澳大利亚、新西兰等国。

需作说明的是，资本主义国家的两党制本质上是维护资产阶级利益及其阶级统治的工具，两党的区别只是资产阶级内部不同利益集团的差别，它们的根本利益是一致的。因此，所谓的轮流执政，不过是两种不同统治方式的交替使用而已。所谓的"反对党"也不以推翻现存政权为目标，而是监督政府、制约执政党的活动而已，并随时准备取而代之。而且，"反对党"具有合法的政治地位，其活动往往采取和平的、合法的手段。另外，"反对党"虽然未能取得执政地位，但其成员却能以某种方式参与到国家政权中来。

（3）多党制。所谓多党制，是指一国中多个政党通过竞选轮流执政或联合执政的一种政党制度。当今世界的大多数资本主义国家都实行多党制，其中以意大利、法国、德国较为典型。

采取多党制的国家其阶级结构和政治力量结构一般比较复杂，某一特定政党难以形成对政治的绝对控制，因而造成了多党制的产生。另一方面，多党制的形成也与这些国家的选举制度有密切关系。这些国家一般实行比例代表制，每个选区可以选出2名以上议员，议席按所得票的比例予以分配。在这种选举制度下，一些小党可以集中各自的选票，使他们的候选人当选，进而保证了多党制的存在。

一般来讲，实行多党制的国家通常具有以下基本特征：

第一，党派林立，政党联盟松散。国内存在多个政党，但又没有一个政党能长期保持绝对优势。各个政党的社会背景和利益基础十分复杂，呈现出阶级、民族、种族等全面分化，党外有党、党内有派的局面。由于各个政党只是为了在议会选举中获得多数席位才联合起来的，因而缺乏共同的利益基础和必要的凝聚力。这就决定了其政党联盟只是暂时的、松散的。随着政局的发展和现实条件的变化，政党联盟往往由于意见不合或利益之争而分化瓦解。然后，在新的基础上，各个政党又重新组合。

第二，联合执政，政局多变。由于党派众多，某一政党要赢得多数选票相当困难，因而常常由政党联盟组成政府，这种政党联盟很不稳定，一旦破裂，即造成政府危机。频繁的政府更迭，对社会政治产生冲击，容易造成政局动荡。

第三，意见分歧较大，政府效能低下。由于各个政党的利益与意志各不相同，很难统一，决策与执行往往是各党意见妥协折中的产物，为兼顾各方，势必导致久拖不决，甚至胎死腹中。

至于两党制和多党制哪个更好，政治学家们的意见并不一致。不过，现在两党制和多党制都有一种向中间方向发展，即向两大党制发展的倾向，即国内除了有两个大党外，还有一个或更多的相关小党的政党制度。

2. 社会主义国家政党制度。社会主义国家的政党制度是社会主义国家政治制度的重要组成部分，是实现人民当家做主和人民民主专政的基本方式之一。尽管各国的阶级关系状况、社会历史条件、革命道路和发展进程不一样，但从政党制度的基本类型来说，实行的都是一党制。其中，苏联、蒙古、南斯拉夫、匈牙利、古巴等国实行的是长期由一个政党单独执政的单纯一党制。而中国、朝鲜和东欧剧变前的波兰、东德、保加利亚等由于在反法西斯战争的过程中和胜利后，各民主党派相互合作，并最终确立了共产党的领导地位，因而形成了共产党领导下的多党合作制度。但是，不管采用哪种方式，共产党的领导却是共同的，不容改变的。共产党的领导是社会主义政治的根本原则所在，也是社会主义国家政党制度的主要内容。

（1）共产党一党制。共产党一党领导制是指在社会主义国家中，共产党是唯一合法存在的政党并执掌国家权力。

其特点有三：

第一，共产党是唯一合法的政党。

第二，国家政权由单独存在的共产党执掌。

第三，社会内部的各种利益关系通过共产党领导下的各种政治性社会团体加以协调和综合。因此，共产党不仅是国家政权的领导力量，而且也是各种政治性社会团体的领导力量。

（2）中国共产党领导下的多党合作制。中国共产党领导下的多党合作制是中国现行的政党制度，也是有中国特色社会主义制度的重要组成部分。它是在中国人民反对帝国主义、封建主义和官僚资本主义的长期斗争中建立的，并在民主建国、社会主义改造、社会主义建设和改革中得到巩固、发展和完善的。

中国共产党领导下的多党合作制的主要特点在于：

第一，在国家政治生活中，除了中国共产党之外，还存在着其他八个政党，即中国国民党革命委员会、中国民主同盟、中国民主建国会、中国民主促进会、中国农工民主党、中国致公党、九三学社、台湾民主自治同盟。这些政党都是社会主义政治生活中的合法政党和积极力量。

第二，中国共产党享有公认的领导地位，是执政党，而其他政党是参政党。中国共产党不仅对国家实行思想领导、政治领导和组织领导，而且对各民主党派实行政治领导。各民主党派积极参政议政，其参政议政的基本内容包括：参与国家大政方针和国家领导人选的协商，参与国家事务的管理，参与国家方针、政策、法律、法规的制定和执行，参与国家政权。各民主党派参政议政的机构、途径和方式主要有：人民代表大会，人民政治协商会议，中国共产党与各民主党派人士的定期或不定期的座谈会，各民主党派人士出任政府领导职务等。

第三，中国共产党与各民主党派之间的关系是协商合作、相互监督的关系。一方面，中国共产党与各民主党派之间、各民主党派相互之间是以协商合作的方式展开政治活动的；长期共存、互相监督、肝胆相照、荣辱与共是中国共产党同各民主党派合作的基本方针。另一方面，中国共产党与各民主党派之间存在着相互监督的关系，这种监督的基本原则就在于各自的政治决策和政治行为是否有利于社会主义事业的发展，是否有利于人民的利益得到合理协调和实行。中国共产党与各民主党派之间的这种关系及其运行方式具有积极建设性，它保证了我国社会主义建设事业的稳定与和谐。

中国共产党领导的多党合作制是符合中国国情的社会主义政党制度，它有利于在根本利益一致的基础上协调各种利益关系，解决各种利益矛盾；有利于调动各方面的积极性，汇集建设社会主义的各方面力量；有利于社会主义民主政治建设，加强政治决策的科学化、民主化，保障人民的政治权利，防止政治腐败；有利于社会主义政治的积极健康发展，从而为社会主义建设创造稳定和谐的政治环境。

第三节 政治社团

政治社团与阶级、国家等政治实体不同，它不是随着政治社会的产生而出现的，而和政党相类似，也是近代资本主义社会的产物。政党在现代政治社会的重要性要大于政治社团，但政治社团在形成优良政治生态方面却具有政党所没有的重要功能，而且政治社团还是公民自由参政，充分行使自己政治权利的重要组织形式。政党和政治社团共同构成一个优良的政治生态，缺少其中任何一方面的积极作用,政治生态就会出现重大问题。政党不能充分发挥政治作用的政治社会缺乏巩固持久的政治稳定及基本的长远见识,而政治社团不能积极活动的地方,政党领导人就易于操纵公众实现一党或一人之私利。随着近现代工业社会的进步和社会利益群体的不断分化,各种政治社团日渐崛起,成为近现代社会中举足轻重的政治力量,从而成为政治学研究中不可或缺的重要内容。

一、政治社团的含义与起源

(一)政治社团的含义

政治社团,顾名思义,就是具有政治性质的社团。

"社团"是一个法律概念,须有"社团法人"。按《辞海》的解释,"社团"是指"经过法律手续成立的,集体从事经济活动或社会公共事务的社会组织",既包括以营利为目的的合作社、公司等,也包括非营利性的政治、文化、艺术、科技、宗教等社会群众团体。后者类似于"利益集团",但还不是我们所说的政治社团。因为利益集团或社会团体有政治性的,也有非政治性的;只有政治性的利益集团或社会团体才称得上是政治社团。据此,可将政治社团界定为,在政治社会中,以某种共同利益为纽带而结合在一起的人们,通过有组织地参与、影响政府的决策,以维护或实现自身利益的社会群众团体。

(二)政治社团的起源

政治社团是近代资本主义社会的产物,但类似政治社团的组织早在中世纪西欧的工商业城市就已经出现了,这就是当时城市手工业者为保障自身利益而成立的各种行会组织。行会在同封建主斗争,保护城市手工业者,促进经济发展等方面具有积极作用,但在封建专制制度下,这类组织的政治活动还不足以影响国家政策的制定和实施,也不完全符合当今社会政治社团的含义和特点。严格意义上的政治社团是资本主义社会确立之后出现的,是资本主义经济、政治和思想文化发展的结果。

1. 社会利益的分化和利益群体的大量涌现,是政治社团产生的经济条件和社会基础。利益是人们从事社会活动的最终目的。社会利益的分化和人们对特定利益的追求是政治社团产生的经济根源和社会基础。

随着生产力的发展和私有制的出现,社会利益也开始分化,逐步形成了不同的利益群体。但在古代奴隶社会和封建社会,生产方式单一,经济结构简单,自给自足的自然经济使人们处于分散割裂的状态,相互之间缺乏联系。因此,当时除了为数不多的阶级和阶层之外,还不可能分化出更多的利益群体,同时也缺乏政治社团产生的政治、文化等方面的必要条件,故政治社团不可能在古代社会出现。

资本主义产生之后,特别是产业革命以来,随着生产力的发展和科学技术的提高，劳动分工和生产专业化不断深化，从而使社会经济结构和人们的职业结构复杂化和多样化，由此导致了人们利益的多元化。特别是随着商品经济的发展，打破了已往地域性的封闭和限制，使劳动者摆脱了小农经济下的各种束缚，可以在更大范围内自由迁徙和交换职业，社会利益群体不断分化、聚合，呈现出更为复杂多样的状况。这些利益群体一旦结合成社会团体，并通过影响国家机构的方式来维护和实现自己的特殊利益，便发展成为各种政治社团。

2. 民主政治制度的确立和发展，是政治社团产生的政治条件。民主政治就其基本内涵而言就是让渡给人民一定的政治权力与权利，用以管理国家的事务。但实践证明，让公民直接行使国家管理权力在技术上是无法实现的，公民不可能单枪匹马地参与政治，因为个人的力量毕竟太微弱，而政治系统也不可能直接受理分散为无数个体的、不规则的、零乱的政治诉求。这样，在公民与政治系统之间必须有某种中介，这就是由多种社会力量按一定规则建立起来的社会组织。具体来说，公民权利（诸如选举权、言论自由和集会自由等）的逐步扩大为政治社团的产生和发展创造了条件；政治领导权的分散化趋势为政治社团参与国家管理提供了机会；议会为政治社团参与政治斗争提供了重要舞台。由此可见，政治社团的出现，既是民主政治的必然产物，也是民主政治的重要内容。

3. 民主观念和自主意识是政治社团产生的思想基础。人的活动都是在一定思想指导下进行的。在古代社会，统治阶级极力宣扬"君权神授"、"富贵在天"等神学观念和宿命论思想，对劳动人民进行精神奴役和政治"驯化"。同时，自然经济条件下孤立分散的个体劳动者也普遍缺乏自主意识，总是把摆脱苦难的希望寄托在主宰他们命运的"圣君"、"贤相"身上，期盼统治者赐给他们恩惠和幸福，从而形成了浓厚的个人崇拜和皇权认同心理。在这种精神枷锁的束缚下，只能造就逆来顺受的"臣民"或奴才，不可能产生为自身利益而积极参政的公民，更不会出现为维护群体利益而群起抗争的政治社团。

资本主义社会的确立，不仅带来了经济的发展和政治的进步，也带来了思想的启蒙和解放。资产阶级所主张和宣传的"天赋人权说"、"社会契约论"等进步思想有力地冲击和否定了封建的奴化思想和神权观念。人权理论深入人心，民主意识孕育成熟。社会各利益群体的成员不仅意识到自己的个体利益和群体共同利益的密切联系，而且认识到只有结成团体，共同奋斗，才能影响国家政治进程，实现本群体的利益，正是这种成熟的民主意识和自觉的群体观念，引导人们结成各种政治社团，积极参与政治活动。

二、政治社团的特点与类型

（一）政治社团的特点

政治社团是政治体系的重要组成部分，是一种特殊的社会团体和政治实体，同其他社会组织和政治实体相比，具有如下特点：

1. 团体利益的单一性。政治社团的成员是以某种共同利益为纽带而结合在一起的。某些具有共同社会地位、处于同一社会关系中的人们，往往会产生共同的利益要求，或对同一社会问题产生共同的看法和倾向。具有这种共同利益要求、看法及倾向的人们便会结成社会团体，以维持或实现其共同利益，如工会、农会、企业家协会、妇联等。它们所追求的仅是某些具有共同社会地位、处于同一社会关系中的社会成员的特定利益，并不涉及其他社会成员的利益，也不刻意追求整个社会范围内共同利益，因而比较具体和单一。这同以整体和全局利益为追求目标的政党和国家是迥然不同的。正是由于每一政治社团利益追求具有单一性的特点，那么对整个社会而言，各个政治社团的利益追求则恰恰是多元的。

2. 团体成员的群众性。政治社团一般是由具有某种共同利益和目标的群众自下而上自愿结合而形成的群众性团体，有别于政府、政党等政治组织。政府是由公职人员或官僚组成的，政党的成员必须是本阶级中优秀分子或阶级觉悟较高的成员，而社团则不要求其成员担任公职或具有先进性和较高的阶级觉悟，只要其处于特定社会关系中，具有特定的利益要求，都可成为该社团的成员，从而使社团具有广泛的群众性或民间性。

政治社团的活动方式和组织构成也不像国家机关那样通过自上而下的行政命令进行，而是由本团体群众自己决定的。政治社团的各种决策是本团体群众共同利益的集中体现，决策的实施也有赖于本团体群众的共同努力。社团领导人由群众民主选举产生，并为实现和维护本团体群众利益而努力工作，从而使社团组织与本团体群众建立起直接而广泛的联系，对本团体群众的生活状况、心理情绪和政治要求有着直接感受和深切体验，因此能够代表这部分群众的利益参与政治活动，提出政治诉求，并成为国家、政党和广大群众之间相互联系的中介和桥梁。

3. 活动方式的非营利性。政治社团是非营利性社会团体，其活动的目的是为了维护本团体群众的特定利益，而不在于营利。这是政治社团同以营利为目的而从事生产经营活动的企业、公司的根本区别。如果政治团体也像企业、公司那样专门致力于工商业等生产经营性活动以求获取盈利，就会妨害它为本团体群众谋求利益的活动，势必使政治社团无法担当做为特定群众利益的代表者和维护者的政治角色。因此，我国民政部1989年10月颁布的《社会团体登记管理条例》就明确规定，群众团体"不得从事营利性活动"，强调了政治社团非营利性的特征。政治社团的活动经费一般采用社会募捐、其他社会组织或公民个人赞助及本团体成员出资等形式自筹获得，也有一些政治社团（如我国的妇联、工会、共青团等）可以通过政府财政拨款的渠道获取活动经费（缺乏活动经费，使其很难卓有成效地开展活动）。

4. 政治活动的参与性。政治参与性是政治社团与非政治社团相区别的重要特征。非政治社团（如公司、企业等）一般通过彼此协商、市场交换等非政治途径实现自己的利益要求，其活动内容和方式与政府行为没有太密切的直接联系，具有民间性的特点。政治社团的活动目标和方式则同国家和政府的法规、决策息息相关，一般只能通过政治参与的途径影响国家机关，以维护和实现自己的利益要求。

政治社团和政党都是通过政治途径实现自身利益的，但两者所追求的目标不同。政党旨在通过执掌或参与国家政权以实现自己的政治纲领，把本党所代表的阶级或集团的意志变为国家意志。政治社团参与政治活动的目的不在于夺取和执掌国家政权，只是力图在现有政治框架内以各种方式影响国家和政府的法规、政策的制定、修改和贯彻实行，借以使本团体的利益得以维护和实现。这是政治社团区别于政党的重要特征。

5. 政治思潮的多样性。这是政治社团区别于政党的另一个重要特征。政党一般都有统一的指导思想，要求党员具有共同的思想信念，并为实现党的政治理想而奋斗。政治团体所注重的只是本团体所代表和维护的团体利益，一般不强求其成员思想完全一致，允许不同的政治思想存在。

在要求思想统一的政党中，通常不允许"跨党"，即某一政党的党员不能同时又加入与该党所信奉的政治思想相异的其他政党，如中国共产党党员就不能加入民主党派（但民主党派成员则可加入中国共产党）。在政治思潮多样性的政治社团中，同一社会成员则可依不同的身份参加不同的政治社团，如一位日本女青工，既可成为工会会员，又可成为某青年组织和妇女组织的成员，还可参加消费者联盟等政治社团组织，但却不能既是自民党党员，同时又是日本共产党党员。一般来说，政治社团的组织不如政党的组织严密而稳固，其原因也在于此。

（二）政治社团的类型

政治社团是现代政治体系中的重要组成部分，数目和种类繁多，活动范围广泛。只有对各种政治社团进行分门别类的比较研究，才能把握它们的性质和特点，为此就必须对纷繁复杂的政治社团进行分类。根据政治社团所处的社会背景、所追求的利益及其组织状况的不同，可将政治社团划分为以下几种类型：

1. 根据政治社团所处的社会背景，可分为资本主义国家的压力集团和社会主义国家的群众团体。前者是由具有特定利益要求的人们组成，力图通过施加压力的方式影响国家机关的活动，使本群体从中获得好处的利益集团。后者则是人民群众中不同群体在根本利益一致的基础上，由于一些具体利益的差异而结成的各种社会团体。这两类政治社团是两种不同的社会制度的产物，由于所处的社会政治背景不同，利益关系不同，因而具有明显的区别。

资本主义国家的压力集团是独立于政府和政党之外的，它们所关心的只是自身的特殊利益，既不依附于任何政党，也不对政府负责，甚至还可以公开反对政府和执政党。社会主义国家的群众团体与执政党和国家的总体利益是一致的，党和政府是广大人民群众根本利益的代表，各群众团体所代表的局部的、特殊的群众利益统一于人民群众的根本利益之中。各群众团体只有在党和政府的领导下，通过推进社会主义建设，实现广大人民群众的根本利益，才能使本团体的特殊利益得到根本的保证。因而它们都在党和政府的领导下开展活动，是党和政府联系广大人民群众的纽带与桥梁。

2. 根据政治社团所维护和争取的利益性质的不同，可分为三种类型。

（1）以经济利益为基础的政治社团。这类社团成员多属于同一阶级或阶层，经济地位相同或相近，具有共同的经济利益要求。他们从事政治活动的目的，在于促使公共权力机关制定和实施有利于本团体的政策和法规，以便从中获得经济上的实惠。资本主义国家的大多数政治社团都属于这一类型。

（2）以政治利益为基础的政治社团。这类社团的成员不一定属于同一阶级或阶层，经济地位也不尽相同，但具有相同的或相近的政治地位和政治主张。它们参与政治活动的目的，在于争取和改善其成员所处的社会政治地位，争取追求其应有的各种社会权利。西方国家的这类团体很多，如种族利益集团、妇女利益集团等。

（3）以社会公益为基础的社团。上述两类政治社团从事政治活动的目的都在于维护和寻求部分特定的社会成员的具体利益。它们所关心的只是涉及本团体成员利益的具体问题，所追求的利益目标一般以本团体成员的特定要求为限度，并不涉及全体社会成员的共同利益，甚至还可能与某些社会群体的利益相对立，故可称之为特殊利益集团。而以公共利益为基础的政治社团所关心的已不限于本团体成员的特殊问题，而是涉及整个社会成员利益的普遍性问题，它们所孜孜以求的，是可以造福于全社会的共同利益，而不在于这些利益能否为本团体成员所单独享用。当今各国普遍存在的环保组织、消费者协会，维护和平组织、各种志愿性社会救济团体和慈善组织都属于这一类型。

3. 根据政治社团组织状况的不同，可分为以下几种类型。

（1）严密型组织和松散性组织。前者组织严密，有严格的组织纪律和经常性的活动，对其成员有一定的条件要求，并须经个人申请、组织审查、个别履行手续才能加入。我国的共青团就属于这一类型。这种团体一般战斗性较强，社会影响也比较大。后者则与其相反。

(2) 自主性政治社团和依附性政治社团。前者由群众自发结成，其政治活动不受任何政党和政府的领导和控制，完全根据本团体成员的利益要求和意志独立地决定其活动内容和方式。资本主义国家的独立工会等压力集团多属此类。后者在组织上接受某一政党或教会组织等的领导和控制，并根据领导者或控制者的意志和要求开展活动。这种情况在法国、意大利等西方国家较多。我国的群众团体多属于后者。

(3) 大型、中型、小型政治社团及全国性、地域性政治社团等。

除此之外，政治社团还有其他多种划分标准，如根据政治社团成员的特点，可分为老年、青年、少年儿童、妇女、残疾人等为基础的各种政治社团。根据社会分工和人们的职业类别，可分为以工人、农民、军人、学生、商人、企业家、个体劳动者、宗教徒等为基础的各种政治团体。

三、政治社团的功能、作用及活动方式

(一) 政治社团的功能

政治社团的功能包括对内功能和对外功能两个方面。

1. 对内功能。政治社团的对内功能是指对其内部成员所发挥的功能，主要包括：聚集群体意志；整合群体力量；提高群体素质；管理群体事务几个方面。只有化解分歧，统一意志，才能凝聚力量。同时，还应注重提高群体素质，管理好本团体事务，这样才能同心同德，步调一致，高质量地参与政治活动，有效地谋取和维护本团体的利益。

2. 对外功能。政治社团的对外功能是指其对国家机构施加影响的功能。政治社团的地位决定了它只有通过对国家机构的决策与执行过程施加有理、有利、有节的影响，才能谋求自身具体利益的最大化。

从中不难看出，对内功能是基础，对外功能是目的。

(二) 政治社团的作用

国家是政治社会的核心。政治社团和其他政治实体一样，也是围绕国家而形成和开展活动的。政治社团的上述功能也是通过与国家的互动而发挥着对政治社会的推动作用。

1. 推进政治社会民主化。民主的基本含义是"人民的权力"或"人民当家作主"，即按照民众的意志管理国家公共事务。政治社团的基本职能就是集中和表达本团体成员的利益和愿望，并通过影响国家权力机关，促使这一部分民众的利益和愿望得以实现。因此，政治社团的兴起和发展，既是民主政治的必然产物，也是民主政治的基本内容。一个国家政治社团数量的多少、规模的大小及其存在的合法性和对国家的影响力，是衡量该国民主政治水平的重要尺度，

也是抵御和抗衡专制独裁统治，保障民主政治的有力屏障。因此，随着政治社团的发展与活跃，必将有力地促进政治社会的民主化进程和政治文明的发展。

2. 促进公共决策的科学化。公共权力机构的决策，实际上是对有关社会信息的收集、加工、整理与转化的过程。各政治社团为使自己所代表的群体利益在国家决策中得以实现，一方面会将本团体所代表的群体利益与愿望集中概括起来，使之较为明确和清晰，以便为国家决策机构所接受和吸纳；另一方面，还会向国家决策机构提供大量有关本团体、本行业的信息资料和数据，用以表明维护和实现本团体要求的合理性和必要性。这样便能使国家机构准确、及时地把握社会的"脉搏"，为科学决策提供基础和前提，有效地避免因信息不足而导致的决策失误。

3. 增强政治监督的社会化。不受监督和制约的政治权力必然导致腐败，因此必须对国家机关及其公职人员进行监督和约束。这种监督和约束通常有两种方式：一是来自官方的自我监督，包括行政机关、司法机关和权力机关的监督；二是来自民间的监督，主要有广大民众和政治社团的监督。前者具有直接性和权威性，但也有明显的局限性：这种自上而下的监督往往受到这样或那样的阻力而影响监督的质量和效果。后者是国家机构之外的社会监督，具有民间性和广泛性的特点，可以有效地弥补公共权力系统内部监督的缺陷：社会群体人多势众，在政治社团的组织引导下，依据有关法律、法规，可有效地采用制造舆论、司法诉讼和示威游行等多种方式揭露、检举和控诉"官方"滥用职权、贪赃枉法等腐败行为，使公共权力机构及其公职人员感受到强大的社会压力，迫使其不得不遵纪守法，廉洁奉公，从而在一定程度上遏止和减少贪污腐败、侵害民众利益的行为。

4. 维护政治局势的稳定性。政局稳定是巩固国家政权、搞好经济、政治和文化建设的基本条件，因而不仅为当政者所重视，也为各政治社团和广大民众所关心。妨害政局稳定的社会动乱往往是由于下层民众的利益受到损害或遭到不公正待遇时所产生的积怨、愤懑情绪无由发泄或未能及时疏导而引发的。因此，要防止政局动荡就必须有一个能够代表和维护不同社会群体的利益，并能通过影响国家权力而使其欲望和要求得到正常表达和实现的社会组织。政治社团正是基于这一需要而产生的，并在实践中发挥着促使政局稳定、防止社会动乱的重要作用。

（三）政治社团的活动方式

政治社团的活动就是其功能和作用的发挥，亦即政治社团为维护和增进其所代表的群体利益而以各种方式影响公共权力机构的过程。政治社团影响国家机构的活动方式在不同性质的国家和不同的历史阶段各不相同，总的说来，主要有以下几种：

1. 影响选举和直接从政。在资本主义国家，一些实力雄厚的政治社团经常通过政治捐款、动员投票、制造舆论等方式操纵选举，使本团体的头面人或代言人当选为政府官员或议员，同时也吸纳某些退职的政府官员或议员为本团体成员，以便达到直接影响政府决策的目的。

社会主义国家的政治社团也以选举作为参政的一种方式。我国各群众团体可依据有关法规推选本团体成员作为人民代表参加各级人大。各群众团体所产生的人大代表可参与选举、监督和罢免国家权力机构领导人和政府官员的活动。各群众团体的负责人还可通过一定途径参加政治协商会议，在维护全体人民根本利益的前提下，通过参政、议政表达和争取本团体的具体利益。

2. 进行游说和交流沟通。通过游说和交流以与政府官员和议会议员进行沟通，是政治社团维护其群体利益的重要活动方式。资本主义国家不少政治社团还在立法机关所在地设立办事处专门从事游说议员以影响立法活动。它们还以各种方式与政府官员拉关系，力图使政府制定和实施有利于本团体的行政决策。国家机关也采取相应措施或设立专门机构与政治社团进行对话和沟通，就彼此关心的重大问题进行研讨磋商，以增进双方的了解和理解，减少行政决策实施中可能遇到的阻力。

社会主义国家的群众团体本来就是在党和政府的领导下开展活动的，始终与党政机关保持着密切的联系。我国各主要群众团体的领导人多为政协委员，不仅可通过政协的途径参政议政，还可通过列席党和政府的有关会议反映本团体群众的意见和要求。此外，我国的群众团体还经常与同级政府举行座谈会和联席会议，相互通报工作情况，研究群众团体反映的具体问题。这些交流和沟通活动，有利于党政机关全面了解群众的意愿和要求，并在此基础上作出反映广大人民群众利益的各种决策，进一步密切党和政府与人民群众的联系。

3. 提供信息和咨询帮助。公共权力机构的决策离不开丰富而准确的信息资料，因而掌握着大量有关本团体社情和民意的情报资料和数据的政治社团便可通过向公共决策机构提供有关信息资料和进行咨询帮助的方式影响国家公共决策。在资本主义国家，政治社团经常向政府官员和议员提供具有倾向性的和对本团体有利的情报和建议，同时还充当政府官员和议员的参谋和"智囊"，通过为他们出谋划策，进行有关问题的专门研究，帮助起草法案、报告等方式，以促成对本团体有利的决策出台。

社会主义国家的群众团体一般通过列席党政部门的有关会议，参加与本团体利益有关的专门机构的工作和活动，参与有关法案和决议的研究、讨论等方式，反映情况，发表意见，帮助党政机关制定科学可行的决策，也使本团体的利益得以维护和实现。

4. 利用传媒和司法诉讼。在广播、电视、报刊、互联网等大众传播媒体日益发展，社会影响日渐广泛的情况下，各种政治社团都很重视利用大众传媒制造舆论，影响民众，促使国家机关制定和实施有利于本团体利益的决策。当本团体整体利益或某些成员的权益受到不法侵害时，它们便借助新闻传媒进行呼吁和抗议，力图造成舆论压力，促使问题的解决；同时还经常提起诉讼，通过司法途径维护本团体及其成员的合法权益。当前，司法诉讼已成为政治社团权益受损的重要补救措施。

5. 强制方式和非法手段。在资本主义国家，一些有钱有势的"强势团体"通常采用操纵选举，游说官员，提供情报等非强制的方式影响政府决策。一些没有能力和条件采用这种方式的"弱势团体"则不得不采用带有强制性质的活动方式，如发动本团体群众进行大规模示威游行，组织群众集会、静坐、散发传单，鼓动群众罢工、罢市等。通过这些方式造成强大的政治影响和社会压力，抗议政府有损本团体利益的行政举措，迫使政府让步，接受他们的利益诉求。

在一些经济文化比较落后，政治民主程度较低的国家，政治社团的利益表达渠道不畅，民众的利益诉求往往受到政府的压制，政治社团便被迫采用暴力抗争，发动政变，甚至以绑架、暗杀、劫持人质等非法手段，表示对当政者的抗议和不满，力图以极端的方式实现本团体的利益。亚非拉一些民族独立国家经常发生军事政变和政治骚乱，便是那里的政治社团介入其中，推波助澜的结果。世界各地发生的一些恐怖活动，也往往与这类政治社团的秘密活动有关。

总之，政治社团的活动方式多种多样，因其所处国家的性质、政治背景以及时间、地点的不同而有较大差异，但其实质都是要通过影响国家政权以实现本团体的利益目标，可谓殊途而同归。

关键概念

政治组织；国家；国家职能；国体；政体；国家形式；君主制；共和制；单一制；复合制；联邦制；政党；政党制度；政治社团

思考题

1. 谈谈自己对国家起源的看法。
2. 你是如何理解国家本质的？
3. 试述国家的政治统治职能与社会管理职能之间的关系。
4. 试析国家职能的个性特点。

5. 试述国体与政体的关系。
6. 列举政党的特征。
7. 试述政党的主要类型及划分标准。
8. 影响政党作用发挥的因素有哪些?
9. 试述政党作用的具体体现。
10. 简述政党制度的特征。
11. 试述政治社团产生的基础或条件。
12. 试述政治社团的特点。
13. 政治社团可划分为哪几种主要类型?
14. 试述政治社团的功能与作用。
15. 简述政治社团的主要活动方式。

第 3 章 政治人

政治人指参与政治活动，扮演一定政治角色的个人，是以个体形式出现的政治实体，主要包括公民、官员和政治家。公民作为普遍适用于全体民众的概念，是近代资产阶级革命以后才出现的。公民依法享有政治权利，可以通过各种参政方式促进现代政治社会的发展，而现代政治发展又为公民发挥其政治作用和提高自身素质提供了条件。这种互相促进的关系强化了公民问题在政治学研究中的意义。官员是维持国家机器正常运转和实现统治阶级利益的骨干力量，包括专制社会的官僚、资本主义国家的文官和社会主义国家的公务员。无论在哪种类型的国家中，官员都是支撑整个政治系统的不可缺少的力量。政治家是时代的产物，是特定阶级和政治集团的代表。任何政治组织和政治群体作用的发挥，都离不开政治家指引方向和组织领导。政治家不能改变政治活动的规律，却能通过对社会阶级和政治组织的领导，加速或阻碍政治发展的进程，并使之带有一定的个性特色。

一切政治活动，归根到底都是人的活动。政治人是一切政治活动最基本的主体，也是构成政治社会的基本要素。离开一个个活生生的政治人，就不会有政治活动和政治社会的存在，也不会有政治组织和政治群体。只有深刻认识和把握各种类型的政治人的特点及作用，才能全面揭示和认识各种政治现象的本质和规律，因此，政治人就成为政治学研究中的重要内容。

第一节 公 民

一、公民的概念与特点

公民通常指具有一个国家的国籍，并依该国的宪法和法律规定享有权利和承担义务的人。取得某个国家的国籍是成为该国公民的唯一条件。

公民和人民是两个不同的概念，两者的区别在于：①内涵不同。人民是指顺应历史潮流，推动社会发展的群体，其对立面是逆历史潮流而动的反动派。

公民则是具有某国国籍的人，其对立面是不具有该国国籍的外国人或无国籍人。②外延不同。公民的外延比人民广泛，它既包括人民，也包括人民的敌人，只要具有该国的国籍，就属于该国的公民。而人民则与敌人相对立，两者的外延是互相排斥的。③人民是个集合概念，作为集合体的人民与其中的个体是全部与部分的关系。人民具有的属性，并不必然为其中某个个体所具有。公民则是非集合概念或普遍概念，公民与其中某个个体的关系是一般与个别的关系，作为"一般"的公民的共性必为每一公民所具有。

公民的特点主要有：

1. 历史性。公民是个历史范畴，它不是从来就有，也不会永远存在下去，而是与人类社会的一定历史发展阶段相联系，是民主政治的产物和表现。在没有阶级和国家的社会及实行独裁专制的古代社会，是不存在"公民"的。在民主政治发展的不同历史时期，"公民"也各有特点，在古希腊罗马，公民只是享有特权的奴隶主和自由民，仅占人口的极少部分，广大奴隶则被排斥于公民范围之外。资本主义国家虽然承认无产阶级和劳动人民也是公民，但建立在资本主义私有制基础上的政治制度，使无产阶级的政治权利在事实上受到很多限制。只有在消灭私有制和剥削制度的社会主义国家，公民的权利才不仅是广泛真实的，而且是有切实保障的。

2. 阶级性。公民是划分为不同阶级的，不存在超阶级的公民。在古希腊罗马，不仅奴隶阶级被排除在公民之外，而且同属于公民的自由民和奴隶主贵族，也是分属于统治阶级和被统治阶级的。资本主义社会的公民主要由无产阶级和资产阶级构成。在消灭了剥削阶级的社会主义社会，作为公民主体的工人、农民依然是两个不同的阶级。社会主义社会还有极少数敌对分子也属于公民，他们是社会主义社会的专政对象。一旦彻底消灭了阶级，没有了任何阶级差别，公民也便退出了历史舞台，为共产主义新人所取代。

3. 平等性。公民与民主政治和法治社会相联系。民主政治的基本原则就是自由和平等，承认国家权力归人民所有，全体公民享有平等的权利。在公民中，无论不同个体在民族、性别、职业、信仰等方面有何种差异，在享受法定权利和履行法定义务方面都是平等的，不允许任何人享有特权。公民又是法治社会的产物。法治社会奉行"在法律面前人人平等"的原则，公民的资格及依法享有的权利和应履行的义务，都是平等的，任何人都没有超越宪法和法律的特权，也不能规避法定的义务。

4. 独立性。即公民具有独立意志和独立人格，这是公民区别于臣民的重要特点。在专制政体下，君主独裁，等级森严。统治者对被统治者，君主对臣民，上级对下级，握有生杀予夺的绝对权力，而后者在前者面前，则连支配自身自由的权利也没有，生死祸福，升迁贬黜全部操于他人之手，从而使被统治者必须依附于统治者以求生存，各级官吏必须依附于上级和君主以求升迁和自保。这种机制只能造就大量奴性十足的臣民，没有任何独立人格和个人意志可言。在民主政体下，公民具有法定的各种权利，在法律面前人人平等，公民的权利都平等地受到法律的保护，官员的升迁贬降，取决于民意和法规，无须仰赖于任何人，因而易养成独立意志和独立人格。

二、公民的权利与义务

（一）公民的权利

公民的权利是公民在社会生活中实现其利益要求的法定资格，一般是指宪法和法律所规定的公民从事某种行为的可能性。至于公民是否及以何种方式将这种可能性变为现实，完全由公民依自身的利益和愿望确定。

不同国家、不同时期的宪法和法律对公民权利的规定各不相同，繁简不一。归纳起来，大致有以下三方面：

1. 政治法律方面的权利。

（1）平等权。主要指法律上的平等，即公民平等地享有和履行宪法和法律所规定的权利与义务，平等地遵守宪法和法律规范；对公民守法行为的保护和违法行为的惩罚，一律依法进行，不能因人而异；坚持公民在法律面前一律平等，不允许有不受法律制约的特殊公民。这种平等只是在法律实施和适用上的平等，而不是在立法上的平等。法律是统治阶级意志的体现，具有强烈的阶级性。但法律一经制定，在运用和执行中则必须一律平等，不允许有任何公民享有法律之外的特权；唯有如此，才能维护法律的尊严，更好地保护统治阶级的利益。平等权还包括公民资格、参与政治等方面的平等，如选举不受性别、职业、种族、文化程度等限制，实行一人一票的权利等。

（2）参政权。①选举权和被选举权，即公民可依法选举他人，或自己被选举为议员、代表或政府公职人员，亦可对国家公职人员进行监督。②公民有表达自己政治愿望和要求的自由和权利。根据各国宪法和法律的规定，公民可以通过集会、游行、示威、出版等方式表达自己的政治见解和政治要求以及对政府的政治举措的拥护、支持或反对、抗议的态度，从而影响政府行为，实现自身的利益和愿望。③公民具有结社和参加政党与政治团体的权利。公民通过组建或参加政治团体和政党等政治组织而间接参与和影响国家的政治事务，从而达到维护和实现自身利益的目的。

此外，公民还有参与民间自治组织，对居住地区基层社会生活进行自我管理的权利。在我国，公民还有民主管理企事业单位的权利，包括对企事业单位重大决策和规章制度的审议和制定，对本单位领导人的选举、罢免和监督等，充分体现了社会主义国家劳动人民当家做主的主人翁地位。

2. 社会经济方面的权利。公民在这方面的权利是指他们在社会生活和经济方面享有的与物质利益直接联系的各种权利。这是公民实现其他权利的物质保障，主要内容有以下几方面：

(1) 财产权。即公民对自己的私有财产享有的占有、使用、收益和处分的权利。宪法和法律保护公民合法的私有财产不受侵犯。

(2) 人身自由权。主要包括：①人身自由不受侵犯。在法律允许的范围内，公民的"举止行动"完全由自己支配和控制，不受任何机关和个人的限制与干涉；公民违法须由专门司法机构依法定程序进行拘禁、逮捕或审讯；对依法限制人身自由的公民也不得施行肉体和精神的暴行与虐待。②人格尊严不受侵犯，包括名誉、荣誉、肖像、姓名等与公民人格密切联系的权利受到法律的保护，不得非法侵犯。③公民住宅不受侵犯。对公民住宅，除司法机关依法搜查外，任何人不得随意侵入。

(3) 社会福利权。如公民可以通过劳动获得工薪报酬，而且享有各种劳动保护的福利待遇，以保障劳动者的安全、健康等合法权益。公民因老弱病残等原因丧失劳动能力或所获劳动报酬不足以满足其正常生活需要时，享有得到国家物质资助和社会救济的权利。此外，不少国家还实施医疗保险、住房补贴等措施，以使公民的生活得到切实的保障和改善。

3. 思想文化方面的权利。

(1) 受教育权，即公民享有通过学校或其他教育方式学习科学文化知识的权利。许多国家都实行一定年限的义务教育，为公民进一步学习专业知识和技能奠定文化科学基础。

(2) 言论自由权，即公民享有通过各种形式发表意见的权利。著作自由和出版自由，实际是言论自由的延伸，只要不诽谤他人、危害社会，同样受到法律的保护。此外，公民还享有通讯自由，公民的信件、电报、电话和电子邮件等不受任何人的限制和侵犯。

(3) 宗教信仰自由，这是指公民有信仰或不信仰宗教的自由，也有信仰这种宗教或那种宗教，这一教派或那一教派的自由。总之，宗教信仰是公民个人的私事，个人有自由选择的权利，国家或其他人不得强迫或干涉。

(二) 公民的义务

1. 遵守宪法和各种法律。任何公民都必须在宪法和法律的范围内活动，遵纪守法，以法律约束自己，不允许有不受法律制约的特殊公民。

2. 遵守公共秩序和社会公德。公共秩序和社会公德是维护国家和社会稳定，保证社会经济发展和社会生活正常进行的必要条件，因而，自觉遵守公共秩序和社会公德便成为每个公民应尽的义务。

3. 依法服兵役，保卫国家。为保卫国家主权、领土完整和安全独立，必须增强国防力量。因而符合当兵年龄和条件的公民都有应征入伍，保卫国家的义务。

此外，参加劳动和接受义务教育，既是公民享有的权利，也是公民应尽的义务。这体现了权利和义务相统一的原则。

三、公民的作用与素质

（一）公民的作用

公民的主体是人民群众。公民的作用主要体现为人民群众对社会发展的推动作用。在不同的政治制度下，人民群众推动历史的作用是大不相同的。近现代国家公民的政治作用主要表现在以下几个方面：

1. 公民是经济建设的主力军。在近现代社会，劳动群众始终是公民的主体，是社会经济建设的主力军。正是他们的辛勤劳动，创造了社会的物质财富，为人们提供了衣食住行及其他社会物质生活资料，使人们得以从事政治、科学、教育、文化等社会活动，从而为政治社会的存在和发展提供了物质基础。同时，作为公民的劳动群众还是社会生产力的体现者，而且是生产力中最积极最活跃的因素。他们在劳动实践中积累了丰富的经验，并在此基础上不断形成新的科学技术和发明创造。在知识经济时代，科学技术的进步，必然转化为生产工具和工艺水平的创新和改进，促使先进生产力代替落后生产力，从而推动经济的发展和政治的进步。

2. 公民是社会精神财富的创造者。精神财富（包括文化科学和进步的意识形态）不仅为社会物质文明建设提供智力支持和精神动力，促进社会经济的发展，而且陶冶人们的思想情操，促使人们文化和道德素质的提高。在近现代社会，公民群体的社会实践是精神财富创造的源泉和动力；公民中的知识分子则是社会精神财富的直接创造者。在当今的公民社会，随着社会经济、文化的发展，知识阶层的队伍逐渐扩大，社会精神财富日渐丰富多彩，对社会发展的推动作用也就日益显著。

3. 公民是民主政治的维护者。公民是民主政治的产物，也是民主政治的受益者，因此他们本能地拥护民主政治，反对专制独裁，在政治实践中起着维护民主制度，促进政治文明和社会发展积极的作用。①公民作为国家和社会的主人，享有对国家公职人员的选择权。他们既可选举能够代表自己利益的人上台执政，也可依法罢黜其中的不称职者，从而促使国家机关公职人员顺从民意，忠于职守，在公民的制约、监督下搞好本职工作。②公民群体通过自己的合法组织、政治代表和大众传媒等渠道反映自己的愿望和要求，或向政府施加压力，促使公共权力机构革除弊端，制定出符合民意的各项政策和法规，使广大民众的利益得到切实的维护和保障。③公民群众利用自己享有的政治权利，采用集会、游行、申诉、控告、检举和要求赔偿、提起公诉等方式监督国家公职人员，防止官僚主义，遏制腐败现象，使国家机关的工作人员不敢任意妄为，从而有效地维护民主政治的原则，保证公民社会的良性运行。④公民通过履行其依法纳税、遵纪守法和服兵役等各项义务，从经济上支持国家的财政收入，促使社会有序运行和政局稳定；在对外关系上，维护国家的独立、安全和领土主权的完整，从而为社会经济文化建设和民主政治的发展创造必要的社会条件。

公民上述作用的发挥，与近现代社会所提供的经济、政治和精神条件息息相关。在民主社会，公民的政治地位较之专制统治下的臣民有了很大的提高和改善。随着民主制度的逐渐完善，公民在法律上获得了更多的政治权利和自由，从而为他们政治作用的发挥提供了更多的优越条件。这是当今公民能够充分发挥其政治作用的客观条件。在主观条件方面，公民作用的发挥取决于其自身的素质状况。实践表明，公民自身素质的高低，是其政治作用大小和久暂的内在根据和主观条件。

（二）公民的素质

1. 公民素质的含义与构成。公民素质指公民群体在民主政治条件下所形成的公民意识、参政能力和文化素质的总和，主要由以下三方面的要素构成：

（1）公民意识，即公民对自己作为国家和社会的主人的觉悟和社会责任感，包括对公民权利的积极行使和对公民义务的自觉履行。他们不仅勇于依法维护自身的合法权益，而且自觉以主人翁的责任感维护社会公共利益，推动公民社会的发展。

（2）参政能力，主要指公民参与政治活动、影响政治进程所必备的政治技能、政治经验和政治实践能力，包括讲演、发言、论辩、质询、提案、投票、控告等实施民主政治的才干和技能。有无参政能力和参政能力的大小是公民能否有效发挥其政治作用的重要因素。

（3）文化素养，主要指公民参政、议政所必须具备的文化水平和分析、判断、推理等逻辑思维能力，包括接受、传输政治信息和交流、发表政见的语言、文字表述水平以及对政治动向、政治问题的认识、预测及判断能力。一定的文化素质是形成公民意识和参政能力的基础。

2. 公民素质的培养与提高。良好的公民素质不仅是公民发挥其政治作用的内在根据，也是民主政治建设的必要条件，因此，培养和提高公民素质便成为现代国家政治发展的重要任务。由于各国的具体国情不同，培养和提高公民素质的途径和方式也不尽一致，但从一般情况看，主要可归结为以下三种方式：

(1) 大力发展生产力，为公民素质的培养和提高提供物质基础。只有通过发展生产力，解决了人们的物质生活问题，才能为公民素质的提高提供物质保障。同时，随着生产力水平的提高，必将促使商品经济的发展。商品经济不仅为民主政治奠定了基础，也有利于人们民主意识的提高。此外，生产力的发展还为社会提供了报刊、电视、广播、互联网等信息传播设施，使人们能够获取大量政治信息，及时了解国内外大事，有效地拓宽公民的视野，从而有力地促进公民意识的培养和提高。

(2) 健全完善民主制度，为公民素质的培养和提高提供良好的社会环境。①完善的民主制度能够更好地维护公民的政治权利和自由，使公民的利益和愿望得到顺畅的表达，为公民群体通过影响公共权力机关以维护和实现自身利益提供了制度上的保障，从而激发和提高公民的政治热情和参政的积极性。②完善的政治制度造就了宽松的政治环境，使公民群体能够通过各种合法的方式参与政治活动，影响公共决策，监督国家公职人员。通过这些政治活动，使公民群体从中得到锻炼和提高，不断增强其民主意识和政治行为能力。

(3) 发展文化教育事业，为公民素质的培养和提高提供文化条件。①要抓好义务教育，使广大公民通过接受法定年限的义务教育，达到一定的文化水平。②加大教育投资，提高教育质量，培养有较高文化科学知识的一代新人。③提倡终身教育，采用各种方式，开拓教育渠道，为公民创造终身学习的机会和条件，使之不断提高自身素质，以适应知识经济时代的要求，并为公民素质的全面提高奠定科学文化基础。

今天，公民素质的培养和提高已成为我国社会主义建设亟待解决的重要问题。我们必须进一步搞好社会主义物质文明、精神文明和政治文明的建设，为公民素质的培养和提高提供物质、精神和制度方面的条件，同时还要深入进行政治体制改革，加强民主法制建设，为公民群体的政治参与创造更多的机会，使公民素质在实践中得到切实的提高。实践表明，公民素质的提高是社会发展的决定性因素，社会发展又为公民素质的提高创造了必要的物质、精神和制度方面的有利条件。当前，坚持科学发展观，必须把人的素质的提高和社会进步结合起来，同时抓好公民素质的提高和社会主义事业的发展，使人的发展和社会进步相互促进，相得益彰。

第二节 官 员

一、官员的概念与类型

（一）官员的概念

官员是指在国家机关担任一定职务，掌握一定权力并承担相应职责的人员。

官员是伴随国家的出现而从社会成员中分化出来的政治角色。其不同于普通民众的特点在于：

1. 脱离生产劳动，领取国家薪酬，而民众一般须参加生产劳动，并向国家纳税服役。

2. 掌握一定职权，具有管理社会公共事务和治理或统治民众的权力，而民众则没有政治职权，必须接受官员的管理。

3. 在国家权力系统担任一定的职务，与国家立场保持一致，以维护统治阶级的根本利益为职责，而民众则处于国家机关之外，与国家利益不一定保持一致，甚至根本对立。

4. 官员是一定历史阶段的产物，以阶级和国家的存在为前提。没有阶级和国家的原始社会没有官员；随着阶级和国家的消亡，官员也将退出历史舞台。

（二）官员的类型

依据不同的标准，可以将官员区分为不同的类型：

1. 依据官员在国家管理活动中的作用，可将官员划分为决策者和执行者两类。前者指国家和地方大政方针和政治经济重大事项的设计、决定者；后者指对国家机关政治决策的贯彻执行者。

2. 依据官员产生的方式，可分为四种类型：①上级委任的官员，即在上级主管部门考核的基础上，由上级直接任命；被任命者必须与任命者在政治上保持一致，并向任命者负责。②民主选举的官员，即公民按法定的方式和程序，采用直接或间接的方式选举产生的官员。这类官员必须向选民负责。③考试录用的官员，即通过国家特定的选拔考试，择优录用的官员。这一方式有利于人才资源的开发利用，因而为现代国家所普遍采用，成为各国公务员制度的重要内容。④世袭产生的官员。世袭制以宗法血缘关系为依据，以父死子继或兄终弟及的世代相传为特点，是封建君主"家天下"的重要内容。

3. 依据官员的任期，可将官员划分为三种类型：①任期制官员。其任职时间和任职届数都要受到法律的严格限制。这样可促使官员在有限的任职期内合理筹划，勤奋工作，努力提高行政效率，因而为现代国家所广泛采用。②常任制官员。这类官员没有任期限制，一旦被录用，就可一直干到退休；只要没有违法行为和重大过失，便不能随意辞退和开除。实行常任制有利于官员在长期的工作实践中积累经验，熟练掌握某种技能和专长，以提高工作效率和质量。当代各国行政机关的事务类官员及我国的一般机关工作人员都采用常任制。③终身制官员，主要指君主制国家的世袭君主和一些贵族官僚，终身制或世袭制只重血缘，轻视才干；一经掌权，终身为官，同民主原则相背离，不利于政治文明的发展和社会进步，故在当今除少数君主立宪制国家还有形式上的残留之外，基本已退出了历史舞台。

4. 依据官员所处的政治体制和历史条件，可将官员划分为古代专制政体下的官僚和现代民主制国家的公务员。有的学者将"官僚"等同于官员，把不同类型，不同政治体制下的官员统称为官僚。按照这一说法，社会主义国家的党政干部也都成了"官僚"，这显然是不妥当的。因为"官僚"一词在我国群众心目中是贬义词，专指那些向君主或上司尽忠，不对人民负责的旧官吏，同作为人民公仆的国家公务员水火不容。由"官僚"衍生出的官僚作风、官僚习气、官僚主义等都是政治生活中的严重弊端，为人们所深恶痛绝；与我们所倡导的全心全意为人民服务，做人民的公仆的政治理念背道而驰。如果将人们已约定俗成，达成共识的"官僚"概念和社会主义国家的公务员混为一谈，则不仅不易为人们所接受，还会以辞害义，引起概念上的混乱。因而本书将"官僚"一词仅限于指称专制政体下的旧官吏，不包括民主政体下的官员，特别是社会主义国家的公务员。

二、古代专制政体下的官僚

（一）古代官僚的类型与特点

古代官僚是指奴隶制和封建制国家中的官员。这两类国家一般都实行君主专制统治，其官僚制度与民主政体下的官员管理方式迥然不同，其中以中国古代最为完善和典型。以下主要以中国封建社会的官僚制度为例，探索古代官僚的有关问题。

古代官僚队伍成分复杂，大体可划分为三种类型：①中央政府的官僚，包括君主和辅助君主处理政务的行政长官宰相，中央政府各部门的长官及代表君主监察各级官吏的检察官、宫廷事务官、学官等；②地方官，包括执掌地方军政大权的各级军事行政长官和辅助官员；③中央和地方各级政权机构中承担具体事务的幕僚和胥吏。

与近现代民主政体下的官员相比，古代官僚有如下显著特点：

1. 君权至上。君主处于国家权力的顶峰，集一切国家大权于一身，握有最终的决策权、立法权和最高行政指挥权。在中国古代，君主的命令就是指挥国家政治活动和司法实践的最权威的根据，甚至整个国家都被视为君主的私有财产,一切国家机构与法律制度几乎都成了维护君主独裁统治的工具,以至形成君主"独制于天下而无所制"[1]的局面。

2. 等级森严。古代专制政体下的官僚划分为不同等级,等级不同,享有的特权各异,在政治活动、交际礼仪,乃至服饰器用等方面也都有严格区别。不同等级的官僚必须安分守己,严格按其所处等级的规范办事,否则就要受到严厉的谴责和惩罚。

3. 人身依附。在实行人治的专制社会,上司对下属,官长对佐吏,君主对百官拥有控制、支配甚至生杀予夺的权力;下属、佐吏的仕途前程、升迁贬黜直接掌握在上司手中,所有官员的命运又都取决于专制君主的意志,由此形成下属对上司、百官对君主的层层人身依附,从而使各级官吏的独立人格和个人意志几乎消磨殆尽。在君主和上司面前敢于犯颜直谏,据理力争的耿直之士寥若晨星,曲意逢迎的奸佞之徒则比比皆是。

4. 官贵民贱。在等级森严的古代社会,民众无疑居于社会的最低等级,承担着纳税服役等沉重义务却毫无自由和权利可言。各级官吏在民众面前则无一不是尊长与上司,颐指气使,不可一世。中国古代的官吏更以民众的"父母官"或"牧民官"自居;广大民众则成为"子民百姓",甚至被视为可以任意驱使的牲畜,"州牧"、"牧民"的官位和职能就清楚地揭示出官尊民卑的社会现实。

(二) 古代官僚的作用

古代官僚队伍是统治阶级的领导核心和骨干力量。其作用是由统治阶级的性质和历史地位决定的。一般说来,当统治阶级处于上升阶段,对历史发展起推动作用时,其官僚队伍也能顺应历史潮流,对社会发展起积极促进作用。反之,当统治阶级已丧失其存在的历史必然性,成为日趋灭亡的腐朽阶级时,其官僚队伍也就逐渐成为阻碍社会发展的反动势力。

就官僚队伍的具体情况而言:①在实行人治的专制政治体制下,独揽大权的君主无疑在政治生活中起着十分重要的作用。君主贤明,决策得当,则促使国治民安,有利于社会经济的顺利发展;君主昏庸,暴虐无道,则国无宁日,招致败亡。②宰相和辅佐大臣也起着重要的作用。世袭君主未必具备足以治理天下的智慧才干,必须选任宰相和大臣辅佐,以弥补其智能之不足。宰相与大臣贤能与否及其与君主的合作关系,直接影响到国家的治乱和社会的发展。③地方行政长官及其幕僚、属吏的素质高低、品行优劣对各地社会经济文化的发展也有重大的影响。总之,在实行人治的古代,"其人存,则其政举;其人

---

[1] 《史记·李斯传》。

亡，则其政息"[1]。这充分反映了官僚在社会中的重大作用。

(三) 古代国家对官员的管理

由于官僚在国家政治生活中作用巨大，故对官吏的管理历来为统治阶级所重视。中国古代的官员管理主要包括选任、考核、监督、奖惩等环节。

关于官吏的选任大体经历了夏商周时期的世卿世禄制，汉代的察举征辟制，魏晋南北朝时期的九品中正制和隋唐时期的科举制。较之隋唐之前的官吏选任方式，科举取士不限门第，公开考试，择优录用，为国家开辟了广泛搜罗贤才的途径，同时也保证了所录用官员的素质，故自科举制产生之后，为宋元明清各朝所沿用，历久不衰，成为中国封建社会中后期选任官员的基本制度，在社会政治文化生活中产生了极为深远的影响。

中国古代对官员的考核由吏部统一管理，采用上级考核下级，长官考核属吏，以及平时考核和定期考核相结合的方式。根据被考核对象在道德、能力、政绩方面的优劣和年资长短划分等级，决定奖惩陟黜，促使官员忠于职守，敬业勤政，以保证国家机器的正常运转和政府职能的充分发挥。

为防止官员以权谋私，杜绝职务犯罪，中国古代各朝都设立了各类专门监察机构，加强对中央和地方官吏的分类监督。监察官由耿直廉政，刚直不阿且熟谙政务的资深地方官吏充任，并采取严格的回避制度，以保证监察工作在整饬吏治，弹劾不法官吏中的作用。

中国古代对官员在任用、考核、监督、奖惩等方面的严格管理，最终都是为维护统治阶级的利益，强化君主独裁统治服务的。但对提高行政效率，保证政府职能的正常发挥，也有一定的积极作用，有些经验和措施对我们今天的干部人事管理也不乏可借鉴之处。

三、资本主义国家的文官

(一) 文官的含义与范围

文官通常是指资本主义国家行政机关中通过非选举程序担任公职的一般官员。其含义有以下几点：

1. 文官是国家的雇员。作为雇员，文官只是一种职业或谋生的手段，并不表明特定的地位和等级，有别于古代的官僚；作为国家的雇员，文官又不同于私有企业的雇工，他们只为国家与民众服务，并不为特定的私人效劳。

2. 文官是公众的仆人。公众是国家的主人，由纳税人供养的文官是服务于民众的公仆，有别于君主的臣仆。臣仆不仅没有服务于民众的观念，反倒往往

---

[1] 《礼记·中庸》。

以欺压民众作为效忠于君主的手段。

3. 文官，作为官，掌握着一定的职权，区别于普通民众；作为文官，又与武官不同，通常不包括军事人员。

关于文官的范围，各国的规定不尽一致，大体有三种划分方法：①将文官限定为政府中的事务官，即经过公开考试被录用的各级政府的工作人员，不包括经由选举产生，进入决策层的政务官。最早实行文官制度的英国及英联邦国家多采用这种划分方法。②将包括政务官和事务官在内的一切政府工作人员都纳入文官范围。美国就采用这一方式。③将所有由国家支付工资的人员，包括立法、行政、司法系统的公务人员，军职人员和国立或国营企事业单位的供职人员统统纳入文官范围。日本、法国属于这种类型。上述三种方式，以第一种最为典型，影响也最大，故本节所说的文官也局限于政府中的事务官。

（二）文官制度的内容

文官制度是资本主义经济及其发展的产物，19世纪中期产生于当时资本主义经济最发达的英国，此后逐渐为其他西方国家和民族独立国家所仿效，当今已成为大多数资本主义国家普遍采用的官吏制度。由于这些国家经济政治状况不尽相同，在文官的录用、规范、管理等方面的具体规定也各有特点，但大体说来，文官制度的基本内容可概括为以下几点：

1. 公开竞争考试，择优录用提拔。考试录用是文官制度确立的重要标志，也是保证文官队伍素质和贯彻机会均等原则的重要措施。各国对文官的录用一般通过自愿报名、资格审查、公开考试、择优录用等环节。在职文官的提拔升迁，同样要经过法定的考试程序，根据考试成绩和平时的政绩择优提拔升职。对于文官来说，其录用、提拔全靠自己的知识、才能或政绩；这与凭借党派关系，政治态度和政治背景，通过选举或政治任命进入政府机构的政务官是迥然不同的。

2. 没有任期限制，薪酬逐年提升。文官无任期限制，一经录用，长期供职，直至退休；只要不违法犯纪，无重大过失，就不能被开除或退职。其薪酬也随着年资的增长而自然提升。这与有任职时间限制，同执政党共进退的政务官也有显著的不同。

3. 专业分工明确，职位级别严明。为适应资本主义市场经济发展和国家职能扩大的需要，各国行政管理机关一般都采用职位分类方法，即将业务性质相似的管理工作分成范围大小不同，层次各异的不同类别；在各类中再细分为高低不等的级别；每一级别又分成不同的职位。各职位职责明确，以职位定人，以级别付酬。文官均须在某一职位担任常设性职务，以利于考核、付酬和专业化管理。

4. 保持政治中立，限制政治参与。这是文官与政务官的重要区别。政务官以其鲜明的政治态度和坚定的党派性而步入政坛，参与政治。文官则不允许参加任何政党的政治活动，也不得参加竞选和接受政治捐款；只能心无旁骛，专心致志地搞好本职工作，以维护政局的稳定和国家机器的正常运转。

（三）文官的作用

文官和文官制度的出现，对西方国家行政管理的进步和政治文明的发展有着积极而深远的影响。其作用主要有以下几点：

1. 增强政府工作的效率。文官制度中公开考试、择优录用的任用办法，终身任职、定期培训的具体规定，严格考核、奖优汰劣的激励机制，从制度上保证了文官队伍过硬的自身素质，为提高政府工作效率提供了必要的主观条件和制度上的保证。

2. 促进政治局势的稳定。文官制度关于政治中立的规定，使文官在政党纷争中"超然物外"，专意于本职工作，严格依法办事，唯法是从，不受执政党更替的影响，从而使政党斗争所引起的政局动荡很难波及行政管理领域，也有效地避免了因公共权力介入党派和社团的政治纷争而引发的政局动荡。

3. 保证行政管理的连续。西方国家的政府随执政党的轮换而更迭，政务官随执政党的起落而进退，这显然不利于政府工作的连续性，文官制度则有效地弥补了政党政治的这一缺陷。除上述关于政治中立可使文官免于卷入党争的漩涡而影响政府工作的连续性外，文官制度中关于常任制的规定也使他们得以长期在某一固定岗位任职，既可成为经验丰富、业务精通的行家里手，又使各职位、各部门的工作得以持续不断地正常进行，从而有效地保证了政府工作的连续性。

西方文官制度的确立和发展是政府人事管理方面的制度创新，也是人类政治文明发展的重大进步。但这一制度也有其不可避免的局限性和明显的阶级性，如关于"政治中立"的规定，只是要求文官在资产阶级各政党、各派别的斗争中处于超然的地位，而在统治阶级和被统治阶级的斗争中，则不会也不允许保持中立，其官方的立场和态度是非常坚定而鲜明的。实际上，文官作为资产阶级国家机构的骨干力量，其本身就是一种政治参与，坚持以体现资产阶级意志的法律办事，实际就是为维护资产阶级整体利益而斗争。

四、社会主义国家的公务员

社会主义国家是人民当家作主的国家。国家公务员是人民的勤务员和公仆。我国在20世纪90年代进行的干部人事制度改革中开始推行公务员制度，2005年4月全国人大又通过了《公务员法》，使我国的公务员制度更为完善和科学。下面以我国为例，分析社会主义国家公务员问题。

(一) 公务员的概念

国家公务员，按照我国《公务员法》的规定是指"依法履行公职、纳入国家行政编制、由国家财政负担工资福利的工作人员"，包括中央和地方各级党委、人大、政府、政协和民主党派机关的工作人员及各级人民法院、人民检察院的工作人员。这些机关是我国政治制度中不可缺少的主体，在社会公共管理各领域发挥着各自特定的重要作用。以这些机关作为确定我国公务员范围的基础，既符合我国当前政治制度等基本国情，也适应了我国干部人事管理的实际需要，是一种具有中国特色的干部人事制度安排。

我国公务员队伍庞大，涉及门类众多，可以不同标准，划分为不同类别：

1. 根据公务员职位的性质、特点和管理的需要，可划分为综合管理类，专业技术类，行政执法类公务员等类型。

2. 根据公务员职务获得方式的不同，可划分为通过选任制、委任制、考任制和聘任制等方式任职的各类公务员。

3. 根据公务员的产生方式和职责的不同，可分为担任领导职务的公务员和非领导职务的公务员。前者是经选举或任命，有一定任期，担负领导和决策职责的公务员，包括各级党委、人大、政协、人民法院、人民检察院及其工作机构的领导成员和各民主党派的领导成员；后者一般是经考试录用或招聘任职，没有任职期限，担负具体工作的公务员，包括上述各机关的一般工作人员。

(二) 公务员的特点

我国的公务员制度与西方国家的文官制度有某些相似之处，但又有着本质的区别，其特点主要有：

1. 我国的领导职务公务员也是通过选举或任命产生，并有一定任期，依照有关法律规定，定期进退，但这并不意味着执政党的变更，只是表明我国已废除了领导干部职务的终身制。这同西方国家政务官随执政党的变化而进退有着本质的区别。

2. 我国公务员不搞政治中立；不仅允许公务员参加各党派和各类政治活动，而且必须同中国共产党的路线保持一致，忠实执行党的路线和政策。这是因为，我国的公务员是人民的勤务员和公仆，以忠于国家、服务民众为基本职责，而中国共产党就代表着广大人民群众的根本利益，以全心全意为人民服务为根本宗旨，党的路线政策就是人民群众的根本利益的集中体现。因此，公务员忠于职守同与党保持一致是统一的，没有任何保持政治中立的必要和可能。这同西方国家政党制度下的文官的政治态度是完全不同的。

3. 我国担任领导职务和非领导职务的公务员与西方国家的政务官与事务官在产生途径、任职期限和职责方面不乏相似之处，但西方国家对这两类政府官员的要求和标准不同，相互之间不能交替任职。我国担任领导职务和非领导职务的公务员之间交替任职不仅是可能的和正常的，而且是经常性的。实际上非领导职务公务员正是领导职务公务员的主要来源，而领导干部任职届满，不再连任的，大部分仍留在公务员队伍内，继续担任公职。总之，我国的公务员"能官能兵"，可上可下；不管担任何种职务，都在各自的岗位上尽职尽责，为国家效力，为人民服务。这既是我国公务员制度的明显的特点，也是其突出的优点。

（三）我国实行公务员制度的重要意义

我国的公务员制度是适应我国社会经济发展状况和改革需要而产生的。公务员制度的实施是我国干部管理体制的重大突破，是改革开放中一项重大制度创新，对发展社会主义民主政治，建设社会主义政治文明具有重要而深远的意义。

1. 有利于建设一支高素质的公务员队伍。按照《公务员法》的规定，作为公务员队伍主体的非领导职务公务员必须通过竞争考试，严格考察，择优录用，并经过一年的试用，合格者才予以任职。在"入口"处的严格把关，保证了高素质的人才进入公务员队伍，有效地防止了滥竽充数的现象发生。对在职公务员还要通过各种形式的在职培训，严格考核及在此基础上的职务升降，促使和激励其不断更新知识结构，提高业务能力，多做贡献，从而有效地促进高素质公务员队伍的形成。

2. 有利于提高党政机关的工作效率。公务员制度的实施，不仅造就了一支高素质的公务员队伍，也提供了一套科学完善的管理制度。如我国公务员法在职位分类的基础上设置公务员职位序列；各机关依其职能、规格、编制限额及结构比例，设置本机关的具体职位，并确定各职位的工作职责、任职资格条件等，从而使各机关明确编制，因事设人；处于各职位的公务员职责明确，各司其事，各尽其责，从而有效地防止了相互扯皮、不负责任的官僚主义现象发生，有利于党政机关工作效率的提高。

3. 有利于党对干部的依法管理。党管干部是我国人事管理制度的基本原则，但应有相关法律规范依法进行管理。公务员制度的实施，特别是《公务员法》的制定和颁布，使党对干部的管理有了明确的法律依据，为干部管理的法制化奠定了基础，不仅可防止个人情感和长官意志对干部管理的影响，也有效地提高和完善了党的领导方式和执政能力。

4. 有利于社会主义和谐社会的构建。社会主义和谐社会的构建是一个涉及多方面因素的系统工程，其中一个很重要的内容就是处理好公务员与广大民众的关系。公务员制度的实施，从法律和制度上对公务员的行为进行了必要的限制和约束,有利于杜绝以权谋私的不正之风。促使公务员廉洁奉公,执政为民,从而进一步密切干群关系,促进社会主义和谐社会的构建。

第三节 政治家

一、政治家的概念与特征

政治家指代表一定阶级的利益和意志,具有超群的政治见解和卓越的政治才能,积极投身政治活动,并对政治生活和历史发展具有重大影响的专门人才。

政治家作为"家",其名声和影响远远超过了普通公民和一般官员,而与那些著名的科学家、文学家、艺术家、思想家一样,都是对社会历史具有重大影响的知名人士,都在历史进程中明显地留下了自己的意志印记和活动痕迹。

政治家作为以政治为职业的政治领袖,又有区别于上述文学家、科学家等非政治家的显著特点。

1. 政治家具有强烈的阶级使命感,是一定阶级利益和意志的杰出代表。政治家就是特定阶级利益和愿望的杰出代表。他们通过集中本阶级的意志,制定代表本阶级根本利益的战略和决策,同时又组织和领导本阶级群众使这一战略决策付诸实施,从而维护或实现本阶级的根本利益。政治家与其所代表的阶级息息相关,不可分离。没有超阶级的政治家,也没有游离于特定阶级之外的政治家。因此,可以根据政治家的阶级属性,划分为剥削阶级政治家和劳动阶级政治家两大类型。前者包括奴隶主阶级政治家、封建地主阶级政治家和资产阶级政治家;后者包括奴隶阶级政治家、农民阶级政治家和无产阶级政治家。

2. 政治家是具有远大政治理想,并以政治为职业的专门家。政治家的超群之处就是具有崇高的政治理想和宏大的政治抱负。这是他们在长期政治实践中形成的精神追求,也是本阶级利益和愿望的集中体现。它不仅激励着政治家在政治进程中以坚忍不拔的毅力和百折不挠的斗志,排除艰难险阻,为理想的实现而奋斗不息,而且还成为本阶级成员和同盟者群体英勇奋斗的精神力量。政治是一种高层次的实践活动,其间风云变幻,险象环生,充满了艰难险阻、失败挫折。要使政治理想变为现实,不仅需要坚定不移的信念和百折不挠的毅力,还要有高超的领导才能和领导艺术;不仅要掌握专门的政治管理知识和经验,还须具备处理各种复杂的矛盾和突发事件的能力。政治家必备的这些基本素质不是一朝一夕可以养成的,必须花费大量的时间和精力去学习和培养,远大的政治理想的实现更是长期的甚至终生奋斗的结果。因此,政治家必须以政治为职业;不投入大量的时间和精力,仅把政治作为"业余爱好"的政治家是不存在的。

3. 政治家是具有卓越政治见识和杰出组织领导才能，对政治生活和社会发展有着重要影响的政治领袖。政治家不仅具有丰富的政治理论知识，而且对社会政治问题有其独到的见解，在错综复杂的政治局势中独具慧眼，见微知著，胸有全局，善抓要害，并据以制定出反映本阶级根本利益的政治纲领和战略决策；同时又以其卓越的组织才能引导本阶级群众，使这些决策和纲领付诸实现。他们善于协调和处理各种社会矛盾和冲突，化消极因素为积极因素，从而造成对本阶级最有利的政治态势；善于整合本阶级及其同盟者的力量，调动一切积极因素，促使本阶级力量的发展壮大；善于合理支配人力、财力和物力，使之在革命和建设中发挥更大的作用。

政治家的远见卓识和实践活动不仅对政治生活，而且对整个社会都会产生或促进、加速或阻碍、延缓的重大影响。依据政治家对社会影响作用的性质可将政治家分为革命的或进步的政治家与反动的或保守的政治家两种类型。

4. 政治家是具有丰富的政治经验和创新精神的政治艺术家。政治家在长期的政治实践中积累了丰富的经验，但他们并不将已有的经验作为可以因循的成规，而是严格坚持从实际出发，勇于创新，随机应变，以灵活多样的方法、技巧，适应不断变化的新情况，从而成为技艺高超的政治艺术大师。政治艺术是政治经验、才能、学识、智慧和胆略的综合运用，没有固定成式，是审时度势，巧妙运筹的杰作，因人、因事、因时、因地而变，运用之妙，存乎一心，深深地打上了不同政治家的个性特色；事过境迁之后，是后来者所无法照搬和仿效的。政治艺术水平的高低，直接关系到全局的成败。俄国十月革命的胜利及我国新民主主义革命的胜利，与列宁、毛泽东等政治家非凡的政治领导艺术是分不开的。实践表明，政治家如何运用权力是政治艺术的核心，也是政治家成功和失败的关键。

二、政治家的素质

（一）政治家的一般素质

政治家在政治舞台上扮演着策划决策者、指挥领导者、组织实施者等多种重要角色，其"演技"的高低，直接关系到"演出"的成效。政治家的"演技"就是其应具有的素质。

政治家的素质是个阶级性很强的问题，不同的阶级赋予它以不同的具体内容；同时，它又是个不断变化着的动态概念，不同的时代有不同的要求。总的说来，政治家的一般素质大体包括以下几个方面的内容：

1. 广博的文化知识。政治家不同于科学家、文学家、政治学家等"专家"之处在于：后者是研究世界某一领域、某一方面的特殊本质和特殊规律的"专才"；前者则是应对社会各个领域、各个方面的问题，必须能够驾驭全局，统帅各方的"通才"。这就要求政治家必须具有多方面多学科的文化科学知识，不仅要通晓政治学、经济学、管理学、法学、领导科学等方面的专门知识，还要懂得历史学、哲学、社会学、伦理学、逻辑学等社会科学知识，甚至对自然科学知识也应有所涉猎和了解。当然我们不能要求政治家成为每一学科的行家里手，但具有广博的文化知识，并在此基础上深刻把握社会规律，特别是政治发展规律，对政治家则是十分必要的，否则就无法完成自己肩负的重大职责。

2. 非凡的能力才干。政治家的天职在于按本阶级的愿望要求改造社会，以维护和实现本阶级的根本利益。这就要求政治家必须将其渊博的文化知识转化为改造社会的"经天纬地"的能力和才干；否则，即使满腹经纶也无异于一介书生。政治家的能力和才干主要表现为政治方面的综合性能力，包括运筹决策能力和组织实施能力，其中决策能力是各种能力的集中表现，也是决定政治事业成败的关键环节。

3. 良好的道德作风。政治家处于政治舞台的中心，为万众瞩目的焦点，其道德作风乃至言行举止对周围群众都会产生明显的影响，因此各阶级的政治家一般都很注意自身的道德修养。由于各政治家所属的阶级不同，所处社会环境及个人经历各异，因而其道德作风也各具特色。但作为各阶级的杰出代表，政治家的道德作风也有其共同之处：意志坚定、行为果断、襟怀坦荡、作风正派、公正耿直、处变不惊、坚忍不拔等。

(二) 无产阶级政治家的特殊素质

无产阶级政治家肩负着彻底消灭阶级，实现共产主义的伟大历史使命，这就要求他们不仅要有一般政治家的良好素质，还须具有区别于剥削阶级政治家的特殊素质。

1. 深厚的马克思主义理论素养。马克思主义就是继承人类优秀文化遗产并总结无产阶级斗争经验的产物。无产阶级政治家不仅创立和继承了马克思主义，而且把马克思主义普遍原理和本国实践相结合，在无产阶级革命和社会主义建设与改革的实践中不断丰富和发展马克思主义。在这一过程中，充分显示了他们深厚的马克思主义理论素养和勇于实践和创新的革命精神。

2. 密切联系人民群众的政治立场。无产阶级政治家以全人类的解放为崇高理想，以全心全意为人民服务为唯一宗旨，坚持从群众中来、到群众中去的群众路线，虚心向人民群众学习，反映人民群众的愿望和要求，从群众实践中汲取智慧和营养；同时又积极引导和教育群众，率领群众为共产主义理想的实现而进行不屈不挠的斗争，始终与人民群众同命运，共呼吸，因而深受人民群众的拥护和爱戴，始终与人民群众保持着密切的联系。

3. 具有批评与自我批评的优良作风。无产阶级政治家是人民群众根本利益的忠实代表，始终坚持一切从人民群众的根本利益出发，一切政治举措以符合人民群众的最大利益为最高标准，从不计较个人的利害得失，因而他们既敢于为人民利益而坚持真理，又勇于为人民利益而修正错误。对其他同志的错误和缺点，善于进行严肃的批评教育，以达到既弄清思想又团结同志的目的；对自己工作中的失误和不足，勇于承认，并进行诚恳的自我批评，以吸取教训，惩前毖后，使以后的工作搞得更好。

（三）政治家素质的培养

政治家超群的素质是经过后天的培养而形成的，其具体方式和途径因人、因时、因地而异，归纳起来大体有以下三种基本方式：

1. 文化学习。政治家掌握文化知识的方式和途径主要有学校学习和加强自学两种。学校学习时间有限，所学知识也很难涵盖政治家所有活动领域，所以，要具备政治家应有的广博知识，主要还靠长期的刻苦自学。政治家只有通过持之以恒地学习提高，不断进行知识更新，才能永远保持思想敏锐，与时俱进，始终站在时代潮流的前列，尽到自己应尽的责任。

2. 实践锻炼。政治家非凡的才干和能力不仅是对自身所掌握的各种文化知识的综合运用，更是实践锻炼的结果。实践是一切知识才能的唯一源泉，仅有广博的知识，若不在实践中应用，也不会转化为能力和才干。尽管有不少政治家在其学生时代便崭露头角，但真正具有政治家的雄才大略并为本阶级所广泛认同，则无一不是在他投身政治实践之后。实践证明，只有通过长期复杂的政治斗争磨炼，才能从中获得丰富的政治斗争经验，进而把握政治斗争的规律性而逐渐成长为政治家；脱离政治实践的书生型政治家，亘古未有。

3. 道德修养。政治家的道德品质集中体现为正确处理个人与本阶级群众乃至整个民众的关系，亦即"公"与"私"的关系。杰出的政治家一般都具有大公无私、克己奉公、舍己为人的优秀品质，为了本阶级的根本利益，不畏艰险，英勇奋斗，牺牲生命亦在所不惜。政治家的良好道德品质养成，不仅要通过自省和自律及早发现和自觉纠正自己的错误和缺点，还须自觉接受来自群众的监督，虚心接受群众的批评帮助，善于学习群众的良好道德作风，不断提升自己的道德境界。

三、政治家的作用

在政治社会中，政治家处于国家政治活动的核心，对国家的兴衰存亡和人类社会历史发展有着举足轻重的作用，在很大程度上影响着人类社会历史的进程。这主要体现在以下三个方面：

（一）政治方面的作用

国家政权是一切政治活动的核心。政治家的作用与国家政权息息相关，主要表现在夺取、巩固和完善国家政权等方面。

1. 发动政治革命，夺取国家政权。政治革命是促使社会形态更替的主要手段。国家政权从反动阶级转移到革命阶级手中，是政治革命成功的标志。政治家在政治革命中的作用，集中表现为夺取国家政权，促使社会发展。当反动阶级所代表的生产关系严重阻碍生产力发展时，他们能够顺应历史潮流，不失时机地提出推翻反动统治阶级，更新社会形态的历史任务，把历史前进的客观需要转化为本阶级的主观要求，并领导本阶级群众及其同盟军向反动阶级发动猛烈进攻，直到摧毁反动政权，建立本阶级的专政，进而促使社会形态发生质的飞跃，为生产力的发展开辟广阔的道路。

2. 领导政治斗争，巩固国家政权。革命阶级夺取国家政权之后，斗争并未结束。被推翻的反动阶级会以百倍的仇恨和疯狂进行反扑，企图复辟；国外反动势力也会纠集起来，进行干涉、封锁以至侵略，力图将新生政权扼杀在摇篮中；革命队伍内则会因胜利而产生居功自傲，贪图享乐，以至腐化、分裂等现象。在种种严重考验面前，政治家往往以其大无畏的革命精神和高超的政治艺术调节处理本阶级内部的矛盾和冲突，加强领导集团的团结，同时广泛争取同盟者，不断壮大革命队伍，在此基础上采用武力镇压，武装自卫和分化瓦解敌人等各种方式粉碎国内外敌人对新生政权的颠覆、破坏和挑衅，巩固新生的革命政权。

3. 推行政治改革，完善国家政权。政治是为经济服务的，必须适应经济发展的要求。随着社会经济的发展，原有的政治体制须进行相应的变革。政治家高瞻远瞩，总是最先意识到社会经济发展的客观需要对政治改革的要求，设计政治改革方案，积极推行改革计划的实施。政治改革不会一帆风顺，会遇到因循守旧、安于现状的保守派的抵触，更会遭到既得利益受损者的激烈反对。面对困难，政治家坚持改革，毫不动摇，既勇于进行批判斗争，以消除改革的阻力，又善于教育引导群众，化消极因素为积极因素，为改革顺利进展创造条件。

此外，政治家在国际政治事务中同样发挥着重要的作用。他们通过制定或影响国家的对外政策和直接投身国际政治活动以维护世界和平，为各国经济、政治发展创造了良好的国际环境。"二战"中，罗斯福、丘吉尔、斯大林等政治家相互合作，勇敢地担负起反法西斯侵略的重任，为反法西斯战争的胜利做出了不可磨灭的贡献。"二战"之后，毛泽东关于三个世界划分的理论及坚持反对霸权主义和强权政治的坚定立场和顽强斗争为维护世界和平做出了伟大的贡献。

（二）经济方面的作用

生产力是社会发展的最终决定力量。政治家在经济方面的作用和贡献，最根本的就是通过变革、调整生产关系和发展科学技术，以促进社会生产力的发展。

1. 变革旧的生产关系，解除生产力的桎梏。当旧的生产关系已成为阻碍生产力发展的桎梏，但又受到反动统治阶级的极力保护时，革命阶级的政治家就会发动人民群众推翻反动统治进而利用所掌握的国家政权，摧毁旧的生产关系，建立和维护适合生产力发展要求的新的生产关系，为生产力的发展开辟广阔的道路。如我国新民主主义革命胜利后，不失时机地进行生产资料所有制方面的社会主义改造，建立社会主义的经济基础，此后又不失时机地将工作重心转移到以经济建设为中心的轨道，促使生产力以前所未有的速度向前发展。

2. 调整新的生产关系，促进生产力的发展。生产力活泼易变，生产关系则相对稳定；即使在整体上与生产力基本相适合的新的生产关系，也会因生产力的经常性变动而出现某些与生产力不相适应的情况，从而对生产力的发展造成不利的影响。政治家的重要作用之一就在于及时发现经济领域这一弊端，并根据生产力发展的要求，调整和完善生产关系的某些方面或环节，使之与生产力状况相适应，以发挥其促进生产力和经济发展的作用。

3. 发展科学技术，提高生产力的水平。科学技术不是生产力的独立要素，但可渗透于生产力各实体要素之中，转化为直接生产力，从而促进社会生产力的迅速发展，因而历来为各阶级有远见的政治家所重视。近代，特别是近几十年来，一些具有远见卓识的政治家在筹划设计社会发展的总体蓝图时，无不把发展科技置于重要的战略地位，制定和推行促进科技发展的政策，加大对科技的投资力度，发展教育事业，培养科技人才，从而促进生产力以前所未有的速度迅猛发展。

（三）思想方面的作用

1. 创立理论体系，武装群众思想。政治实践须有政治思想的指导，但群众运动不会自发的产生革命理论。政治家的作用，就在于适应政治实践的要求，创立和发展指导本阶级政治实践的理论体系。政治家具有高深的理论修养和科学精神，能够在吸收借鉴人类文明发展的优秀成果的基础上，认真研究、总结政治实践中的新鲜经验，从中揭示政治事物的本质和规律，进而构建出新的理论体系。他们不仅善于在实践中检验、补充和完善自己的理论体系，还勇于在同敌对思想的论辩中扩大这一理论的社会影响，使之为本阶级广大群众所接受，并通过指导群众的政治实践，转化为强大的物质力量。

2. 制定路线政策，统一群众的意志。政治家总是在一定思想理论的指导下，在集中本阶级群众的意见要求和愿望的基础上制定出各个时期的路线、政策和策略，用以统一群众的意志和行动，整合群众的力量，以实现本阶级在特定时期的历史任务。政治家对政治实践的影响主要是通过他们所制定的路线、政策来实现的。正确的路线政策是引导群众向正确方向前进，取得胜利的根本保证；错误的路线政策则会使革命和建设事业遭受严重的挫折和失败。中国共产党80多年的曲折经历便是生动的例证。

3. 自觉以身作则，教育感化群众。政治家是处于社会舞台中心的知名人士，其道德风范，乃至言行举止，都对本阶级群众有着重要影响。政治家自觉践行本阶级的道德规范，处处以身作则，率先垂范，就会成为无声的命令，使本阶级群众"不令而行"，形成一种潜移默化，移风易俗的精神力量。政治家富有人格魅力的优良品质和作风还会赢得本阶级群众由衷的景仰和信任，从而强化人们对他们的政治主张和政策策略的认同感和执行中的自觉性，造就有利于自己作用发挥的社会心态环境。

政治家在政治活动中的作用是巨大的，但又是有条件的，要受到一定社会历史条件的制约。

（1）政治家作用发挥的条件是政治权力。政治家只有在进入最高权力层，特别是能够掌握或影响国家最高权力时，才能将其政治理想变成国家的政策法令，并借助于国家的强制力使之变为现实。政治家获得政治权力的方式一般有暴力与和平两种形式。前者包括武装革命、起义和政变；后者则有选举、委任和世袭等形式。当今政治家主要通过选举和委任的方式获取政治权力。

（2）政治家作用的发挥要受到历史时代的制约。不同历史时期造就了各具特色的政治家，而任何政治家都不能创造出超越其所处时代的业绩。社会历史的发展是由其固有的客观规律决定的，政治家只能对社会历史发展起到或促进、加速，或阻碍、延缓的影响作用，而不能改变历史发展的总趋势，更不能违背人类社会发展的客观规律。

（3）政治家对社会发展所起作用的性质取决于他们所代表的阶级的历史地位。无产阶级政治家代表广大人民群众的根本利益和先进生产力发展的要求，因而对社会历史发展起着巨大的推动作用。剥削阶级政治家则只能在其所代表的阶级处于上升时期，其政治理想与社会发展规律相一致时，才能起到推动社会历史前进的积极作用；而一旦他们所代表的阶级丧失了历史存在的必然性，处于腐朽没落时期，则这一阶级的政治家的政治活动就会对社会发展起到消极的阻碍作用。

（4）政治家的作用还取决于人民群众的支持与拥护。只有得到人民群众拥护和支持的政治家，其积极作用才能得到充分发挥，而失去人民群众的拥护和支持，甚至遭到民众的唾弃和反对，其作用不仅无法发挥还会落个身败名裂的下场。因此，肯定政治家对社会发展的作用，绝不能贬低或否定人民群众对社会历史发展的决定性作用，或者说只有在充分肯定人民群众是历史的主人的前提下，才能正确分析和肯定政治家的作用。

关键概念

政治人；公民；公民素质；官员；古代官僚；文官；政务官；事务官；公务员；政治家

思考题

1. 公民和人民有何区别？
2. 公民的主要特点是什么？
3. 试述公民的权利与义务。
4. 公民的作用主要表现在哪些方面？
5. 依据产生方式的不同，可将官员分为哪几种类型？
6. 文官制度的基本内容是什么？
7. 我国实行公务员制度有何重要意义？
8. 试比较我国公务员制度与西方文官制度的异同。
9. 简述政治家的概念与特点。
10. 政治家的作用主要表现在哪些方面？

第二编　政治权力

　　政治权力和政治权利是人类政治生活中的普遍现象，它们不仅存在于掌握了政权的各个政治实体之间，而且也存在于没有掌握政权而围绕政权活动的各个政治实体之间。政治权力主要表现为团体力量、公共力量对其构成成员的强制影响、支配、控制和整合，是各种政治团体及社会公共管理机构政治利益的一种表现形式。政治权利则表现为各种只能被公共强制力影响、支配、控制和整合的政治实体的各种具体政治利益。政治权力和政治权利既是人类社会政治现象的最主要的标志，又是一切政治现象的基础和中心环节，一切政治关系、政治活动和政治制度等都是围绕并为了政治权力和政治权利展开的。

　　政治权力和政治权利虽然都是政治利益的表现形式，但是，只有当政治权力行为人和他的控制对象之间在政治利益方面有所合作的时候才能出现所谓的政治权力和政治权利。政治实体的具体利益，只有被社会团体和公共势力认可并尊重才能形成所谓政治权利，它往往能够依靠社会本身的群体力量维护，公共权力并不能任意改变政治权利的现状。社会团体和公共势力则只有被社会成员普遍地信任、认可和尊重才能成为真正意义上的政治权力，它的存在和效率在很大程度上取决于权利主体承认、信任和尊重的程度和广度。因此，不论是社会团体和公共管理机构的政治权力，还是政治实体的具体的政治权利，都必须依靠社会成员普遍的承认、信任和尊重才能真正确立起来。

第4章 政治权力

政治权力是社会权力的一种，它既具有各种权力都具备的一般性，又具有自身的特殊性。我们欲了解政治权力的特殊性，就应先弄清楚权力的一般性，掌握权力的一般本质及其基本功能等。

第一节 权力的一般含义

我们身边的权力现象纷繁芜杂，多种多样，详细地论述各种权力现象乃是专门的权力学的任务，而不是政治学的任务。但是，我们仍然需要关于社会权力的基本知识，需要掌握权力的基本类型和一般特点和功能等。

一、权力的概念

权力既是人类社会生活中极为普遍的现象，典型而集中地体现了人的社会本性，又是人类社会实现群体整合、控制和支配的重要工具，是人类社会稳定存在和有序发展的必要条件。"大约在人类开始了稍具组织性的社会生活，权力就诞生了。而且凡具有某种组织化形式的社会生活中，就必有权力存在"[1]。它随着人类社会同时产生，一起发展，具有维系社会秩序、调节社会生活、促进社会发展的重要作用。今天，我们已经进入了一个高度组织化的复杂社会，社会生活的各个领域都需要有一定的强制权力来控制、维系和调节。实际上，我们今天比以往任何时候都需要了解权力，高度组织化的社会已经提出了对权力理论的迫切要求。

我们虽然生活在一个高度组织化的权力社会中，熟识社会生活中的各种权力现象，照理应该很了解权力；其实不然，熟识的并不总是了解的，每天都要与各种权力打交道的人，未必能够真正了解权力的必要性、可能性和本质、基本功能等。普通人的权力理论固然匮乏，而所谓的理论家、思想家也不能一劳

---

[1] 崔文华：《权力的祭坛》，工人出版社1988年版，第2页。

永逸地提供关于权力的所谓权威理论。人类对权力的认识经历了一个漫长的历史过程，今天已经丰富起来的权力理论无疑是几千年人类文明的产物，历代思想家提出的各种权力理论，从各个方面有所侧重地论述过权力现象，他们对权力的看法揭示了权力现象的基本方面，提供了认识权力的基本视角，迄今仍然是我们进一步认识权力现象的思想前提。

《简明不列颠百科全书》认为，权力是一个人或许多人的行为使另一个人或其他许多人的行为发生改变的一种关系。

德国著名社会学家马克斯·韦伯认为，"权力意味着在一种社会关系里，哪怕是遇到反对，也能贯彻自己意志的任何机会，不管这种机会是建立在什么基础上的"[1]。

德国社会学家拉尔夫·达伦多夫认为，权力就是个人不顾他人的反对而执意实现自己意愿的一种意志。

罗伯特·A. 达尔认为，权力就是用制造严厉制裁的前景来对付不服从来得到屈从的影响力。

美国学者普拉诺认为，权力是根据需要影响他人的能力，它所以能够影响他人则是由于这种能力对不服从者产生惩戒的威胁。

让娜·赫希认为，权力是把自己的意志强加于各种人和物的能力。

J. 马里顿认为，权力是主体强迫被支配客体服从的力量。

亨利·艾伯斯认为，权力是某个人或团体有能力影响另一个人或团体的活动。

汉斯·摩根索认为，权力是人对其他人的思想和行为的控制。

克特·W. 巴克认为，权力是个人或集团在发生双方或多方之间的利益冲突的形势下执行强制性控制。

法约尔认为，权力是下达命令的权利和强迫别人服从的力量。

如此等等的权力定义虽然有各自的局限性、片面性，但却从不同的角度揭示了权力的某些方面或属性，对他们的定义加以综合，就可以比较准确地把握和界说权力。我们认为，权力就是在一定的社会生活领域某些社会实体利用已经占有的资源优势，以不可抗拒的理由，按照自己的意志和利益要求，有目的有计划地强制整合、控制、支配和影响另外一些社会实体的强制力量。这个定义反映了权力具有如下特征：

1. 权力总是同一定的社会生活领域相联系，建立在一定的社会关系基础之

---

[1] [德] 马克斯·韦伯著，林荣远译：《经济与社会》（上卷），商务印书馆1998年版，第81页。

上的。任何一种权力都有由它的性质、使命等决定的势力范围，只能在一定的社会生活领域活动，每一种权力都有非常明确的管辖对象。比方说，公司老总的权力只能在公司内部行使，只能管辖公司员工在工作期间的表现，而公司员工在工作范围以外的社会生活则不受公司老总权力的管辖。

2. 权力存在于主体与客体的相互联系中，并表现为主客体之间的"命令—服从"关系，或"意志—服从关系"。权力主体就是掌握和运用权力工具的命令者和行为人；权力客体则是权力工具的作用对象，是权力的承受者、服从者。权力主体和权力客体是权力存在的前提，没有权力主体，权力工具就无所依托，权力的影响、控制、支配作用也无从发生；没有权力客体，权力工具和权力行为就会失去作用对象，从而也不能发生事实上的权力行为。权力主体和权力客体必须在一定的社会生活领域发生"命令—服从"或"意志—服从"形式的社会关系，才能产生事实上的权力行为。

3. 权力还必须拥有能够使用的工具和手段，即权力工具，以便稳固地掌握权力，有效地操作权力。权力主体只有依靠某种力量或工具，确实掌握一些社会资源，才能有效地维护其权力主体的地位；同时，权力主体也只有依靠现实的力量，才能把自己的意志强加于权力客体身上，进行各种权力行为和操作，而权力客体也只有通过一定的媒介才能收到权力主体发出的能量和信息，并在现实力量的逼迫下改变自己的存在状态或进行某种动作。这种被权力主体占有并用以维护和运作权力的力量或工具，就是所谓的权力资源。

4. 权力行为的实质是一种社会价值控制，与权力主体能够控制某些社会资源有密切关系。权力主客体之间所以能够发生"命令—服从"的权力关系就是因为权力主体有理由有能力支配、控制、影响某些社会实体获得的价值财富，如物质利益、荣誉、安全、自由等。

5. 权力行为具有非常明确的目标。某个权力主体的具体权力行为都追求自己影响客体的现实性和深远性，因此权力主体在行为之前就已经产生了对权力客体行为变化的方向、速度、力度及范围等方面的设想，并据此制定了权力行为的具体目标。

6. 权力归根结底只是权力主体实现其意志和利益的工具，是一种复杂的控制力和影响力。任何权力主体，所以追求、占有和行使权力，其目的并不在于权力本身，而在于利用权力实现其意志和利益要求。如果权力主体是为了实现少数人的意志，维护少数人的利益，那么，权力就是所谓少数人的工具；反之，权力主体如果是为了实现多数人的意志，维护多数人的利益，那么，权力就成了多数人的工具；如果权力主体是为了实现社会或团体的公共意志，维护社会或团体的公共利益，那么，权力就成了社会或团体的集体工具。

7. 权力必然具有一定程度的强制性，是一种强制力量。如果社会生活中的人能够自由而又自然地进行社会合作，那么权力就是多余的。但是，人类实在的社会生活告诉我们，人们能够自由而又自然地进行社会合作的情况几乎很少发生，于是权力就不得不干预人们的活动，约束人们的某种自由，表现出某种程度的强制性。

总的来说，权力包括以下诸要素：权力主体、权力客体、权力手段、权力目标、权力资源、权力形式、权力过程及强制性等。

二、权力的类型

一般来说，权力包含社会基础、基本形式、行使主体、受控客体、控制手段、控制目标、作用强度等要素。我们可以依据权力的构成要素确立权力的分类标准，对社会权力进行相应的分类，并综合各标准，概括出社会权力的几种基本类型。

1. 如果以权力的社会基础为标准，权力可以分为拥有广泛社会基础的社会权力和没有什么社会性基础的家庭权力、公司权力和超越民族社会的国际权力。社会权力是指建立在社会的普遍需求之上具有广泛影响的处理社会性事务的权力，比如社区自治权力、村民自治委员会的权力、政府权力等都是具有一定社会影响和作用的处理一定范围的社会性事务的权力。公司权力是指在具体的法人组织内有效行使的处理自身普遍事务的权力，典型的公司权力有董事会权力、董事长权力和总经理、部门经理权力等。家庭权力是指在普通公民家庭中存在处理家庭事务的协商性和监护性权力，它的直接影响范围仅仅是家庭事务，没有多少社会性影响可言。我们把公司权力和家庭权力都看做是基本上不涉及社会性普遍事务和非社会型的权力，它们实际上都仅仅是私人部门的权力。另外，现在国际社会中已经出现了处理全球公共问题、共同问题、焦点问题的协商性、监护性和强制性的超越民族国家界限的国际权力，地区性的主权国家联合体的权力和世界性国际组织的权力，都是某种超越民族界限的国际权力。

2. 如果以权力构成的形式为标准，权力可以分为集权型权力和分权型权力。任何事物都是形式和内容的统一，权力现象也不例外。各种权力都是由形式和内容两方面的因素互动构成的有机整体，权力的形式部分地反映和揭示了权力的重要特征。集权型权力乃是指最高权力集中于某个层次的某些人或某个人手中，其他的各种权力都是由它分化或派出的办事、代理权力，该权力在形态上表现为以人为中心形成的各级权力中心。分权型权力则表现为最高权力由两个或两个以上的社会实体按照某种公认的权威法则掌握和行使，不同层次的权力之间不完全是命令—服从的权力关系，而具有某种程度的社会分工的性质。分权型权力和集权型权力都有各种各样的具体形式，不同的形式之间还具有个性和发达程度的差异，这种个性或发达程度的差异同样也是权力形式研究的主要内容。

3. 如果以权力的控制对象或作用领域为标准，权力可以分为政治权力、经济权力、文化权力等。任何权力都有非常明确的控制对象或对象域，政治权力的控制对象是政治现象，经济权力的控制对象是经济现象，文化权力的控制对象是文化对象等。政治权力是指在一定的政治社会中某个政治实体凭借已经占有的优势政治资源，能够成功地按照自己的意志和愿望整合、影响、控制和支配其他政治实体的行为或存在状态的强制力，它的控制对象是政治现象；经济权力是指在一定的经济生活中出现的某个经济实体拥有的控制和支配相应的人力、物力和财力等经济资源的强制力，它的控制对象是经济资源；文化权力则是指文化实体运用有效手段影响、控制和支配社会文化资源的强制力，其控制对象是社会文化资源。

4. 如果以权力的控制方式、手段为标准，权力可以分为强制性权力、奖酬性权力、规范性权力等。强制性权力是权力主体运用现实的物理力量，依靠对控制对象的剥夺、刑罚、禁锢、流放、死亡等制裁或威胁手段来实现的权力。奖酬性权力是权力主体用物质性资源或荣誉、职位等的奖励或处罚等方式实现的权力。规范性权力则是权力主体运用教育和舆论炮制并利用象征性资源，通过改变权力控制对象的心理状态，成功实现的权力。权力主体通过教育和舆论导向，把自己对权力控制对象的期待或期望转化为象征性资源，使权力控制对象的心理发生有利于控制的变化，并进而形成合乎权力主体期望的规范的思维方式和行为方式。规范性心理权力主要是通过运用象征性资源，塑造权力控制对象的规范行为方式实现的权力。

5. 如果以权力的控制目标为标准，权力可以分为精确科学型的有限权力和粗放迷信型的无限权力。任何一种权力，它的存在和运作都是为了使权力客体按照其愿望和意志发生相应的变化，这就使得权力在开始运作之前就已经具备了非常明确的控制目标，并根据目标要求起用相应的控制手段。人类使用权力的实践已经表明：权力的目标与社会对它的需求都有一个逐渐精密化的历史过程，权力的控制目标包含有越来越多的科学性和计划性，越来越善于及时、准确地捕捉社会的需求，并形成相应的目标体系，使权力主体的权力操作更具针对性，增强权力操作的科学性和有效性。一般来说，前近代的权力是目标比较笼统、手段相对缺乏科学性的粗放型权力，同时却又是无所不能、无所不管、无所顾忌的全能无限权力；而近代以来的权力则是控制目标具体明确、操作手段比较科学的精确型权力，同时也是有所限制的有限的职能权力。

权力的类型划分，尽可以根据不同的标准而见仁见智地进行其他的类型划分，以突显权力的其他方面和其他特征。但是，我们对权力类型的掌握不能只是停留在"分"的层面上，一方面，无限拆分权力的认识方法并不符合类型学的方法论原则，另一方面，权力的某方面的特征毕竟不能总是体现权力的主要或本质特征。所以，我们必须从权力表现的诸多方面中选择一些体现权力基本特征的典型方面，比较综合地构建权力的基本类型。综合上述各项标准，我们可以将人类历史上的权力分为两个基本类型：集权粗放型的综合权力、民主精确型的职能权力。尽管现实的权力不是完全合乎基本类型的要求，但是，现实的权力总是具备两种基本类型中的一种，并且它的重要特征可以包括在权力的某个基本类型中，即权力的基本类型是衡量现实权力主要特征的参照系和基本尺度。集权粗放型的综合权力是前近代社会权力的基本形态，它的基本特征是：权力的控制对象只有地域的划分而没有明显的领域划分，只有国家的政治权力而没有真正意义上的社会权力，权力的操作手段粗放而单调，具有很大的偶然性，并且缺少系统而明确的目标，权力的职能几乎无所不包，权力过程极力排除公众的公开影响，权力具有典型的集中性和综合性。民主精确型的职能权力是近代社会权力的基本形态，它的基本特征是：权力的控制对象根据职能有了明确的对象和领域划分，出现了真正意义上的社会权力，权力的操作手段开始变得精确而科学，具有很强的必然性，权力更好地体现了人类实践的能动特征，能够设置明确系统的目的和目标，权力的职能有着明确的规定性，权力过程的公众参与已经普遍化，权力表现出了很强的民主性和科学性。近代社会的权力基本上都是民主精确型的职能权力，不论是政府政治公共权力，还是民间的私人权力，都是如此。

第二节　政治权力的含义及其结构功能

一、政治权力的含义

政治权力是一定政治共同体或组织中的某些政治实体，利用已经占有的优势政治资源，以不可抗拒的公共理由，按照自己的意志和利益要求，有目的有计划地整合、控制、支配和影响另外一些政治实体的强制力量。政治权力的定义揭示的政治权力的含义包括：

1. 政治权力不同于家庭权力、公司权力等私权力，它在本质上是一种公共权力。政治权力的公共本质决定了它必然具有公有、公用、公享的特点。所谓公有，是指政治权力属于政治共同体或政治组织的全体正式成员共同所有，权力行为人虽然取得了它的经营权，但永远都不能实质性地收获它的所有权，公权私有化乃是一种典型的政治权力异化现象。所谓公用，是指政治权力的使用方式、途径必须尽可能地公正、公平、公开，必须尽可能地引入、发展和通过公众来行使政治权力。所谓公享，则是指政治权力在本质上必须也必然要谋政治共同体和政治组织的集体利益。

2. 政治权力不同于一般的社会权力，它不是仅仅针对和作用于人类社会生活的某方面或环节，而是着眼于解决人类社会的基本、共同、一般、大量的所谓公共问题，政治权力的出现必须也必然要有充足的公共理由。公共问题是个人或集团或无能为力或不愿意或不值得解决的具有普遍意义和广泛影响的社会问题。假如没有诸如此类的公共问题，一切形式的政治权力就都失去了它的必要性，不论社会团体的政治权力，还是政府的政治权力都必须以一定的公共问题为产生的基本前提。

3. 政治权力的产生、存在及发挥作用必须以一些政治实体占有一定数量的政治资源优势为前提。政治资源的含义是非常广泛的，举凡组织、武力、财富、合法性认同、能力、魅力、宣传工具等有利于政治权力的获得、维护和使用的社会价值载体都是政治资源。政治资源占有、使用的不平等性导致政治实体间的分化，产生强势政治实体和弱势政治实体。强势政治实体凭借已经拥有的资源优势吸引、同化、濡染、改造、欺压弱势政治实体，形成彼此间命令与服从的政治关系，就产生了真正意义上的政治权力。

4. 政治权力行为人的意志和利益是政治权力能够现实的存在的巨大动力。政治权力行为人虽然不是权力的拥有者，但是他拥有使用政治权力的全权，其意志和利益自然会影响、左右，甚至决定政治权力在实际运行中的真实本质。一方面，权力行为人的意志和利益如果是公共利益和意志的人格化的表现，那么政治权力在运行中就仍然能够保持住公共本质；另一方面，权力行为人的意志和利益如果纯粹是私人的，那么，政治权力在运行中实际上就已经背离了公共性而被异化了。

5. 政治权力的产生、存在和运行都体现了人类社会性中的理性层面，人只有相信人类可以依靠集体理性共谋幸福生活，才会选择合作、协调的政治道路，才创造并容忍了政治权力的强制。因此，政治权力必须也必然要体现共同体和组织的自觉性、目的性、计划性和能动性。政治权力的公共性决定了它在本质上必然具有体现共同体或组织理性的内容，必须主动、自觉地选择目标、手段、方式、方法，调节、控制共同体或组织的活动内容及运作过程，使得政治权力真正成为人类社会生活理性化的一个重要工具。

6. 政治权力还必须有与强制性相应的客观力量和施展力量的多种方式，以便完成社会存在和发展对它的职能期待。

二、政治权力的类型

政治权力的类型划分可以依据不同的标准做出不同的类型划分。各种类型的政治权力都只能是一种理想类型，现实的政治权力几乎都是各种类型政治权力的混合物，然而它们又几乎都具有接近某种政治权力类型的典型特点，从而可以大致归入某一类型。

马克斯·韦伯根据政治权力进行统治的合法性基础把政治权力的统治分为三个基本类型，法制型统治、传统型统治和魅力型的统治。

1. 所谓法制型统治，就是"统治制度的实行在司法和行政方面与明晰确定的原则一致，这个原则对共同体的全体成员都是有效的。行使发号施令的人，是典型的长官，经由合法的程序而被任命或选举出来，而且他们自己也才倾向于维持这个合法秩序。那些服从命令的人在法律上平等，他们是服从法律，而不是服从法律的执行者。……官员们所从属的规则规定了他们的权限，建立了对行使权力的控制，把私人与履行官方职能分开，而且要求一切事务处理均要形成书面文字才能有效"[1]。

2. 所谓传统型统治，就是"基于对'一直存在着的'权威的正当性的信念之上。行使发号施令权力的人们一般都是凭借他们继承而来的身份而享有个人权威的主人（Master）。他们的命令在符合习惯的意义上是正当的，但是，他们也有个人自由决断的特权，结果是，遵奉习惯和个人专断成了这种统治的两个特点。服从主人命令的人，是名副其实的追随者或臣民——他们服从是出于对主人的个人效忠或对主人久受敬仰之身份地位的虔诚敬重。处于官吏地位上的仆从服从其主人的习惯命令或专断命令，结果是他们的行动范围和发号施令权力在较低层次上成为其主人的代表形象"[2]。

3. 所谓魅力型统治，即卡理斯玛型统治，就是"发号施令权力可以归于一位领袖人物，无论他是一位先知、一位英雄，还是一位民众领袖，只要他能用巫术力量、启示、英雄气概或其他卓绝非凡的天资才干证实他拥有卡理斯玛。服从如此一位领袖的人们则是追随者或门徒弟子，他们崇信他的非凡品质，而不相信规定的同志或为传统所尊奉的地位尊严"[3]。

马克斯·韦伯的政治统治类型划分虽然主要是依据其合法性基础，但是，

---

[1] [美]莱因哈特·本迪克斯著，刘北成等译：《马克斯·韦伯思想肖像》，上海人民出版社2002年版，第311页。

[2] [美]莱因哈特·本迪克斯著，刘北成等译：《马克斯·韦伯思想肖像》，上海人民出版社2002年版，第311~312页。

[3] [美]莱因哈特·本迪克斯著，刘北成等译：《马克斯·韦伯思想肖像》，上海人民出版社2002年版，第312页。

他的划分实际上已经具有了某些综合特点。如果再融入政治权力的结构分化、功能分化、行使方式、作用范围、结果绩效、大众参与等几种因素，马克斯·韦伯的政治统治类型划分方法完全可以作为政治权力的类型划分，将政治权力也同样划分为法制型政治权力、传统型政治权力和魅力型政治权力。

1. 法制型政治权力，就是政治权力产生的基础和过程，政治权力存在的形式和结构，政治权力行使的过程、范围、程序和结果评价，政治权力的更替和大众参与等都受到严格而严肃的法制保障，法律作为公共意志的体现成了法制型政治权力体系中的最高权威和最后依据。这种类型的政治权力具有明显的结构和功能方面的分化现象，体现了典型的法治特征，允许并鼓励公众参与政治权力的各个方面、环节和过程，因而又具有明显的民主特征，人们可以通过调整最高权威的法制来调整政治权力本身。法制型政治权力特别适合社会生活节奏比较快的现代社会，是现当代政治社会居于主流地位的政治权力基本类型。

2. 传统型政治权力，就是政治权力产生的基础和过程，政治权力存在的形式和结构，政治权力行使的过程、范围、程序和结果评价，政治权力的更替等都取决于传统习俗和惯例产生的固有权威，人们不能随便变更该权威，也不能随便变更政治权力本身，一切只能按照既定的传统"照此办理"，政治权力的产生方式、形式结构、功能、过程、范围等不能随意变更。传统型政治权力赖以产生的权威经常是权威家族中的权威人物，他们通常也具有较大的自由裁量权；但即使如此，他们也仍然没有获得随心所欲支配政治权力的合法可能性。这种类型的政治权力一般存在于社会生活还相对单调简单的传统社会，是前近代政治社会居于主导地位的政治权力类型。

3. 魅力型政治权力，就是政治权力产生的基础和过程，政治权力存在的形式和结构，政治权力行使的过程、范围、程序和结果评价以及政治权力的更替等都受到卡理斯玛领导人物最高权威的支配。该类型政治权力的一切方面都很难有一种稳定的结构性组织排列，因为它本能地排除了使政治权力组织化稳定化的传统权威和法制权威，具有很强的人格化色彩，是一种典型的人治型政治权力，这种类型政治权力的方方面面都受到声势浩大的政治运动的影响，并最终通过政治运动来产生、变革、行使和监督政治权力，本能地抵制大众公开参与决策，具有典型的人治和集权特征。它是政治动荡时代和宗教属性明显的政治社会的主流政治权力类型。

三、政治权力的结构

全社会的政治权力之间形成的稳定而持久的联系方式、相互作用方式等就构成了所谓政治权力的结构。尽管现实世界的政治权力结构形形色色，但从类型学的角度来看，政治权力的结构不外乎集权和分权两种。

政治权力的集权结构，是指社会政治权力体系中的权力集中于上一层面机构，而下一层面机构很少有权，同一层面机构间的权力集中于一个机关，一个机关的权力集中在主要领导一人或几人手中的权力结构类型。这种类型的权力结构一般具有如下几条特征：

1. 权力在总体上呈现为金字塔型。官位排列的顺序由高到低，职权范围和效力由大到小，权力动作的倡议、发出、终止和评价等最终取决于权力结构的最顶层。最顶层权力未经授权程序即掌握了事实上的最高权力，整个权力系统好像是一架由最顶层权力控制、操作的精密仪器。

2. 官员的选任、评价和提升最终取决于上级机关和同级核心机关的意志，民众的选举程序实际上无足轻重。官员选任既然主要不是靠选举而是靠上级机关的委任和授权，那么，民众对官员也就失去了实质性制约，官员行为的合法性判断同样依赖于上级机关或同级核心机关。

3. 权力意志的流动是单向的，而不具有互动性。各种各样的权力现象都是某种权力意志的产物，权力意志乃是权力现象的核心。集权结构的权力体系的一切权力意志总是首先产生在它的最顶层，然后逐渐由上层流向下层，最后到达基层，而权力最顶层的意志实质上乃是少数人甚至一个人的意志，民众的意志如果没有最顶层人士的参与绝不可能上升为所谓的权力意志。

4. 权力行使原则是人治，即集权权力的实质和规则都是领导人的个人意志。这种结构的政治权力的产生、行使、监督、评估等都最终取决于上级或同级核心机关领导人的意志。领导人的意志就是权力，他可以临时设置新的权力，也可以临时改变某个权力的职能，还可以当场废止某个权力。领导人的意志还是原则，一方面，权力的行使以完成领导人的意志嘱托为目的，另一方面，权力的行使当然也必须随着领导人意志的转移，适当改变其行使目的。

集权型的政治权力结构利弊分明：一方面，集权权力便于做到政令统一、标准一致、指挥灵活，政策和命令易于贯彻落实，在资源有限的情况下，它便于集中有限的力量进行重大社会工程的建设。另一方面，集权权力的决策权过于集中，权力的行为过多地依赖于上级或同级核心机关领导人的意志，所以它容易导致如下的弊端：不利于发挥下级权力机关的积极性和主动性，不便于因地制宜地解决其所面临是特殊问题；上级机关在信息不充分和考虑不周全的情况下，容易造成决策失误而导致重大损失；集权权力本质和行使原则的人治属性使得权力的制约、监督、评价机制难以发挥正常的功能，集权权力更易于腐败堕落而导致专制主义的暴政。很明显，集权型政治权力弊多利少。

政治权力的分权结构，是指社会政治权力体系的各级各类权力机关的地位、职能和相互关系等都按照某些神圣不可侵犯的权威性规则而做了明确规定，它们共同分享了产生于主权的治权，权力不论大小强弱都产生自主权，受到了神圣权威规则的保护。这种结构的政治权力具有如下几条特征：

1. 分权型结构的权力之间具有明确的分工，各级各类权力都拥有自己不容侵犯的职权范围，在此范围内它享有独立的决策权和执行权，必要时，它们还可以直接寻求民意和神圣宪法权威来维护它们独立的决策权和执行权。分权型结构的政治权力体系的中央权力和地方权力之间同样也有明确的分工，这种分工也同样受到了神圣宪法权威的保护。

2. 官员的选任、评价和提升最终取决于民意和工作绩效，民众选举和民意表达取代领导权威成为影响官员的选任、评价和提升的决定性因素。民众的参与使得分权结构政治权力呈现出了越来越多民主特点和科学精神。

3. 各级各类权力相互之间发生权利义务关系，彼此交换权力意志，相互配合，相互制约。任何机关、组织或个人都不能把自己的意志强加于其他的机关、组织或个人，否则就无所谓分权；任何机关、组织或个人都必须接受监督，否则就会形成人们受到权力侵害而无力无法申诉的暴政。

4. 权力行使的法治原则。各级各类权力的地位、职能和相互关系都受到神圣的宪法权威的支持，并遵守具体的法律、法规和习俗。各种权力行为都是某种权力意志的现实化，而权力意志的产生在分权结构的政治权力体系中必须而且也只能按照一定的规则和程序产生，规则和程序取代了领导人的神圣地位，领导人的意志不再具有决定性影响。

分权型政治权力体系也同样利弊分明。一方面，各级各类权力都有自主决策及自主执行权，它们的积极性、主动性可以得到充分发挥，可以有效提高权力效率；各级各类权力的自主决策权保证了政治决策可以在掌握比较充分信息的基础上展开，提高了权力运作的科学程度；任何组织或个人都不能垄断所有的权力部门，各类权力之间的分工与制约关系受到神圣宪法权威保护，能够有效防治和遏止权力腐败现象。另一方面，这种权力结构又容易走向极端，造成政令不一、政出多门等政治混乱现象，同时权力之间的意见分歧、利益冲突等还易于产生相互扯皮、彼此推诿等，降低了权力的实际效率。但是，无论如何，分权结构的政治权力却有利于权力不断民主化和科学化，是一种利大弊小的权力分布格局。

现实的政治权力结构既有分权也有集权，因此，它就既不可能是纯粹的集权型，也不可能是纯粹的分权型，而是兼容两者的某种特殊的混合物。但是，任何现实的权力结构还是可以根据其核心特征而分作上述两种结构类型，而我们在谈论集权权力或分权权力的时候也往往就是指权力体系的核心特征呈现出分权或集权结构的某种现实的权力结构。

四、政治权力的功能

政治权力的功能和作用非常广泛,这一点在它刚刚出世的时候就已经体现出来了。人类在其童年阶段的所有生活几乎都受到了政治权力的制约,这是因为单个人的能力还不足以维护自己的生存所需,整个人类不得不依赖组织起来的群体力量维护其存在。随着人类历史的发展,政治权力的作用和功能,非但没有实质性削弱,反而进一步强化了。虽然人类个体的能力已经足以维护其简单存在,但是,人们却向往并陷入了一种复杂的生存状态。人类不但没有由于能力的长足发展而摆脱政治权力的纠葛,反而越陷越深,政治权力对人类存在的作用和功能越来越不容忽视。人类越是发展,人的能力越是提高,人类个体就越是依赖于共同体,从而政治权力的作用和功能也就越加不容忽视。

大致来说,政治权力的功能和作用分别表现在以下几方面:

1. 政治整合。人的本质决定了人必须而且必然要整合成一定的社会群体,人只有在群体中才是真正的人。但是,人又具有高度的能动性和自我意识,每个人事实上都是一个自足的决策和行动单位。这就提出了一个严肃的问题,即个体究竟怎样做才能算是一个有机整体的一员,而有机整体又如何把整体性的要求及属性输送给个体并使之成为个体本质的一部分。于是,政治权力作为有机整体属性、要求的外在表现之一就出现了,它一方面协调成员间的利益、意志等形成共同体本身的利益和意志,另一方面则按照共同体的利益和意志对成员的利益、意志等进行强制干预。政治权力的整合使得成员之间的共同性得到强化,异质性相对削弱,冲突性相对缓和,合作性相对增强,并在求同存异的基础上最终形成了一个相对稳定的政治集体或政治共同体。政治权力既是政治共同体的重要构成要素,也是政治共同体形成的主要标志,还是政治生活组织化、制度化程度的主要衡量尺度。随着政治生活的发展,人类自觉地组织起来通过制度化的操作来谋求利益的行为越来越普遍化,各级各类的政治组织如雨后春笋般大量出现,其主要表现就是政治权力的形态、层次等日益多元化。这是人类自觉谋求政治整合的重大表现,也是政治权力具有政治整合作用最明显的见证。

2. 政治控制。政治控制既是人类实现基本政治秩序,维护社会稳定的最基本的工具,也是人类团结起来,在复杂社会中生活的最起码前提,还是人类有意识地发展自己集体福利的有效工具。政治权力出现的前提就是人们的利益、意志的矛盾性,其中有些矛盾并不能自然消弭而必须依靠强权有意识地干预、控制。政治权力在某种程度上正是人类不能自然而然地消弭矛盾,自然而然地实现共同利益、普遍利益的产物,因此,政治控制首先的控制对象就是社会矛盾。此外,为了把社会矛盾限制在一定的范围之内,政治权力还需要控制人们社会行为的方式与限度，为人类社会的各种行为设立必要的规矩和界限，维护社会基本稳定的利益、关系和地位定位。社会矛盾的解决最终要依靠社会公共利益的不断提高，要依靠对有限资源的合理利用，因此，政治控制还必须设法控制社会整体的运作，维护基本的社会秩序，努力增殖社会公共利益，尽量公平、公正地分配社会进步成果。随着人类社会生活的日趋复杂，人们需要在更大的范围进行协调，政治权力的控制广度、幅度和深度都将进一步强化。

3. 政治分配。政治权力的存在时时刻刻都在进行着某种利益的分配和再分配。政治权力首先要进行政治利益的分配，人们的政治利益表现在荣誉、地位、权力等各个方面，什么样的人拥有什么样的政治权利、政治荣誉和政治地位都必须有明确而详细的制度规定，人们之间只有在彼此的政治定位十分明确的前提下才能发生其他类型的社会关系和社会行为。政治权力还要对各种社会权利和利益进行分配，使公民、社团等经济权利、文化权利等利益方面能够各得其所，并通过资源和制度的调配确实实现政治权力对社会权利及利益的分配和再分配。政治权力还直接对公民及社会团体的财产进行分配和再分配，一般情况下，政治权力通过税收、补贴等经济手段进行财产的分配、再分配，特殊情况下，政治权力还运用没收、剥夺、甚至掳掠等非常手段进行分配、再分配。政治权力的分配功能既是救助弱势人群、保持社会和谐、维护社会稳定的必要工具，也是保持社会持续消费能力及有效购买能力以实现并促进社会的可持续发展的重要手段，既要维护社会的公平、公正，又要促进社会的可持续发展。

4. 政治影响。政治权力的功能和作用不仅仅限于它直接的动作对象，还会波及直接动作对象之外的他者，产生刺激、鼓励、示范性作用，从而推动政治权力还没有触及的领域也发生相应的变化。人们的生活也不仅局限于政治权力的直接规范，他们可以在不违背政治权力的前提下，以可预期的政治权力干预后果为起点，追求更好的结果。另外，政治权力的性格、能力等影响着社会生活的方方面面，甚至决定着社会生活的繁荣或衰落。

政治权力的作用与功能是共同体能动性的主要表现形式之一，它发挥得好坏直接决定着共同体追求自己利益的自觉程度及获得利益的大小多少。政治权力的作用与功能发挥得好，则共同体就能够自觉而有计划地追求自己的最大利益，并将共同体成员的平均利益也最大化；政治权力的作用与功能发挥得不好，则共同体就只能听任自己的利益被肢解风化，共同体不能有效地使自己的财富增值，其成员的平均利益也终将受损。因此，随着人类社会的日益发展，人们创造自己历史活动自觉化程度的不断提高，政治权力的作用和功能有望受到人们的倍加重视，得到长足发展。

第三节 政治权力的运行过程

政治权力的构成要素与构成方式并不是一成不变的固定搭档，而是随时更新与时俱进的，特别是政治权力的行使人更是政治权力新陈代谢不可或缺的重要要素，不同的权力行为人即意味着不同的权力。政治权力的新陈代谢表现为一个相对封闭的生态过程，具有一定的周期性。政治权力在一个周期内进行的新陈代谢过程就是所谓政治权力的运行过程，它一般包括政治权力的获得、巩固、行使和转移四个环节。

一、政治权力的获得

政治权力被某些人占有、支配是人类社会最司空见惯的现象，也是政治权力由一纸空文变成现实主宰的关键要素。但是，由于自然寿命或其他政治原因，政治权力的行为人必须也必然会发生变更。原先的政治权力行为人由于各种原因推出权力舞台，而原先作为权力控制对象的人则以各种方式进到权力舞台中心而成为权力行为人，这种政治权力行为人的退出与进入要不断地周而复始地进行下去。其中一般人迈步进入权力舞台中心成为权力行为人的现象就是所谓政治权力的获得，它是政治权力周期运行过程的第一个环节。

在现实的政治社会中，由于政治权力行为主体所处的环境、占有的资源及政治权力性质等的不同，人们迈步进入权力舞台的方式、方法也多种多样。大致而言，政治权力获得的方式有世袭、选举、委任、考试和武装暴力等。

1. 世袭。世袭是一种历史悠久的政治权力获得方式，也曾经是一种比较普遍的常见的政治权力的获得方式。世袭政治权力的获得主要依靠血缘、姻亲等身份性政治资源，而个人能力、物质财富、武力等均是次要的非决定性政治资源。只有具备特殊政治身份的人才可能通过世袭获得某种政治权力，世袭的君主及其各级官僚是如此，受到宪法权威约束的立宪君主也是如此。世界各个民族都曾经流行过某种形式的君主政治，即使民主传统深厚的古希腊、罗马等也不例外。世袭是君主政治体制中最基本、最普遍的政治权力获得方式。世袭获取政治权力的现象比较普遍地存在于身份制社会中，随着身份制社会的衰亡，通过世袭获取政治权力的现象将大量减少，并且世袭的方式也将较多地受到某种既定权威的规范和制约，人治色彩明显减弱，法治特征日益增强。

2. 选举。选举作为政治权力的获得方式可能比世袭更悠久，早在人类文明还处在襁褓中的时候，选举就已经作为政治权力的获得方式存在着，原始人群在没有明确世系观念的情况下不太可能把世袭作为一种和平传递政治权力的方式，而只能依赖某种形式的选举。古代雅典的"陶片放逐法"，日耳曼成年男子依靠呐喊和击打武器选举政治领袖的做法，多少为我们提供了人类早期选举的模糊印象。随着人类文明的不断前进，选举越来越成了获得政治权力的主要方式。选举作为政治权力的获得方式突出了个人能力、群众支持、物质财富等政治资源的重要性，而相对削弱了身份性政治资源的重要性，突出了正式的规则、程序和群众支持的重要性，而减弱了政治权力获得方式被少数人暗箱操作的可能性。能力卓绝的人依靠自己的能力获得选民信任，道德崇高的人依赖自己的圣洁受到选民的青睐，资财丰饶的人依赖贿赂收买贪财选民的选票，掌握武力的军阀依靠强权劫掠选民的信托，总之，除了身份性政治资源外，其他各种政治资源都可能在选举中发挥某种作用和影响。选举把政治资源的认可和评价权完全托付给了选民。随着政治社会的不断发展，选举作为一种规范、公平、公开的政治权力获得方式将越来越流行，越来越普遍，不仅越来越多的政治权力必须通过选举才能获得，而且越来越多的人可以通过规范、公平、公开的选举获得政治权力。

3. 委任。委任作为一种政治权力的获得方式更多具有官僚色彩，特指某些人由于特殊原因受到高级权力的委任而获得某些部门或地域的政治权力，其中的关键是最高权力的委任意志。一般而言，人们可能由于以下的原因被委任：资材丰饶而贡献相当部分给共同体或统治者，功勋卓越、名高爵显等有强烈号召力的政治声望，地方实力派的强大武装实力和经济实力，已经获得的国家承认的官僚任职资格，少数俊杰具有的世所罕见的济世才能，对于某一权力社会集团掌握治权做出的特殊政治贡献等。委任制一般流行于君主专制政治体制中，但也少量地存在于立宪君主制和共和体制的少量部门。君主专制政治体制中的捐官、赠官是委任，科举考试资格获得者的权力授予也是委任，国家招募杰出的贤良俊杰出任某些要职还是委任，因此，委任是君主专制体制中各个官僚获得政治权力的唯一方式，没有君主的委任意志，任何人都不能现实地获得某种政治权力。共和体制也存在某种形式的委任政治权力，但是，它的地位、功能、作用范围及法律效率已经不可与君主专制下的委任权力同日而语。

4. 考试。考试作为一种政治权力获得方式是比较后起的，相对于前三种方式，它的历史是比较短暂的，而且，考试也不是一种获得政治权力的完整方式，因为，人们通过考试获得的只是资格，只有再通过其他的手续，资格才能转化为现实的政治权力。考试作为获得政治权力的方式，首先出现在中国，这就是隋唐以来存在了1500多年的科举制度。人们通过科举考试，获得的举人、进士等只是做官的资格，只有再经过皇帝的委任，才能获得官职，获得地域或部门的政治权力。近代以来，西方流行的文官制度也同样只是为人们提供获得政治权力的资格，这种资格只有再经过一定手续才能现实地使某些人获得政治权力。

考试虽然获得的仅仅是权力资格，但是，它突出了个人能力的重要性，把个人的能力作为最重要的政治资源突显出来，削弱了身份性政治资源在整个政治系统中的重要性，为每一个想要进入政权体系的人提供了方便，政治资源的分布也相对公平、公正一些，使政权呈现出某种开放性，有利于社会的稳定、发展和进步。

5. 武装暴力。武装暴力既是直接获得政治权力的一种重要方式，也是政治生活比较常见的政治权力获得方式，其表现形式有革命、政变、侵略等。原始社会的人类很可能主要依赖暴力获得政治权力，部落或部落联盟的首领很可能是武力火并的产物。中国历史上从三皇五帝开始就周而复始地上演着一幕幕这样的历史剧。"革命"最早出现在中国历史舞台上，就是为着证明"汤武"夺取"桀纣"政权的合法性。从秦末的陈胜、吴广到清朝的太平天国，通过武力获得政治权力的社会集团俯仰皆是。汉高祖"马上得天下"、宋太祖"陈桥兵变"、明太祖"恢复中华"、洪秀全的"人间天国"等都是武力获得政治权力的典型范例。近代以来，中国的政权更迭也仍然采取了武装革命的形式，用暴力打碎旧国家机器，凭暴力建立新的国家机器，用暴力消灭旧的权力集团，用暴力推广新权力集团的权威。武装暴力夺得政权的关键是武力强大，其他的资源都围绕着武力资源，并且依赖于武力资源。反动的阶级如此，革命的阶级也如此。

二、政治权力的巩固

政治权力要保持其现实主宰的地位，现实地发挥其功能、作用，就必须保证已经结合起来的各种要素及构成方式的稳定性，特别是要保证权力行为人与权力结合的稳定性，这种稳定性的获得就是所谓政治权力的巩固。政治权力的巩固是政治权力运行过程的第二个重要环节。

一般来说，权力行为人巩固政治权力的方式、方法和途径不外乎以下几条：

1. 加强领导层的团结，维护权力核心的稳定。政治权力不论在何种体制下，都不可能仅靠单个人完成其固有使命。不论何人掌握政治权力系统的实质决策权，他都必须依赖一定的组织和制度手段，否则就既无法履行其正常职能，也不能有效地维护其存在。政治权力只有形成一个组织化、制度化的稳定网络，这个网络的核心就是领导集团制度化、组织化形成的稳定结构，该结构形成的关键是领导层内部的坚强团结。历史已经一再证明，领导层的坚强团结，权力核心的持久稳定，是政治权力能够巩固的基本条件。一般而言，加强领导层的团结，维护权力核心的稳定，主要依赖以下诸举措：坚持原则，选择德才兼备的卓越人物，组成领导集团；领导集团内部根据能力及制度规定进行合理的分工，并形成相应的沟通、协调、制约和监督机制；严格组织原则和纪律原则，提倡开诚布公批评与自我批评，形成良好的工作作风。

2. 密切联系群众,尽可能反映多方面呼声,这是政治权力巩固的重要条件。任何政治权力都有一定的群众基础,政治权力的性质及各种原则都是从群众的属性中派生出来的,因此,这些群众是某集团获得政治权力的根本条件。掌权者如果把群众的利益同自己的利益统一起来,甚至以群众的利益为自己的利益,就会赢得群众的衷心拥护,其权力地位就会倍加牢固;反之,就会日渐削弱,乃至消亡。为此,掌权者必须同群众保持密切联系,始终把自己的利益同群众的利益统一起来,想群众所想,急群众所急,关心群众疾苦,为群众办实事,满足群众的利益需求。另外,掌权者还应该力求反映多种社会集团的利益呼声,尽可能多地满足其他利益群众团体的要求,特别是当掌权者在群众整体中居于少数的时候,更是如此。

3. 保持先进性,履行社会职能,努力实现全社会的公共利益、长远利益和整体利益,推动社会全面进步,这是政治权力巩固的根本条件。政治权力作为社会公共权力,只有同社会的进步势力保持一致,密切联系进步群众团体,坚持先进性,才能保持其公共性,才能获得政治权力巩固亟需的合法性。政治社会发展史表明,不论怎样强大的政治权力,如果追求一己私利,背离了社会公共性,拒绝履行其社会职能,脱离了社会进步势力,其寿命必然是短暂的;反之,掌权者如果积极履行社会职责,发展生产、繁荣经济、兴办教育、发展社会公共事业、改善社会成员生活、提高民族国家的综合竞争能力等,其权力就会因为赢得了公众的认可而固若金汤稳如磐石。

4. 建立组织化、制度化的权力行使环境和行使方式,避免人为的运动行权损害政治权力稳定的基础;建立组织化、制度化的权力更迭机制,适时地吐故纳新,避免由于权力更迭的非和平方式损害政治权力的稳定。权力行使方式和运行环境及更迭方式等的组织化、制度化程度对政治权力的巩固有深远而重要的影响。一方面,高度组织化、制度化的权力环境及权力的行使、更迭方式塑造了权力如何自处的神圣规则,权力的一举一动都有法可依,有法必依,权力的固有性质及原则、目标等不容易走样,十分有利于政治权力的巩固和稳定。另一方面,如果权力的环境及行使方式过于缺乏组织和制度特征,那么,权力的言行举止视听言动,皆毫无章法,权力体系过多的随意性无疑削弱了权力的固有性质及原则、目标等;而权力更迭的非组织化和非制度化则非常易于导致权力系统的紊乱,直接损害了政治权力的巩固和稳定。

5. 必要的强制性暴力是政治权力巩固的主要工具之一。分清敌友,打击真正的敌人,团结真正的朋友,既是取得政治权力的关键环节,也是巩固政治权力的重要手段。政治权力的暴力首先要对付政治共同体的敌人,如外国侵略势力、国际恐怖势力和民族分裂势力等,如果政治权力没有足够的手段对付共同体的敌人，它即使不被敌人消灭也必将被政治共同体集体抛弃。其次，政治权力的暴力还必须对付危害社会利益、破坏社会秩序的各种国内外犯罪分子，如果听任犯罪分子危害社会，那么，政治权力就会因为不能履行社会托付的职责而遭抛弃。其三，政治权力的强制性暴力手段还震慑着普通公民，使得政治权力得以令行禁止，成为社会生活的现实的主宰、支配和控制者。

三、政治权力的行使

实践性既是政治权力的根本特征，也是政治权力运行的重要环节。政治权力的各种构成要素只有在实践中才能真正结合为一个整体，才能表现出它的社会本质。政治权力的行使是政治权力实践性的重要表现形式之一，其实质是运用各种权力手段，形成必要的权力意志，达到对一定对象的整合、控制、支配和影响目的。尽管各级各类政治权力的社会本质、目的目标及控制要求等不尽相同，能够调动的资源类型和总量也千差万别，可是它们实际的操作手段及行权的过程和原则却大致相仿。

政治权力的行使实质既然是使控制对象按照自己的意志作为或不作为，那么，所谓政治权力的行使实质上就是政治权力主体形成、表达并输送其权力意志给权力客体的过程。所谓权力意志的形成，就是政治权力主体在进行实际的权力操作、控制、影响和支配之前必须有一个完整的行为意志，这个意志应该包括确定明确的控制对象、力求达到的控制目标、能够运用的媒介手段、权力行为的各个阶段等。所谓权力意志的表达和输送，就是权力主体必须通过的某种媒介把已经形成权力的意志表达出来，并输送给权力的控制对象。这种表现、输送权力意志给控制对象的媒介就是所谓权力行使手段。政治权力的行使一般主要依靠法律法规、公共政策、具体社会资源的调配等具体手段。法律法规是政治权力表现、输送权力意志给控制对象的最主要手段。一般而言，政治权力控制的对象如果具有普遍性，而权力的控制目的又具有一定的整体性、长远性和根本性的时候，它一般都要通过法律法规把自己的权力意志表达、输送出来，使权力的控制对象有法可依、有法必依，最终为社会生活的某一个领域确定必要的规矩和格式。如果权力控制的对象没有达到法律法规所要求的普遍性，权力控制的目的目标等具有调适性及灵活性，那么，权力意志一般要表现为某种公共政策，通过政策包含的激励、奖惩、诱导、调配等达到权力目的。如果社会上出现了资源配置越出了常规的紧急情况，政治权力的意志则直接诉诸调配资源的强制动作；即使社会没有出现类似的紧急情况，政治权力的意志仍然要在社会资源配备中起辅助作用。政治权力通过影响、改变人们的利益得失来控制人们的言行举止，实现它的权力意志。

政治权力意志虽然通过上述各种手段表达并做出了输送动作，但是，它能否或在多大程度上被其控制客体接受却依然是一个谜。一般来说，政治权力意志被接受的方式或多或少都要受到暴力强制的影响，并最终取决于权力及其控制对象相互关系在多大程度上是暴力性的。根据两者关系与暴力的相关程度，我们可以把政治权力行为的方式分为暴力—压力、命令—服从、说服—沟通、奖赏—惩罚四种类型。所谓暴力—压力方式，就是权力意志主体运用高压和暴力手段，迫使其控制对象在面临直接生命财产损失或经受某种恐惧之后，接受它的权力意志，它一般只发生并适用于在政治关系比较紧张，甚至是激烈对抗的权力主客体之间。所谓命令—服从方式，就是权力意志主体，单纯地凭借其控制对象对它的承认、认可和信任，就能使自己的意志，由于某种正当性（或合法性）而被它的控制客体自觉接受，该方式的政治权力行使，一般发生在权利—义务关系制度化程度比较高的权力主客体之间。所谓说服—沟通方式，就是权力意志主体通过各种疏导渠道与它的控制客体进行必要而充分的沟通，不仅要权力客体接受自己的意志，而且还力求把自己的意志变成权力客体的意志，希望自己的意志能够被权力客体能动而自觉地实现之，这种方式一般发生在根本利益一致的权力主客体之间。所谓奖赏—惩罚方式，就是在权力意志主体运用物质或荣誉奖惩、诱导、规范、激励权力控制对象，尽量鼓励它们按照权力意志的要求作为或不作为，这种方式一般常见于存在政治控制关系的权力主客体之间。

　　政治权力的行使必然也必须遵循一定的原则，该原则规定并规范权力意志的形成、表达和输送的各个环节及各个方面。政治权力行使的原则多种多样，但是，其最基本的原则不外乎人治与法治两种。所谓人治，就是权力意志的形成过程及其根本性质最终取决于某个权威人物依靠个人的经验、智慧、品德等形成的权力意志，规则、规范、法律等都是这种权力意志的产物。它最基本的特点，就是法随人变、权大于法。人治原则并不取消法，但它更看好并倚重于不世出的圣人和英雄；它同样也不否认人们之间的某种权力分工，但它的基本制度仍然是集权专制；所有的政治决策都只能适用于社会生活的简单状态，而不能得心应手地运用于社会生活的复杂状态；政治的效率取决于最高权力主体形成和输送权力意志的渠道是否畅通，取决于人们在多大程度上尊重、信任，甚至是崇拜自己的权威领导人。人治原则的局限性显而易见：最高政治权力主体的权力意志难于被制约、规范，容易导致权力腐败；最高政治权力主体的变化及其主导思想的多变性，导致政治权力行为的非连续性；最高权力主体才能的有限性及其对权力使用价值的贪婪性，容易产生人为抑制或阻碍社会发展的不良政治系统。所谓法治，就是权力意志的形成过程及其根本性质最终取决于一定的规则、程序和法律，虽然某个权威人物的个人经验、智慧、品德等并非无足轻重，但是，却必须经过公民的某种政治和法律选择过程才能成为影响最高权力意志形成的重要因素。它最基本的特点是，权力和权力意志都是规则、规范、法律的产物，而不是相反。法治虽然不否认重要人物的作用和影响，但是它更相信创造历史的主体和主人——人民大众；权力虽然必须有一定的集中才能有效发挥作用，但是，法治原则却怀疑所谓完全正确和绝对神圣的绝对权力，它的基本制度体现了分权与制衡原则；各种权力根据规则、程序和法律进行明确分工，适用于复杂社会生活情况下的政治治理和公共服务需要。在现代工业社会，法治优于人治。因为，法律经过众人审慎考虑，凝结和体现了集体智慧和集体意志，具有较多的正确性和公正性；法律规范的相对稳定、内容全面等，有利于政治治理行为的连续性和社会稳定；法律的形式比较规范，具有明确的授权、限权、效率等内容的强制性规定，能够防止权力的滥用及各种权力腐败。

四、政治权力的转移

政治权力的掌握者不可能永恒不变，一定的掌权者由于自然规律和政治动荡不得不退出权力舞台，而其他社会成员则由于血缘、姻亲及政治动荡等幸而迈步走到权力舞台的中心成为新的掌权者，这种现象定期不定期地反复出现于政治领域，是该领域最司空见惯的现象。这种现象就是所谓政治权力的转移。

政治权力的转移如果仅仅着眼于具体的人怎样失去或得到政治权力，那么，所谓政治权力转移的途径基本上雷同于政治权力的获得途径，这是因为，政治权力转移本身就意味着一定的社会成员获得政治权力，成了掌权者。但是，政治权力的转移却不仅涉及具体人在权力方面的荣辱得失，而且还关系到政治社会的稳定和政治系统的延续性问题。不论是集权体制下的人治权力，还是分权体制下的法治权力，如果不能妥善处理政治权力的转移问题，就必然威胁乃至危害政治社会的稳定，并且不能保证政治系统输入、加工和输出政治产品的连续性，最终给人类社会的发展带来灾难。

集权的人治权力因为拥有十分诱人的使用价值，这就造成并激化了人们的权力欲望，并驱使所有认为自己有机会有能力的人都拼命一搏，权术、欺诈、血腥、杀戮等，政治领域的是非和动荡多半与权力的转移方式有关。人类社会曾经历了集权的人治权力为主的前近代阶段，该阶段政治权力的转移曾经充斥着暴力、狡诈、屠杀、权谋等政治斗争，也曾经过多地依赖政治领袖个人的气质、能力等偶然因素，即使许多英明的君主，如汉武帝、唐太宗、康熙帝等，在政治权力如何转移给后人方面也一再一筹莫展。这个阶段，人类社会经常被专断的集权政治权力愚昧操作，以至不止一次地走上绝路，又不止一次地通过集权政治的开明治理而复归政治文明的康庄大道，与此过程伴随的，则是政治系统的全面更新。这种政治系统的全面更新表现出"一治一乱"的循环性和间歇破坏性，中国历史上的王朝更替和农民暴动就典型地体现了集权政治权力转移中"一治一乱"的循环性和对社会的间歇破坏性。

分权的法治权力由于神圣的宪法规则和权威而受到有效的制约，其使用价值远远不能与集权的人治权力同日而语。然而，权力的诱惑仍然吸引着芸芸众生，向往并追求它的人所在多有，俯仰皆是。但是，由于分权的法治权力的转移已经由法律或惯例给定了固定格式和程序，所以，它受个人偶然因素而破坏政治系统的连续性的可能性远远小于集权权力的转移，一般不容易给政治社会造成大的动荡和灾难。近代以来，分权的法治权力日益成了政治权力的主体和主流，其权力的转移方式、程序的制度化、组织化特征日益明显，领导人意志的作用不断弱化，选民的意志被有规则有程序地释放出来，成为影响和决定权力转移的关键因素，因权力转移而酿成政治地震的隐患被大大降低，基本结束了政治系统动荡的周期性和由此而来的对社会的间歇性破坏。

目前，大多数政治权力的转移已经成为稳定政治系统的有机组成部分，转移的条件、方式、程序等已经受到法律法规的明确规定，人类已经基本摆脱依靠暴力、血腥和阴谋诡计等进行政治权力转移的尴尬局面，也基本上结束了依靠领导人自身的偶然性因素决定政治权力归宿的英雄神话。

第四节 政治权力的异化及其治理

一、权力异化的含义

政治权力的本质决定了它必然也必须是一种公共权力，而且，政治权力在大多数情况下也基本上是公共性质的。但是，政治权力执行人的权力操作并不总是出于公共目的，也并非总是追求公共利益的最大化，他们可能出于一己私利的个人目的，也可能出于谋取权力部门小团体利益的目的，轻易地改变或取消政治权力的某部分职能，致使政治权力部分或全部偏离了它的公共本质。这种政治权力执行人改变、取消政治权力正当职能，致使政治权力偏离公共本质的现象就是所谓政治权力的异化。

政治权力异化的常见表现有：

1. 政治权力的私有化。政治权力的公共性质决定了它的所有权必然也必须是公共性质的集体所有，"非少数人得而私也"；同时还意味着政治权力的使用只能是出于公共性质的目的和目标，任何私人的目的均不能作为行使政治权力的正当理由。但是，在实际政治生活中，偏偏就有那么一些人，不顾公众意志，损害公共利益，利用手中的政治权力肆无忌惮堂而皇之地追求自己的一己私利或所在部门的部门私利,导致政治权力的公共本质被部分或全部异化。人们最深恶痛绝的钱权交易、以权谋私、中饱私囊、挥霍国家财富、侵害民众利益等诸多丑恶现象都属于权力私有化造成的政治权力异化。一般而言,集权和人治型的政治权力存在着比较严重的政治权力私有化问题,而法治和分权类型政治权力的私有化则相对较为轻微。

2. 玩弄权术及官僚主义的工作作风。政治权力的使用固然要讲究权谋和技巧,但是,权谋和技巧必须服从、服务于完成权力的正当公共目的。玩弄权术者使政治权力的正当权谋、技巧等发生异化,他们把自己的权力地位和弄权心理作为根本目的,不惜一切代价地使用种种卑劣伎俩和恶劣手段,致使政治权力背离其公共本性所要求的公共目的而发生异化。官僚主义是一种特殊的玩弄权术方式,它最大的特点是掌权者对公共利益和公共目的的冷漠和无动于衷,而一味地卖弄和追求程序、规则等赋予它的某种特殊欲望。如果普通的玩弄权术追求权术的多样性、诡秘性和刺激性,那么,官僚主义玩弄权术的特殊之处就在于从已经给定的形式、程序和规则中追求某种欲望的满足,如虚荣心、闲暇等。官僚主义过于形式主义的作风,背离了公共权力的本质所要求的尽可能用最小量的资源获取最大化的公共利益的效率原则,从而构成政治权力异化。

3. 政治权力系统失去公共性,完全腐化变质。政治权力系统失去公共性的情况并不多见,但也绝非不可能,并且在某些阶段似乎还特别流行。政治权力系统失去公共性一般要具备几个条件:①政治权力的获得无须民众的参与,而只是某种暴力或阴谋的产物;②政治权力系统根本不存在实质性的制约机制和制约措施,权力可以肆无忌惮无所顾忌地动作行为;③政治权力的执行人根本就缺乏公共意识,甚至整体流氓化,致使政治权力的存在及运转失去了它本应具有的道义性;④政治权力的正常操作已经失去了公共目的,完全变成了掌权人牟一己私利和部门利益的工具;⑤政治权力为制度所不容的非正常手段,即违法或犯罪手段,不仅受不到应有制约和惩罚,而且还变本加厉,大有取正常手段而代之的趋势。政治权力系统失去公共性的情况一般发生在动荡的乱世,或者是原有政治系统完全流氓化而失去公共性,或者是造反起事的集团根本就不打算获得政治权力的道义性和公共性,一味地运用手中的政治权力打家劫舍、杀人越货、烧杀戮掠。

二、政治权力异化的类型与原因

政治权力的异化多种多样,令人眼花缭乱,人们既不可能也无必要掌握政治权力异化的所有个体形态,而必须寻找政治权力异化现象中的某些一般共性,并根据一般共性的不同情况对政治权力异化进行类型分析。只有对政治权力的异化进行类型分析,我们才能了解政治权力异化的基本类型,也才能从根本上尽可能地防止、遏制和减少政治权力异化的程度、深度和幅度。

政治权力异化的类型可以有不同的划分标准,我们拟以政治权力异化的原因为标准,给它们进行类型划分。

1. 政治权力的结构和体制是影响政治权力异化形成的最重要的制度原因,据此形成的政治权力异化乃是体制或结构型的政治权力异化。政治权力的结构和体制,深深地影响乃至决定了政治权力异化的程度、深度和幅度。不同结构、不同体制形成的政治权力异化类型之间的主要差异就表现在政治权力异化的程度、深度和幅度等不同方面。一般来说,集权人治的政治权力比较容易异化,而且一旦异化就会具有广泛、深刻、全面等特点,表现出相当的社会危害性。这是因为,一方面,集权结构的政治权力赋予掌权者以广泛地管辖对象和比较多的自由裁量权,社会的许多领域都依赖掌权者的不受干预的权力意志;另一方面,人治体制的政治权力又把掌权者的人格魅力、人际关系等带入了政治权力的执行过程,掌权者的意志具有不受他人制约的灵活性,即使掌权者在执行权力之初具有的是公共意志,也很容易在执行过程中部分或完全异化,蜕变为个人意志。这种灵活性虽然能够最大限度地发挥政治权力的能动性,但是,也为政治权力异化提供了莫大便利。分权法治的政治权力则相对不容易异化,即使发生异化,也难以具有广泛、深刻、全面的特点,总是具有一定的局部性和表面性,社会危害性比较小。这是因为,一方面,分权结构的政治权力被明确规定了管辖权限、管理原则、管理程序等,掌权者的个人意志在其职权意志、公共意志形成中的作用和影响非常有限,他不可能任意地操作其控制对象;另一方面,法治体制的政治权力讲究权力的存在、运作等必须也必然是有法可依、有法必依、执法必严、违法必究,掌权者的职权意志受到法律和其他职权意志的制约,不能任意变动,因而能够有效地制约和防止公共意志在执行过程中的异化。

2. 社会风气,特别是政治领域的社会风气,是影响政治权力异化形成的重要社会原因,由此形成的政治权力异化就是风气型政治权力异化。所谓社会风气,就是社会上比较流行和普遍具有的追求目标、处世原则和某种具有强烈感染性的社会心理。社会风气既是社会行为的原因,也是社会行为的结果。一般来说,社会风气的兴起和勃发乃是社会自然形成的,似乎不是什么人有意努力的结果,但是,一定的社会行为却会对社会风气产生推波助澜的推动和促进作用。同时,一种社会风气既已形成,它就必然会对人们的社会行为产生诱导、教唆、吸引等,从而使人们的行为与社会风气的原则、特点等相吻合。如果社会风气体现出了肆无忌惮和人欲横流的非道德色泽,那么,人们的行为就会发生相应的非道德化变化,而这种非道德化的社会风气必然会影响到掌权者的执行动机、执行意志及政治权力的纯洁性等，腐蚀政治权力应有的公共性，致使政治权力发生异化。如果社会被某种非常道德化的社会风气所笼罩，那么，人们的行为自然就有所顾忌，掌权者的动机、心理等都不能不注重人们对它的道德期待，因此，掌权者的心理和动机比较易于遵守职业伦理的需求，政治权力也不容易发生背离公共性的异化现象。

3. 掌权者的素质决定了政治权力能否或多大程度上被异化，是政治权力异化会否现实发生的关键要素，由此形成的政治权力异化就是素质型的政治权力异化。所谓掌权者的素质，包括品德和能力两方面，其中以品德素质最为重要和关键，绝大多数的素质型政治权力异化都是由掌权者的品德缺陷造成的。如果掌权者的素质不合格，那么，不论政治制度是否提供了权力异化的便利条件，也不论社会上是否存在有利于权力异化的社会风气，他都会挖空心思、竭尽全力地寻求异化政治权力的机会，即使法治再昌明，制度再合理，社会风气再良好，也还是要存在一定程度和一定范围内的权力异化。如果掌权者的素质好，那么，即使政治制度为权力异化提供了最最便利的条件，社会风气再物欲横流，他也能够正当地使用手中的公共权力，为公众谋取正当公共利益，不致使政治权力背离其公共本质而发生权力异化，即使在浑浊的封建官场中，也存在包拯、海瑞那样的正派官僚。另外，掌权者的个人素质还是防止政治权力异化的最后一道防线，导致政治权力异化的其他所有要素都必须通过并借助于掌权者的个人素质缺陷才能起作用，因此，我们应该高度重视个人素质在导致政治权力异化方面所起的重要作用。

社会主义国家的政治权力仍然会异化，而且有的异化可能还比较严重。少数掌权者已经把手中的公共权力，变成了牟取个人私利和部门小团体利益的资本和工具，渎职弄权、贪赃枉法、索贿受贿、钱权交易等无所不用其极。我国目前的政治腐败是典型的政治权力异化现象。我国现阶段的政治权力在主流上是好的，但是，政治权力的异化问题也仍然非常严重，其绝对数量和社会危害性非同小可。

现阶段，我国政治权力异化问题比较严重的主要原因有：

1. 中国传统封建主义政治文化的深远影响。中国几千年的封建政治虽然已经不复存在，封建主义的政治意识形态也已经一去不复返了；但是，封建主义的政治传统和政治意识经过几千年的历史积淀已经融入了我们的政治血液，成了我们政治性格的一部分，至今仍然困扰着人们的心灵，影响着相互间关系，诱导和制约着人们的行为。中国传统封建主义政治文化的主要内容有：皇帝的专制权力具有全面控制社会各个领域而不受人间其他政治力量制约的绝对性；皇帝的专制权力把所有的社会生活都政治化了，人们事实上都变成了具有官僚身份的社会成员，衡量人们社会地位的标准和尺度就是他们的官僚身份；臣民卑贱意识的普遍性造成了官僚欺民和臣民自虐的不良社会心理；臣民对权力的敬畏和恐惧，使得民众不能寄希望于权力的改造，而只能期盼权力掌握在清官手中，清官心理取代权力监督意识而居于主流地位。中国传统封建主义政治文化养成了人们依赖权力、崇拜权力、自卑自贱的臣民心理，同时，也就纵容了掌权者肆无忌惮用权的官僚心理。臣民意识和官僚心理一旦成了社会心理的主流，那么，政治权力是否能够被异化的关键就完全取决于掌权者的个人意志了，而掌权者的个人意志则非常易于导致权力异化。臣民意识、清官期盼和官僚心理在今天的中国仍然有不小的影响，这就为新时期政治权力的异化提供了便利条件。

2. 资本主义腐朽思想的影响。鸦片战争以来，中国原先的封闭状态一去不复返，国门大开，各种资本主义的思想文化纷纷涌入，推动和促进了中国社会的现代化运动。但是，中国社会的现代化运动并没有造就一个成熟的资本主义社会，因而也没有发展出一套抵御资本主义腐朽思想的社会管理规范和成熟的公民心理，这就为资本主义腐朽思想的乘虚而入和大肆膨胀创造了便利条件。改革开放后，国门再次大开，人们还没有来得及正视资本主义社会就已经被资本主义的腐朽思想包围了，自私自利和市场法则几乎在一夜之间就被人们普遍接受。当自私自利和市场法则被政治权力部门和掌权者普遍接受以后，政治权力私有化、庸俗化等权力异化现象就势所难免。

3. 社会主义市场经济体制还不成熟，不定型，还有许多不完善的地方，甚至在某些方面还存在严重的弊端。社会主义市场经济体制的不完善性主要表现在政企关系、经济管理体制、资源配置方式等诸多方面。从政企关系方面看，国家机关的公职人员和执政党的领导干部，有的拥有影响或任免企业领导干部的权力，有的拥有管理重要生产资料和消费品的生产和消费的权力，有条件把手中掌握的公共权力直接转化为谋取一己私利或小团体部门利益的异质权力，从而导致政治权力的异化。从现存的经济管理体制来看，各种经济成分共存，旧的计划经济体制已经打破，但新的社会主义市场经济体制又尚未成熟，商品的生产、管理和价格，有些还实行事实上的双轨制，这就为那些出入"双轨"之间的掌权者提供了谋取私利的便利，这是造成部分政治权力异化的重要条件。我国目前的资源配置方式还具有计划经济体制的痕迹，政府计划在配置资源方面还有重大作用，而市场作为配置资源的方式还不完善。这就为那些掌握社会稀有资源的政府部门在资源配置方面上下其手提供了资源保证，这是当前政治权力异化现象比较严重的主要原因之一。

4. 社会主义政治体制改革方兴未艾，社会主义民主法制和社会主义政治文明的不成熟性是政治权力异化现象严重的政治制度原因。社会主义民主法制和社会主义政治文明的不成熟性主要表现有：社会主义民主政治体制还不够健全，政治制度的现状还不能满足社会主义法治国家的要求，我国的政治实践中还存在诸多不够文明的野蛮操作。我国现存的政治体制从总体上看是好的，但是，还存在着明显的缺陷，例如权力结构的设置还不够合理，权力之间的职能分工和相互制约关系还不够明确，权力的行使还不够规范，权力产生和罢免的制度还不够完善，群众参与管理国家事务的制度还不完善，等等。另外，公共机关的办事过程、非选举干部的任免过程、执法部门的办案过程均缺乏应有的透明度。我国目前的政治制度坚持"法"的权威，同时也坚持"权"的权威，党权和国法已经在法律中有了明确规定，似乎不应该再有矛盾。但是，党权和国法的矛盾在政治生活中还比较普遍地存在着，这种矛盾为政治权力异化提供了某种限度的逻辑空间。

三、防止和治理权力异化的措施

根据政治权力异化的各种原因，防止和治理权力异化现象，至少应采取如下措施：

1. 深化社会经济体制改革，发展和完善社会主义市场经济体制。政治权力异化的土壤在社会经济领域。双轨制的利润诱惑，政企不分的混沌体制，市场行为的不规范，所有这些都是造成政治权力异化的社会经济条件。因此，防止和治理政治权力异化问题，必须深化经济体制改革，建设完善的社会主义市场经济体制。堵塞体制漏洞，消灭由此而来的巨大利润诱惑应抓好三项工作：①加大改革力度，尽快解决计划和市场两种体制并存和由此而来的相互脱节问题，走出双轨制的困境；②进一步实行政企分开，减少行政主管部门掌握的资源调配权和干部任免权；③积极创造条件，加快相应的经济和社会立法工作，将社会主义市场经济建设过程中获得的积极成果尽快用法律形式固定下来，规范市场行为及相应行政主管部门的管理行为，尽快弥补体制漏洞。

2. 发展社会主义民主政治，建设社会主义政治文明。既然社会主义政治体制的不完善是导致政治权力异化的重要原因，那么，加快社会主义政治体制改革，发展社会主义民主，健全社会主义法制，自然就成了防止和治理政治权力异化的重要组成部分。发展社会主义民主，健全社会主义法制特别要做好如下几点：①在保证中国共产党的领导和中央对地方的权威的前提下，搞好各项权力的立体分工，明确规定好各级各项权力的职权范围，并健全权力之间的相互监督、相互制约和相互配合机制，既要以权力制约权力，防止权力私有化，又要坚持权力的效率原则。②加强人民监督和制约政治权力的制度建设，保证人民当家做主权利得到进一步落实，以人民的具体权利制约政治权力，这是防止和克服政治权力异化的根本条件。强化人民群众的制约作用，最根本是有三条：一是完善选举制度和程序，保证人民把真正代表自己利益的人推上权力岗位，把民众的选举权落到实处；二是完善人民群众行使监督权利的社会制度，杜绝检举信件回到被检举对象手中，成了打击报复的把柄，保证人民群众监督权利的现实性；三是建立和健全民众行使弹劾、罢免当权人物的制度，明确规定弹劾、罢免的程序、原则和方式等，把人民群众的弹劾、罢免权落到实处。③健全公共机关具体而透明的办事制度，并将其办事的程序、原则及结果公之于众。人民群众可以依据该公共机关的职责及办事的程序、原则等提出相应的服务要求，而该公共机关也有责任和义务根据它的职责及办事的程序、原则等为公民提供相应的服务，否则，就构成了作风或技术型的政治权力异化。

3. 树立良好的社会风气，剔除并警惕各种腐朽思想的毒副作用。不良社会风气是导致政治权力异化的重要原因，而良好的社会风气则是抑制、防止和治理政治权力异化的重要手段。所谓社会风气的良好或不良，其中的关键就是，社会风气是否包含了足够多的具有毒副作用的腐朽思想，足以导致唯利是图损人利己的变态心理。我国的社会风气基本上比较积极向上，但是，封建主义政治文化和资产阶级腐朽思想的影响仍然不能忽视，这些文化毒素导致了社会风气的局部呈现出不良的特征。社会风气的局部"不良化"对政治权力的异化具有推波助澜的催化作用，千万不能等闲视之。我们一定要正视社会风气中依然存在的各种腐朽思想，并时时保持高度的警惕，尽可能自觉抵制社会风气中暗含的腐朽思想的影响。我们务必要注意到那些准备融入社会风气中的各种腐朽思想，并时时保持警惕，避免各种腐朽思想融入社会风气而异化了政治权力。同时，我们也务必要自觉地树立良好的社会风气，保持整个社会对各种腐朽思想毒副作用的持久免疫力，为防止政治权力异化提供良好的生态环境。

4. 加强思想教育，树立正确的权力观，提高掌权者的素质。政治权力的异化最终必须而且必然要通过掌权者的行为异化才能实现，而掌权者的行为异化又是权力意志异化的外在表现，权力意志的异化来源于错误的权力观，而错误的权力观实质上就是一系列关于权力的错误思想。加强思想教育，用马克思主义的政治权力理论武装人民的公仆，给掌权者们树立"立党为公，执政为民"的正确权力观，提高各级掌权者的素质，是防止权力异化现象的最重要最有效的手段之一，其理论意义和实践价值不言而喻。民众接受了马克思主义政治权力理论，就会丢掉对于权力的错误幻想，而要求各级政治权力保持其公共本性，进而自觉抵制政治权力异化的势头，从而使政治权力异化的阻力加大，成本增加，也更具风险性。

5. 加快建设社会主义法治国家的步伐，运用有效的法律手段惩治权力异化问题。政治权力异化违背了政治权力的公共本质，不论是故意违法，还是有意钻法律法规的空子，它们都实质性地违背了法律法规为它设定的使命、目标、程序和原则等，明显属于违法犯罪行为。如果法制建设不健全，法治原则就难以贯彻执行，政治权力的异化问题就难以得到有效防止和治理。因为，一方面，法制不健全，我们就难以确切地认定政治权力的异化，也难以衡量政治权力异化的程度、深度和幅度，认定和衡量工作尚且难以进行，遑论防止、治理和处罚。另一方面，法制既然给不出政治权力异化的标准模型样本，那么，依法进行处理就难以合理合法的进行，也不能给出详细明确的处理意见或方案，如此一来，法律法规在处理政治权力异化问题方面的作用就非常有限，而不能不依靠人治或政治运动来对付权力异化问题。人治或运动的治理方式具有非常明显的局限性，其中最主要的局限性就是它的粗放操作和难以持久的特点。粗放操作和难以持久的特点容易滋长掌权者的侥幸心理，而有意无意地助长了政治权力异化势头。

关键概念

权力；政治权力；集权型权力；分权型权力；强制性权力；奖酬性权力；规范性权力；法制型政治权力；传统型政治权力；魅力型政治权力；政治权力异化

思考题

1. 权力有哪些基本特征？
2. 政治权力的集权结构有哪些特征？
3. 政治权力的分权结构有哪些特征？
4. 政治权力的功能有哪些？
5. 政治权力的获得有哪些基本方式？
6. 政治权力的巩固有哪些基本方式？
7. 如何理解政治权力行使的实质？
8. 政治权力异化有哪些基本表现？
9. 政治权力异化有哪些基本类型？
10. 如何治理政治权力异化？

第5章 政治权利

政治权利是政治学和法学共同研究的一个重要领域，它不仅是一个学术概念，也是一个法律概念。作为一个政治学概念，政治权利并非没有争议。二战以后，随着被称为"国际人权宪章"的包括《世界人权宣言》、《经济、社会和文化权利国际公约》和《公民权利和政治权利国际公约》及其两个任择议定书等五个国际人权保护基础文件的制定，尽管政治权利与其他权利的区别得到越来越多的讨论，但许多政治学著作往往还是不加区分地把政治权利与其他权利一起包含在"权利"、"人权"等名录的讨论之中。究其原因，一方面是因为作为权利的一种，政治权利具有各种权利都具备的共同性、一般性；另一方面，也与政治权利理解和界定的争议有关。

人类社会中存在有各种各样的权利，它们因时代、地域、议题和政治环境等因素的不同而异，我们在这里没有必要对各种权利都详细论述。但是，我们欲了解政治权利的特殊性，就必须先弄清楚权利的一般本质，了解其基本类型。在此基础上，本章将阐述政治权利的本质、类型和功能，梳理其基本内容，探究其获得、维护和行使的基本经验和规律。

第一节 政治权利的含义及其功能

一、权利的概念及基本类型[1]

权利是与权力相对而言的，前者是社会或组织成员通过要求管理权威做什么或不做什么而获得的具体收益，后者则是社会或组织用来调剂、协调、管理、服务于公众而要求服从的权威化力量。但是，权利现象却远不如权力现象那样普遍广泛，权力普遍出现于人类社会的各个阶段和各种形态中，而权利则仅仅

---

[1] 参见张师伟："权利的含义与功能"，载《哲学社会科学前沿课题研究》，陕西人民出版社2005年版，第172~178页。

存在于出现了社会分化并尊重社会分化主体的人类社会中。

（一）权利的概念

尽管权利现象不如权力现象那样普遍广泛，但它的现实形态仍然是多种多样的，而且，不同的权利形态又滋生了不同的权利意识、权利观念和权利概念。这些意识、观念和概念虽然具有这样那样的局限性和不足之处，但也多多少少触及了权利现象的一般性质、基本特点和基本功能等，有助于我们建构权利现象的一般模型，确定权利概念的基本含义。

大致来说，前人关于权利的概念的论述主要有以下几种：

1. 权利正义论，即把权利的本质和来源归结为自然正义或社会正义的权利理论，其最广为人知的观点可以概括为"天赋人权"。这种观点最早起源于古代希腊的自然法思想，近代以来广为流行的"自然权利"是它的成熟形态，今天的各种自由主义思想也仍然坚持人类权利的正义本质。他们认为，不论自然正义或社会正义，它们都是某种永恒的东西，具有与人类的本性密不可分的先验性质。人类个体的所谓权利，在本质上就是这种先验正义的一种表现；权利作为人性的一部分，既是与生俱来的，也是不可分离、不可剥夺的，任何人只要被认定为是人类社会的一员，就享有不可剥夺的普遍权利，这些普遍权利被明白地写进了大多数民主国家的宪法或宪法性文件。

2. 权利资格论，即把权利的本质看做是能够做某事或不做某事的资格。这种观点认为，"权利是去做、去要、去享有、去占有、去完成的一种资格"。资格论强调的是要求出于权利，而非权利出于要求，权利本身的存在不受他人干涉，不依赖要求的对象而存在，不能因为某人有某项要求而相应享有某种权利。权利资格论赋予同等条件下的人们享有某项权利的平等性，只要具备法律或社会习俗所要求的具体资格，人人都能够平等地从该资格中获利。

3. 权利自由论，即把权利看做是法律允许并保证人们享有的种种能作为或不能作为的自由。这里所谓的自由，其实是意志的自由，即认为权利就是人们做或不做某事的自由意志或自主性。康德认为，权利就是意志的自由行使。黑格尔认为，权利的基础是精神；它们的确定地位和出发点是意志，意志是自由的，所以意志既是权利的实质，又是权利的目标，而权利体系则是已经实现的自由王国。

4. 权利利益论，即把权利看做是受到法律保护或社会舆论支持的利益。该观点认为，当人们的某种利益被法律认为有责任保护和促进其发展时，该利益就成了人们的所谓权利。当人们的利益受到威胁或损伤时，与该利益相关的人们的具体权利就受到了威胁或损伤，这个时候人们就会以自己的权利受到侵害为由寻求法律的帮助。西方的功利主义和法学实证主义大多坚持权利利益论。

5. 权利约定论，即把权利看做是人类自觉努力的结果，是人类社会中的各个成员通过一定的契约或法律建立起来的社会关系。它的主要观点可以概括为"人赋人权"。权利的本质既然是历史地建立起来的社会关系，那么，它当然就具有随时应变的历史性和特殊性，相应地，权利的尊严和普遍性就得到削弱，同时，它还为社会生活中权利分享的不平等原则作了最有说服力的说明。

如此种种的权利定义虽然有各自的局限性、片面性，但也从不同的角度揭示了权利的某些方面或属性，对他们的定义加以综合，就可以比较准确地把握和界说权力。我们认为，权利就是社会共同体内由社会习俗、公共舆论、道德原则、法律等认定为合理、正当的利益、资格和自由，它具有社会性、普遍性、公共性、严肃性、利益性、历史性和发展性等。这个定义包含的内容有：

1. 权利现象必然也必须发生在一定的社会共同体中，脱离了一定的社会共同体，权利就不存在。人们总是处在一定的社会共同体中，而且只有通过共同体内部的分工和合作，他们才能获得人类意义上的起码满足。共同体内部的各个成员都企图从共同体中获得最大限度的利益满足，如果共同体必须把各个成员从共同体获利的方式、途径和数量等相对固定下来，这种固定可以是习俗，也可以是法律，还可以是道德原则和公共舆论。社会共同体是权利现象出现的必要前提，如果不同的社会实体没有通过一定的社会共同体发生利益分配关系和行为，它们之间就不会发生权利现象。

2. 权利现象具有普遍性。一方面，它普遍存在于人类社会生活的各个领域、各个阶段；另一方面，它对于共同体内部的同类成员具有普遍适用性。权利现象在本质上具有共同体契约的性质，具有公共性，它是各个阶层、各个集团的人们之间，以及他们各自与共同体之间在利益分配的方式、途径、数量等方面达成的公共契约，该契约为社会确立了权威的地位定位和利益定位。不论是企业组织、学校等事业组织，还是政治共同体，其内部都存在着这种权威的地位和利益定位，这种权威定位保证了它的同类成员具有平等获利的资格、机会和自由。

3. 权利现象具有体现人类尊严的严肃性，任何权利一旦确立起来，就不能随便被取消或改变，即权利都具有某种神圣不可侵犯的性质。权利现象的出现必须也必然伴随着这种人类尊严的严肃性，这就使得权利具有了内在于人的人性本质属性。只有这种发源于人类内在本质的具有神圣不可侵犯性质的资格、自由、利益等才能算是权利，它体现了一种把人类的尊严平等地分配给社会成员的社会关系格局。

4. 权利现象说到底是一种利益现象，利益性是它的根本属性。权利的利益性主要体现为三个方面：①权利要求社会共同体尊重并保护自己的某些具体的物质或精神利益，比如公民的生命权、财产权及人格尊严不受侵犯的权利等；②权利还保证和提供人们参与各项社会活动的资格、机会和自由，使他们能够从中获得具体利益，如劳动权、报酬权及投资权等；③权利还保证人们参与社会产品的再分配，要求从公共机构提供的公共产品中获得具体利益的分享权，如安全、荣誉、信誉等。

5. 权利现象的历史性意味着权利并不是从来就有的，它是社会发展到一定历史阶段的产物，而且，权利现象也绝非一成不变，它具有随时变异的历史特点。权利作为一种稳定的利益和地位定位，只有在社会分化发展到一定历史阶段，出现了不同人群的利益冲突、地位冲突的时候，它才能真正为社会生活所必需，才能通过社会历史运动出现在人类历史舞台上。不同的历史阶段，人类的利益格局不尽相同，人群之间的利益定位、地位定位的具体样式也千差万别，这就决定了权利现象的历史相对性，所谓先验的、绝对的、一成不变的权利是不存在的。但是，权利现象的历史性并不意味着它缺乏稳定性和普遍性。

6. 权利的发展性表现在三个方面：①人类社会中出现的权利的种类和数量不断增长，权利现象经历了从无到有、从少到多的历史发展过程，这个过程迄今仍然没有结束的征兆，人类能够享受到的权利种类和数量还将会有更进一步的增长。②享受到权利的人的数量也经历了一个从无到有、从少到多的历史过程，权利现象的发展在民主化趋势的引领下，逐渐摆脱了特权形态，而成为占社会人口绝大多数的平民的生活必需品。③权利现象的发展还加强了权利的公共性，真正使权利具有了神圣不可侵犯的性质，从而使它的稳定性也进一步得到了强化。

(二) 权利的类型

人类社会的权利现象尽管多种多样、错综复杂，但是，我们仍然可以依据不同的标准对它进行不同的类型划分。权利不同的类型，实质上就是权利现象存在的基本模式或形态。

一般来说，权利可以根据以下标准进行见仁见智的类型划分。

1. 以社会个体能否作为自足的权利主体为标准，我们可以把权利划分为个人权利和集体权利。所谓个人权利，就是指权利的享受主体是单个的人，而非某个集体，比如公民权、生命权和人格尊严等权利都只能由自然人个体享受。如果一个社会中的自然人作为个体不能成为公民权、生命权和人格尊严等权利的享受主体，那么，公民权、生命权和人格尊严等权利在该社会就根本还不曾存在过。所谓集体权利，则是指权利只能由某一些人组成的集体来享受，作为集体成员的任何个人都不能单独享受该项权利，国家、民族、政党、少数群体等都可以作为权利的主体拥有权利。比如政治共同体的主权，它作为一项权利只能由政治共同体成员集体所有；我国全民所有制企业的所有权也只能由全民共同拥有所有权，任何组织或个人均不能替代全民获得所有权。

2. 以权利带给其主体的利益类别，权利可以分为政治权利、经济权利、社会权利、文化权利等。任何权利都必然给人带来某方面的利益满足，或给人们带来物质或心理的某种享受。不同的权利满足人们的不同需求，人类生活的多样性刺激了人们多方面的需求，因此，人类需要多种多样不同类型的权利是非常自然的。政治权利是人们获得的与社会公共事务的治理有关的各种资格、自由和利益，它具有基础性和综合性。一方面，政治权利给人们带来参与政治的利益，并从中获得各种各样的物质和心理满足；另一方面，政治权利的获得意味着获得了参与社会公共决策和公共产品的生产、分配等环节的权利，为人们追求其他利益建构了必不可少的政治平台。经济权利是指人们获得的与社会经济产品的生产和分配有关的各种资格、自由和利益，比如财产权、劳动权、报酬权、投资权等。社会权利是作为社会成员分享社会发展成果的资格和拥有文明生活条件的权利，它以一定的经济发展水平为基础，主要包括获得社会福利和保障的权利和受教育权等。文化权利是指人们获得的与文化事业有关的各种资格、自由和利益，主要包括公民参加文化生活、享受科学进步及其应用所产生的利益，以及使其本人的任何文化创造所产生的精神和物质的利益得到保护的权利。

3. 以权利的获得方式和途径为标准，权利可以分为习俗权利和法律权利。习俗权利是指人们依照惯例和习惯所具有的不可剥夺的资格、自由和利益，这种权利的产生完全依赖惯例和习俗，非经权利主体同意，权利的范围、内容、形态不得随便变更。习俗权利强调权利对于人的本有特征，各种关于权利的立法都是建立在人本有权利的基础上的，是习俗权利的法律确定，那些虽然没有被法律确定而又没有被法律明文禁止的习俗权利仍然是人的权利的重要组成部分。法律权利则是指人们必须通过一定的法律文本才能获得的资格、自由和利益，而且，权利的范围、内容、形态完全由法律规定，只要符合法律修改需要的条件，权利的范围、内容、形态完全是可以变更的。法律权利强调权利的"人授"特征，各种权利都不具备本有特征，权利不是根源于人的本质，而完全是一种公共契约，权利的多少完全载诸法律，任何人或组织都不能获得法律没有规定的权利。人们获得权利的方式和途径往往不止一种，但总有一种形式、途径是最基本的和最主要的，或者是习俗，或者是法律。

4. 根据权利要求控制方作为或不作为，还可以把权利分为消极权利和积极权利。前者是要求控制方不得干预权利主体对某产品的所有权和受益权，而后者则是权利要求控制方提供某种产品给权利主体。近代西方政治思想中关于人与生俱来就有的生命、自由、财产或追求幸福的权利,都强调每个人都享有免受他人侵犯尤其是国家干扰的独立性,这些权利因而被当做"消极"权利。20世纪以来,由于意识到政府在改善人类生活条件和提高生活质量承担的重要责任,经济和社会权利更多地是作为"积极"的权利被添加到权利的清单之中。

二、政治权利及其类型

(一) 政治权利的含义

政治权利就是政治共同体赋予其正式成员进行政治作为或不作为的资格、自由和利益等,是人们参与政治活动的一切权利和自由的总称。政治权利体现了公民与国家之间的关系,是公民权的主要内容,在此意义上,政治权利是一种"公权利"。它赋予了人们实实在在的政治禀赋和政治品质,使政治性成了社会共同体成员社会本性的重要组成部分。马克思说:"人权的一部分是政治权利,……这种权利的内容就是参加这个共同体,而且是参加政治共同体,参加国家。这些权利属于政治自由范畴,属于公民权利范畴。"[1]

政治权利的概念包含了四个方面的含义:

1. 政治权利只存在于一定的政治共同体内,政治共同体的形成是政治权利出现的必要条件之一。人类社会的成员只有聚集成一个政治共同体,才能为政治权利的产生奠定必要的社会基础。如果政治共同体还没有出现在人类历史舞台上,或者人类成员隶属于不同政治共同体,那么,所谓政治权利就根本无从发生。但是,政治共同体的形成并不意味着政治权利的必然降临。人类的政治发展历程表明,政治共同体具有与人类自身一样悠久的历史,自从有了人类社会,政治共同体也就同时开始了它的历史,甚至当人类还正在形成的时候,某种形式的政治共同体就已经在酝酿中了。但是,人类享受到政治权利的历史却远远没有政治共同体的历史悠久,同样,政治权利在人类社会中的普遍程度也远远不能与政治共同体同日而语。

2. 政治权利必然具有政治共同体赋予的公共性和由此延伸出来的神圣性和不可侵犯性。政治权利显然必须由现实的自然人自由地获得、自主地行使,它具有明显的私人性;但是,私人性并不是政治权利的唯一属性,更不是它的本质属性。政治权利更多地是属于各种社会和公共利益方面的权利,而不仅仅是个人利益方面的权利。它在本质上具有公共契约的性质,它的本质属性是公共性,这不仅因为政治权利的获得、变更等必须经过一定的公共程序,也不仅因为政治权利的享受必然、也必须以其他政治实体履行义务为基本条件,还因为

---

[1]《马克思恩格斯全集》第 1 卷,人民出版社 1972 年版,第 435 页。

积极地享有政治权利本身就是一项义不容辞的公共义务。政治权利是神圣的，不仅不能任由政治权力挤兑、扼杀，而且也不能听任权利主体无原则地自动放弃。

3. 政治权利一旦出现，就会融入政治共同体成员的本质，具有本体论的必然性特征，而绝非仅仅是一种牟利工具。如果政治权利仅仅是社会成员谋求和保护自己利益的工具，那么，人类谋求利益的工具何止万千，政治权利作为谋求利益的工具又何必具有严肃性和神圣性，它对于人类也未必是必不可少的，从而也就成为可有可无的。但是，政治权利具有的神圣性和严肃性却无可辩驳地说明了政治权利绝对是人类成员必不可少的重要本质，而绝对不能是可有可无的工具添头。另外，如果把政治权利仅仅视为一种工具，那就从根本上否定了它本身也是一种利益，而如果否定了政治权利的利益本性，也就是否定了人类的政治性需求本身的利益前提，即政治性需求既不是构成利益的前提，也不能给其他利益带来任何便利，那么，政治权利对人类的价值也就所剩无几了。这种情况与政治权利在人类社会生活中的地位和作用严重不符，因此，政治权利必须也必然是作为人的本质的一部分而存在的。

4. 政治权利绝不是空洞的原则，也绝不是无用的宣传口号，它必然而且必须现实地赋予人们政治作为或不作为某种资格、自由和利益，具有明显的现实性和强烈的实践性。所谓政治权利的现实性和实践性，就是指政治权利既不能停留在文本阶段，也不能停留在比较抽象的原则层面，而必须具有可操作的现实内容，即不论是资格、自由和利益，都必须在政治治理的方式、过程和结果中反映出来。如果某政治共同体的政治权利还处在文本阶段，可操作的制度和程序则被各种理论或实际的托词架空了，或者根本就没有建立起来，而政治治理的方式、过程和结果又丝毫反映不出政治权利的实质参与，那么，该政治共同体就还不存在真正意义上的政治权利。

总之，政治权利不仅是谋取社会利益的重要工具，更是人的社会本质的一种表现形式，它是政治共同体赋予其正式成员进行政治性作为或不作为的自由、资格和利益，具有本体性、公共性、实践性和现实性。

（二）政治权利的类型

人类社会的政治权利现象由来已久，多种多样，错综复杂。每一种政治权利既有其独到的形式、方法、功能等方面的特殊性，也存在着与其他政治权利相同、相近和相通的普遍性。正是在各种政治权利的普遍联系中，才能突出某种政治权利的特殊本质，政治权利的本质主要取决于它与其他政治权利相同、相近和相通的普遍方面。因此，只有同时兼顾各种政治权利的普遍性和特殊性，我们才能真正把握每一种政治权利的基本本质，也才能梳理清楚各种政治权利之间的错综复杂的关系网络。为此，我们必须结合各种政治权利的特殊性和普遍性，对错综复杂的政治权利作出最基本的类型和层次的划分。

政治权利可以按照不同的标准划分为不同的基本类型，根据不同标准划分出的政治权利基本类型，尽管在内涵上不无交叉，但是每一种标准都提供了一个理解政治权利的特殊角度，因此，每一种政治权利的基本类型都具有重要的理论意义，值得注意。

政治权利的划分标准及基本类型划分的具体情况如下：

1. 根据政治权利的所有者是否能够直接行使该项权利，可以把政治权利分成直接权利与间接权利。政治权利并不总是由它的所有者直接行使，一方面，如果该政治权利由于权利主体过于分散而缺乏相应的技术保证，那么，人数众多的政治权利所有者就不能亲自行使权利，而必须委托代理人代其行使政治权利，比如选民的创制权、罢免权和复决权等就是上述原因造成的间接政治权利。另一方面，如果该政治权利本来就是一项集体权利，它的权利所有者是集体，而不是集体的构成成员，那么，集体作为政治权利所有者仍然不能直接行使其政治权利，而必须委托代理人代其行使政治权利，而主权则是集体权利塑造的典型间接政治权利。那些总是由权利所有者而且也只能由权利所有者行使的政治权利，就是直接政治权利，比如公民权、自由权、选举权等。

2. 根据政治权利的所有权是集体或个人，政治权利可以分为集体政治权利和个人政治权利。所谓集体政治权利，就是该项政治权利的主人是人数为复数的某政治实体，该政治实体的全部或大多数成员共同行使该项政治权利的所有权，享受该项政治权利带来的种种益处；单个的政治人构成的政治实体则不能成为该项政治权利的主人和独立的收益单位，如政治团体及政党所享有的种种政治权利、国家在国际组织中享有的代表权和投票权都属于集体政治权利。所谓个人政治权利，则是指该项政治权利的主人只能是由单个的政治人构成的政治实体，其收益权也只能由单个的政治人享受，人数众多的政治实体则基本上不能拥有此类政治权利，原则上也不能从中直接受益，公民个人的选举权就是典型的个人政治权利。另外，各种政治权利中还存在一部分既能够由集体也能够由个人所有的政治权利，比如言论自由、结社自由和思想自由等。

3. 根据政治权利对于政治权力的不同要求，我们可以把政治权利分成积极权利和消极权利两类。所谓积极政治权利，就是指政治权利主体从政治权力手中获得的政治受益权，即该项政治权利的实现必须也必然要依赖于政治权力的某些积极行为。积极政治权利体现了政治权利的发展属性，社会公众的政治权利并不是一成不变的，而是随着时代的变化而呈现出了数量递增和质量优化的发展性，而政治权利的发展则常常表现为公众要求政治权力为实现和保证某种政治权利进行积极作为。所谓消极政治权利，则是政治权利主体已经现实地享有的政治收益，它要求政治权力切实履行自己不剥夺、不干预的政治承诺，即消极政治权利不仅不要求政治权力做出积极作为，而且还严格要求政治权力履行自己不作为的政治承诺。消极政治权利体现了政治权利的神圣性，它要求政治权力不要也绝不能任意改变政治实体之间的政治收益分配格局。这里，所谓消极和积极，都是针对政治权力而言的，要求政治权力积极主动采取动作措施则为积极，禁止政治权力的干预则为消极。

4. 根据政治权利之间的派生或非派生关系，政治权利可以分成基本政治权利和普通政治权利两类。所谓基本政治权利，就是派生出其他政治权利而不能由其他政治权利派生的政治权利，它们是政治权利中最重要、最核心、最基础的政治权利，是首先需要实现和保护的政治权利，比如公民权、自由权、参政权等。基本政治权利涉及政治实体的各种政治收益，是一个重要的政治利益平台，人们的政治收益越是发展，基本政治权利的地位和作用就越是重要和突出。所谓普通政治权利，就是由基本政治权利派生的政治权利，它们一般只涉及人们政治收益的某个部分或某个方面，利益所指非常明确具体，比如人身权、言论权、结社权和选举权等。普通政治权利具体实现了人们方方面面的政治收益，是人们政治权利不断发展的重要标志和主要成果。

三、政治权利的结构与功能

一定的政治权利和政治权利体系总是具有一定的结构和功能。所谓结构，就是政治权利各要素之间及政治权利体系中各种政治权利之间比较稳定的联系方式和互动方式，它是政治权利和政治权利体系成为有机整体的重要条件。所谓功能，则是指政治权利或政治权利体系对于人或人类社会的意义、价值和作用等。政治权利的结构和功能具有相互影响的相关性，一定的结构匹配着一定的功能，一定的功能对应着一定的结构，一方如果发生变化，另一方也会相应发生变化。政治权利结构和功能是我们研究和了解政治权利的重要方面。

（一）政治权利的结构

人类社会的政治权利已经走过了一个漫长的历史过程，经历了一个又一个从简单到复杂、从幼稚到成熟的发展阶段。各个阶段的政治权利之间存在着明显的差别，或者是数量方面的多寡差异，或者是基本结构的不同，或者是功能和能量的不同，或者是各种政治权利之间的关系存在重大差异。目前，人类社会的政治权利已经发展到了一个比较成熟的阶段。所谓政治权利的结构，有两方面的基本含义。一方面，它是指政治权利的各种构成要素之间形成的比较稳定的联系方式和互动机制；另一方面，它又指各种政治权利之间的比较稳定的联系方式和互动机制。前者是单项政治权利的结构，后者是全部政治权利形成的政治权利形态的结构，两者都是研究和了解政治权利必须关注的关键环节。一方面，我们必须解剖并详细钻研单项政治权利的结构，以便了解一个时代的单项政治权利具有怎样一些共同的形式特征；另一方面，我们还必须梳理各种政治权利之间复杂的互动关系，综合地分析某个政治社会的政治权利形态本身，了解政治权利形态的整体结构。

1. 就单项政治权利的结构而言，它一般是由权利主体、权利内容、权利手段等基本要素构成的有机整体。所谓权利主体，就是享受政治权利的政治共同体成员及其集合体，他们拥有完全而明确的政治自我，能够自觉、自主和自由地要求自己的政治权利，争取自己的政治权利，保护自己的政治权利。这种自觉、自主和自由的权利主体只能出现在政治民主比较成熟的政治社会中，没有政治民主，就没有政治权利主体。所谓权利内容，就是政治权利必须确定权利主体能够获得的具体的政治利益，如果没有具体的、可以兑现的政治利益收获，而只有一些空洞的、无法兑现的口头许诺，那就没有真正意义上的政治权利，这实质上等于取消了该项政治权利。所谓权利手段，就是权利主体用来实现其具体政治利益获得的各种组织、制度和活动工具，如果政治权力没有提供给人们实现其政治利益的有效手段的话，任何政治权利都只能充当统治者粉饰太平的花样摆设。政治权利结构的完整性可以作为衡量政治权利发展程度的重要指标。结构欠完整或结构简单的政治权利一般比较低级幼稚，其政治权利的真实性一般比较差，结构比较完整或结构相对复杂的政治权利一般较为高级成熟，其政治权利也具有比较高的真实性。

2. 就政治权利体系而言，它是由某个阶段的各种政治权利共同构成的有机整体。它是政治权利的基本形态，是用来衡量政治权利整体特征和发展水平的重要尺度。政治权利的基本形态确定了各种政治权利的社会地位和政治作用，确立了各种政治权利之间的逻辑联系、历史联系和现实联系。这些联系，特别是基本政治权利与普通政治权利之间的逻辑联系、历史联系和现实联系具有重要的意义。这里所谓的基本政治权利，同时包含着个体权利、消极权利和直接权利等含义，而普通权利也同时包含着集体权利、积极权利和间接权利等含义。一般来说，政治权利形态的最低要求应该是基本政治权利的完整性，这是政治权利存在的最低标准，如果一个政治社会连基本政治权利都残缺不全，甚至根本不能保证，那么，我们可以断言该社会基本上不存在什么政治权利。但是，政治共同体如果仅仅给出了基本政治权利，而不允许基本政治权利派生的普通政治权利存在，那么，不管该政治共同体规定的基本政治权利如何完善如何有保证，它的政治权利仍然基本不具有真实性，而仅仅是一些花样摆设。基本政治权利是普通政治权利的基础和根本保证，普通政治权利是基本政治权利真实性的重要表现方式，因此，基本政治权利和普通政治权利都是政治权利的必要组成部分，缺少了任何一方，政治权利都缺乏真实性保障。只有同时兼顾两者，平衡发展两者，政治权利才能真正名副其实。

（二）政治权利的功能

政治权利或政治权利体系的基本功能有如下几个方面：

1. 政治权利首先是公民或公民集团的一种利益收获，它一方面可以直接满足人们在公共生活方面的偏好或需求，给人带来参与的快乐，另一方面，它还是一种十分重要的利益平台，是公民或公民团体谋取其他利益的重要基础和可靠保证。

2. 政治权利还是现代社会公民之所以自立、自主和自由的重要保证，是各种人权中最基本的权利。公民或公民团体如果被剥夺了政治权利，那么，他们就失去了支配自己的生命、财产和种种自由的资格，也失去了自治和参与社会治理的资格，而只能听任他人的主宰、支配和控制。政治权利的发展程度是衡量一个政治社会发展程度的最重要标志之一。

3. 政治权利赋予公民或公民团体进行自治和参与社会治理的资格和机会，使人们产生相应的责任心、使命感和荣誉感，强化人们作为自己和社会主人的主人翁意识，为现代民权政治和民治政府的建立奠定了深厚的社会基础。

4. 政治权利还明确了各政治实体之间的地位和利益关系，为各个政治实体都做出了非常明确的定位，推动和促进了政治实体之间的有序博弈、合作博弈和正和博弈，提高了政治决策的科学含量，为政治生活向着效率、效益和经济的方向不断前进提供了坚实的社会保障。

5. 政治权利的不断丰富为社会利益的无限丰富奠定了坚实的政治基础，这就把人们的精力和注意力吸引到如何通过各政治实体的共同行为谋求各自政治利益的最大化上来，人们的精力和注意力也确实被吸引到这个方面来了，为此，人们必须而且必然要殚精竭虑地维护一个有利于发展的稳定的政治环境，这样，政治权利的不断发展和无限丰富也是政治社会稳定和发展的重要条件。

第二节 政治权利的基本内容

一、政治权利基本内容的历史性

政治权利的基本内容是就基本政治权利而言的，它主要包括基本政治权利的种类多少、享受该项政治权利的人群多寡，以及该项政治权利意味着哪些政治利益收入等内容。一般来说，世界上从来还没有出现过关于政治权利基本内容的亘古不变的永久模式，也从来没有出现过关于政治权利基本内容的放之四海而皆准的普遍模式，但凡政治权利的基本内容总具有一定的历史相对性，随时而变，与时俱进。但是，这并不意味着不同类型的政治权利基本内容的规定之间没有可比性，也不意味着它们之间没有优劣高低之分，一定的历史阶段总存在着占主要地位的比较优越的政治权利基本内容模式。

政治权利基本内容的历史性表现在三个方面：

1. 政治权利的基本内容包含和体现的社会利益具有历史性。不同历史阶段，人的社会利益的发展程度及表现形式各不相同，而且人们的社会利益对政治的依赖程度及与政治的关系也不尽相同，因此，他们基于社会利益而确立的政治权利的基本内容也就各不相同。一般来说，人们的社会利益比较单调和简单的情况下，政治权利的要求比较消极，其主要内容为限制公共权力任意侵害政治权利主体的其他利益，而且所作限制条款又比较粗疏，政治权利的基本内容非常有限。随着人们各项社会利益的普遍发展，社会利益的形式及内容不断趋于复杂化和综合化，人们必须依赖和利用公共权力才能有效地保护和发展其各种社会利益，于是，人们对于政治权利的要求也相应提高，明确要求公共权力为保护和发展他们的社会利益而积极采取措施，政治权利基本内容也随着人们对政治权力的要求的不同而有所发展。

2. 不同历史阶段，人类政治自我的自觉程度不同，要求实现政治权利的迫切程度不同，政治权利的实际实现程度不同，其基本内容的确定当然也各不相同。人类在漫长的没有政治自我的阶段和政治自我不甚发达的初级阶段，人们的政治利益意识在维护其社会利益方面的作用微乎其微，他们的政治权利要求自然也不十分迫切，人类几乎没有任何政治权利可言，更谈不上确定所谓政治权利的基本内容。只有当社会共同体的政治自我高度发达，政治权利在实现人们的各种社会利益方面发挥巨大影响的时候，人们才会产生强烈的政治权利意识，才会有明白确定政治权利基本内容的强烈要求，而人们对政治权利基本内容的要求也相应地会有一个比较高的贴现度。

3. 政治权利基本内容实现的手段和方式也有历史性。政治权利基本内容必须借助于一定的方式、手段等才能实现，而这种方式、手段等却具有历史相对性。不同时代，政治权利基本内容实现的方式和手段的复杂程度和丰富程度有很大的时代差异，这是不言而喻的。此处不再赘言。

政治权利基本内容的历史性表明，人类的政治权利只能是而且必然是人类一定历史阶段的产物。一方面，我们固然不应该也绝不能把任何一种政治权利基本内容的格局永恒化、绝对化；另一方面，我们也必须适应社会发展对于政治权利基本内容的要求，积极稳妥地发展社会急切需要的政治权利，及时调整政治权利的基本内容，发展出一套既符合社会需求又具有历史合理性的政治权利基本内容体系,为中国特色社会主义政治文明建设奠定坚实的政治基础。

二、政治权利的基本内容

一般来说,政治权利的基本内容主要是指近代以来政治权利的基本内容,而不是泛指各个时代政治权利的基本内容,而所谓政治权利的基本内容,实际上就是指能够派生出其他政治权利的政治权利,它包括自由权、平等权、参政权等。

1. 自由权。人类历史上产生了许多有关自由和保证自由权的光辉文献,如《大宪章》、《权利法案》、《美国独立宣言》、法国《人权宣言》等,现存的各国宪法中也大量充斥着关于自由和自由权的各种表述。虽然各种表述不尽相同,但是人们在自由的核心观念上还是存在一些基本的共识的,即自由是社会成员自身拥有的不可剥夺的固有属性,它主要包含行动的自由裁量权、自主决定权及意志自由权等内容。因此,所谓自由权,就是公民作为社会共同体的合法成员被合法赋予的某种意志自由和行动自主,它的内容不限于政治方面,也不必拘泥于制度规定的有限内容。

一般来说,政治自由涉及人身自由、言论自由、出版自由、结社自由和游行示威的自由等,它既包含政治意志的自由形成和自主表述,也包括把政治意志付诸实施的自主决策和自由判断。

人身自由是指人的生命及人格尊严受到公共权威的承认和保障,非经法律程序,不得被阻挠、限制和约束,更不能随意被侵害。人身自由是人们各种自由的基础和前提,更是政治共同体赋予其成员的最起码的政治自由。只有当每个公民的人身自由确实得到保障的时候,他们才会真正享有其他各项自由及权利,而当人身自由能够被公共权威或私人组织随意践踏时,人们的各项自由及权利也就彻底破灭了。

政治权利意义上的言论自由和出版自由就是各个共同体赋予公民自由形成和自主表述自己政治意志的资格和机会,除了因为职务、职责等的特殊要求,公共权威部门不得以任何理由干涉或取缔公民形成、表述自己政治意志的资格,不得限制或取缔人们表述自己政治意志的合法方式和合法渠道。

政治权利意义上的结社自由是指公民具有公共权威所赋予的将某一类型主张的人群组织化成政治社团的资格和机会,这既是公民能够通过政治社团的渠道将自身的政治意志上升为政治共同体的公共意志的重要方式,也是实现他们参与管理社会公共事务的基本政治权利的根本保证。如果人们享受不到真正的政治结社自由,那么,任何个人在面对强大的公共权威的时候,都不可能实现自己参与管理社会公共事务的基本政治权利,并因此而失去了作为政治共同体主人的地位,更失去了通过政治参与实现或维护自己社会利益的宝贵机会。因此，政治结社权的真实程度、发达程度在某种程度上就是衡量政治权利、政治自由是否发达的重要标志。

2. 平等权。所谓平等权，就是指政治共同体中的每个政治人都平等地享受各种社会权利，其中也包括政治权利，除非有严重的违法犯罪行为，否则，任何组织或个人都不得以任何理由剥夺某个或某类公民平等享受各种社会权利的资格和机会，也不能剥夺公民平等享用社会公共产品的资格和机会。政治意义上的平等权首先是资格的平等，即所有公民不论民族、性别、宗教、肤色、财产、家庭出身等，都具有同样的政治资格，公民作为政治共同体的当然主人是不能被划分成三六九等的，政治权利面前人人平等。政治意义上的平等权还意味着公民在法律面前的人人平等，即公民的合法收益平等地受法律保护，公民必须平等地履行法律要求的各项义务，公民在触犯法律时也必须平等地接受法律的制裁，不论其权威多大、职位多高，都不能例外。政治意义上的平等权还意味着公民在进行政治活动、参与社会公共事务管理的时候，具有平等的机会和参与效力，比如在选举的时候，人人都只能享有一次选举机会，而且不论是谁，其选票只能充作一票。政治意义上的平等权，更意味着公民在享有社会公共产品方面的平等，只要合乎条件，任何人的受益机会都是平等的，任何人享受到的社会公共产品数量、质量等也同样是平等的。

3. 参政权。所谓参政权，就是公民具有公共权威赋予和承认的参与社会公共事务管理的权利，它既是公民实现其当家作主政治权利的重要表现，也是衡量公民当家作主政治权利实现程度的一个重要指标。参政权一般包含选举权和被选举权、创制权、复决权、罢免权等。广义上，参政权也可以视为包括公民拥有的各种参与政治的权利的总称，除了上述几种权利外，还包括公民表达自己政治愿望、要求和建议的自由和权利，结社和参加政党与政治团体的权利，对国家公职人员进行监督的权利以及担任公职的权利等。

4. 选举权。选举权是公民通过法定程序以书面或其他方式推举某人充任某政治职位的权利，而被选举权则是公民享有被他人以法定程序推举为某政治职位行为人的权利。选举权和被选举权是公民参与选择社会公共职位行为人的权利，是公民参与社会公共事务管理的重要组成部分，享有该项政治权利需要满足一定的法定条件，比如公民必须没有因为犯罪而被剥夺了政治权利，选举人必须年满 18 周岁等。

5. 创制权。创制权是指公民有权直接提出关于法律或宪法的建议案，其目的在于防止公共机构拒绝提交或制定有利于人民的公共决策议案，而创制权一旦实现就会使社会各派势力的政治意志更容易输入到社会公共机构中，在某种程度上，弥补了代议制民主政体中政治代表们代表性不足、不充分和不普遍的缺陷。复决权则是指公民对国家立法机构通过的一般法律或宪法进行再表决，以决定其应否成为法律或宪法，它是公民对公共机构所作选择的再选择，防止公共机构作出不利于人民的决策。复决权最初出现于 18 世纪的美国制宪和法国大革命中，现在已经成为人民参政的重要表现方式，是世界各国宪法普遍认可的一种政治权利。代议制民主政体必须有赋予人民进行复决和创制的政治权利，并建立起能够保障人民履行复决权和创制权的相应制度体系，以便防止国家公共机构被少数人操纵，从而背离了广大选民的意愿作出有损广大选民利益的决策，真正体现"国家的一切权力属于人民"的基本政治原则。我国宪法虽然没有明文给定公民的创制权和复决权，但是，它规定的监督权、建议权、批评权、检举权和申诉权、控告权等同样体现了人民主权的政治原则，而我国政治生活中的民主集中制原则和群众路线则同样包含了人民在公共决策中的创制权利和复决权利。

6. 罢免权。罢免权是公民通过法律渠道要求罢黜或免去某人担任政治公职的权利。一方面，公民在选择政治公职行为人的过程中可能有失误或偏颇，另一方面，政治公职行为人可能变坏，不论如何，如果公民已经发现在政治运作过程中存在人选上的失误，那么，他们必须有能力、有机会及时改正自己意识到的可能失误。

关于政治权利的基本内容，《中国大百科全书（政治学卷）》第二版根据其形式意义与实质意义，把它划分为五个方面：①关于国家权力主体所行使的权利，如选举国家权力主体、罢免国家权力主体、担任国家公职。②关于法律的政治权利，如制宪权、修宪权、对普通法律的直接创制权、对代议机关立法的否决权。③关于特定事项的政治权利，如直接决定权即特定事项决定权、请愿权，包括以个人行为进行的请愿和以联合行动（游行、示威）进行的请愿。④关于政治信息的权利，如获得政治信息的权利即知政权，发表政治见解的权利。⑤关于政治结社的权利。

三、政治权利发展的基本趋势

政治权利的发展史已经告诉我们，政治权利的发展既不能一蹴而就，也不能一劳永逸地成就某种永恒的政治权利模式，人类只能在历史长河中继续为之不断拼搏，一次又一次地把政治权利发展到一个新的阶段。

政治权利的发展永远不会终结，在可以预见的未来，其发展将会呈现出如下几点特征，这些特征可以看做是目前政治权利发展的基本趋势。

1. 人类政治权利的要求将更加急迫和普遍。人类能动改造世界能够创造历史的活动越是自觉化，人们的各项社会权利越是发达，人们对政治权利的要求就越是急不可耐；社会上的利益分配越是呈现出市场化特征，社会各阶层的地位就越发平等，而市场化社会和人格平等的政治环境越发刺激了各阶层人们的政治权利意识。我们可以预见的历史发展恰恰是朝着市场化和人格平等的方向不断迈进的，这就为政治权利意识的急迫化和普遍化奠定了坚实的社会基础。

2. 政治权利的形态将更加多样化，更加错综复杂。历史的发展已经表明，人类的需求及利益越复杂，各种社会利益对政治权力的依赖程度就越高，政治权力在实现和维护社会利益方面重要作用就越发明显，而各种利益与政治权力的联系方式也就越发多样化了。政治权利恰恰就是各种利益与政治权力联系方式的具体化。

3. 人们实现自己政治权利的方法、途径、手段和措施也更加多元化，更加完善。长期以来，人们实现自己政治权利的方法、途径等比较单调，最普通的办法就是依靠公共机构的相互制衡，缺乏积极采取行动的方法、方式和途径。随着社会的前进及政治的发展，人们可以利用的方法、途径、手段和措施等逐渐丰富起来，特别是社会的普遍市场化导致的政治生活规则的市场化，[1] 更刺激了人们行使自己政治权利的方法、途径、手段和措施等的急速增长。

4. 人们享有政治权利的种类不断丰富，绝对数量也与日俱增。政治权利是人类自觉利用政治工具实现和维护自己利益的有效工具，是人类能动创造历史的生动写照，随着人类自觉能动性的不断发展，政治权利作为重要的手段也将大大丰富，不仅种类会越来越多，而且绝对数量也会大大增加。

5. 在全球相互联系不断加强的背景下，一国之内包括政治权利在内的各种权利的发展和实施状况，越来越受到国际社会的关注和影响。一方面，各种国际行为体推动了关于权利的基本共识的形成和权利观念的扩散，促进了国际人权法的制定和国际人权保障机制的发展；另一方面，政治权利的实现最终有赖于主权国家的权力机构的确认，国际社会围绕着人权尤其是政治权利的分歧和斗争依然难以缓解。

---

[1] 在商品经济特别市场经济条件下，政治博弈的各方也发生了市场上的交换或交易关系。被统治者提供选票和其他资源作为交易或交换物，而统治者则必须相应地交付公共产品，供被统治者使用，如统治者拒绝交付一定的公共产品，或交付的公共产品不合格，那么被统治者就有理由不买单。政治的目的是为了提供足额而优质的公共产品，其功能在于弥补社会自然运行的不足，矫正社会自然运行所产生的错误，即市场化并不意味着政府可以不顾公共利益，而牟取一己之私利，实际上，政府在市场化的政治体系中，仍然不能牟取私利，而只能为公共目的而存在，只是政府所依赖的主要资源的运作采用了市场化的方式，强调交易或交换的自由、公正、透明。民主政治的实现，在很大程度上取决于统治者和被统治者互动模式的市场化程度，人民如不能因为政府提供的公共产品低质而拒绝给付，那么民主政治就还不很发达；反之，如果政府运作时刻都必须关注公众的需要，提供及时而优质的公共产品，以换取民众真正的政治支持，那么人民当家做主的愿望自然就实现了，政治民主也自然达到了比较高级的阶段。

总的来说，政治权利在可预见的未来将呈现如下趋势，即越来越多的人通过越来越多的手段享受到了越来越多的政治权利。

第三节 政治权利的获得、维护和行使

一、政治权利的获得

历史上，人们在争取某项政治权利的时候总是要借助于一定的政治口号或标语，而某些口号或标语也确实在人们争取政治权利的过程中产生过重要作用。但是，任何人的任何政治权利都必然、也必须是一种社会经验，而不能仅仅是某种哗众取宠的空洞的口号或标语。政治权利在本质上是一种通过权威分配获得的政治收益或利益，它既不是天赋的先天权利，也不是权威人物或权威机构主动奉献出来的政治赏赐，而是人们通过政治斗争在政治共同体内谋求政治共识的结果，政治权利的获得也远非一蹴而就、一劳永逸，而只能是经历漫长的历史过程一点一滴地逐渐获得。

（一）获得政治权利的基本方式

政治权利既然不是天赋的先天权利，那么，不仅任何人的任何政治权利都必然有一个获得的历史或社会过程，而且人类政治社会本身也经历了一个政治权利的获得过程，并且也还会继续经历政治权利不断发展的历史过程。一般而言，社会成员获得政治权利的方式有两种：一种是自然而然地获得社会已经明确赋予的政治权利；另一种是通过政治斗争逐渐争取社会共同体内普遍的公共支持而获得某项新的政治权利。近代以来，政治权利的发展日益兴盛，不论是哪一类型的政治社会都已经发展起了较系统的政治权利，构筑起了一个看上去很成样子的政治权利体系。在这种情况下，所谓自然而然地获得的政治权利虽然绝对数量不算少，但它只能是那些在该自然人出生以前就已经被社会共同体明确赋予某一类人的政治权利，而且这些政治权利往往是一些最基本的政治权利，如公民权、自由权等。另外，也有少数政治权利不能伴随着自然人的出生而自然获得，但是，它们会随着自然人的成长而自然地获得。现代政治社会中的自然人，如果没有特别的原因，一般都只能自动地获得某政治共同体的某些基本政治权利，现代各国的国籍法及联合国的有关公约都详细规定了自然人成为本国公民获得该国某些基本政治权利的具体条件，即便是那些无国籍人的后裔也不例外。但是，人类政治权利的获得更主要地还要依赖政治斗争，没有政治斗争，人类社会的个体成员连基本的政治权利也不能获得，即便获得了也不能保证它的广泛性和普遍性，因此，政治权利的出现及其普及必然伴随着政治斗争。人所共知的《大宪章》、《权利请愿书》等既是标志着人类获得政治权利

的不朽政治文献，也是人类争取政治权利不断进行政治斗争的真实写照。虽然人类社会在获得政治权利方面已经表现出了某些平等性和普遍性，但是，人类在政治权利方面的不平等性还相当严重，以至于社会上还存在着不少被政治权利遗忘或忽视的所谓弱势群体，他们必须通过政治斗争才能享受到他们本应享受也早该享受的某些基本政治权利，各种争取政治权利的运动风起云涌，成了人类政治生活中一道十分靓丽的人文景观。

人们十分地珍视自己的政治权利，也十分注意获得政治权利的政治斗争的方式、方法和策略等，但是，人们对于政治权利建立的基础却关注不够，以至于人们还没有把握住获得政治权利的关键，甚至对怎样争取政治权利也缺乏足够的知识。我们认为，如果人们需要增强自己争取政治权利的能力和技巧，那么，他们就必须了解政治权利获得的几个基本环节，了解政治权利的真正基础，更要了解政治权利能够实现的关键。

（二）获得政治权利的基本环节

一般来说，人们获得政治权利要经过以下几个环节：

1. 政治权利对社会实体有特殊的要求，它要求获得政治权利的社会实体必须是人格独立，有权管理自己事务的自由、自主和自尊的完全主体。社会实体只有拥有足够的自主权，才能对涉及自己事务的政治活动拥有参与、制约和管理的权利，即政治权利只有现代社会中的公民才能真正获得，前近代社会的臣民就不具备获得政治权利的主体条件，政治权利的普及和发展，必须时刻保持和激发公民的自由、自主和自尊意识。

2. 政治权利的出现必须对应着一定的社会利益需求，即政治权利只有建立在急迫或经常性的社会利益需求上才具有真实性，才能是真正的政治权利。如果政治权利没有与之相对应的社会利益需求，或者与之相对应的社会利益需求乃是不急之需，那么，政治权利的真实性就会大打折扣。

3. 政治权利的获得必须有政治共同体绝大多数人的理解和支持，必须善于利用社会上的各种公共力量，进行足够多的社会活动，否则就不能成功。政治权利能否获得，关键就在于该权利是否能够获得公众的认可和支持。

4. 政治权利获得过程的结束必须以它经过一定法律程序而成为一种社会公共意志为标志。法律程序是政治权利成为真正政治权利的一个至关重要的环节，它是社会公共权力或公共权威行使社会管理、社会控制和社会服务的重要工具；没有法律程序产生的公共意志的认可和保证，政治权利就还不是名副其实的政治权利。道理不言而喻，社会意志即便再有势力也不能等同于公共意志，如果没有经过一定的法律程序，社会意志也就仅仅是社会意志而不是公共意志，它不能保证某政治实体的为大多数人承认的政治利益不被侵犯。

上述各个环节都是政治权利获得的关键步骤，公民的主体精神和自主意识是政治权利获得的基本前提，没有这一点，政治权利无从谈起；政治权利的社会需求是政治权利的社会基础，缺少这一条，政治权利就成了空中楼阁，就失去了实质性的社会内容；社会的支持是政治权利获得的根本保证，一种政治利益的分配如果没有社会大多数人的支持，那么，它就失去了经过公共意志成为权利的社会基础；经过法定程序，上升为公共意志，是政治权利获得的最终保证。

二、政治权利的维护

政治权利的获得意味着一定的政治利益的获得，但是，政治生活中的利益关系并非一成不变。即便已经获得的政治利益也时刻面临着再度失去的危险，或者是政治实体失去其自主性，或者是某种政治权利失去了社会势力的普遍支持，或者是国家机器命令取消某一类人的某些利益等。因此，政治实体大多把维护自己已经获得的政治权利作为自己政治生活的一个重要任务。

一般来说，政治权利的维护可以使用各种手段，详细列举这些手段既不可能也不必要，我们只需要指出政治权利维护的努力方向和做出动作的大致类型就足够了。政治权利获得的有利条件在某种程度上就是政治权利的维护所要努力的方向，因此，政治权利的维护一般必须做好以下几个方面的工作：

1. 维护政治权利主体的独立、自主和自由的人格，激发他们的主体意识和权利意识，这是政治权利维护的前提性和基础性工作，是政治权利维护的第一位的工作。人类政治史的实践表明，任何已经被公共意志认可和保护的政治权利，如果它的政治权利主体丧失了独立、自主和自由的人格，那么，政治权利也就名存实亡了。如果政治权利主体就从来不曾有过独立、自主和自由的人格的话，那么，所谓政治权利就只能是一种虚假的幻影，毫无真实性可言。

2. 坚持政治权利必须与人们的具体利益得失挂钩，强调并强化政治权利与社会利益的紧密联系，通过强调政治权利的利益属性，把政治权利的维护变成一个综合的社会行动，并保持其有持续的动力支持，这种动力就来源于人们追求具体社会利益的冲动和激情。政治权利如果还不能与人们的直接利益追求发生紧密联系，或者根本不能与社会利益追求发生联系的话，政治权利的真实性就不能不令人生疑；如果原来与社会利益紧密联系的政治权利被架空或搁置了，那么，原来还具有相当真实性的政治权利在某种程度上就已经不存在了。因此，政治权利维护的关键环节之一就是必须维护住政治权利的利益性及其具体表现方式。

3. 政治权利的维护还必须争取社会各界的承认和支持，时刻注意保持它在公众中的比较高的社会承认度，保持它作为社会"众意"的客观属性，这是政治权利作为公共意志的真正的社会基础。如果政治权利的社会"众意"基础瓦解了，那么，它作为社会公共意志存在的日子也就难以为继；如果它能够持久保持比较高的社会承认度，能够持久保持良好的社会"众意"基础，那么，政治权利的公共存在就基本上可以高枕无忧。

4. 政治权利的维护还必须时刻注意关注并积极参与公共权力部门的活动，争取已经获得的政治权利持久得到公共权力的承认和保证，争取永久地保有由公共权力所赋予的公共本性；只要保持住了公共本性，政治权利的维护才能够达到了预期的目的。

政治权利的维护固然要明确努力的基本方向和主要方面，但是，只明确了工作的方向和基本方面还远远不够。政治权利要真正维护，还要求人们必须作出一定的政治行为，以维护已经获得的政治权利。人们为了维护自己的政治权利而进行的政治行为数不胜数，如果一一列举，实在不胜其烦，而且难以周全。因此，我们对维护政治权利的政治行为也只能按照其基本类型而予以简要说明。

大致来说，政治权利的维权行为总是发生在某项政治权利受到潜在或明显威胁的时候，而维权行为一般也都有比较强的针对性。维护政治权利的行为大概有如下几个类型：

1. 某项政治权利的维护是某方面人士的共同事业，而维权工作又只有以群体的形式进行方能有效。因此，政治权利的维权工作必须以形成一定范围内的"众意"或"公意"为最初起点，这个一定范围一般仅仅限于享受该项政治权利的所有权利主体。政治权利维权意志的形成过程大多是从权利主体中的某些人开始，他们首先认识到了政治权利受到的威胁，意识到了维权的必要性，并先期形成了维权意志，该意志大体确定了政治权利维权的对象、范围、幅度及方式、过程、必要性和必然性等。紧接着，维权意志开始在权利主体间广泛传播，并最终成为所有权利主体的共同意志。

2. 政治维权工作还必须有明确的纲领和目标，有详细而可行的行动计划及有号召力、感染力的标语、口号等，这个工作仍然是由权利主体中的积极分子进行的。纲领、目标的确定，行动计划的拟订，口号、标语的提出，都必须依据已经在权利主体中普遍被认同的"众意"或"公意"。可以说，它们是"众意"或"公意"的具体化。

3. 权利主体必须组织起来进行维权行动，才能达到目的。为此，政治权利主体要进行大量的组织工作，将一个一个分散的权利主体团结起来，组成一个可以协同行动的有机组织，将人们的松散而自发的关系转变成紧凑而自觉的关系，尽可能消灭权利主体中的旁观者及相关心态。组织化群体还就各自的工作进行分工，使人们按照自己的愿望、特长等选择最有利于维权的工作，这就大大提高了维权工作的效率。

4. 举行各种各样的政治活动。一方面，争取社会各界的认同和承认，另一方面，影响和干预公共权力的决策、行为等，目的是把权利主体已经形成的维权"公意"变成真正的社会共同体的维权"公意"，或者是防止并杜绝其他团体或个人侵害其政治权利，或者取消侵害其政治权利的公共法令、议案和决定，或者处罚侵害其政治权利的各种行为。

政治权利的维护是一个很重要的工作，同时也是一个错综复杂而难于细细描摹的综合工程，这里所说的政治权利维权行为仅仅是一种轮廓性的简单梳理，它只能为了解政治权利维权提供一个简单的思路。

三、政治权利的行使

政治权利的行使就是政治权利主体确实获得了某种政治利益，并能够自如地运用此政治利益谋求其他社会利益。一般来说，政治权利的行使主要有三种基本的表现形式：①权利主体获得了某种全局性的不可剥夺的根本政治利益，这种政治利益已经内化为权利主体的根本属性，成为其自身的重要组成部分。②权利主体具有了从事和参与社会政治治理的资格、机会和自由，意味着他可以通过影响公共权威的决策来实现自己的某些社会利益。③权利主体有资格对社会公共权力或权威提出利益要求，并获得了要求平等享受社会公共利益的自由。下面，我们就逐个论述政治权利的三种行使方式。

我们前面已经知晓政治权利可分为基本政治权利和普通政治权利，不同类型政治权利的行使方式及其后果有很大差异。一般来说，普通政治权利的获得总是表现为某种具体的政治利益获得，而它的行使也不过意味着权利主体现实地获得了某种政治利益。而基本政治权利则不然，它的行使往往意味着人们享有了根本性、基础性和全局性的某种政治利益，这些政治利益是派生其他政治利益的基本平台和基本前提，倍受人们的珍惜和重视，往往与人们的尊严，甚至生命直接联系在一起，成为人社会本性的一个重要组成部分，不可分离，更不可剥夺。比如，自由权、参政权和平等权等，它们都已经融化为人的一种本质属性，成为一个人作为政治人的最基本的前提，公民行使这些基本的政治权利已经成了他们表现其社会性的重要形式和基本途径。在现代政治社会中，不论是谁，有多大的权威，都不能肆意剥夺或从人们社会存在中分离出去这些基本政治权利的任何一项，除非某社会成员犯下了众所公认的滔天罪过。在某种程度上，人们行使基本政治权利的水平、方式、程度和真实性，是判断某政治社会及其社会成员的社会本性是否具有现代属性的重要依据。

公民身上已经内化的新的社会性必须通过一定的方式和途径表现出来，尤其是通过社会公认的制度和惯例形式表现出来，这就是我们所说的政治权利行使的第二方面的含义。即政治权利的行使还意味着政治权利主体获得了进行政治活动，参与管理社会公共事务的资格、自由和机会，这是体现政治权利的真实性和普遍性的最重要的方面。如果公民普遍地能够行使他们在社会公共事务方面的参与管辖权，那么，它不仅能够充分证明政治权利的真实性和普遍性，而且还能够体现政治权利内容的丰富性；反之，所谓政治权利就是不普遍的，甚至是不真实的。所谓进行政治活动和参与社会公共管理的资格，就是社会共同体及其各个权力或权威明确给定的社会个体或集团能够做某事或不能做某事的自身条件。比如公民权就赋予了人们以个体或集体参与社会公共管理的全权资格，现代政治社会中，人能不能享受到政治权利，其关键就在于他是否具备某政治共同体公民的资格。又比如选举权的行使也具有比较明确的资格限制，不仅政治共同体的非公民的社会个体不能行使选举权，而且，政治共同体成员的行为能力没有发展到某个阶段或水平仍然不能行使选举权，不能参加选举，而行使被选举权的资格限制就更不言而喻。所谓进行政治活动和参与社会公共管理的自由，则是公民在参与各项政治活动的时候能够自由选择、自主负责和自由活动。一方面，他们必须能够自由地表达和传播自己的政治意志，为此他们必须行使言论自由、思想自由、出版自由等政治权利；另一方面，他们还必须能够自由地使自己的意志具有社会力量，因此，他们必须行使结社自由和游行示威自由等。另外，他们还必须行使能够自由参与社会公共事务的政治权利，如选举权、创制权和罢免权等。所谓进行政治活动和参与社会公共管理的机会，一方面是指公民政治权利的行使必须要有充分的制度渠道，保证他们参与社会公共事务管理的权利的现实性和真实性，这是说，政治权利本身就要求公共权力必须为它的行使提供种种便捷而稳定的条件保障；另一方面，则是指公民虽然没有直接参与公共事务的管理，但是，他仍然拥有参与的资格和自由，只要他愿意，随时可以行使参与社会公共事务管理，这是说，政治权利主体随时保留做某事或不做某事的选择权，根据政治权利的规定，他总是具有某些政治活动的可能性。

政治权利的行使还意味着政治权利主体拥有从社会公共活动中受益及享受社会公共活动带来的公共产品的资格和机会。人的需求中总有一部分不能依靠市场机制提供的私人产品来满足，而必须依赖于社会公共活动提供的公共产品。私人产品完全按照市场规则进行生产，也严格按照市场规则进行分配，如果私人产品能够保证在每一个领域都永久地获利，如果私人产品的提供者拥有无限的生产能力及无限丰富的资源，如果消费者的支付能力也是足够的话，那么，人们的需求就有可能完全通过市场上流通的私人产品得到满足。但是，上述各条假设没有一条能够成立。或者因为利润过小，无利可图，私人产品提供者不愿提供；或者因为生产成本过高，私人产品提供者无力提供；或者由于私人提供的某些产品社会副作用过大，人们不愿意享用等。因而，人们的一些非常迫切的需求会因种种原因而没有人提供。这样，人们不得不将其注意力转移到社会公共组织上，要求公共组织按照非市场原则产出和分配某些公共产品。而且，人们的政治权利已经内在地赋予了人们有权要求公共权力创造某种类型的公共产品，并均等地分配给适用人员。因为，社会公共权力兴起的最基本的理由就是"除公害"而"兴公利"，这是它对于政治权利的基本承诺，也是它对于政治权利的基本义务。

政治权利的行使方式、途径等还在不断发展之中，它的基本特点和发展趋势已经显露端倪。以上所述，只是它的一些最基本的方面，只能提供观察政治权利行使的某些视角，至于详细罗列并研究政治权利行使的各个方面，则远非本书所能胜任，也非本书所愿。

关键概念

权利；政治权利；自然权利；法律权利；消极权利；积极权利；权利主体；个体权利；集体权利；政治自由

思考题

1. 如何理解权利的历史性？
2. 如何理解权利的发展性？
3. 为什么说政治权利是一种公权利？
4. 参政权一般包括哪些方面？
5. 政治权利有哪些基本构成要素？
6. 政治权利有哪些基本功能？
7. 政治权利的发展有哪些基本趋势？
8. 政治权利的获得有哪些基本环节？
9. 政治权利的行使主要有哪些基本的表现形式？

第三编 政治文化

　　政治文化是人们对现存的政治体系和政治活动的思想反映，是政治主体在长期的政治实践中形成的各种政治意识的总和。政治文化作为社会意识是社会文化的特殊表现形式。政治文化的显著特点主要有：①主观性，即政治文化是人们对政治事物的主观反映，由一系列精神因素构成，属于社会意识的一种或人们精神世界的一部分。②阶级性，即政治文化是政治领域中的文化现象，其主体是具有阶级性的各种政治实体，客体是具有阶级性的政治事物，因而政治文化必然具有鲜明而深刻的阶级性，超阶级的政治文化是不存在的。③相对稳定性，即政治文化一经形成，便不会轻易改变，比其他政治要素更为稳定而持久。一方面政治文化具有历史继承性，可以通过各种政治社会化媒体和途径薪火承传，不断延续，成为一脉相承、不易改变的思维定势；另一方面，政治文化的变动往往与其他政治要素的变化具有不同步性，如政治制度、政治关系的变化并不能使原有的政治文化立即消失，在一定时期内，政治文化还会保留或积淀在人们的思想观念中，并对人们的政治行为产生持久的影响。④结构性，即政治文化是由各种因素或部分构成的，具有特殊的结构性。从社会结构上看，有主政治文化和亚政治文化之分。前者指社会中占主导地位的政治文化，一般是以统治思想为指导并居于统治地位的政治文化；后者是以不同阶级、阶层、集团和利益群体等为主体的各种政治文化，其中既有相互协调的，也有相互冲突的，它们之间各种不同的关系，形成了政治文化的复杂结构。从政治文化的内在结构看，不论是主政治文化，还是各种亚政治文化，都是由政治心理和政治思想构成的。本编就是从这两个层面来分析政治文化的。

　　政治文化是政治社会的"灵魂"。它不仅支配着人们的政治行为，指导着政治实践，还给予政治制度、政治决策以深刻的影响，并决定着政治运作的方式和政治发展演变的方向和道路。因此，自政治文化这一概念在20世纪50年代提出之后，就为人们所广泛关注和政治学家深入研究，从而成为政治学中的一个独立分支和政治学研究领域必不可少的重要方面。

第6章 政治心理

20世纪30年代以来，伴随着弗洛伊德学派与文化人类学的兴起，探寻社会现象背后的文化问题、关注文化结构、意识形态等因素对宏观政治结构运行的支撑功能就成为政治学研究一个重要内容，并且促发了以制度、法规为中心的静态传统政治学研究，向研究人们行为与心理、更加关注现实政治问题的现代政治学转变。

政治文化具有多层面性，包括政治认知、政治情感、政治态度等心理层面与政治思想、政治理想、政治评价等价值层面。政治文化与一定的社会经济结构、制度结构相对契合，并对其发挥着文化整合功能。即社会经济结构变革与政治结构变革之间互相关联，它们以个体或群体的态度、价值观念与行为的微观变化作为媒介。当个体或群体态度与价值观念认同社会、政治结构时，就为宏观社会政治结构运行奠定了良好的文化基础，减少政治运行成本，反之亦然。托克维尔关注到旧制度与法国大革命之间内在关系，法国大革命的爆发就在于法国当时从封建王朝向资本主义制度转变过程中各个阶层都有被政治制度与结构抛弃之感，进而产生愤懑情绪，激发政治革命爆发。勒庞同样关注到法国群体仇恨心理一旦激发，民众在"集体无意识"状态下情绪化更为激烈，易于盲从，致使法国大革命在极端激愤情绪操控下走向了极端。

政治心理模式为环境刺激—政治心理—政治行为。社会存在决定政治心理，尤其是物质生活和生产方式决定着人们的思想意图和心理动机。一定的政治经济制度、社会地位、大众传媒与公众舆论等因素构成了环境刺激，影响着人们的政治心理，进而调节着人的们政治行为，即政治过程影响政治主体心理过程。同时，政治心理又具有相对独立性，能够对社会存在起到反作用，即政治心理过程对于人们政治过程具有强化或弱化的作用。政治心理既是政治思想形成的直接基础，又是启动人们政治行为的直接动力，还是制定政策的重要依据。其有利于帮助人们理解政治行为的心理背景，在追求政治自由、民主、平等与公正时，有利于设计符合社会发展要求的心理标准的政治构建。政治心理是政治变革的动因之一,是政治力量组合与分化的重要根源,是制定政策方针的基本依据。

总之,任何政治行为都是由人的行为构成的,而任何政治行为都在一定程度上受着行为者心理因素的促进与引导。只有了解政治主体的心理特点及其发展规律,正确揭示各阶级、阶层和社会集团的政治心理的表现和特征及其发展规律和社会作用,才能更深刻地理解其政治行为,进而揭示政治现象背后的各种本质因素。

第一节 政治心理的概念和特点

一、政治心理的概念

政治心理是社会心理的一种。社会心理是人们对社会存在的不系统、不定型的反映形式。它直接与人们的日常生活相联系,具有直接性和自发性的特点,是一种低水平的社会意识。

社会心理与人类社会同时出现,是人脱离动物界的重要标志之一。随着人类社会的发展和人们实践活动的扩展,社会心理的内容也日益丰富多彩。进入阶级社会之后,以阶级斗争为主要内容的政治活动给处于不同政治地位的人们以深刻的刺激,遂使人们产生了对阶级斗争、阶级关系等现实政治事物的认知、情感和态度,于是在社会心理领域便逐渐形成了政治心理现象。

政治心理是政治主体对社会政治现象不系统和不定型的感性反映,包括政治认知、政治情感、政治态度、政治动机、政治意志等诸多具体形式。其具体含义主要有以下几点:

1. 政治心理的主体是政治实体。包括政治领袖、政府官员和普通公民等政治个体,也包括阶级、阶层、民族、政党、政治社团等政治群体和政治组织。

2. 政治心理的客体是政治现象。包括政治关系、政治制度、政治实践等诸多事物的现象和外部联系。政治心理就是人们受到这些政治现象的刺激而产生的心理活动。正如马克思所说:"观念的东西不外是移入人的头脑并在人的头脑中改造过的物质的东西而已。"[1] 没有客观存在的政治事物,政治心理便成为无源之水、无本之木,根本无由发生。

3. 政治心理的形成过程是主体在现实政治生活中对政治客体的直观、能动反映。一方面政治主体在其所处的政治环境中接受各种政治现象的刺激,获取

---

[1]《马克思恩格斯选集》第2卷,人民出版社1972年版,第217页。

政治信息，逐渐形成政治心理；另一方面，政治主体又能动地作用和影响政治生活。政治主体和政治客体在相互作用、相互影响中，不断形成、强化或改变着政治主体的政治心理。

4. 政治心理具有呈现主观性。具体形式有政治认知、政治情感、政治态度等许多种，它们都属于主观意识范畴。政治心理的诸形式只是对政治现象的直观反映，尚处于感性的、混沌模糊的状态，与揭示政治事物本质和规律的政治思想相比，具有直接性和肤浅性的特点。

二、政治心理的特点

政治心理作为社会心理的特殊形式，具有区别于其他社会心理和政治思想的鲜明特点：

1. 从主体看，政治心理具有广泛性和个体差异性。政治心理主体广泛，它并非政治思想那样必须具有丰富的理论知识和较高的思维能力才能把握和形成，人们只需具有对外界事物正常感知的能力，就可以在政治生活中自然而然地形成自己的观点、看法和对政治现象的喜好或憎恶的情感。因此，政治心理不是少数政治家和理论家独有的，而是广大人民群众在政治生活中都会形成的社会心态。

政治心理不但主体广泛，而且不同主体的心理有明显的个性差异。这是因为，政治个体的政治心理是其独特的政治经历和政治地位的反映，是个人特殊的政治实践的产物。由于个体所处的政治环境不同，政治经历各异，在此基础上形成的政治心理自然各具特色；即使属于同一阶级、同一民族或集团的个体，其政治心理虽然不乏本阶级、本民族、本集团共有的基本倾向，但仍会有一些与众不同的个体心理特点。因此，在强调政治心理的广泛性和共性的同时，还必须看到它的个体差异性和个性特点，这样才不至于将丰富多彩的社会政治心理简单化。

2. 从属性看，政治心理具有阶级性和民族性。阶级性是政治心理的基本属性。政治是经济的集中表现，在阶级社会中，人们的真正心理呈现出鲜明的阶级性。每个人都在一定阶级地位中生活，因而对社会政治事物的感受无不受到阶级地位和阶级立场的重大影响。同一阶级的成员，具有相同的经济地位，自然会产生共同的利益要求和愿望，从而在政治问题上本能地表现出相同的认知、情感和态度，产生共同的政治心理。不同阶级的成员，则由于经济地位不同，利益要求各异，因而对同一政治问题，必然产生彼此不同，以至相互对立的情感和心态，从而使政治心理呈现出鲜明的阶级色彩。在剥削阶级已被消灭的社会主义社会，阶级斗争已不是社会的主要矛盾，政治心理中的阶级斗争色彩也逐渐淡化，但阶级差异和阶层区分依然存在，协调不同利益群体的关系仍是社会主义政治的内容之一，这些必然会在人们的政治心理中有所反映，只是不像阶级社会那样鲜明和强烈而已。

在阶级社会和有阶级存在的社会中，人们不仅有阶级之分，而且有民族之分。同一民族世代繁衍生息于相对固定的地域，具有共同的经济生活，共同的历史传统、风俗习惯乃至宗教信仰，在此基础上形成的民族文化和民族心理，对该民族成员政治心理的形成具有重要影响；它通过对政治心理的多方面渗透而为其所吸收和融合，从而使政治心理带有一定的民族色彩。历史上经常发生因民族情绪而导致的政治斗争，即使在当代，政治心理中的民族色彩也丝毫没有减弱，甚至更为鲜明。在国际政治领域的斗争中，民族心态、民族情绪往往成为引发或激化某些政治斗争的重要原因。实践表明，即使同一阶级的政治心理，也会有不同的民族特色；同一民族不同阶级的成员，在特定情况下则会有某些共同的政治心理。如抗日战争时期，中华民族各阶级虽然有矛盾和斗争，但又有同仇敌忾、抵御外侮的民族自卫心态。目前，海峡两岸民众虽然阶级性各异，但同属炎黄子孙，实现祖国统一的民族意识与极少数台独分子的政治立场有着明显的区别。

3. 从形成过程看，政治心理具有自发性和直接感受性。政治心理是政治主体通过对政治现象的直接感受自然而然地形成的，并非人们自觉进行理论思维的产物。如果说政治思想是理论家在一定理论学说的指导下有意识地进行理论创作的思想成果，那么，政治心理就是人们凭借自己的惯例、习俗和政治经验，对政治现象自发产生的条件反射和简单联想。作为政治心理表现形式的情感、意志、习惯、信念等皆为较直观的、浅层次的感性，尚未达到理性或自觉的程度。如封建社会中，饱受剥削压迫的农民群众自然会产生对地主阶级及其政权的憎恶和仇恨，并自发地萌生反抗斗争的念头。在这种政治情绪支配下爆发的农民起义虽然对封建政权有所打击，但却不能使农民阶级摆脱封建的剥削和压迫。

政治心理区别于政治思想的另一个特点是它的直接感受性。政治心理所反映的是暴露于政治事物之外的现象，凭借感觉器官就可以直接获得，因而具有直接感受性。而政治思想是对深藏于政治事物内部的本质和规律的把握，必须通过政治心理所提供的感性材料才能间接获得。

4. 从表现形态看，政治心理具有潜在性和相对稳定性。前者表明政治心理是一种潜藏于政治主体内心深处，看不见、摸不着的隐性心理活动。它不仅与政治实践、政治行为等具有客观实在性和显象性的政治现象根本不同，而且与政治思想也有明显的区别。政治思想是一种系统化、理论化和定型化的政治意识，形式相对稳定，内容易于把握，具有显象性的特点。政治心理则是人们对政治现象的感性、直观的反映，无论是政治认知、政治情感还是政治态度都是一种不系统、不定型的，零散的主观感受，既没有明显的外在表现形式，也缺乏严密的逻辑结构和理论体系，只是潜藏于政治主体内心的主观感受，看不见、摸不着，属于思想内层的、隐性的社会心态。

政治心理虽然深藏不露，没有固定形态，但却不是可以轻易改变的，同政治制度、政治思想相比，其具有相对稳定性的特点。政治心理的形成并非一蹴而就，而是在政治环境对政治主体的长期作用和影响下逐渐形成的。同时，政治心理还具有历史继承性，经过人们的世代承传，政治心理便在政治主体内心积淀下来，成为一种心理定势，很难在短时期内发生根本变化。政治制度和政治体制可以通过革命和改革在一定时期发生根本改变，而政治心理则难以随之发生同步变化。如封建制度在我国早已灭亡，但封建意识和传统习惯的心理并未完全绝迹。当今我国政治体制改革已取得显著成效，但要完全改变人们在计划经济时期形成的政治心态，造就具有现代社会观念的一代新人，还须经过长期的努力。

第二节 政治心理的构成要素和类型

一、政治心理的构成要素

政治心理是由一系列前后相继、逐步深化的要素有机结合而构成的，其中主要有以下几种要素：

（一）政治认知

政治认知是政治心理形成的前提和基础，对政治情感、政治态度及整个政治心理的发展都具有十分重要的意义。政治认知是政治主体对政治环境和各种政治现象的感性认识和直观了解，属于对事物现象的感性认识阶段。

人们在同政治事物的直接接触中，首先感知的是政治现象某一侧面、某一局部的个别属性，形成反映政治事物各种不同属性的感觉。这种感觉的累积和综合，便在感知者的头脑中形成认知对象各方面属性的整体形象，从而产生了对认知对象的政治知觉。政治知觉是通过认知者与被认知者直接接触而产生的，但它一经形成，便在感知者的大脑中留下了固定的记忆，即使被感知的政治事物已经消逝，感知者依然可以在回忆中凭借记忆，在头脑中再现其原有形象。大脑对认知对象的政治感觉和政治知觉的回忆便是政治表象或政治印象。至此，便可凭借已往的经验和认识，对政治感觉和政治印象反映的政治事物作出事实判断，认定被感知者的性质和状态等。在此基础上，认知主体基于自己的政治立场和利益要求，对认知客体的作用及其对自己或本团体是否有利作出价值判断。

(二) 政治情感

政治情感贯穿于政治行为的全过程，是政治生活的情感纽带，也是政治动机的情感基础。政治情感是政治主体在政治实践中对政治事物产生的内心体验和感受，包括爱憎、好恶、亲疏等心理反应，如对某一政治人物的尊敬或蔑视、对某一政治活动的热衷与冷漠、对某一政治体系的热爱和厌恶等心理，都是政治情感的具体表现。

政治情感是在政治认知的基础上形成的，其内容和倾向主要取决于政治认知的情况。如对祖国和人民的高度认同和充分肯定，便会产生热爱祖国、忠于人民的政治热情；对分裂祖国、背叛人民等丑恶行径的认知和否定，必然引发蔑视和憎恶民族败类的政治情感。政治情感又是政治认知的深化，比政治认知更为稳定而持久，政治认知会随着政治事物的变化而改变，政治情感一经形成则较难改变。有时人们对某一事物的政治认知已有变化，但对其依恋或厌恶的政治情感却会维持很久。

(三) 政治动机

政治动机是政治主体试图通过某种政治行为以达到一定政治目的的主观愿望或意图。政治动机是引发和选择政治行为并使之得以持续进行的内在动力和直接原因。任何政治行为都是由潜藏在其背后的政治动机引发的。其方向、对象和目标也是由政治动机选择和确定的。政治动机还激励着人们为达到一定目标而进行不懈的努力，使政治行为得以强化和持续进行，从而成为政治行为的直接驱动力。

政治动机是由政治需要引起的，以政治认知和政治情感为基础。当政治主体在政治生活中感到有某种欠缺，便力图通过一定的政治行为弥补欠缺以获得满足，由此便产生了政治主体的政治动机。如近代中国，许多爱国志士对缺乏民主自由的专制统治极度不满，力图在政治变革中使中国走上民主富强的道路。正是这种政治需要才引发或催生了这些仁人志士改良和革命的政治动机。政治动机的质量和水平及其引起的政治行为的成败，与政治认知和政治情感的水平息息相关。政治认知和政治情感水平越高，政治动机的质量也就越高，从而能够有效地提高政治行为的质量，以达到预期的目的。

(四) 政治态度

政治态度是政治主体对政治事物相对稳定和较为持久的综合性的心理反应，主要表现为积极与消极两种类型。政治态度是政治心理发展的最高阶段，标志着政治心理过程的完结。因此，它又是政治心理和政治行为的中介环节。从政治态度到政治行为的转化或飞跃，是政治主体的主观能动性的生动体现。

政治态度是在政治认知、政治情感和政治动机的基础上形成的。它既是这三种心理阶段和过程自然发展的结果，也是综合这三者所构成的统一体。政治态度的内容和倾向取决于其构成的各要素。如果政治主体认为某一政治事物有利于维护和实现其根本利益，便会对其产生热爱、喜好的政治情感和扶持、维护并促使其发展壮大的政治动机，从而表现出对该事物积极肯定的政治态度。反之，若政治主体认为某一政治事物有损于自己的根本利益，必然引发憎恨、厌恶的情感和力图使其破灭、消失的政治动机，从而表现出对该事物拒斥和否定的政治态度。

政治态度具有相对稳定性和一贯性，一经形成，便很难改变。政治社会化是政治态度形成与改变的重要途径。通过逐渐改变政治主体的政治认知、政治情感和政治动机，其政治态度就会逐渐发生转变。把握这一点，对加强政治思想教育，特别是对一些人的思想改造具有重要的意义。例如，对一些态度顽固的国民党战犯，经过党和政府的长期耐心教育，多方帮助感化，终于使他们认识到已往的罪恶，产生了对旧政权的厌恶和对新中国热爱的情感，并决心洗心革面、弃旧图新，从而使其政治态度发生了根本的变化，其中有不少人还为祖国的统一和社会主义建设事业作出了积极的贡献。

（五）政治人格

人格是指一个人以特殊的方式，对环境作出持久的和有组织的反应的气质。人格就是表现于外在的、在公共场合中的自我。人格给人的行为以特色，使一个人有别于他人，成为独特的个体，这就是人格的个性化。从专门的意义上来说，人格通常是构成人的行为基础的气质或特质，而不是行为本身。政治人格是一个多层次的复合体，是一个完整的内在组织，主要含有以下三方面要素：[1]

1. 个体独立意识。政治人格是每一社会个体所具有的独立政治意识。缺乏个体独立意识，失去自我感觉，也即丧失了任何主动性与进取性，也就不可能充分激发内在潜力与价值，这样的个体，自然不可能形成自主的政治意识。

2. 参政意识。自主参与必须以独立人格为基础。参政意识的形成，意味着个体已突破了自身的封闭状态，开始注意到个人与社会、国家的关系，认识到自我价值与社会政治过程之间的双向联系，从而将视野投射于广阔而丰富的政治领域。所谓独立人格，指主体意识要有一种个人理性精神。中国知识分子在传统中虽有强烈的参与精神，但在漫长的参与过程中，他们往往把自己的人格认同在帝王的人格或某一先验的"道"上，而缺乏一种自主的独立的人格。

3. 政治技能。参与意识以独立的人格为基础，而参政意向的实现，除需要

---

[1] 蒋云根：《政治人的心理世界》，学林出版社2002年版，第44页。

具备适应社会政治环境外,在很大程度上有赖于个体的相应技能,即政治知识、文化水平与参政能力。如果缺乏必要的政治技能,就不能真正理解自己行为的社会责任与合法性。实践告诉我们,人仅仅具有独立和参政意向而缺乏政治技能,只能导致非理性的参与,从而使政治系统处于一种"松弛"的状态,弱化政治体系的功能,阻碍政治机器的正常运转。在极端情况下,这种非理性参与可能表现为无政府主义行为,从而造成社会政治的不稳定。

二、政治心理的类型

政治心理不仅是包含多种要素的社会心理过程,也是具有复杂结构的社会精神现象。为了便于研究,人们通常从不同的考察角度将政治心理划分为不同的类型,其中最常见的是依据政治心理主体的不同,将其划分为个体政治心理和群体政治心理。

(一)个体政治心理

个体政治心理是政治个体对所处的政治关系和政治环境的直观反映,是个人独特的政治经历和特殊的政治实践的产物。在政治社会中,个体都处在错综复杂的政治关系中,要与其他政治主体发生各种各样的联系和交往,参与政治活动。在这一过程中,政治个体既以自己的政治实践能动地影响和改造政治社会,又不可避免地要接受外界的各种信息和刺激,从而形成自己的政治心理。

由于各政治主体所处的政治环境和政治关系不同,政治经历和政治活动各异,因而其政治心理也千差万别,具有鲜明的个体差异性;即使同一阶级、同一政治集团中的个人,也会因各种不同的特殊经历和政治实践而形成各具特色的政治心理,从而使社会政治心理领域呈现出丰富多彩、千姿百态的生动景象。在诸多个体政治心理中,可依其主体的政治地位和政治作用分为三种类型:

1. 政治领袖心理。政治领袖通常是指一定阶级、阶层和集团的政治代表,多为国家、政党的最高掌权者。政治领袖一般是通过长期的政治斗争锻炼成长起来的。丰富的实践经历、崇高的政治地位及其所担负的政治重任,使政治领袖具有一些与众不同的心理特征,如具有丰富的政治经验和政治认知能力;在纷繁复杂的政治现象中能够敏锐地察知政治事态变化的趋势,并据此作出正确的决策;具有强烈的阶级情感和顽强的斗争意志;具有远大的政治理想和坚定的政治信念,勇于为本阶级、本团体的根本利益而同敌对势力进行不屈不挠的斗争,勇于领导本阶级的群众排除万难去争取胜利;等等。

2. 政治活动家心理。政治活动家是指在政治系统中具有重要地位,负有重大责任,并在政治生活中具有重大作用和影响的政治活跃分子。他们的地位和作用低于政治领袖,而高于普通民众,一般多指某一政治组织、某一地区的政治领导人。政治活动家作为一定阶级和政治集团的活跃分子和骨干力量,一般具有较高的政治认知水平和敏锐的政治判断能力；具有爱憎分明的阶级情感和坚定不移的政治信念；忠于本阶级、本集团的政治事业；勇于根据政治领袖制定的战略方针组织和率领广大群众，为本阶级、本集团的根本利益而英勇奋斗。

3. 普通民众心理。普通民众人数众多，经历各异，其政治心理也复杂多样，大体可分为两种类型：一是积极热情型，表现为主动接受政治信息，积极关注政治动态，热情参与政治活动，积极谋求公共权力以发挥更大的作用；二是消极被动型，表现为对政治信息反映迟钝，对公共事务漠不关心，对政治宣传教育缺乏热情，甚至有抵触情绪或逆反心理。

这两种政治心理是由不同的政治环境和政治实践造就的，也会随着政治条件的改变和个人政治阅历的丰富而发生变化。如"文革"之后，一些当年狂热的政治参与者一度态度消沉、心灰意懒，对当时的拨乱反正等政治活动甚至有抵触、反感情绪；而一些在"文革"的政治高压氛围中因恐惧或不满而远离政治的"逍遥派"，则变为改革开放的热情参与者和积极支持者，满腔热情地投入新的历史时期的各项政治活动之中，与以前相比，判若两人。

（二）群体政治心理

群体政治心理，实际就是各政治群体的政治实践的产物，是政治群体对自身及与其他政治群体关系的政治认知、政治情感和政治态度等心理要素的统一体。群体政治心理为本群体成员所共有，与其他群体的政治心理则有着明显的区别。由于不同政治群体内部的政治成分不一，政治要素各异，政治实践活动的目标要求也各不相同，由此形成各种不同的政治群体心理，其中最重要、对政治影响最大的是阶级政治心理和民族政治心理。

同个体政治心理相比，群体政治心理的主体范围要大得多，其稳定性也要强得多。其主体为一个群体性政治主体。所谓群体性政治主体，既包括阶级、阶层、民族等成员稳定的大型群体，也包括政党、政治社团等严密的政治组织形成的群体，同时也包括某一事件爆发而形成的短暂性群体，如阶级、阶层、民族、政党、政治社团等。个体政治心理往往随着时间的推移、政治环境的变化和个人社会阅历的丰富而发生变化，而群体政治心理一经形成便很难在短期内变化。

群体政治心理和个体政治心理既有明显的区别，又有密切的联系。主要表现在：

1. 二者相互依存、不可分割。一方面，群体政治心理建立在其内部成员个人政治心理的基础上，不能离开个体政治心理而独立存在；另一方面，群体政治心理的影响遂成为个体政治心理产生的重要条件。个体都生活在一定的政治群体之中，其所归属的政治群体便成为个体政治心理赖以形成的客观环境。

2. 二者相互影响、相互作用。群体政治心理对个体政治心理的形成具有潜移默化的影响。政治群体的政治共识、心理情绪和政治规范，对其中每个成员都会产生影响甚至压力，迫使其产生与其他成员步调一致的从众心理；个体政治心理对群体政治心理产生影响的事例也屡见不鲜，特别是一些出类拔萃的英雄模范人物和众望所归的政治领袖及政治活动家，其坚定的政治信念、顽强的斗争意志、深厚的政治情感，乃至富有吸引力的人格魅力，都会对本群体产生很大的政治影响和精神感召作用，促使群体政治心理的提高和成熟。

3. 二者在一定条件下相互转化。当个体在群体政治心理的熏陶和影响下，逐渐接受了群体的政治共识、政治情感和政治态度，并将这些心理要素内化于自身的精神世界时，群体的政治心理也就转化为个体政治心理。个人的政治心理也可以通过感染和影响政治群体而转化为群体政治心理。不仅富有人格魅力的政治领袖的政治心理会为群体所接受，普通个体的政治心理也会向其所属的群体转化。解放战争期间，我军曾进行忆苦思甜活动。诉苦者的深仇大恨，使广大指战员产生了思想共鸣，激发了大家同仇敌忾的革命激情，个体政治心理遂转化为整个军队群体的政治心理。这种由诉苦所激发起来的政治情感和政治信念，是激发广大指战员英勇奋战的精神动力。

除了上述两类政治心理外，还可从其他角度将政治心理划分为多种类型。如根据政治心理的阶级属性，可划分为剥削阶级的政治心理和劳动阶级的政治心理；根据政治心理主体所处的时代，可将政治心理划分为古代政治心理和现代政治心理；等等。

第三节 政治心理的阶级性和时代性

一、古代社会的政治心理和现代社会的政治心理

古代奴隶制和封建制社会，虽然属于不同的社会发展阶段，在不同国家和不同时期也各有特点，但也有其共同点或相似之处，如经济上都是自给自足的自然经济占统治地位；政治上多采用君主专制政体。大体相同的经济、政治状况，反映为内容大体一致的古代政治心理，与现代社会的政治心理迥然不同。古代社会的剥削阶级与被剥削阶级由于经济地位的差异和政治上的对立而使两者的政治心理各不相同，甚至完全对立，从而形成古代社会两种不同的政治思想类型。

（一）古代剥削阶级政治心理

古代剥削阶级，主要指奴隶主阶级和封建地主阶级。它们虽然所处的时代不同，各有特点，但其经济地位和政治立场在本质上是一致的，从而形成了大

致相同的政治心理，主要有以下几方面的内容：

1. 恪守宗法的政治认知。所谓宗法，是指以家族为中心，按照血缘远近区分亲疏的原则。氏族组织作为社会经济单位成为宗法制度存在和发展的经济基础，并一直延续到封建社会，成为古代政治制度，特别是国家权力转移的重要原则。宗法观念是宗法制度的直观反映，同时又是维护宗法制度的精神力量，因而历来为古代统治阶级所重视和倡导，它渗透在政治生活的各个方面，影响十分深远。

古代宗法观念在政治方面的表现主要有两点：①对血缘的极端重视，集中表现为确定国家权力的继任者，不在个人贤能而在血缘高贵，恪守"立嫡以长不以贤"的原则。在政治生活中往往是"一人得道，鸡犬升天"，"一人犯罪，满门抄斩"，因个人的荣辱祸福而使亲属蒙受恩宠或遭受株连被视为理所当然。至于对祖先的顶礼膜拜更成为整个社会的传统习俗。②对"正统"或"正宗"的迷信崇拜。统治阶级普遍恪守"汉贼不可两立"的政治信条，最高掌权者能否为统治阶级所拥戴，主要取决于其是否为皇室正宗，与个人的贤愚优劣并无直接关系。

2. 忠君孝亲的政治情感。忠君是古代专制社会的政治要求和政治情感，孝亲则是基于血缘关系自发形成的深厚感情的道德规范。这两者不是一回事，但在奉行宗法制度的古代社会，家国一体，君主既是全国的最高统治者，又是皇族的宗族长，故在皇族中，孝亲即是忠君，温情脉脉的血缘纽带维系和强化了君主独裁的统治秩序。不仅如此，统治阶级还迫使广大民众将君主视同父母，培养忠君的政治情感，其目的在于移孝作忠，从根本上巩固君主的统治地位。作为古代宗法统治秩序的"君为臣纲、父为子纲、夫为妻纲"即为建立在忠君孝亲上的政治情感。

3. 等级之分政治意识。古代等级森严和专制集权的政治制度造就了臣民等级观念和人身依附的政治心态，整个社会划分为不同贵贱等级，居于不同等级的官员不仅享受的特权和待遇各异，而且在政治活动、交往礼节乃至日常生活等方面也有极严格的规定，任何违反等级规定的行为都将受到严厉的谴责和惩罚。在等级森严的官僚序列中，上级对下级有绝对的支配权，处于等级顶峰的专制君主对全体臣民握有生杀予夺的绝对权力。下级对上级，臣民对君主，只能绝对服从，没有任何平等对话或独立人格可言，否则便会招来杀身之祸。这种意识主要表现在：

（1）唯官为贵的价值观。即认为只有当官才能实现人生价值，官越大，人生价值也越高，人生成败得失，唯在任免黜陟。"万般皆下品，唯有读书高"，皆因读书可以做官。在这种政治心态诱惑下，无数读书人十年寒窗，极力跻身于官僚行列,至于揭示自然奥秘、发现社会真理,则因无助于当官晋爵而为读书人所不屑一顾。

(2) 唯上是从的是非观。即以官位作为评判思想言论的价值和真理性的标准,认为官员所言总是对的;官越大,其言论越不容易置疑。故以人定言:卑贱者,人微言轻,即使真知灼见,也不为人们所重视;高贵者,一言九鼎,纵然指鹿为马,也极少有人敢于斗胆辩驳;皇帝旨意,更是天经地义的绝对真理,必须不折不扣地贯彻实行,由此便养成了不辨真伪、唯上是从的奴才心态。

(3) 唯命是从和唯我独尊的处世态度。下属对上司唯命是从,毕恭毕敬,希冀得到上司的恩宠以加官晋爵,平步青云,故对上司有着强烈的人身依附性,毫无独立人格可言;而其对下属则颐指气使,盛气凌人,前后判若两人。谄上傲下,前恭后倨,活画出古代官吏的丑恶嘴脸和双重人格。处于权力顶峰的专制君主则唯我独尊,不可一世,顺我者昌、逆我者亡,不允许有任何违背君主意志的思想和行为出现。中国历史上"焚书坑儒"、"罢黜百家,独尊儒术",甚至以"腹诽"问罪就是这种政治心态的典型表现。

(4) 因循守旧的政治态度。古代社会科学技术落后,生产规模狭小,限制了人们的眼界,加之剥削阶级的偏见和企图永远维持其统治地位的意图,必然导致因循守旧、自我封闭的政治态度。在政治系统内部墨守成规,反对革新,泥守"祖宗之法不可改"的保守观念,对任何革故鼎新的主张和变革旧制的行为都持激烈反对或消极抵触态度,力图使传统的专制制度永远延续下去。这种心态成为古代政治改革屡遭挫折,社会发展缓慢的重要原因。在对外交往中,表现为妄自尊大,自我封闭,无视其他文明的进步性,也不屑于对外交往,甚至盲目排外,闭关锁国,自我隔绝于世界文明发展的潮流之外,以至于使传统的政治制度日趋僵化腐朽,严重阻碍了社会的发展和进步。

(5) 残忍暴虐的政治心态。古代社会的奴隶和农民没有任何政治权利和人身自由,甚至没有生命保障。剥削阶级对劳苦大众可以任意打骂凌辱以至残酷杀戮。在古罗马,奴隶被迫相互残杀或与猛兽格斗以供奴隶主取乐。中国古代则惨无人道地以奴隶殉葬,用各种骇人听闻的酷刑迫害劳动群众,充分暴露了古代剥削阶级极端残忍暴虐的政治心态。这是激起当时劳动人民反抗斗争的重要原因。

(二) 古代劳动阶级政治心理

古代社会的劳动阶级主要指奴隶阶级和农民阶级,也包括自由民和手工业者等劳动群众。劳动阶级在古代是被剥削被压迫的社会群体,大致相似的经济、政治地位使他们产生了共同的政治心理,主要有以下几方面:

1. 平等、均分的政治要求。在等级森严的古代社会,劳动阶级处于社会最底层，饱受剥削压迫之苦，因而必然会对政治特权与贫富分化产生不满和仇恨，强烈要求实现社会平等和财富平均。中国历史上起义农民提出的"等贵贱，均贫富"、"割富济贫"、"均田免粮"等口号，就是这种政治要求和心理情绪的集中反映。在当时的社会历史条件下，平等、平均的政治意识和要求是一种具有明显进步意义的革命思想，对于号召劳动群众反对专制统治，推动社会发展起了积极的促进作用。

2. 崇圣、迷信的政治意识。古代劳动阶级，无论是奴隶还是农民，自给自足的小农生产方式无法使他们形成政治组织，更难以对付豪门贵族的欺凌侵害，因而无法设计自我解放的新社会蓝图，于是便极力寻求一种能够"保护他们不受其他阶级侵犯，并从上面赐给他们雨水和阳光"[1]的权威。这种在他们想象中既能代表他们的利益，又是他们的主宰的政治权威，就是他们心目中的"明君"、"圣主"，或宗教中的神灵。由此便产生了崇圣和迷信的心理，甚至在反对封建专制统治的斗争中，也以"明君"、"圣主"和宗教作为号召、组织群众的思想工具。这种个人崇拜和迷信权威的心理，非但不能使劳动群众摆脱苦难，反倒为专制独裁统治铺平了道路，成为专制君主实行人治的心理基础。

3. 保守、狭隘的政治心态。这种心态是古代落后的社会经济状况的反映。在自然经济条件下，一家一户就是一个生产单位，自给自足，彼此极少有经济联系，"鸡犬之声相闻，民至老死不相往来"，由此形成闭塞狭隘的政治心态。"各家自扫门前雪，莫管他人瓦上霜"就是这种心态的生动写照。此外，由于生产力落后，物质产品匮乏，直接限制了人们的消费需求，由此形成知足常乐、不思进取的心理状态；在政治心理方面则表现为求稳怕乱、安于现状、得过且过的保守观念，很少能孕育出开拓进取、自强不息的奋斗精神。

4. 消极、冷漠的政治态度。古代专制政治历来是神秘莫测的，政治权力的进行更不能让作为专政对象的劳动群众知晓。同时，在专制政治条件下，劳动群众也没有任何参与政治的权利，因而下层民众必然对政治活动漠不关心；加之饥寒交迫的贫困生活迫使劳苦大众不得不为养家糊口而疲于奔命，也根本无暇去关心或参与政治活动，从而形成消极冷漠的政治态度。"不在其位，不谋其政"，"莫谈国事"成为专制社会下属民众普遍的社会心态，即使被裹挟进政治斗争浪潮之中，也对政治活动的目的、意义缺乏明确的认识，大多抱着"从众"、"随大流"的心态，缺少作为政治主体所应有的积极性和能动性。

---

[1]《马克思恩格斯选集》第 1 卷，人民出版社 1972 年版，第 693 页。

二、现代社会的政治心理

现代社会政治是建立在社会化大生产和商品经济基础上的民主政治，与古代社会那种与自然经济相适应的专制政治迥然不同。这就决定了现代社会的政治心理必然具有与古代社会政治心理不同的内容和特点。现代社会的基本阶级是资产阶级和无产阶级，具体表现为：

（一）资产阶级政治心理

现代社会中，不同国家，不同历史时期，资产阶级政治心理各有不同的特点，但大体上都包括了以下基本内容：

1. 自由、平等的政治观念。自由、平等的政治观念是资本主义商品经济和民主政治的产物。"商品是天生的平等派"，在价值规律的支配下，商品交换的双方地位平等，商品实行等价交换，建立在自由协商达成的共同意愿的基础上，其间每个环节都体现着自由、平等的原则。建立在商品经济基础上的民主政治同样以自由、平等为基本原则。资产阶级自由、平等的观念正是资本主义商品经济和民主政治的思想反映，同时又对商品经济和民主政治的发展具有积极的促进作用。早在资产阶级革命时期，自由、平等、博爱就成为新兴资产阶级号召、组织民众反对封建等级特权和专制统治的战斗口号。资本主义制度确立之后，民主、自由、平等的观念又成为资本主义经济、政治得以巩固和发展的重要心理基础。

2. 民主、法治的政治意向。民主、法治的政治意向是资本主义政治制度和政治实践的心理反映。资本主义国家实行民主政治，贯彻法治原则，从而使人们形成了对主权在民、多数裁决和法律至上等原则的广泛认同。资本主义民主法治实质上是资产阶级意志的体现，是为维护和实现资产阶级的根本利益服务的，因而资产阶级对民主统治便本能地产生思想上的共鸣和积极维护与追求的政治意向。他们不仅自己严格遵规守法，在行使选举、集会、结社等政治权利时自觉按有关法律、法规办事，而且积极监督国家公职人员依法管理，并勇于同违法行为进行斗争，极力维护资产阶级民主原则和宪法与法律的尊严。资产阶级对民主与法治的政治认知和积极维护既是资本主义政治实践的产物，也是维护和支持资本主义民主政治的精神力量。

3. 利己、贪婪的政治心态。利己主义或损人利己是剥削阶级不劳而获的生活方式的心理反映，是一切剥削阶级共同的心理状态，资产阶级的利己主义则更为冷酷无情、贪婪露骨。资本主义原始积累和资产阶级崛起表明，"它用公开的、无耻的、直接的、露骨的剥削代替了由宗教幻想和政治幻想掩盖着的剥削"[1]。二战之后，发达的资本主义国家普遍实行福利政策，工人收入有了大幅增长，物质生活显著提高，但这并不表明资产阶级利己主义心态的改变。因为福利政策实施的目的在于缓和阶级矛盾，更好地维护资本主义统治秩序，而这一点，正是资产阶级进行经济剥削，以实现其利己主义的必要条件。同时，高福利支出的费用，归根到底还是由劳动人民创造的，资产阶级则是"惠而不费"。有关统计资料表明，随着科技进步和劳动生产率的提高，剩余价值率也不断提高。资本家所获利润的增加幅度大大超过工人收入增长的程度。因此，当今发达国家的福利政策并没有、也不可能改变资产阶级利己主义的心理欲望。

4. 掠夺、控制的政治心理。资产阶级依靠海盗式的掠夺行径完成了资本的原始积累，又凭借商品输出和掠夺、控制殖民地而发展壮大。资产阶级对弱小国家和民族进行掠夺与控制的政治心态正是其从发迹到暴发过程中产生的。

今天的时代已与过去有了很大的改变，殖民地国家已独立，掠夺别国财富的行径已不容于当今国际社会，但资产阶级这种探索与控制的政治心态依然如故，只是表现形式不同而已：一是通过资本输出的方式对发展中国家进行剥削和掠夺，在自己获得高额利润的同时，极大地加重了发展中国家的债务负担；二是实行新殖民主义政策，插手别国事务，干涉发展中国家内政，乃至通过培养、扶持反对派或代理人等方式推行霸权主义，对其他国家进行变相控制。发达国家资产阶级对别国掠夺与控制的心态和行径，是当今世界不得安宁的重要原因。

此外，资产阶级一些成员还产生了金钱至上、消极厌世、悲观颓废等心理倾向，反映这种心态的色情、凶杀等影视作品和文艺刊物充斥文化媒体，显示了资产阶级政治心理正在趋向腐朽和没落。

(二) 无产阶级的政治心理

无产阶级的政治心理是无产阶级对自己眼前的切身利益和政治地位的直接感受，还不能反映无产阶级的长远的、根本的利益。无产阶级在其处于"自在的阶级"和"自为的阶级"的不同历史阶段，在当今资本主义和社会主义两类不同的国家，其政治心理不尽相同，各有特点，但大体上可将无产阶级政治思想归结为以下几方面：

1. 大公无私的政治心态。在资本主义社会，无产阶级是唯一不占有任何生产资料的阶级，除了劳动的双手，一无所有，因而没有得失之忧，也绝了发财

---

[1]《马克思恩格斯选集》第 1 卷，人民出版社 1972 年版，第 253 页。

之念，由此形成大公无私的政治心理。在马克思主义指引下，无产阶级成为"自为的阶级"，这种大公无私的政治心理，便表现为勇于为人类解放事业贡献出自己的一切乃至生命的高贵品质和为推翻资产阶级统治，英勇战斗，无畏无惧，将个人安危置之于度外的大无畏战斗精神。在政治斗争中，它胸襟坦荡，光明磊落，"不屑于隐瞒自己的观点和意图"[1]，更不会从事任何图谋私利的小帮派密谋活动。

在社会主义时期，无产阶级上升为统治阶级。随着政治地位的变化，"大公无私"也有了新的含义，表现为舍己为公，舍身为国，为人民利益既敢于坚持真理，也勇于修正错误，在平凡的岗位上埋头苦干，默默奉献，不为名利，不计得失，担任公职则"十分廉洁，不用私人，多做工作，少取报酬"[2]。我国工人阶级大公无私的高贵品质和政治心理已成为推动社会主义现代化建设的重要精神力量。

2. 爱憎分明的政治情感。在资本主义社会，资产阶级对无产阶级的残酷剥削和压迫，必然激起无产阶级的不满和仇恨，并不断掀起反抗斗争的浪潮，由早期的破坏机器设备、烧毁厂房的自发斗争，发展到有组织的经济斗争和政治斗争。在斗争中，无产者之间休戚相关，患难与共，结下了深厚的战斗情谊，同时也增强了对他们的共同敌人——资产阶级的愤懑和仇恨心理，由此逐渐形成了爱憎分明的政治情感。二战结束以来，这种政治情感主要表现为各行业、各部门的无产阶级紧密团结，相互支持，结成各种利益集团，采用多种方式对资产阶级国家施加影响和压力，以维护自己的经济、政治利益。

在社会主义国家，掌握了国家领导权的工人阶级，在团结和带领广大人民群众同国内敌对分子和西方敌对势力的斗争中，在进行社会主义建设的实践中，无不表现出爱憎分明的政治情感。我国当前所倡导的"执政为民"，"情为民所系"等理念，就是这种深厚的政治情感的生动体现。

3. 开拓进取的政治意向。无产阶级与现代化大生产相联系，是先进生产力的代表者。它随着现代化大生产的发展而不断壮大，因而是最先进、最有前途的阶级。它没有小生产者那种狭隘保守的心态，始终洋溢着开拓进取的革命精神。它"有耐心，能坚持，有决心，有决断，善于反复试验、反复改进，不达目的决不罢休"[3]。在资本主义社会，无产阶级"是唯一同资产阶级直接对立、

---

[1]《马克思恩格斯选集》第1卷，人民出版社1972年版，第285页。
[2]《毛泽东选集》第2卷，人民出版社1966年版，第522页。
[3]《列宁选集》第4卷，人民出版社1972年版，第177页。

完全对立的，因而也就是唯一能够革命到底的阶级"[1]。社会主义革命的胜利，使无产阶级上升为统治阶级，但这并没有使它满足、陶醉和止步不前，而是把政权的获取看做"万里长征的第一步"，在马克思主义不断革命理论的指导下，又向着更高的目标奋勇前进。我国当前正在进行的改革开放，就是我国工人阶级开拓进取精神的集中表现。

4. 宽容共处的政治态度。无产阶级与社会化大生产相联系的经济地位和以解放全人类为己任的奋斗目标，造就了它胸怀开阔、目光远大、宽以待人、严于律己的精神风貌，并进而形成宽容共处的政治态度。在反对旧世界和抵御外侮的斗争中，无产阶级不仅与农民和其他劳动群众紧密团结，共同对敌，而且能够摒弃前嫌，不念旧恶，同已往的政治对手在一定条件下实行合作，结成统一战线以反对当前的主要敌人。我国抗日战争时期国共合作，共御外侮就是典型的例证。在社会主义条件下，工人阶级已成为国家的领导阶级，但依然坚持宽容共处的政治态度。我国在思想文化领域贯彻"百花齐放，百家争鸣"的方针，在国家统一问题上实行"一国两制"的政策，在国际上和社会制度不同的国家和平共处，其间都蕴含着工人阶级宽容共处的政治态度。

无产阶级政治心理并非一成不变。在它尚处于"自在的阶级"阶段，其政治心理水平不高，还带有自发性、盲目性和不成熟性。今天，在资本主义国家，无产阶级受到占统治地位的资产阶级意识形态的侵蚀和影响，还可能滋生改良主义、经济主义和工团主义等不健康的政治心理。在我国这样的社会主义国家，目前正处于改革开放和经济转型时期，难免会触及一些人的利益，面对部分工人下岗失业和社会上腐败现象的发生，一些国有企业职工往往心理失衡，以至产生"今不如昔"的失落感和留恋过去的怀旧心理。因此，在深入改革的同时，还必须加强马克思主义思想教育和对包括工人群体在内的广大群众的正确引导，将广大职工和其他劳动群众的政治心理引向正确的方向。

第四节 政治心理的作用与制约性

一、政治心理的作用

政治心理虽然是一种层次和水平都比较低的、感性的社会意识，但同样对社会存在具有能动的反作用，具体表现为对政治行为和政治变革的激发和影响，以及为政治理论的形成和政策与策略的制定提供思想资料和重要依据。

---

[1]《列宁选集》第4卷，人民出版社1972年版，第92页。

（一）政治心理是激发政治行为的直接动力

人的政治行为都是在政治心理和政治理论的支配与指导下进行的。其中政治心理对政治行为的激发和启动作用更为普遍和广泛。在阶级社会中，以各种形式参与政治活动者，未必都有政治理论的指导，但却无一不受到政治心理的支配。历史事实表明，引发劳苦大众奋起反抗剥削压迫的原因，都源于他们对剥削阶级的仇恨、愤怒等政治心理，而不在于他们是否掌握了高深的政治理论；即使具有系统的政治理论知识的专家学者，倘无政治心理的激发和启动，也未必会直接投身政治实践斗争。那些远离政治生活，躲进象牙之塔，只顾埋头探究学理的冬烘先生就是明显的例证。因此，要激发或制止人们的政治行为，最有效的办法就是从转变人们的政治心理入手。所谓"哀兵必胜"、"破釜沉舟"、"置之死地而后生"、"不战而屈人之兵"等，都是通过激发、控制或转变人的政治心理而产生神奇效果。今天，通过宣传、教育等方式影响、控制和激发人们的政治心理，从而使人们的政治行为向着有利于政治统治和社会管理的方向发展已成为一种重要的政治艺术。

（二）政治心理是影响政治变革的心理基础

一切政治变革归根到底都是由社会基本矛盾引起的，但同时要受到政治心理，特别是民众的群体政治心理的重大影响。这是因为，任何政治变革都直接或间接涉及民众的切身利益，并引发民众的各种心理反应。当政治变革顺应民意，得到民众的拥护和支持时，就会顺利展开并达到预期目的，否则便会以失败告终。"得民心者得天下；失民心者失天下"已成为无数历史事实所证明了的真理。因此，即使剥削阶级进行政治变革，也往往将自己装扮成整个社会的普遍代表，以取得民众的同情和支持。我国当前进行的政治体制改革同样必须密切关注社会各阶层群众的思想反映和心理承受能力，并通过宣传教育和思想引导以增强民众对改革的心理认同和参与热情，为改革的顺利进行奠定心理基础。

（三）政治心理是政治理论的直接基础

和其他政治意识一样，政治理论也是对政治事物的反映，但必须通过政治心理这一中间环节。政治理论所揭示的是政治事物的本质和规律，这是无法凭借感官直接感知的，必须透过事物现象才能把握，政治心理就是反映政治事物的现象的，这样，人们就可以通过对它所提供的大量感性材料的分析研究，从中把握事物的本质和规律，形成政治理论。此外，政治心理还不断提出一些新问题和新材料，要求从理论的高度进行回答和总结，从而促使政治理论的不断发展、补充和完善。

（四）政治心理是制定政策的重要依据

一项正确的政策必须符合当时的政治形势并为社会公众所接受，这两条都与政治心理密切相关。首先，政治心理，特别是人民群众的政治心理是政治形势的感应器。人民群众是政治实践的主体，政治形势的变化必然会引起他们的心理反应，因而通过群众的心理情绪就可以感受到政治形势的脉搏和发展趋势，从而为政策的制定提供重要依据。其次，一项政策能否为社会公众所接受，关键在于它是否符合民众的意愿和要求。顺民心、合民意的政策必然受到民众的拥护和支持而得以顺利实施，否则就会引起民众的反感和反对而难以实行。我党坚持"从群众中来，到群众中去"的群众路线，始终把群众的心理情绪作为制定和修正、完善各项政策的重要依据，从而使党的各项政策顺应了人民的意愿和要求，并变为人民群众的自觉行动。这是党的政策得以顺利实施的重要保证。

二、政治心理的社会制约性

政治心理作为一种社会意识，归根到底是由社会存在决定的，因而必然要受到一定社会历史条件的制约。这些制约因素主要有以下几方面：

（一）经济制约因素

政治心理是与一定的社会经济条件相适应的，因而必然会受到经济因素的制约。

1. 物质生活条件的制约。在生产力落后的农耕社会，物质生活资料十分匮乏，民众忙于养家糊口，无暇过问政治，自然会形成对政治冷漠的情感和回避的态度。只有在生产力有了较大发展，人们的物质生活问题得到满足之后，才会产生积极参与政治活动的心理愿望和政治态度。

2. 经济交往和社会联系的制约。在自然经济条件下，一家一户就是一个生产单位，男耕女织，自给自足，人们彼此缺少经济联系和社会交往，获取政治信息的渠道不畅，只能形成狭隘闭塞的政治心理。而在商品经济时代，广泛的经济联系和频繁的社会交往，使人们能够通过多渠道、多方面获得大量的政治信息，从而促使开放进取的政治心理的形成。

3. 利益要求的制约。在经济落后的古代社会，贫困的物质生活限制了人们更高的利益要求，基本温饱问题尚未解决，便很难提出政治权利和对公共权力的诉求。只有在社会经济有了较大发展，人们的利益要求才会越来越广泛，不仅关心自身的政治权利，而且对公共权力的作用和效能也会提出更高的要求，从而促使政治心理从被动接受管理到主动参与政治生活的转变。

（二）政治制约因素

政治心理是政治环境和政治生活的直接反映，必然要受到各种政治因素的制约。

1. 政治制度的制约。在专制集权制度下，君主独揽大权，专横独裁；官僚队伍等级森严，谄上傲下，由此必然形成等级观念、官本位意识和权力崇拜、依附上司等政治心理。在民主体制下,公民依法行使民主权利,按其意愿选举官员;官员依法进行管理,从而在整个社会形成平等、法治和民主的政治共识,并促使广大民众产生积极参与政治活动的热情,促使政府官员形成尊重和敬畏民意的政治心态。

2. 政治革命对政治心理的影响。政治革命时期,大规模的群众斗争给人们心灵以强烈的刺激和巨大的震撼,正如列宁所说:"革命迅速地彻底地教育了各个阶级,这是在平常和平时期不曾有过的。""革命时期千百万人民一个星期内学到的东西,比他们平常在一年糊涂的生活中所学到的还要多。"[1] 在波澜壮阔的政治革命浪潮中,人们思想观念上的破旧立新和革命热情的充分发挥,有力地促进了人们政治心理的发展。

3. 政治变革和政治改革对政治心理的影响。历史上的重大事变和政治改革涉及面广,社会影响深刻,并把国家的命运与每个人的利益紧密联系在一起,对人们的心理产生强烈的刺激和震撼,并留下不可磨灭的印象,从而有力地改变或强化人们原有的政治观念和政治态度。如我国改革开放中,随着僵化的旧体制和封闭的旧格局被打破,新生事物和制度创新层出不穷,人们因循守旧的保守观念也逐渐为开拓进取的政治心理所取代。

(三) 思想文化制约因素

政治心理总是在一定的思想文化背景下形成和发展的,因而必然会受到思想文化条件的制约。

1. 传统文化,特别是本民族的传统观念和社会心理对政治心理的影响和制约。特定的民族在长期的历史发展过程中形成的思想观念和思维定势,对生活在这一文化氛围中的人们的政治心理会产生深刻的影响。在儒家思想占统治地位的中国古代,重伦理、轻法治,重血缘、轻宗教的传统观念和伦理价值观潜移默化地渗透于人们的心理意识中,形成了中国古代以孝亲敬祖、重德轻法和重人轻神为特点的政治心理体系。中世纪的西欧,意识形态领域占统治地位的则是宗教神学,教权往往凌驾于王权之上,从而形成了以宗教信仰为特点的西方传统文化,并直接影响着人们政治心理的形成。一方面,强大而浓烈的宗教意识束缚着人们的思想,也阻碍着科学的发展,使人们陷于宗教迷信而不可自拔。另一方面,基督教义中所包含的平等观念也渗透到人们的政治心理,并对近代西方政治心理体系中自由、平等观念的形成产生了积极的促进作用,从而形成了与中国古代的政治心理迥然不同的另一种类型的政治心态。

---

[1]《列宁选集》第3卷,人民出版社1972年版,第122页。

2. 科学知识水平对政治心理的制约。科学知识是人们认识世界的产物,也是人们改造世界的有力武器。在科学水平底下的古代社会,人们对自然和社会的了解十分肤浅且多有谬误,难免被剥削阶级宣扬的"君权神授"、"富贵在天"等神学迷信观念所愚弄和蒙蔽,并逐渐形成对专制君主的崇拜敬畏和对等级、命运盲目信从的政治心态。今天,随着科学的发展和科学知识的普及,人们关于自然和社会的知识水平和认知能力不断提高,长期束缚着人们头脑的陈腐观念不断被抛弃,民主、平等、自由的新思想逐渐深入人心,促使人们的政治心理从传统的迷信闭塞状态向现代开拓进取的方向转化。

3. 文化水平对政治心理的制约。政治心理基本属于感性认识,但其中也包含着理性的因素,并受到理性认识的指导。政治心理中渗透的理性因素越多,就越成熟,也越容易形成高水平的政治心理体系;而缺乏理性指导的政治心理则易于为情绪和情感所左右,通常带有较大的盲目性和冲动性,水平低下而不成熟。文化素质高的人,一般对事物的认知能力和评判水平也比较高,其政治心理中的理性成分比较多,整体水平自然也比较高;文化素质低下,其政治心理必然缺少理性因素,从而易为非理性的情绪所支配,对事物判断能力差,在盲目从众心态驱使下形成的政治态度必然缺乏自主性,也很难上升到较高的心理水平和层次。旧中国的农民斗争总以失败告终的重要原因在于农民文化素质低下,文盲众多,缺少理性指导,常为偏激的情绪所左右而步入歧途。例如,近代社会的农民群众在仇洋排外和反满复汉等非理性心态支配下所进行的自发斗争,不仅无助于民族解放和民主革命的发展,反而会使反帝反封建斗争偏离正确方向而归于失败。今天,这种传统的农民心理或小农意识依然对改革开放有着消极的阻碍作用。所谓"严重的问题是教育农民",其中就包括通过提高农民的文化水平和政治素质而改变或提高农民政治心理的含义。

关键概念

政治心理;政治认知;政治情感;政治动机;政治态度;个体政治心理;群体政治心理;剥削阶级政治心理;劳动阶级政治心理;资产阶级政治心理;无产阶级政治心理

思考题

1. 政治心理的含义与特点是什么?
2. 政治心理的构成要素包括哪些方面?
3. 个体政治心理与群体政治心理的关系如何?

4. 如何理解政治心理的阶级性?
5. 如何理解政治心理的时代性?
6. 政治心理的阶级性与时代性关系如何?
7. 古代剥削阶级政治心理有哪些内容?
8. 资产阶级政治心理有哪些内容?
9. 政治心理的作用有哪些?
10. 政治心理的制约因素包含哪些方面?

第7章 政治思想

政治思想是政治主体对政治存在的理性反映，是政治主体对政治问题进行理性思考的理论结晶，也是政治意识理论化、系统化和自觉化的表现形态。如果说政治心理是一种低水平的政治意识，那么，政治思想则是一种高水平的政治意识。政治思想是政治实践的逻辑升华和理性凝结，它在人们的政治意识形态体系中居于主导地位，起着统领的作用。只有政治意识达到了理性化和自觉化的程度，才能对政治主体的政治行为发挥能动的支配作用。政治思想是政治意识的理性支柱，是政治生活的逻辑轴心。

第一节 政治思想的概念和特征

一、政治思想的概念

从一般意义上讲，"思想"主要包括两层含义，即作为一种过程的思想活动和作为一种结果的思想观念。前者可以解释为"思考"，后者可以概括为"观点"、"想法"和"见解"等。

人类的思想活动是客观存在的反映，也是人类实践活动的逻辑内化，包括过程和结果两个层面。从过程来看，思想活动是一种理性思维活动，有其独有的思维坐标和思维方法；从结果来看，人的思想是一种理论观点体系，有其自身的逻辑结构和系统定位。

政治思想本应包含过程和结果两层含义，但这里的政治思想特指政治思维活动的结果，亦即通过政治思考所形成的政治观点和政治学说。因此，政治思想，就是政治认识主体对政治认识客体的理性反映，是在对政治问题的思考中所形成的观点、想法和见解的总和。它是人们对政治生活内在本质及其发展规律的自觉反映，是政治文化的理性形态。要全面深刻地理解政治思想范畴，需要从以下几个方面把握：

1. 政治思想的认知主体是政治活动的参与者，包括阶级、阶层和政党、政治团体等政治群体或政治组织的成员。他们在政治活动中必然会接触到各种政治事务和政治现象，并接受各种政治信息，从而产生各自的政治意识，其中不仅有反映政治事物现象的政治心理，也有揭示政治事物本质和规律的政治见解和政治主张，由此便形成了他们的政治思想。政治思想的主体属于政治认识的范畴，处于现实的政治生活之中，首先必须成为政治实践的主体。马克思和恩格斯指出："以一定的方式进行生产活动的一定的个人，发生一定的社会关系和政治关系。"[1] 处于政治实践过程中的每个人，都会对政治生活有所反映，形成政治意识。其中少数政治人，由于其思想的完整性、深刻性、系统性和创新性而成为某一政治群体的思想代表，其思想则在一定程度上代表了一定时期人们政治思维的最高水平，其政治学说既是某一政治群体在一定时期政治要求的理性反映，也代表了人类政治思维发展的逻辑环节。

2. 政治思想的客体是政治事物，主要是国家政权和围绕国家政权所展开的各种政治活动，政治思想是对这些政治事物和政治活动的本质和演变规律的反映。它是以国家的存在为前提的，在没有国家的原始社会，可以产生艺术、道德、宗教等社会意识，但不可能产生任何政治思想，只有随着阶级和国家的出现，在思想领域才逐渐形成了以国家为核心的政治心理和政治思想。正如恩格斯所说："国家一旦成了对社会的独立力量，马上就产生了新的意识形态。"[2] 由此可见，政治思想不是从来就有的，而是社会发展到一定阶段的产物，是与阶级和国家存在的历史阶段相联系的一种社会意识形态。

3. 政治思想的内容是政治事物的本质和规律。政治意识是政治存在的反映，政治存在有现象层和本质层之分。政治思想并不是对政治存在的直观反映，也非停留在政治生活的现象层面，而是对各种政治现象背后政治关系的内在本质及其发展规律的深层把握。从认识论意义上讲，政治心理反映的是政治存在的现象层面；而政治思想反映的则是政治存在的本质层面。

4. 政治思想的形式既有系统化的政治理论和政治学说，也有非系统化的政治观点、政治主张和政治见解。这两者在系统性、完整性和创造性等方面有着程度上的差异，但作为理性认识，它们都是由政治概念、政治判断和政治推理这三种基本形式所构成的。政治概念是对同类政治事物的共同属性和本质特征的反映，是构成政治思想的"细胞"或基本元素。政治判断是对政治事物是否具有某种属性的判定，是人们关于政治事物"是什么"或"不是什么"的理论思考。政治推理是通过对某些已知判断的分析和综合而引出新的政治判断的思

---

[1]《马克思恩格斯选集》第1卷，人民出版社1972年版，第71页。
[2]《马克思恩格斯选集》第1卷，人民出版社1972年版，第249页。

维过程。它是进一步探究政治事物和政治活动的原因和发展趋势及应对办法的思维形式,是对政治现象"为什么"和政治主体该"怎么办"的回答。无论是系统的还是不系统的政治思想,都是由这三种思维形式有机结合推衍出来的,只不过后者一般是由个别政治概念、个别政治判断和比较简单单纯的政治推理所构成的政治观点和政治见解;而前者则是由多种政治概念、多种政治判断和复杂多样的政治推理所组成的完整的政治理论体系。

5. 政治思想的典型表现是完整系统的观念形态。与政治心理不同,政治思想不是对政治生活的感性反映,而是对政治实践经验的理性升华,它以政治观点、政治理论、政治见解及政治学说的形式出现,是政治文化的典型形态。政治思想是由政治概念、政治判断和政治推理构成的完整系统的观念体系,拥有严密的逻辑推理和理性分析过程,属于政治意识的逻辑层面。

二、政治思想的特征

(一)政治思想是人类对政治现象的理性认识

政治思想是人们对于政治现象的理性思考,属于理性认识的范畴。与政治心理相比较,政治思想具有政治理性认识的特点。政治思想的理性思维的特点主要表现在以下三个方面:

1. 政治思想是人们对于政治现象的理性认识。政治思想是人类对政治现象的理性思考,是人们认识现实并同现实密切结合的手段。"许多伟大的政治思想不仅可以照亮现实的存在,而且可以照亮前进的道路。如果没有这些思想,人类生活就处于一片黑暗之中。"[1] 政治思想是"人类为有意识地去理解和解决集体生活和集体组织的种种难题而作的尝试","是一种理性的传统"[2]。这也就是说,政治思想是一种对于政治现象的理性认识。它是在人们对于政治现象的感性认识的基础上,通过对各种直观的、零散的和杂乱无章的感性认识的整理、加工和抽象,从而获得的关于政治现象及其内在联系的理性认识。在内容上,它包括对各种政治现象的分析、解释和论证,对于政治关系、政治行为、政治制度和文化等及其发展变化的一般性和联系性的认识。这就是说,政治思想依赖于人们丰富而深刻的社会政治经验和体验、广博的社会政治知识和学识、勤奋的钻研和孜孜以求的思考,而不是人们对于政治现象的感觉,是对于政治现象的见解,是人们政治认识的一种高级形式。

2. 政治思想是一种系统的理论体系。政治思想不是一些简单的概念和命题,

---

[1] [美]格伦·蒂德著,潘世强译:《政治思维:永恒的困惑》,浙江人民出版社1988年版,第4页。
[2] [美]乔治·霍兰·萨拜因著,盛葵阳、崔妙因译:《政治学说史》(上册),商务印书馆1986年版,第2~3页。

而是一种与某种世界观、人生观紧密相连的政治观。一套完整的政治思想总有其系统而严密的理论结构，就其内容来说，一般包括对人、人所追求的目标和发生的事件以及三者关系的论述；就其构成要素而言，一般包括："关于政治现实的某一既定部分的、相互关联的陈述系统"；"关于先决条件和次要条件的说明"；"关于未来事件和变化的假设可能性"。[1]

3. 政治思想是合乎逻辑的观念体系。政治思想是包含着一系列的概念、判断和推理的思维过程，它不像人们的直观感觉和下意识的条件反射那样缺乏逻辑性。思维的一般规律也就是政治思想活动的规律，演绎的方法和归纳的方法是它交互使用的两种方法，原因和结果、条件和结论等是它进行政治分析和讨论的基本范畴。因此，对于政治思想的命题总能通过一定的逻辑思维方式达到"理解"。

(二) 政治思想反映着深层政治现象的逻辑关系

政治思想是客观政治现实在人们头脑中的反映。首先，从本质上说，政治思想作为一种精神活动和政治意识，来源于现实的政治生活。政治思想的客体是现实政治生活，它包括人们之间的政治关系和该政治关系支配下的各种政治活动和政治现象。其次，政治思想作为一种高级的思维活动，它并不只是现实政治生活的一种直观反映，换言之，政治思想并不只是对上述各种政治要素的个别的、直观的反映，而是要通过对各种表象的政治现实的思考来把握其本质，即隐藏在诸种现象之后的政治关系及其矛盾运动。最后，政治思想是对政治现实的能动反映，它发端于人们对现实政治生活的困惑和寻求理想答案的自觉意识，而且又将各自的价值观念渗透于这种寻求答案的思维活动中，通过严密的逻辑推理和理性的分析，建立一种较为完整和系统的思想和观念体系。

政治思想表现为一种抽象的理论形态，但又不是纯粹空洞的东西，它总是指向社会现实，理解政治思想也必须放到思想家所在的特定的时间和空间中去。某一思想家之所以构建其这样而非那样的一种政治思想，表达了这样而非那样的一整套政治观点、政治主张、政治要求，归根结底，是由他所处的当时当地的经济、政治斗争状况所决定的，特别是由他所代表的那个阶级（阶层、集团）的利益所驱动的。同时，社会成员出于现实的目的，也会接受某一政治思想的存在，因为不接受占统治地位的政治思想，其行为不会为社会所接受。

在这种现实性基础上，人发挥着主观能动性，其目的在于理解和解决政治生活中所面临的各种难题。因此，它是一套完整的、严密的结构，是一种逻辑

---

[1] [德] 克劳斯·冯·柏伊姆著，李黎译：《当代政治理论》，商务印书馆1990年版，第6页。

的思维方式和结果。所以，正如一位外国学者所说的那样，政治思想一般包括：① "关于政治现实的某一既定部分的、相互关联的陈述系统"；② "关于先决条件和次要条件的说明"；③ "关于未来事件和变化的假设可能性"。这种基于社会存在的主观思维活动，是政治生活中必不可少的存在。

（三）政治思想具有鲜明的阶级性

政治思想作为人们对政治问题所持的理论见解，是阶级利益要求的逻辑升华，不同的阶级具有不同的政治思想，不同的政治思想代表不同的阶级利益。正如毛泽东指出的那样："在阶级社会中，每一个人都在一定的阶级地位中生活，各种思想无不打上阶级的烙印。"[1] 政治思想作为政治存在的反映，无论是主体还是客体，都是一定阶级关系的承担者，其逻辑升华必然具有阶级性。政治思想反映了阶级关系，也就反映了某一阶级的经济利益和政治要求。因此，政治思想是阶级性根源与社会政治生活的利益要求。

政治思想的阶级性主要表现在以下三个方面：

1. 不同阶级属性的人会形成不同的政治思想，或者会寻找不同的政治思想作为其精神支柱，因此，"在阶级存在的条件下，有多少阶级就有多少主义，甚至一个阶级的各集团中还各有各的主义"[2]。

2. 反过来，不同的政治思想基本上反映不同阶级的政治经济利益要求，例如英国资产阶级革命时期温斯坦莱的"掘地派"政治思想，反映的是当时英国农民阶级对土地的要求，菲尔麦的"君权神授"理论反映的是英国大土地贵族维护专制王权的要求；洛克的理论则反映了英国新兴资产阶级分享政治权力的要求；马克思主义政治思想是无产阶级利益要求的集中体现。

3. 支配着物质生产资料的阶级，同时也支配着精神生产的资料，没有精神生产资料的人的思想总是受统治阶级支配的。所以，"统治阶级的思想在每一时代都是占统治地位的思想"[3]。

（四）政治思想具有继承性和发展性

政治思想的产生发展除了受现实社会存在的制约外，还与以往的政治思想成果具有继承关系。不了解政治思想的继承性，便不能认识它的民族传统。前人的思想作为一种历史遗产和精神财富，为后人提供了丰富的思想材料，后人对这些思想材料精心挑选，取其精华，弃其糟粕，从而使自己站到了历史巨人的肩膀之上，将政治思想推向一个新的境界。马克思主义就是在继承了人类"一切

---

[1]《毛泽东选集》第1卷，人民出版社1966年版，第283页。
[2]《毛泽东选集》第2卷，人民出版社1966年版，第687页。
[3]《马克思恩格斯选集》第1卷，人民出版社1972年版，第52页。

优秀遗产"的基础上创立的。

政治思想不仅"继往",还要"开来"。在政治发展的历史长河中,人类就是要不断地适应新情况,解决新问题,不断地超越前人所取得的成就。社会在这样的更新中不断往复地前进,人类也就在这样的往复中不断更新前进。"继承"和"发展"是密不可分的,"墨守成规"和"另起炉灶"都是不可取的,也会影响社会的进步。

(五) 政治思想具有相对的独立性

恩格斯指出:"历史思想家(历史在这里只是政治的、法律的、哲学的、神学的——总之,一切属于社会而不仅仅属于自然界的领域的集合名词)在每一科学部门中都有一定的材料,这些材料是从以前的各代人的思维中独立形成的,并且在这些世代相继的人们的头脑中经过了自己的独立的发展道路。"[1] 所谓的政治思想的相对独立性,就是指作为一种来源于并反映着现实社会经济政治存在的社会意识形态,政治思想有其独立的发展道路和发展规律。

政治思想的相对独立性表现在以下三个方面:

1. 政治思想的发展与社会经济发展水平不一定同步。社会经济发展水平包括社会生产力的发展水平和生产关系的发展水平。从根本上说,经济基础决定了上层建筑。但是,具体来说,某一国家和地区的政治思想的发展水平同该国该地区的经济发展水平并不总是同步的。"经济上落后的国家在哲学上仍然能够演奏第一提琴"[2],例如18世纪末法国的政治思想超过了当时经济上先进的英国;19世纪中叶经济上相对落后的德国却产生了马克思主义。政治思想发展水平与经济发展水平不同步的原因在于:经济发展与政治思想的发展并不是唯一的因果关系。政治思想的形成和发展是一个复杂和多维作用的过程。除了经济因素之外,它还受各种社会政治要素、民族传统和民族文化形式、特定的思想资料以及国际环境的影响。

2. 政治思想的发展变化与政治发展水平不完全一致。政治思想的直接来源是社会政治生活,但是政治思想与其所依赖的社会政治的发展并不完全一致。政治思想的发展变化超前或落后于政治发展的水平是经常的事情。"超前"是政治思想的常性;"落后"则是由于"反映旧制度的旧思想的残余,总是长期地留在人们的头脑里,不愿意轻易地退走"[3]。

3. 政治思想的发展具有历史的继承性。政治思想的产生发展除受现实社会

---

[1]《马克思恩格斯选集》第4卷,人民出版社1972年版,第501页。
[2]《马克思恩格斯选集》第4卷,人民出版社1972年版,第485页。
[3]《毛泽东选集》第5卷,人民出版社1977年版,第244页。

政治生活的制约外，还与以往的政治思想成果具有继承关系。前人的思想作为一种历史遗产和精神财富，为后人提供了丰富的思想材料；后人对这些思想材料精心挑选，取其精华、弃其糟粕，从而使自己站到了历史巨人的肩膀之上，将政治思想推向一个新的境界，这就是人类政治思想的发展史。

第二节 政治思想的逻辑结构和主要类型

一、政治思想的逻辑结构

政治思想是由一定的思想要素所构成的有机整体，形成了特定的结构形态。所谓政治思想的结构，是指政治思想构成要素之间的相互关系。从不同的角度加以分析，政治思想的结构有着不同的逻辑层面。一般把政治思想的结构分为内容结构和层次结构两个层面。

1. 内容结构。政治思想的内容结构是指政治思想构成要素的相互关系，集中表现为对政治人性的研究、对政治存在的研究、对政治发展的研究三大维度。

（1）对政治人性的研究。马克思主义认为，有生命的个人的存在，是人类历史的基本前提。认识人自身的存在，乃是人文社会科学的永恒命题，也是政治认识的逻辑起点。"政治学在一定程度上是以人作为基础"的科学。

政治思想对政治人性的研究，主要表现在对人的本性进行了前提性考察，在此基础上研究人的需要、利益以及受到利益驱动的政治生活。对政治人性的研究，是政治思想内容结构的基础层面，它往往构成了政治学、历史学、社会学及哲学的共同内容。

政治思想对政治人性的研究由来已久。历史上几乎每一个政治思想家都把对政治人性的研究作为其理论基础和逻辑起点。在中国，政治认识一开始就以研究人性为开端，在历史上曾经形成了形形色色的"人性"理论。诸如孔子的"性相近，习相远"，孟子的"人性本善"，荀子的"人之性恶，其善者伪"，董仲舒的"性仁情贪，性有三品"，韩愈的"性有三品，上可教而下可制"，朱熹的"人性皆善，气禀为恶"，康有为的"性全是气质"，谭嗣同的"以太即性，相成相爱"，章太炎的"善亦进化，恶亦进化"，等等。在西方，政治思想也是以"人学"理论为基础的。从古希腊柏拉图"金质、银质和铜质"的天然人性观，亚里士多德"人是政治动物"的社会人性观，到中世纪的"上帝造人"的神学人性观，再到近代文艺复兴以后马基雅弗利、布丹、霍布斯、洛克、孟德斯鸠、卢梭、潘恩、杰斐逊等人的人性学说和康德的"人是目的"论，孔德、斯宾塞的社会有机体论，自由主义和功利主义者边沁和密尔的趋善避恶论，然后到当代的人性理论，诸如唯意志主义代表人物德国著名哲学家叔本华和尼采的"生命意志"和"权力意志",存在主义代表人物法国20世纪最重要的哲学家萨特的"存在先于本质",等等,人的本质问题构成了西方政治思想发展的一个重要主题。

在古今中外的人学理论中,马克思主义的辩证唯物主义和历史唯物主义为人学研究提供了科学的依据。马克思主义科学地阐发了"劳动创造人"的理论,提出了人的本质形成于人的劳动过程,人的本质属性在于人的社会性。在阶级社会,人的本质集中表现于人的阶级性,政治性是人的本质在政治时代的集中体现。马克思主义又运用社会基本矛盾运动理论,揭示了人类发展的基本规律,指出了社会基本矛盾是社会发展的基本动力,也是人全面发展的基本动力,共产主义是人的全面发展的最高历史形态。

(2) 对政治存在的研究。人是政治动物,人的政治生活则构成了政治认知的第二个基本问题。对政治存在的研究,主要包括三个方面:

第一,关于政治关系起源的理论。在关于政治关系起源的探讨中,非马克思主义的政治思想主要包括君权神授理论、社会契约理论、暴力强制理论和历史演化理论等不同的理论形态,但都未达到科学的高度。马克思主义从人的基本需求入手,分析了人们通过社会生产结成社会关系,满足人们的利益要求的历史过程,从而真正科学地揭示了人类政治生活产生的历史之谜。

第二,关于政治存在结构的理论。对政治存在结构的研究,主要包括个人与政府的关系、社会与政府的关系、中央政府与地方政府的关系以及政府权力部门之间的关系等问题。政治思想在对这些问题的研究中,形成了各种理论。诸如在政治形式的研究方面,形成了民主制、君主制、贵族制、集权制等结构类型理论;在权力关系的研究方面,形成了分权理论和监督理论等不同理论形态。

第三,关于政治运行机制的理论。这方面的研究主要是获得有关政治运行的一般规律性知识,进而分析政治统治的实施、政治管理的运行、政治决策的制定等政治运行的机制问题。现代政治理论的研究,越来越重视对政治决策过程的深入剖析。因而,对政治行为的研究以及对政治决策的研究,特别是公共政策分析,则构成了政治运行机制研究的重要内容。

(3) 对政治发展的研究。人类社会的政治生活,总是在矛盾运动中发展的,为了实现自己的利益要求,解决社会政治矛盾,探索政治存在形式,人们对政治发展及其内在规律必须开展研究。对政治发展问题的研究,主要有三个方面:

第一,关于政治发展动因的研究。人们对政治发展的历史实践进行分析和总结,从而形成了对政治发展动因的各种见解。政治斗争、政治危机、文化冲突、社会动乱、外力干涉、权力腐败等,都是政治思想家们所概括的政治发展的重要因素。

第二，关于政治发展目标的研究。政治思想既是一个逻辑体系，也是一个价值体系，它依据特定的价值观念去评判现实的政治生活，并在此基础上为人们设计出理想的政治蓝图，制定出理想的政治目标。政治发展的目标研究，是对政治生活前瞻性和创新性的研究，它对人们的政治实践起内导作用。

第三，关于政治发展方式的研究。手段为目的服务，目的是手段选择的标准。政治发展的目标确定后，如何实现这一目标就成为政治认识的逻辑重心。在政治发展方式的研究方面，政治改良、政治革命、政治改革、政治和谐，是不同时期的政治思想家所构建的具有代表性的政治发展方略。

政治思想的这三大内容结构，是政治思想所涉及的最一般问题，它们相互联系，构成了政治思想内在的逻辑框架。

2. 层次结构。由于人们研究政治问题的程度不同，从而形成了研究结果的不同层次，政治思想的层次主要有单一性的政治命题、专门性的政治理论、综合性的政治学说三大层面。

(1) 单一性的政治命题。所谓单一性的政治命题，往往就是指对某一个别政治现象或政治行为进行观察所得出的单个结论，它是对个别政治事实的描述和判断，一般不带有概括性，从这种结论中也很难作出进一步的概括性推论。单一性的政治命题，是对政治事实的单称判断，是政治思想的最低层次，是更高水平的政治思维活动的逻辑细胞。

(2) 专门性的政治理论。所谓专门性的政治理论，是指对某一政治现象进行专门研究所形成的专门理论，诸如政治革命理论、政治稳定理论、政治权力理论、政治监督理论、政治民主理论、政治发展理论等，它属于政治思想的第二个层面。专门性的政治理论，已经超越了单一性政治命题的层次定位，具有一定的理论概括性，人们通过它不仅可以理解某一政治现象和政治问题，而且可以理解同一类政治现象和政治问题。专门性的政治理论是对某一政治问题进行专题性研究形成的理论结晶，反映了政治思想的中级水平，它为人们提供了各种专门性的政治知识和政治观点，也映现出对某一政治问题的思维向度。

(3) 综合性的政治学说。所谓综合性的政治学说，是对政治存在进行综合性的理论透视，即对整个社会政治生活进行整体性研究所形成的理论成果。综合性的政治学说作为对整个政治生活进行一体化研究的理论成果，是政治思维的综合创新，代表了政治思想的最高水平，整体性、系统性和一般性是其理论特征。综合性的政治学说，不仅为人们提供了对社会政治生活进行整体分析的理论成果，而且为人们提供了透视政治存在的一般方法。与此同时，它对政治存在不仅进行了事实判断，也进行了价值判断，为人们构建了一种全新的政治价值观。

二、政治思想的主要类型

人类社会有史以来，政治思想纷繁复杂、多种多样，各种思想、主义、学说、流派、观点乃至方法层出不穷、交相辉映，构成了人类政治思想的多彩画面。按照不同的标准，人们把这些形形色色的政治思想划分为不同的类型。在政治学研究中，常见的划分维度有：

1. 历史维度。依据政治思想发展的历史进程，可以把人类的政治思想划分为古代政治思想、近代政治思想和现代政治思想三大历史形态。

（1）古代政治思想。政治思想产生于奴隶社会，古代政治思想是古代社会政治实践的历史产物，反映了古代的政治存在状况，其主体内容是奴隶主阶级和封建主阶级的政治思想。中国古代政治思想是指1840年鸦片战争以前的政治思想；西方古代政治思想是指文艺复兴以前的政治思想。

（2）近代政治思想。政治思想在近代得到了长足发展，民主政治思想成为近代政治思想的主流。中国近代政治思想是指1840年到1919年五四运动这一历史时期的政治思想；西方近代政治思想是指文艺复兴到19世纪末这一历史时期的政治思想。

（3）现代政治思想。现代政治思想是近代政治思想的延伸，中西方现代政治思想有两个不同的向度。中国现代政治思想是指1919年五四运动以来的政治思想，其主流是马克思主义政治思想的中国化；西方现代政治思想则是指19世纪末以来的政治思想，其主流属于非马克思主义范畴。

2. 逻辑维度。依据政治思想本身的思维层次和逻辑结构，可以把政治思想划分为抽象层面的政治哲学和具体层面的政治科学两大逻辑形态。

（1）政治哲学。它是指对政治存在进行本质性的逻辑概括和延伸性的价值评判而形成的思想体系。它从哲学的维度以批判的方式来反思政治存在，旨在以抽象思维的方式对政治存在进行一般性和本质性的深层透视。政治哲学侧重于从事实与价值、目的与手段的理性层面来探讨政治，它以追求真、善、美的政治价值为己任，并以此作为政治评价的标准来分析政治现象、制定政治目标、指导政治实践。

（2）政治科学。它是指运用科学方法对政治现象和政治行为进行经验式研究和客观性描述，属于经验研究和实证科学的范畴，是一种描述性和解释性的理论体系。因而，政治科学侧重于对政治生活的事实性判断及其对政治现象的因果性分析，具有客观性、精确性和可证性等基本特征。西方现代政治科学侧重于从微观层面研究公共政策的运行过程。

3. 价值维度。依据政治思想所代表的价值主体的利益不同，政治思想可分为剥削阶级的政治思想和无产阶级的政治思想。

（1）剥削阶级的政治思想。它主要包括三种不同类型：①奴隶主阶级的政治思想。阶级的形成和国家的产生，乃是政治思想产生的历史前提。当人类步入奴隶社会之后，奴隶主阶级为了维护自身的阶级统治，需要在思想文化领域寻找精神支柱，奴隶主阶级的政治思想便应运而生，并构成了奴隶社会意识形态的核心，成为维护奴隶主阶级政治统治的精神工具。②封建主阶级的政治思想。从奴隶社会到封建社会，这是历史的一大进步，封建主代替奴隶主而成为统治阶级。政治统治主体的历史易位及其政治统治秩序的历史转型，需要新的政治思想为其服务，封建主阶级的政治思想便应运而生，成为维护封建主阶级政治统治的精神支柱。③资产阶级的政治思想。资产阶级的政治思想是适应资本主义生产方式发展的需要而产生的。它的产生是人类政治统治秩序由君主向民主转型的逻辑标尺，正是这种进步的政治思想，延伸为进步的政治制度，从而有力地推动资本主义社会生产力的巨大发展，使古代农业文明迈向近代工业文明。

（2）无产阶级的政治思想。无产阶级政治思想是人类历史上最进步的政治思想，它克服了剥削阶级政治思想狭隘性的历史局限，成为人类历史上真正为无产阶级和广大人民当家做主服务的思想武器。无产阶级政治思想不仅是无产阶级革命运动的思想武器，也是社会主义政治文明的逻辑前提，它为社会主义的政治发展起了极大的促进作用。马克思列宁主义是无产阶级政治思想的集中代表，毛泽东思想标志着中国化马克思主义政治思想的历史产生，中国特色社会主义理论体系则构成了当代中国马克思主义政治思想的时代高度。

总之，利益矛盾是政治思想发展的根本原因，政治实践是政治思想发展的客观基础。政治思想作为人类的政治意识，根源于人类的政治生活，是政治环境和主体意识相互作用的产物。政治思想的发展同其他社会意识一样，有其自身的发展规律，是一个继承与创新相统一的辩证过程。在政治思想的发展过程中，政治实践活动为政治思想的发展提供了营养，而政治思想家为政治思想的发展作出了重要贡献，特别是那些思想深刻、勇于创新的政治思想家们发挥了巨大的作用。从历史的维度来看，政治思想起源于古代社会，发端于奴隶社会。因此，奴隶社会是人类思想文化的形成时期，同样也是政治思想的形成时期。在无产阶级政治思想的发展史上，马克思、恩格斯、列宁、毛泽东、邓小平、江泽民、胡锦涛等，以他们自己的辛勤劳动和战略思维，揭示了人类政治生活的内在本质及其发展规律，为人类政治思想的发展和无产阶级的解放事业作出了巨大贡献。

第三节 剥削阶级的政治思想

一、奴隶主阶级和地主阶级的政治思想

政治思想是社会经济基础和政治现实的思想反映。奴隶社会和封建社会基本上都建立在自然经济的基础上，多推行君主专制独裁制度，因而先后作为古代社会统治思想的奴隶主阶级的政治思想和地主阶级的政治思想有许多共同之处。这主要表现在以下几方面：

1. 尊卑有序的等级理论。古代社会实行严格的等级制，庶民和贵族及贵族内部的不同等级都有严格的区分，上下有等、尊卑有序、待遇有别是古代剥削阶级国家的政治规范和基本原则。为等级制辩护并杜撰"理论证据"便成为古代剥削阶级政治思想的重要内容。古希腊奴隶主贵族思想家柏拉图提出，理想的国家或社会组织应当由统治者、武士和劳动者三个等级构成，分别具有统治民众、保卫国家和生产劳动的"天赋职能"。其根据就在于他们分别是用金、银、铜铁三种贵贱不同的金属造成的，其等级高低是神意的体现，只能各安其位，各尽其职，不许越雷池半步，以此为当时的等级制度编造理论根据。中国古代儒家宣扬天尊地卑，穷究阴阳五行，探讨人性善恶，其主要意图也是从理论上论证封建等级制的合理性。如汉代大儒董仲舒就根据阳尊阴卑的思想，力图论证体现封建宗法等级制的"三纲"（君为臣纲，父为子纲，夫为妻纲）的合理性；又通过"深察名号"，即对天子、诸侯、大夫、士、民等不同等级的"名号"的探究，论证"卑下"对"尊贵"、下级对上级的绝对服从关系，并极力宣扬这种尊卑有序的等级是"天意"的体现，只能服从，不能违抗，以此论证封建统治的合理性与神圣性。

2. 君权神授的政治哲学。君权神授是古代统治阶级政治哲学的基本内容，无论奴隶主阶级还是地主阶级思想家，都把"天"或"上帝"说成是法力无边的至上神，是世界万物的创造者的最高主宰。人类社会的政治现象和人的一切政治活动都受"天"或"上帝"意志的支配。专制君主的权力来源于上帝，君权就是上帝的意志或天意的体现，故人们必须绝对服从，从而为君主专制独裁统治编造出一套神圣的理论根据。从夏商开始，我国的奴隶主贵族便一直宣扬上帝主宰一切，君权源于上帝的神权观念。汉代董仲舒则系统地提出神学目的论和君权神授的政治哲学。他把封建皇权和专制统治等社会政治现象统统说成是"上天"有意识的安排，"天子受命于天"，上天的神权和地上的君权是相通的；封建伦理纲常和君主专制源于天意，永恒不变，极力为封建统治的永恒性和神圣性制造理论根据。西方中世纪神学政治观的代表人奥古斯丁和托马

斯·阿奎那也编造了类似的谎言，同样认为世界万物是上帝创造的，一切权力最终都源于上帝；不同的是他们更强调教会的权力，认为教权高于王权，君主应服从教会，但最终还是要求人们安分守己，服从封建国家的统治。这些神学说教成为欧洲中世纪占统治地位的思想学说。

3. 君权至上的专制理论。在古代专制政体下，为论证君权至上，统治阶级总是极力神化君权。如古埃及奴隶主阶级便将国家的最高统治者法老说成是太阳神的儿子，其在人间的统治是神意的体现。中国古代的儒家也把专制君主说成是天命的体现者，认为"唯天子受命于天，天下受命于天子"[1]。封建统治阶级还提出君主"上为皇天子，下为黎庶父母"[2]。不管是出于对"皇天"的敬畏，还是对父母的孝顺，民众都必须绝对服从专制君主的统治。除了根据神权和宗法思想论证君主的绝对权威外，古代剥削阶级思想家还从伦理道德、阴阳五行、政治哲学等各种不同的角度论证君权至上的合理性和永恒性，极力为君主专制统治制造理论根据。

4. 德刑并用的治国之道。道德和法律都是调整人际关系的社会规范，两者相互补充，共同维系着社会的正常秩序。因此，有关道德和法律的问题历来为人们所重视，并成为古代思想家探究治国之道的重要议题和古代政治思想的基本内容，只是在不同的国家和民族，两者的侧重点有所不同而已。一般说来，在商业发达较早的古代和中世纪的一些欧洲国家，通常更强调法治的重要性。如古希腊、罗马的奴隶主阶级思想家多把实行法治作为国家长治久安的基本方案。在农业经济占统治地位的古代中国，则更重视伦理道德和思想教化的作用，法治则是第二位的。如长期在中国古代思想领域占据统治地位的儒家学派历来主张德主刑辅，"为政以德"，注重道德教化；至于法治、刑政，则被视为道德教化的辅助手段或德教失败的补救措施而被置于次要地位。

5. "民为邦本"的民本思想。这是古代剥削阶级政治思想中的积极因素，在古代中国尤为明显。早在西周和春秋时期，统治阶级中就有人提出"敬德"、"保民"[3]和"先成民而后致力于神"[4]的思想，将"民"置于"神"之上。战国时的孟子进一步提出"民贵君轻"、"得民心者得天下"的著名论断，主张对民众施行"仁政"以巩固封建统治。后世统治阶级中的一些有识之士从政治

---

[1]《春秋繁露·为人者天》。
[2]《资治通鉴》卷三十四。
[3]《尚书·洪范》。
[4]《左传·桓公三年》。

实践中领悟到民似水,君如舟,"水能载舟,亦能覆舟"[1]的道理,强调"民为邦本",主张"爱民"、"恤民",遂使民本思想成为中国古代政治思想的重要内容。

二、资产阶级政治思想

(一) 资产阶级政治思想的形成、发展与演变

资产阶级政治思想是资本主义经济和资产阶级意志、愿望的集中反映。它随着资本主义生产关系和资产阶级的产生而逐渐形成,随着资本主义经济的发展和资产阶级地位的变化而发展演变,先后经历了从形成、成熟到保守、反动两个历史阶段。

1. 资产阶级政治思想的形成和成熟时期。资产阶级政治思想形成于14~16世纪文艺复兴时期。当时,资本主义生产关系已在封建社会内部孕育成长。随着生产工具的改进和社会分工的扩大,城市手工业日益增长,商品经济不断发展,自给自足的自然经济遭到破坏,封建社会开始向资本主义过渡。伴随着资本主义生产关系的发展,新兴资产阶级逐渐形成和壮大,并向着阻碍资本主义经济发展的封建势力及其精神支柱天主教会发起猛烈进攻。资产阶级政治思想就是这一斗争的产物,其主要代表是意大利的马基雅弗利和法国的布丹。他们把斗争的矛头首先指向了天主教会,认为国家的产生不是出自上帝的神圣安排,而是由于人的需要而被创造出来的;只有人才是国家命运的掌握者,从而冲破了千百年来禁锢着人们头脑的神学说教;把纷繁复杂的社会政治关系归结为"权力"关系,提出政治就是权力的思想;并主张结束政治分裂,建立统一而强大的君主国,以便为资本主义发展开辟道路。这些思想主张反映了资产阶级的利益和欲望,但他们把国家统一的希望寄托于王权,企图借助王权的力量与教会势力相抗衡,则反映了当时资产阶级还无力掌握国家政权的现实。

资产阶级政治思想成熟于17、18世纪的资产阶级革命时期。这一时期资本主义生产关系已经在西欧主要国家日益成熟。伴随着资本主义发展而成长壮大起来的资产阶级羽翼丰满、日渐强大,要求从封建地主阶级手中夺取政权,建立资产阶级专政的国家。为了给资产阶级革命提供思想武器,资产阶级思想家提出了服务于当时资产阶级革命斗争的一系列政治理论。其代表人物主要有荷兰的格老秀斯、斯宾诺莎,法国的孟德斯鸠、卢梭和美国的杰弗逊、潘恩等。他们的思想学说虽各有千秋,但都坚决反对宗教迷信和等级特权,坚持用"理性"为尺度衡量一切,从而使资产阶级政治思想趋于成熟,并发挥了启发群众

---

[1]《贞观政要·政体》。

革命觉悟，推动革命运动发展的积极作用。"天赋人权说"、"社会契约论"、"分权制衡论"等一系列政治理论就是这一时期资产阶级政治思想的光辉理论成果。这是资产阶级政治思想最富有革命性和进步性的时期。

2. 资产阶级政治思想的保守和没落时期。18世纪末～19世纪后期是资产阶级政治思想转向保守的时期。这一时期，资产阶级不仅由被统治阶级上升为统治阶级，而且随着英、法、美、德等国的产业革命相继完成，又极大地增强了它的经济实力，使资本主义制度最后战胜封建制度而居于统治地位。资产阶级的任务已不是通过革命夺取政权，而是极力维护已掌握的国家政权，并用以为发展资本主义服务。资产阶级政治思想也随之发生了新的变化，由鼓吹革命变为主张改良，由论证夺取政权变为极力维护现有制度。早期启蒙思想家那些生气勃勃的革命理论为自由主义和实证主义等保守思想所取代。其代表人物主要有法国的孔斯坦、孔德和英国的边沁、穆勒等。19世纪后期，自由主义逐渐演变为资产阶级改良主义，主张对社会矛盾只需点滴改良，以清除和防止社会革命。这表明资产阶级已失去早期的革命性而转向了消极和保守。

19世纪末期之后是资产阶级政治思想的没落反动时期。这一时期，资本主义从自由竞争发展到垄断阶段。资产阶级日趋腐朽和反动，为镇压无产阶级革命和殖民地的人民争取民族独立的斗争，它极力强化国家机器，以维护垄断资产阶级的利益。资产阶级政治思想直接为资产阶级的反动政策和强权政治提供理论根据。其主要代表人物有英国的斯宾塞、德国的尼采、法国的狄骥等，提出的理论学说有新自由主义、新保守主义、新托马斯主义、实用主义、福利主义等。尽管学派林立，学说各异，但其基本精神无非是歪曲和反对马克思主义，美化和宣扬资产阶级的民主、自由，鼓吹阶级调和，为腐朽、反动的资产阶级政治服务。

（二）资产阶级政治思想的主要内容

资产阶级政治思想内容庞杂，流派众多，其中影响最大、最具代表性的有以下几种：

1. 国家主权论。在资产阶级形成时期，布丹于16世纪首倡君主主权论，认为国家主权具有至高无上性、永恒性和不可分割性，主张实行君主掌握国家主权的君主政体，企图依靠君主权力结束封建割据，实现国家统一，以利于资本主义经济的发展；同时又认为国家主权应受到各种神法和自然法的约束，以防止暴君对人民私有财产和自由权利的侵犯，反映了当时羽翼尚未丰满的资产阶级的愿望和心态。资产阶级革命时期，卢梭和杰弗逊提出人民主权论，认为国家主权属于人民，应由人民掌握，政府是用来维护人民利益的，如果政府损害人民主权原则，人民便有权改变或废除这一政府，成立新的政府。

2. 天赋人权说。这是17、18世纪自然法学派提出的理论学说。他们认为，每个人天生就享有生存、自由、平等、财产等权利，既不可剥夺也不能转让。当人们的"天赋权利"受到统治者侵犯时，人民可以推翻其统治以维护自己的天赋权利。这一观点，主要是针对封建特权而言的，为资产阶级革命提供了思想武器。1776年的《美国独立宣言》和1789年法国的《人权宣言》都体现了"天赋人权"的基本观点。

3. 社会契约论。这是一种解释国家和法的起源的政治学说，最早由古希腊伊壁鸠鲁提出，于17、18世纪受到洛克、卢梭等资产阶级思想家的推崇、发展和传播。他们认为，在国家产生以前，人们处于"自然状态"，其自由、平等不受拘束；为了确保这种"天赋的"自然权利，人们经过自愿协商，订立社会契约，从而产生了国家和法。国家的权力来源于人们交出的自然权利，而国家又是保障人们生命、财产和自由的机构；如果执政者不履行契约而损害人民的利益，人民有权取消契约，推翻政府以恢复其天赋权利。这显然是在为资产阶级推翻封建制度制造理论根据，这一学说把国家说成是人们之间订立社会契约的结果，当然是错误的，但意味着对君权神授的封建传统观念的否定，故在当时具有反封建的积极意义。

4. 分权制衡学说。这是资产阶级关于确立国家机构与配置国家权力的理论，最早由洛克提出，后经孟德斯鸠发展，终由杰弗逊进一步完善。其基本原则和内容是：主张将国家权力分成若干部分，分别由不同的机关掌握；这些机关在行使权力时又要相互制约，保持权力平衡，以防止专横和违法行为发生。其中影响最大的是孟德斯鸠提出的三权分立学说。这一学说后来成为资产阶级组建国家政权的根本指导思想。

5. 自由主义思想。自由主义思想大体经历了传统自由主义和新自由主义两个阶段。传统自由主义产生并盛行于19世纪，其主要代表有法国的孔斯坦、英国的边沁和穆勒等。他们强调个人"自由"，反对启蒙思想家关于民主、平等和人民主权的原则，要求国家采取不干预经济生活的"自由放任"政策，以便使工业资产阶级在自由贸易、自由竞争的条件下发展基本主义经济，同时与刚登上政治舞台的无产阶级进行斗争。19世纪末～20世纪初，随着自由资本主义向垄断资本主义的过渡，格林、霍布森等修正了早期传统自由主义思想，提出新自由主义理论。他们反对自由放任政策，主张国家干预经济生活以调和个人利益与社会利益的矛盾。20世纪四五十年代，新自由主义盛行于西方世界，成为许多国家制定政策的理论依据。

6. 保守主义思潮。保守主义思潮同样经历了传统保守主义和新保守主义两个阶段。传统保守主义以英国的柏克为代表，其后形成许多派别，主张各异，但都反对以个人自由为核心的自由主义学说，反对放任主义，重视权威与政治安定，主张用妥协的手段调节各种社会势力之间的利益关系。20世纪60年代末以来，西方各国又兴起新保守主义，其主要代表有贝尔、亨廷顿等。他们在政治上要求节制民主，由精英统治社会；极力维护资产阶级传统，反对激进的革命与革新；要求加强行政权力，提高政府威望；对外采取反共的强硬路线，成为国际意识形态领域斗争中坚决反对社会主义的主要敌对势力。

(三) 资产阶级政治思想的历史进步性与阶级局限性

资产阶级政治思想在历史上曾起过促进社会发展的积极作用，主要表现在：

1. 反对封建意识形态，特别是作为封建统治精神支柱的神学观念和君权神授说，打破了封建神权观念对人们的精神禁锢，促进了人们的思想解放和科学文化的发展。

2. 论证资产阶级革命的合理性，以"天赋人权"、"主权在民"等思想武装民众的头脑，激励人们投入反封建的革命斗争洪流之中，使这些启蒙思想成为反封建斗争的重要思想武器。

3. 描绘了未来资本主义国家的蓝图，为资产阶级国家取代封建政权提供了政体模式，特别是三权分立学说，成为资产阶级组建国家政权的基本指导思想，被近代资产阶级国家普遍接受，作为其政权组织的基本原则。

在肯定资产阶级政治思想的历史进步性的同时，还必须看到其阶级局限性。资产阶级政治思想作为资产阶级意志和利益的反映，是为资产阶级服务的，因而必然随着资产阶级地位的变化及其转向没落腐朽而逐渐趋向保守和反动。其实，即使在资产阶级处于上升时期，它所宣扬的"天赋人权"、"社会契约论"和"三权分立"等学说在理论上也是不科学的。因为其理论基础是虚构的人性论，其思想学说建立在现实社会中根本不存在的所谓超阶级的人和抽象的人性的基础上；用抽象的人性来解释和说明国家和法的起源与本质，必然会掩盖国家的阶级实质，粉饰和美化资产阶级专政的国家。这不仅会导致理论上的错误，而且随着无产阶级革命斗争的兴起，还会在政治斗争中不断趋于反动。

资产阶级政治思想自产生以来，经历了数百年的发展演变过程，是一种进步性与局限性并存的思想体系。因此，对它必须采取科学分析的态度，既不能盲目崇拜，全盘接受，也不能一概排斥，全盘否定。正确的态度是：一方面剔除其中的糟粕部分，划清无产阶级政治思想与资产阶级政治思想的界限；另一方面又要批判地继承，汲取其中的合理因素以丰富无产阶级政治思想。

第四节 无产阶级政治思想

一、无产阶级政治思想的形成和发展

无产阶级政治思想是无产阶级的意志和愿望的反映。它随着无产阶级反对资产阶级的阶级斗争的兴起而产生，随着这一斗争的深化而发展，又随着无产阶级在这一斗争中的胜利和上升为统治阶级而在社会意识形态领域占据主导地位。这一历史过程大体可分为"空想"和"科学"两大阶段。

（一）无产阶级空想的政治思想

无产阶级空想的政治思想即空想社会主义。它是早期无产阶级反对资产阶级的阶级斗争的理论表现。空想社会主义从 17 世纪产生到 19 世纪达到其最高阶段经历了 300 多年的发展历程，大体可划分为三个时期：

1. 17 世纪~18 世纪资本主义萌芽和原始积累时期。无产阶级反对资产阶级的斗争已日渐显现，在此基础上产生了早期的空想社会主义。其代表人物是英国的莫尔和意大利的康帕内拉。他们采用文学游记的形式，揭露了刚刚诞生的资本主义的罪恶，描绘了未来社会的美好蓝图，奠定了空想社会主义的基础。

2. 18 世纪，资本主义已发展到工场手工业时期。无产阶级在参加反对封建制度的资产阶级革命的同时，与资产阶级的矛盾也日益激化，出现了无产阶级反对资产阶级的独立运动，从而促使空想社会主义发生了深刻的变化，进入中期空想社会主义时期。其主要代表是法国的摩莱里和马布利。他们已摆脱采用文学虚构的手法描绘未来社会的表达方式，开始从理论上论证一系列重大的社会政治问题，提出废除私有制，实现财产的公有和人类平等等重要思想，使空想社会主义发展到新的阶段。

3. 19 世纪初期，英、法、美等国资产阶级已取得统治地位。随着产业革命的进行和资本主义的进一步发展，无产阶级同资产阶级的矛盾斗争日趋尖锐激烈，从而促使空想社会主义发展到它的最高阶段。其主要代表人物是法国的圣西门、傅立叶和英国的欧文。他们不仅揭露和批判资本主义的罪恶，而且开始探索变革现存社会制度的途径和方式，描绘未来理想社会的蓝图，为无产阶级科学的政治思想的产生提供了宝贵的思想资料。

（二）无产阶级科学的政治思想

无产阶级科学的政治思想即马克思主义政治思想。它是 19 世纪 40 年代以来无产阶级解放运动的理论表现。从 1848 年《共产党宣言》发表至今，马克思主义政治思想经历了 150 多年的发展历程，其间大体可分为三个时期：

1. 19 世纪 40 年代~19 世纪末是马克思主义政治思想的创立时期。这一时

期，资本主义经济在产业革命中得到迅速发展，其固有的矛盾和弊端也日渐暴露。无产阶级反对资产阶级的斗争更加尖锐和明朗化。19世纪三四十年代发生在法、德、英三个主要资本主义国家的三大工人运动，标志着无产阶级作为一支独立的政治力量登上了历史舞台。无产阶级的政治斗争迫切需要科学理论的指导，同时也为无产阶级科学理论的产生提供了丰富的实践经验材料。马克思和恩格斯对当时工人运动的经验进行了大量缜密的科学研究，同时又批判地继承了人类历史上优秀的政治文化遗产，特别是空想社会主义的思想成果，在唯物史观和剩余价值学说的基础上，创立了无产阶级科学的政治思想体系，为无产阶级解放运动提供了强大的思想武器，开辟了人类历史发展的新纪元。

2. 19世纪末～20世纪初是马克思主义政治思想在新形势下丰富发展，并在指导无产阶级革命中从理论到实践的飞跃时期。这一时期，资本主义从自由竞争发展到垄断阶段，世界进入帝国主义和无产阶级革命的新时代，呈现出许多新特点，向马克思主义政治思想提出了许多新的课题。列宁根据马克思主义基本原理，结合当时资本主义政治、经济的特点，特别是俄国的具体实际，创立了列宁主义，极大地丰富和发展了马克思主义政治思想学说，并在这一科学理论的指导下，取得了十月革命的伟大胜利，使马克思主义政治思想实现了从理论到实践的飞跃。19世纪20年代～19世纪40年代，以毛泽东为主要代表的中国共产党人把马克思主义政治思想同中国革命的具体实践相结合，产生了毛泽东思想，并在这一思想指引下取得了新民主主义革命的伟大胜利，在实践中进一步发展了无产阶级政治思想，对马克思主义政治思想作出了独特的贡献。

3. 20世纪50年代以来是无产阶级政治思想在社会主义建设的实践中进一步丰富和发展的时期。这一时期，社会主义已越出一国范围，在10多个国家取得了胜利。各国无产阶级政党在领导人民群众进行社会主义革命和社会主义建设中，积极探索，勇于创新，积累了许多宝贵经验，特别是以邓小平为代表的中国共产党人，在建设有中国特色社会主义的伟大实践中，坚持四项基本原则，坚持改革开放，取得了举世瞩目的伟大成就，同时也在实践中提出了许多新的政治理论观点，进一步丰富和发展了无产阶级政治思想，在马克思主义政治思想发展史上谱写了光辉的新篇章。

二、无产阶级政治思想的内容与特点

（一）早期无产阶级空想的政治思想的内容

早期无产阶级空想的政治思想从1916年莫尔发表《乌托邦》开始到19世纪初为无产阶级科学的政治思想所取代，历时300多年，其间出现了许多空想社会主义的思想家和政治思想著作，其思想内容各有千秋，概括起来，大体有以下三个方面：

1. 对资本主义弊端的批判。空想社会主义者无情地揭露和批判了资本主义制度的种种弊端和罪恶。圣西门直斥资本主义是充满罪恶和灾难的"是非颠倒的世界",少数游手好闲的统治者依靠对人民的压榨和掠夺过着荒淫无耻的寄生生活,而占人口大多数的劳动者则备受苦难,生活极端贫困。傅立叶斥责资本主义制度是复活的奴隶制和为富人积聚财富的工厂,对雇佣工人则是"温和的监狱"和"贫困的温床";资本主义社会是富人的天堂,穷人的地狱;资本主义国家只是特权者的统治工具;资产阶级宣扬的自由、平等、博爱都是极其虚伪的骗人的口号。欧文则依据其亲身经历指出,随着产业革命的深入和生产力的提高,财富高度集中在少数富人手中,广大工人则一贫如洗,沦为奴隶,资本主义制度比奴隶制度更为残酷,并以铁的事实批驳了资产阶级宣扬的"个人自由"和"自由竞争"等美化资本主义的种种谬论。空想社会主义者在资本主义制度刚确立不久就无情地揭露和抨击了它的弊病,得出否定资本主义制度的结论。他们认为,资本主义同已往其他社会制度一样,仅仅是个"过渡阶段",具有历史暂时性,最终必然为他们所设想的理想社会所取代。这对启发当时无产阶级的思想觉悟起到了积极的促进作用。

2. 对理想社会政治制度的设想。空想社会主义者在批判资本主义制度的基础上提出了自己的社会改革方案,论述了未来社会的政治制度问题,其中包含有许多合理因素和天才的猜测。圣西门设想的"实业制度"是由生产者(即"实业家")和学者掌握各种权力的社会制度。其中由优秀实业家组成的"最高行政委员会"掌握世俗权力,主管政治、经济事务;由著名学者和科学家组成的"最高科学委员会"掌握精神权力,主管科学、文化、宗教等事务;各种社会计划的编制、审查和实行等最高行政权力则由这两个委员会联合执行。在实业制度下,广大"生产者"和学者是社会的统治阶级。但圣西门所说的"生产者"或"实业家"不仅包括工人、农民等劳动阶级,还包括工厂主、银行家和商人等资产阶级;后者甚至被他视为实业家的"天然领袖",是劳动阶级的领导者。这说明他的政治思想还受到资产阶级倾向的一定影响。在圣西门眼中,实业制度是一个人们相互理解、和谐相处的理想制度,已往社会中统治者与被统治者之间的对立和斗争已不复存在,用以维持社会秩序的警察、军队等政治机构已没有存在的必要。社会的权力将由对人的政治统治变为对物的管理和对生产过程的领导;国家机关的职能主要是组织社会生产,造福整个社会,于是政治学也就成了"关于生产的科学"。圣西门的这一思想已包含有"国家消亡"的天才猜测,为马克思主义国家学说提供了宝贵的思想素材。

3. 对社会变革道路的探索。空想社会主义者对资本主义制度的批判和对理想社会的设计中不乏合理因素和有价值的猜测,但在探索从资本主义向理想社会过渡的道路时，则包含着许多严重的缺点和错误。

（1）他们不懂得人类社会的发展规律，不了解社会主义取代资本主义的历史必然性，总是用抽象的"人类理性"来解释社会历史的发展，认为资本主义的罪恶是人类理性迷误的结果，而他们所设想的理想社会则是人类理性的体现；从资本主义过渡到理想社会，关键在于教育人们摆脱愚昧和迷误，发挥人类理性的力量；而这种理性只有像他们这样的天才人物才能认识和揭示，因而改造社会、创造历史的重任便只能由他们来承担了。对资产阶级理性主义的认同最终使他们的社会理想成为唯心主义的空想。

（2）他们不懂得无产阶级的历史地位和伟大使命。在他们眼里，无产阶级只是一个苦难深重、值得同情的阶级，看不到无产阶级作为资本主义的掘墓人和新社会的创造者的伟大历史作用，因而找不到埋葬资本主义、实现理想社会的依靠力量，于是便把改造社会的希望寄托在统治阶级身上，企图通过宣传和乞求感化统治者，以便借助他们手中的权力，实现自己的社会理想。这种天真的幻想无异于与虎谋皮，在各国统治者的冷嘲热讽下，很快便破灭了。

（3）他们不懂得阶级斗争是阶级社会发展的直接动力。空想社会主义者从理性主义出发，认为人们只要接受他们的思想理论，认同他们的社会理想，理性便会驱除迷误，理想就能变为现实。为此，他们一方面孜孜不倦地进行宣传教育，试图使对立的阶级在理性感召下，捐弃前嫌，和谐相处，共同奋斗，以和平方式实现对社会的彻底改造。另一方面则通过对其理想社会模式的实验，妄图以其示范作用，吸引资本家群起仿效，使其社会理想变为现实。

空想社会主义者的种种努力都以惨痛的失败而告终，从而宣告了他们那套理论的彻底破产。究其原因，主观方面在于他们坚持唯心史观和人性论，不了解资本主义生产方式的本质和发展规律，否定阶级斗争，排斥政治活动，反对社会革命，迷恋于阶级合作和改良主义，因而便不可能为实现社会主义指明道路，只能陷入空想。客观方面则是受制于他们所处的时代和社会历史条件。正如恩格斯所说："不成熟的理论，是和不成熟的资本主义生产状况、不成熟的阶级状况相适应的。"[1] 随着无产阶级反对资产阶级的阶级斗争的发展，空想社会主义在理论方面的消极作用便日益凸显，逐渐成为工人运动的绊脚石，因而必然要为无产阶级科学的政治思想——马克思主义政治理论学说所取代。

（二）无产阶级科学的政治思想的特点

无产阶级科学的政治思想（即马克思主义政治理论）以辩证唯物主义和历

---

[1]《马克思恩格斯选集》第1卷，人民出版社1972年版，第409页。

史唯物主义为理论基础,全面而系统地研究和揭示了以国家为核心的政治现象及其本质和发展规律,内容极其深刻而丰富。关于马克思主义政治思想的基本内容,本书各章均有具体阐述,此处无须重复。下面主要分析马克思主义政治思想区别于其他政治思想的基本特点。

1. 科学性。马克思主义政治思想的科学性首先在于它来源于无产阶级政治实践,同时又是经过无产阶级革命和社会主义建设的实践反复检验、证明了的科学真理。其次在于它具有正确的指导思想。已往的政治思想都建立在唯心史观的基础上,从所谓"人类理性"、"神的意志"、"人的天性"等抽象观念出发构建其理论体系,自然不能如实反映政治事物的本来面目。虽然有些政治理论不乏合理因素,但就总体上看,都是错误的。马克思主义政治思想以辩证唯物主义和历史唯物主义为指导,坚持从实际出发,通过对现实的社会关系,特别是经济关系的分析,考察政治现象,因而能够客观正确地揭示政治事物的本质和发展规律。

2. 阶级性。政治思想理论是特定阶级思想意志的反映,具有十分鲜明而强烈的阶级性。各种非马克思主义政治思想家,囿于其狭隘的阶级私利和唯心史观的束缚,总是以全人类的代表自居,极力回避和掩盖其政治思想的阶级性。马克思主义政治思想反映了以解放全人类为己任的无产阶级和整个劳动人民的根本利益,没有任何值得隐瞒的阶级私利,因而它敢于光明磊落地宣布这一学说的无产阶级属性,公然申明自身是为无产阶级和人民大众的解放斗争服务的。另外,从马克思主义政治思想体系的基本内容和逻辑结构看,关于阶级、阶级关系、阶级斗争的观点及与之密切相关的国家理论,特别是无产阶级专政学说,不仅占有十分重要的地位,而且是这一理论体系的指导性线索,从而显示出马克思主义政治思想区别于其他政治理论的鲜明特点。

3. 实践性。马克思主义政治思想是无产阶级革命和社会主义建设实践的理论成果,也是无产阶级革命和社会主义建设的指导思想。它源于实践,又指导实践,是马克思主义的创始人和经典作家深入实际,认真研究无产阶级政治实践的产物,克服了已往政治思想学说脱离实际、主观臆造的弊端;同时也不像已往政治思想理论那样只是用来解释和说明政治现象,而是作为指导无产阶级政治实践的指南,为无产阶级和人民大众提供了改造社会的强大思想武器。

马克思主义政治思想的上述特点,既是它区别于其他政治思想的本质特征,也是这一科学理论体系的主要优点,它的产生和发展,是人类政治思想史上革命性的变革。

三、对马克思主义政治思想既要坚持又要发展

对待马克思主义政治思想的正确态度是既要坚持又要发展。一方面,马克

思主义政治思想揭示了政治社会的一般本质及其产生、发展的基本规律，揭示了社会主义必然取代资本主义的历史趋势和共产主义的发展远景。这些基本原理都是经过严格的逻辑论证和实践反复检验了的科学理论，是放之四海而皆准的客观真理。对此，我们必须坚定地坚持，并用以指导无产阶级革命和社会主义建设事业。另一方面，马克思主义政治思想体系并没有穷尽政治真理，其中有许多具体结论是马克思主义经典作家在特定历史条件下针对具体问题而提出的，是与特定时间、地点和条件相适应的，将随着社会实践的发展而不断丰富和完善，有的还应根据历史条件的变化而补充和修正。为此，又必须适时创新，不断发展，使马克思主义政治思想与时俱进，充满活力。

在进入21世纪的今天，马克思主义政治思想面临着许多有待回答的新问题和必须面对的新挑战，使坚持和发展马克思主义政治思想变得尤为重要。

1. 西方敌对势力对马克思主义政治思想的挑战。他们极力宣扬资产阶级的政治价值观，企图用资产阶级政治思想取代马克思主义政治思想在社会主义国家意识形态中的主导地位，进而搞乱人们的思想，以达到和平演变的目的。20世纪90年代苏联、东欧剧变的一个重要原因就在于此。另外，西方敌对势力的和平演变战略和国际共产主义运动的挫折，引起一些人的困惑和疑虑，并一度影响到一些人的政治信念。在这种情况下，只有坚定不移地坚持马克思主义政治思想并用以武装人们的头脑，批驳一切歪曲、攻击马克思主义的谬论，才能抵御资产阶级政治思想的侵袭，粉碎敌人和平演变的阴谋，并在斗争中为发展马克思主义政治思想开辟道路。

2. 第二次世界大战结束以来出现了一些新的情况。这一时期，西方兴起新的技术革命，资本主义国家在生产关系方面也作了某些调整，社会经济有所发展，阶级矛盾趋于缓和。社会主义国家在此期间虽取得了举世瞩目的伟大成就，但由于原来经济文化落后，起点低、基础差，加之缺乏经验，在工作中出现了一些失误，使社会主义国家与发达的资本主义国家相比，仍有一定的距离。于是，西方资产阶级的代言人便乘机宣扬马克思主义"过时论"、共产主义渺茫论、社会主义不可能战胜资本主义等论调。对此，必须依据马克思主义政治思想予以坚决地驳斥，同时也要认真研究新情况和新问题，在社会主义建设实践中进一步坚持和发展马克思主义政治思想。

在建设有中国特色社会主义的伟大实践中，坚持马克思主义政治思想集中体现为坚持四项基本原则，反对资产阶级自由化，反对一切背离四项基本原则的"左"的倾向，以马克思主义政治思想为指导，保障社会主义建设事业沿着正确的方向前进。

如果说坚持四项基本原则是我国当前坚持马克思主义政治思想的基本要求，

那么坚持改革开放就是发展马克思主义政治思想的具体体现。我国当前的改革开放，既是制度创新，也伴随着理论创新。因此，必须坚决反对教条主义和一切否定改革开放的"左"的倾向，克服因循守旧、抱残守缺的保守观念的束缚，解放思想，锐意创新，不断研究新情况，解决新问题，创造新方法，将改革中积累的新鲜经验上升到理论的高度，进一步丰富马克思主义政治思想和理论宝库，促使其在实践中不断创新和发展。

第五节 政治思想的功能和作用

政治思想作为一种社会意识形态，对人们的政治实践、社会政治制度和政治意识体系都有十分重要的作用和影响，主要表现在以下三方面：

一、指导政治实践

政治思想作为一种社会意识，其作用必须通过政治实践或政治行为才能得到发挥。人的行为都是受一定思想意识支配的，因此，指导人们的政治行为或政治实践就成为政治思想的基本功能。这种功能集中表现为：

1. 政治革命的理论先导。政治革命是群众性的大规模的阶级斗争。为发动和动员广大群众积极投身革命斗争，就必须创立和传播革命理论，批判反动思想，用革命思想武装广大群众的头脑，提高革命阶级的政治觉悟和组织程度，形成足以摧毁反动统治的革命大军。历史一再证明，政治思想的变革是政治革命的先导。18世纪法国启蒙思想家创立的政治思想武装了法国人民，成为法国大革命的思想武器。19世纪中期马克思主义政治思想的产生和传播，推动了欧洲无产阶级革命斗争的高潮。20世纪初期，列宁主义政治思想则成为俄国十月革命的先声。"没有革命的理论，就不会有革命的运动。"[1] 历史上奴隶革命和农民革命之所以不能促成奴隶和农民的解放，就是因为他们不是新的生产方式的代表者，提不出能够使革命取得胜利的指导思想。在马克思主义政治思想产生以前，无产阶级革命斗争也因缺乏科学政治思想的指导而屡遭挫折和失败。

2. 政治改革的指导思想。政治改革是统治阶级运用国家权力对政治制度的完善和革新。统治阶级的政治思想在改革中起着至关重要的作用，不仅政治体制改革的方案要在一定政治思想的指导下设计和制定，而且政治改革中因涉及各方面利益调整所引发的社会矛盾和思想阻力也要靠政治思想的教育引导作用去排除。政治改革中，统治阶级不仅极力运用政治思想统一本阶级成员的思想

---

[1] 《列宁全集》第6卷，人民出版社1972年版，第231页。

和行动,以达到对政治改革的共识,而且还力图运用其控制的舆论工具、宣传媒体等精神资源影响和左右民众的思想,使之认同和服从统治阶级所发动的政治改革。实践表明,指导改革的政治思想正确与否,直接关系到改革的性质和成败。苏联、东欧"政治改革"的失败,根本原因就在于背离了马克思主义基本原理,在错误的政治思想误导下,将改革引向了邪路,最终招致亡党亡国的严重后果。我国的政治体制改革则在邓小平理论的指导下,始终坚持四项基本原则,为改革沿着正确方向顺利发展提供了有力的政治保障。

3. 政治决策的理论依据。政治决策是政治领导机构在一定政治思想指导下,对重大政治问题做出决定的政治行为。正确的决策不仅需要从实际出发,对面临的现实政治问题有正确的认识,而且需要有正确的指导思想。这是因为,政治决策的各个环节都是在一定政治思想的指导下进行的;决策目标的确定,实际是贯彻某一政治思想原则的结果;备选方案的拟定与选择,与决策者的政治价值观息息相关。政治思想是政治决策的理论依据,政治决策则是政治思想的具体体现。政治决策的正确与否及水平高低取决于政治思想的性质与科学程度。十一届三中全会以来,我党做出的一系列正确决策及所取得的伟大成就,这无不归功于邓小平理论的正确引导。

二、影响政治制度

政治制度是由社会经济基础决定的,同时又受到政治思想的重大影响和作用。

1. 政治思想指导政治制度的建立。政治制度是通过人的政治意识而形成的,是在一定政治思想的指导下建立起来的。因此,有什么样的政治思想,就会有什么样的政治制度。历史上千差万别的政治制度,正是千差万别的政治思想的具体体现。同样是资产阶级专政,由于政治理念和政治价值观不同,在美国建立的是总统制,在德国是议会制,在英国和日本则是君主立宪制。同样,社会主义国家也会因反映各国特点的政治思想不尽相同而形成各具特色的社会主义政治制度。

2. 政治思想维护政治制度的存在。政治制度是统治阶级政治思想的体现,与统治阶级的根本利益相一致。为了维护现行政治制度,统治阶级一方面将本阶级政治思想的基本原则上升为国家意志,形成整个社会成员都必须遵守的强制性规范,以国家权力为后盾,保障政治制度的权威性。另一方面运用本阶级的政治思想论证政治制度的合理性与合法性,以减少其他政治团体的抵触与反抗;同时,统治阶级还以各种方式向人们宣传和灌输统治阶级的政治观念和政治价值观,通过政治思想的教化和引导,使现行政治制度得到民众思想上的认同和行动上的支持。对不利于现行政治制度的思想观念,特别是与之敌对的政治思想，统治阶级则极力进行限制、禁止和排斥，以消除现行政治制度推行中的思想阻力和潜在威胁。如秦王朝为维护中央集权制的封建专制制度，不仅大力宣传与之相适应的法家思想，推行"以法为教，以吏为师"的政策，而且极力禁止和排斥儒家思想的"干扰"，甚至不惜采用"焚书坑儒"的强硬手段压制儒家学派，为造就与中央集权制相一致的思想统一局面排除障碍。

3. 政治思想影响政治制度的改革。政治制度变革的根源在于经济关系的变化，但经济对政治制度变革的作用并不是直接的，而是要通过政治思想这一中间环节的作用。历史事实表明，一般是先出现经济关系的变化，这种客观的变化反映到了人的主观意识中，形成一定的政治思想，然后在这一政治思想的指导下进行政治制度的变革。

政治制度变革的性质与内容也与政治思想息息相关。政治思想通常包含有对政治发展方向的展望和对理想政治制度的设计与论证。当这种理想的制度与社会发展规律相一致，符合人民群众的根本利益和愿望时，就会成为凝聚群众力量，统一群众思想和行动的强大精神力量，使政治制度的变革得到广大群众的拥护与支持。这种政治思想通过指导政治革命和政治改革而促使政治制度的发展和完善。相反，如果政治思想违背历史规律，便会将政治制度的变革引向邪路，出现政治制度的蜕化和变质，甚至导致社会历史的倒退。苏联、东欧的剧变就是在错误的政治思想引导下产生的恶果。

正确认识和充分发挥政治心理和政治思想在政治活动中的积极作用，对于搞好当前的各项改革工作具有重要的实践意义。在改革实践中，一方面要重视群众的心理情绪，虚心倾听群众的意见和呼声，各项改革举措的出台，都应充分考虑群众的心理承受力，反对背离群众意愿的命令主义作风。另一方面，必须用马克思主义政治思想加强对群众的教育引导，努力克服群众心理情绪中的消极因素，将群众朴素的政治情感提高到理性的程度，使各项改革措施得到群众心理上的认同和行动上的支持，为改革的顺利进行营造良好的思想环境。

三、反映政治利益

政治思想是特定阶级根本利益的反映，并为其阶级利益服务，这种服务主要表现在两个方面：一是以完整的思想理论体系，论证其利益关系的合理性和正当性，尤其是为占统治地位的阶级服务，为其政治统治的合法性和合理性提供理论依据，并采取相应的手段控制被统治阶级的思想。二是作为被统治阶级利益反映的政治思想，对现存的政治统治秩序进行批判，对未来的理想政治生活进行论证，动员所属阶级及其广大民众，参与推翻政治统治的政治斗争。

任何一个阶级在社会活动中，都会关注本阶级特殊的阶级利益，而每一阶级政治思想的主要内容和价值取向正是由本阶级的特殊利益决定的。不同的阶级由于其阶级利益的差别形成不同的政治思想体系，不同政治思想在社会思想体系中所处的地位由其阶级地位决定。统治阶级的政治思想在不同阶级政治思想中占据统治地位，正如马克思所言："统治阶级的思想在每一时代都是占统治地位的思想。这就是说，一个阶级是社会上占统治地位的物质力量，同时也是社会上占统治地位的精神力量……占统治地位的思想不过是占统治地位的物质关系在观念上的表现，不过是以思想的形式表现出来的占统治地位的物质关系；因而，这就是那些使某一个阶级成为统治阶级的关系在观念上的表现，因而这也就是这个阶级的统治的思想。"[1]

统治阶级的思想对于社会的统治力量是随着统治阶级统治地位的获得而获得的。统治阶级把代表自身的思想置于统治地位，不仅是他们阶级地位的观念表征，也是进行有效统治的政治要求。阶级社会的历史发展证明，任何阶级的政治统治，都离不开思想统治。但是当统治阶级尚未取得统治地位之前，代表他们利益的思想也仅仅作为一种阶级思想而存在。尽管后来随着其统治地位的获得，这种阶级思想上升为统治思想，但这并不能否认统治阶级的思想统治功能是在统治阶级获得和巩固统治地位这一历史过程中逐步获得的。在这一过程中，每一个试图取得统治地位的阶级，都要进行两项必要的工作：一是把本阶级的利益和反映这种利益的思想上升为普遍利益和普遍思想；二是将本阶级的思想作为新思想与代表统治阶级利益的旧思想相对抗并最终取胜。

不同阶级的政治思想是由阶级利益决定的，政治思想与阶级利益是不可分割的。一个试图取得统治地位的阶级在与现存的统治阶级对抗过程中，必须得到社会大多数成员的支持与认同，否则就很难在对抗中获胜。为此，他们首先要使代表自己利益的思想得到社会全体成员的认同和响应。要做到这一点，他们必须把本阶级的利益上升为社会的共同利益，并相应赋予自己的政治思想以普遍的形式，从而使本阶级以全社会代表的身份、以全体群众的姿态反对统治阶级。通过这样的过程，试图取得统治地位的阶级才逐渐使代表本阶级利益的思想成为指导全社会的思想形式。对此，马克思分析指出，统治阶级的"利益在开始时的确同其余一切非统治阶级的共同利益还有更多的联系，在当时存在的那些关系的压力下还不能够发展为特殊阶级的特殊利益。因此，这一阶级的胜利对于其他未能争得统治地位的阶级中的许多个人来说也是有利的，但这只是就这种胜利使这些个人现在有可能升入统治阶级而言"[2]。

就具体的政治思想统治而言，统治阶级思想对社会的统治，是通过一定的

---

[1]《马克思恩格斯选集》第1卷，人民出版社1972年版，第98页。
[2]《马克思恩格斯选集》第1卷，人民出版社1972年版，第100页。

物质基础和思想的生产者实现的。马克思和恩格斯指出:"支配着物质生产资料的阶级,同时也支配着精神生产资料,因此,那些没有精神生产资料的人的思想,一般地是隶属于这个阶级的。"[1] 统治阶级对精神生产资料的支配,使得他们能随心所欲地表达自己的思想,使得他们有可能运用所有手段把自己的思想传遍全社会,并用本阶级的思想去塑造"合格"的社会成员的思想,以利于阶级统治。

统治阶级政治思想对社会的统治,除了依赖统治阶级对精神生产资料的支配外,还要依赖统治阶级借助这些精神生产资料所进行的思想生产。任何统治阶级为了维护自身的统治,都必须成为思想的生产者,都必须不断地生产自己的思想,并借此来规范整个社会。马克思和恩格斯指出:"构成统治阶级的各个人也都具有意识,因而他们也思维;既然他们作为一个阶级而进行统治,并且决定着某一历史时代的整个面貌,那么不言而喻,他们在这个历史时代的一切领域中也会这样做,就是说,他们还作为思维着的人,作为思想的生产者而进行统治,他们调节着自己时代的思想的生产和分配;而这就意味着他们的思想是一个时代的占统治地位的思想。"[2]

任何统治阶级政治思想的生产,都不是由整个阶级来进行的,而是通过统治阶级的思想家来进行的。一方面,思想家从理论上把以观念形式表现在法律、道德中的统治阶级存在条件变成独立自在的观念形态,从而使这些观念形态在形式上成为统治阶级用以反对被压迫阶级的生活准则;另一方面,思想家将这些观念形态灌输到统治阶级每个人的意识中,使他们在自身的意识中把观念形态与所倡导的东西设想为某种使命。因此,统治阶级思想家政治思想的生产,不仅决定了统治阶级政治思想体系的精神原则和表现形态,而且借助统治阶级的政治经济力量,规范了其他阶级政治思想的基本取向,从而使整个社会的政治生活与精神生活都符合他们规定和支持的社会生活原则。

关键概念

政治思想;政治心理;政治文化;政治思想的继承性;政治思想的发展性;天赋人权说;社会契约论;政治哲学;政治科学

---

[1]《马克思恩格斯选集》第1卷,人民出版社1972年版,第98页。
[2]《马克思恩格斯选集》第1卷,人民出版社1972年版,第98~99页。

思考题

1. 政治思想和政治文化的关系是什么?
2. 政治思想和政治心理的区别是什么?
3. 政治思想有哪些特征?
4. 什么叫政治思想?
5. 政治思想有哪些类型?
6. 剥削阶级的政治思想包括哪些?
7. 资产阶级的政治思想主要内容有哪些?
8. 如何理解资产阶级政治思想的进步性与局限性?
9. 无产阶级政治思想有哪些特点?
10. 政治思想的功能有哪些?

第四编　政治行为

政治行为是人类行为的一种，是政治关系的直接动态表现。政治现象的实践性表明，没有实实在在的政治行为，就没有政治本身。作为一种最普遍的政治现象，政治行为成为现代政治学使用最为广泛的概念之一。它是人们在特定利益基础上，围绕着政治权力的获得和运用、政治权利的获得和实现而展开的社会活动。自从政治科学发生行为主义革命后，政治行为一度成为政治分析的出发点和核心内容，行为学也成为一种主要的政治学研究方法。当我们周围的政治现象日益成为人们自觉实践的产物时，我们尤其要注意行为学的研究方法。一方面，我们可以通过行为学的研究方法更准确深入地了解政治现象，获得对政治现象的更加科学的认识；另一方面，我们通过行为学的研究方法还可以更合理地了解人们的政治行为，更合理地设计自己的政治行为，以谋求相关利益的最大化。在当代政治科学中，也有人把政治行为与政治制度、政治理论、行政管理和国际政治等并列为政治研究的五大基本领域。

在现代政治社会中，政治行为主要表现为政治权力机构的政治决策行为，政治管理机构的政治管理行为以及民众的政治参与行为。政治决策与政治管理的行为主体是社会的公共权力系统，而政治参与的主体则为普通的社会成员。政治决策是所有的国家、政党和社会政治组织为了实现自己的利益，达到特定的社会政治目标，都要进行的一种政治行为。随着现代科学技术的进步和社会经济的迅速发展，政治决策的对象日益庞大、复杂和多变，决策的内容也日益多样和广泛。因此就对决策者提出了更高的要求，他们要充分利用多种现代化的决策手段和工具处理决策准备工作，实现决策的科学化、系统化、定量化。政治管理就是社会的公共强制力对社会事物加以积极的影响，改善其存在的条件和状态，提高社会事物的价值，并加以相对合理的分配等活动。政治参与是指社会普通成员合法而经常地企图影响和支配公共强制力的一系列行为，其主要的形式是选举、创制和罢免、复决等直接民权。社会成员的政治参与,一方面表明了主权在民的现代政治理念;另一方面,在一定程度上实现了其自身的政治利益,此外还有利于社会政治决策的民主化和科学化。

第 8 章　政治决策

决策作为人类有意识的活动，自古以来就存在。我国早在先秦时期，就有了"决策"一词。如《韩非子·孤愤》中的"智者决策与愚人，贤士程行于不肖"。春秋战国时期有大批谋士专门从事谋划策略的活动。三国时期的诸葛亮，帮助刘备三分天下；元末朱升提出"广积粮，高筑墙，缓称王"，帮助朱元璋克敌制胜，建立明王朝。这些都是历史上有名的决策故事。不过现代意义上的"决策"一词及其理论，是从西方管理学中引进的。它是指对未来实践活动的理想、意图、目标、方向和达到理想、意图、目标、方向的原则和方法所作的决定。政治决策是决策的一种，它是国家、政党、社会政治组织的领导权力机关，选定国家发展的方向、目标，选择按此方向而实现其目标的途径、步骤以及方法、手段等措施的活动。随着现代科学技术的进步和社会各方面的迅速发展，政治决策对象呈现出复杂多变的特点，决策的目标和内容也日益的多样和广泛。这些都给政治决策者们提出了更高的要求。其权威性、全局性的特点也决定了政治决策在现代政治生活中有着重要地位，起着重要作用。政治决策的正确与否，关系到政治管理的成败，关系到人民利益的实现甚至国家的兴衰存亡。在国际交往日益频繁、复杂，国际关系面临的不确定因素越来越多的今天，一个国家如何抓住有利时机，进行科学决策，促进社会全面发展，在国际上立于不败之地，已经成为一个国家面临的艰巨任务。

政治决策是政治行为中的一个重要方面，是一种重要的政治管理活动，也是这种管理活动中重要的一个环节。任何政治活动都始终围绕着政治决策的制定、选择、执行而进行。政治决策贯穿国家政治管理活动的全过程，直接关系着政治管理活动的成败。

第一节 政治决策及其地位作用

一、什么是决策与政治决策

（一）决策与政治决策的含义

决策是人类社会自古以来就有的活动，它渗透于政治、经济、军事、文化等各个领域。决策的英文是"decision-making"，直译过来就是"作出决定"，它是指对未来实践活动的理想、意图、目标、方向和达到理想、意图、目标、方向的原则和方法所作的决定。决策的正确与否，小则关系到某项工作或事业的成败，大则关系到国家民族的存亡兴衰。从一般决策来讲，其具有五个特点：①有明显的目的性。决策离不开为行动确定的目标，没有目标便没有方向，也就无法做出决策。②有科学的选择性。决策总是在特定的条件下对若干方案进行选择，没有选择，便无从优化，选择一方面是目标选择，即寻找优化目标；另一方面是方法选择，即寻找达到目标的最佳方法、步骤。③有真实的实践性。决策是为了实施经过优化的行动方案，不准备实施的决策是没有什么意义的。④有充足的预见性。决策是决定未来的行动，因而需要对未来的环境、条件的变化和行动结果作出预测。⑤有风险性。决策是在环境提出问题而人们必须解答问题的情形下进行的。由于客观环境的复杂、不可预测、多变性以及决策者自身的局限性，决策都有一定程度的不确定性，而决策的结果也不一定如人们的设想。在政治领域的决策就是政治决策，它是对政治行为的方案进行选择，以期最优化地达到目标的活动。在现代政治生活中，所有国家政党和社会组织，为了实现自己代表的根本利益，达到特定的社会政治目标，都要进行政治决策。所以我们认为，政治决策就是国家、政党、社会政治组织的领导权力机关，选定国家发展的方向、目标，选择按此方向而实现其目标的途径、步骤以及方法、手段等措施的活动。政治决策也属于决策科学的范畴，但它不同于一般的决策，它除了决策科学自身的运动规律之外，还有着丰富的政治色彩。

（二）政治决策的特征

1. 政治决策是根据统治阶级的指导思想和政治理论原则制定的，具有鲜明的阶级性、权威性。政治决策者作为国家的统治力量的代表者，必须突出它的阶级属性。当代社会的经济、科技以及各种利益无不表现出政治关系，所以，政治决策的范围不仅局限于一般的政治斗争领域，也涉及经济、科技和社会的范畴。经济上的地位必须通过政治权力才得以实现，社会运行的协调也最终依赖于政治手段，所以国家的一切活动无不表现为政治关系的协调和操作，政治决策也就成了一种带总体性和全面性的决策形式，在政治系统中占据着宏观支配地位，起着宏观的支配作用。在阶级社会中，任何政党和政府都是代表特定阶级利益的政治集团，其一切所为本质上都要服从阶级利益的需要。尽管从表面上看，政党和政府的政策行为有时并不带有政治色彩，如人口政策和环境保护政策等，但实质上还是为了巩固阶级统治的需要，这个需要简单地讲就是为了实现政权的稳固、国家的长治久安和社会的可持续发展，并且政治决策所形成的决定以国家的强制力为后盾，表现为各项方针、政策、法律、法令等。所以说，政治决策带有鲜明的阶级性、权威性。

2. 政治决策的主体是国家、政党或其他政治组织的领导者。不同层次的决策有不同主体，即不同的决策者。比如经济决策的主体是经营管理者，军事决策的主体是军事专家，等等。而政治决策主体，是掌握国家、政党或政治组织的政治决策权和决策执行权，代表国家政党或政治组织整体来决策的领导者。所以，他们作出的政治决策具有不同程度和范围的权威性。政治决策的权威性在于，决策一旦作出，就必须严格服从，切实执行，而不得违抗破坏。政治决策不仅对决策执行者及下属有约束力，对决策者自身也有约束力。政治决策的权威性同决策主体的权力范围成正比，其权力范围的大小依次是国家政治决策、政党政治决策和其他政治组织的政治决策。

3. 政治决策活动的对象，是与国家政权和制度相关的社会政治问题。政治决策涉及社会的各个领域，但不论哪个领域，只要是与国家及其政局相关的问题，都可以成为政治决策对象。不过究竟何种政治问题成为决策对象，要由决策主体代表的阶级利益和活动的性质与范围来决定。一般来说，统治阶级的国家机构及政党，代表统治阶级的根本利益，运用国家权力，维护国家制度，所以基本决策对象，只能是怎样有效运用国家政权和如何维护国家制度等政治问题。其中政党和国家中央机构的政治决策对象，是全国范围的重大政治问题，而地方机构决策对象，主要是与本地方、本组织直接相关的局部性政治问题。被统治阶级的政党，代表其阶级利益，力求变更国家政权和国家制度，所以基本决策对象必然是如何取得国家权力，把政治制度改造成什么样子，以及通过什么途径，应用什么方法来改造等政治问题。其中，党的中央机构的决策对象，通常是涉及全国范围的重大政治问题，党的地方机构的决策对象，与党在本地方的活动直接相关，是局部性的政治问题，政治决策要解决的问题，都与国家政权、国家制度相关联，都在于实现政治决策主体代表的阶级利益，所以都带有鲜明的阶级性。

4. 政治决策活动的内容，从广义上讲，是由制定决策和实施决策两个大的部分所构成的。一般来说，制定决策的过程，属于认识政治社会的过程，实施决策则属于改造政治社会的过程。政治决策活动的这两个过程是不可分割地统一在一起的。因为，没有制定决策的认识过程，实现决策的实践过程就无从发生，即便发生，也是盲目的，注定要碰壁。同样，没有实现决策的实践活动，政治决策不仅没有形成的动力，即使形成了科学、可行的决策，也会因为不能实现而变得毫无意义。这表明，广义的政治决策的内容，是政治主体认识政治社会和改造政治社会的有机统一。从狭义上说，政治决策的内容，专指制定决策的过程，决策方案一决定，决策过程便宣告结束。

5. 政治决策的过程，是变化发展着的动态过程。政治社会处在变化发展之中，因此，政治决策也必然处在变化发展之中，表现为"制定政治决策（认识政治社会）——实施政治决策（改造政治社会）——再制定政治决策（包括追踪政治决策：对原决策或决策方案的根本性修正）——再实施政治决策"的动态发展过程。政治决策按照这种周期而循环往复的变化发展过程表明，政治决策是动态的。

二、政治决策的地位和作用

政治决策不同于其他一般决策，它比其他决策对一个国家的影响更为重大，它甚至关系到一个国家的生死存亡。并且它以其独特的性质，在一个国家的社会政治生活中发挥着重大的作用。

（一）政治决策是政治管理活动的基础和核心

政治管理活动是国家对公共政治生活实施调节与控制的过程，而政治决策乃是政治领袖对政治生活重大问题进行制定和选择行动方案的过程。政治决策是政治决策者，即政党和政府的领导人，对客观形势作出权威判断，确定什么是政治生活的重大问题，提出人们需要达到的政治目标，并从各个抉择方案中选择一个方案作为未来行为的指南。而在作出决策以前，其只是对计划工作进行了研究和分析。没有决策就没有合乎理性的行动，因而决策是计划工作的核心；而计划工作是进行组织工作、人员配备、指导与领导、控制工作等的基础。政治决策贯穿在政治管理的全过程，而政治管理的每一个环节，都围绕着政治决策进行，受政治决策支配。因此，从这种意义上说，政治决策是政治管理活动的基础和核心。

（二）政治决策是领导活动的核心和基本职责

国家的政治意志通过国家的政治决策来体现，而实现政治决策，正是领导者的基本职责。毛泽东同志曾经指出领导者的基本责任，归结起来，主要就是"出主意，用干部"。毛泽东同志所说的领导者责任，既体现了决策科学的普遍规律性，又有着政治性，即领导者出主意这一类的基本职责。领导者是政治决策的组织者、审定者、推行者。决策能力是领导者的一项最主要的能力，也是我们衡量一个领导者基本素质、领导水平高低的标准。我们评价一位领导者水平高,是因为他能正确地分析客观形势,作出正确决策;而素质低的领导者,则容易出现"一将无能,累死千军"的情形。如果领导者就决策而决策,没有坚定的政治倾向,就只能是没有政治头脑的管理者,也不是真正意义上的领导者。实践也证明,整个领导活动的过程,都是在政治意志支配下的政治决策过程,是政治意志支配下的制定决策和实施决策的过程。从中外的实例中可以看出,无论是资产阶级所统治的国家,还是君主制国家;无论是现代社会还是古代社会,每一项重大决策,无不是为了维护统治阶级的利益,无不是为了巩固统治阶级的政权,也无不是统阶级意志的体现。从具体的决策活动来看,决策前的调查研究、拟定方案、综合评估等都是从统治阶级的利益出发去制定科学的决策;决策后的宣传发动、组织落实、贯彻执行、反馈修正方案,都有着明显的政治意图,都是围绕所要实现的政治目标,从战略或战术上去实现具体的决策目标。因此说,政治决策是领导活动中最重要的核心内容,是基本职责。

(三) 政治决策关系到国家的兴衰和事业的成败

正确的政治决策是保证兴国安邦的前提,也是其他一般决策的政治依据。错误的政治决策,是最大的失误,是一般决策所难以纠正的。政治统治要得以维持、政治管理活动要有效,必须要有正确的政治决策。新中国历史上的"大跃进"和"文化大革命"决策的失误就是两个典型的例子。特别是在当今社会,政治决策在社会生活中具有左右全局的性质。因为当代社会生活构成了密切相关的整体,任何政治上的重大变动都会影响到整体结构。政治决策的正确与否,直接影响到国家政权活动的成败,甚至决定政治统治系统的衰亡。古今中外的事实证明,一个政权的消亡,首先是来源于政治决策的失误;一个国家的昌盛,也在于有正确的政治决策。不论是创建一个国家,还是巩固国家政权,政治决策极其重要。毛泽东曾精辟地指出:只有党的决策和策略全部走上正轨,中国革命才有胜利的可能。政策和策略是党的生命。这不仅是对民主革命经验的科学总结,也是对政治决策的高度概括。政治决策也是上层建筑的重要组成部分。建国以来正反两个方面的历史经验都证明,政治决策的正确与否,直接关系到我们整个社会主义事业的兴衰与成败。每当政治决策正确的时候,就会促进社会主义生产力的发展,促进社会的进步,提高人民的物质文化生活水平;每当政治决策失误的时候,就会阻碍社会的发展。也可以说,只有正确的决策才能真正代表国家和人民的利益。

(四) 政治决策对政治管理具有决定作用,决定着政治管理的成败

政治管理的各个领域、层次都离不开政治决策。政治决策的地位决定了它对于政治管理具有决定性作用,而政治决策的特点也反映了这种作用。在社会的政治生活乃至整个社会生活中,任何一种形式的决策,都不像政治决策那样,

能够产生那样巨大、深刻和久远的影响。不利的环境条件可能因决策的正确而获得转机，有利的环境条件也可能因决策的失误而丧失时机。正确的决策可以为实施良好的管理奠定基础，通过有效的执行，带来好的效果；决策失误，也将导致严重的后果。政治决策所需要决定的是政治生活的重大问题，诸如政治制度的性质是什么，政府组织的原则是什么，政治发展的方向是什么等这些带有根本性、规定性的问题。如果在这些重大问题上发生决策失误，就有可能给社会生活带来剧烈的动荡、深刻的危机和严重的灾难。

第二节 政治决策的类型

影响政治决策的因素是复杂的、多样的，因为政治决策对象极为广泛、复杂，决策者思维、行为的方式也各异。所以，对复杂、多样的政治决策进行多层次、不同角度的分类，有助于我们准确把握政治决策概念。政治决策形式多样，分为多种决策类型。

一、国家权力机关决策、行政机关决策和政党决策

以政治主体为标准，政治决策主要可分为国家权力机关的政治决策、行政机关的政治决策和政党的决策。

1. 国家权力机关的决策，即国家权力决策，是公民直接或间接选举的权力机构，就国家的政治、经济和社会制度，就国家的预算和发展计划、战争与和平等重大社会政治问题进行的决策。这种决策是国家机构中的最高权力机关作出的，所以具有最高的权威性，其他所有决策都不得与它相抵触。这种决策作出之后，所有社会政治组织和社会成员都必须严格遵守。一切社会政治活动，都必须在它所规定的范围内进行，所以它又具有普遍的约束性。这种决策以国家的强制力为后盾，可以动用国家的一切强制力来实现，所以又具有巨大的强制性。在整个社会政治决策中，这种决策直接关系着国家的前途和命运，因而还具有特别大的重要性。

2. 行政机关的决策，也即国家行政决策，是政府或内阁为有效管理国家公共事务而制定行政法规、行政规划、行政政策和作出其他重要行政决定的决策。行政决策具有执行性、具体性、广泛性和综合性等特点。行政决策是政府为执行国家权力决策和执政党的基本政策而作出的，所以必然具有执行性。这是行政决策最为显著的特点。政府是管理国家公共事务的机关，它的行政决策是结合公共事务管理中的具体情况作出的，是国家权力决策和执政党决策在行政管理中的具体化，因而又具有具体性。政府管理的公共事务，涉及社会生活和生产的所有领域，它不仅要把国家权力决策、执政党的基本决策具体化于这些领域，而且还要本着这些决策的基本精神，就这些决策所涉及不到的公共事务作出决策，所以，行政决策的内容必然更为宽泛而具有广泛性的特点。在现代社会，科学技术迅速发展，并广泛用于行政管理对象的各个领域，许多行政决策的作出，都需要综合运用多种科学技术知识，所以，现代行政决策在决策手段与方法上，还具有综合性的特点。

3. 政党决策是政党权力机构为解决自身和国家的诸种重大政治问题而制定纲领、路线、方针、政策和作出其他重大决定的决策。政党政治决策包括执政党的政治决策和非执政党的政治决策。执政党的政治决策直接关系着国家政治生活的性质和发展方向，它具有普遍指导性、及时适应性和根本性三个基本特点。由于执政党处于执政地位，它的决策涉及各个社会领域，因而，它所制定的纲领、路线和方针、政策等决策，对于整个国家的社会政治生活，必然具有普遍的指导意义。由于执政党的重大政治决策，通常是在没有先例的情况下，为解决党和国家面临的新问题，使党和国家能够及时适应客观形势的新变化而作出的，所以具有及时适应性。由于执政党的纲领、路线、方针、政策等决策，是为保证国家的根本性质和指引社会发展的总方向而作出的，事实上也发生着这样的保证、指引作用，所以，执政党的决策是根本性的政治决策。

二、国内问题决策和国际问题决策

以决策范围为标准，政治决策可分为国内问题决策和国际问题决策。

1. 国内问题决策，即对内政治决策，是就国内社会政治问题而进行的决策。诸如国家机关之间，国家与政党、军队之间，国家与民族、宗教之间，中央与地方之间，地方与地方之间和领导与群众之间的各种关系问题，国家的安定与统一问题，经济的振兴与社会的协调发展问题，以及人口和环境保护等问题，都是国内政治决策所要解决的决策问题。国内政治决策的根本目标是有效消除引起国内政局动荡、社会秩序紊乱、群体行为失范等社会政治问题，稳定国内政局，保证国家和社会协调、有序地向前发展。

2. 国际问题决策，即对外政治决策，是就国与国之间的双边或多边关系问题、地区性与全球性的政治经济等关系问题而进行的决策。这类决策包括：为维护本国主权独立、领土完整和在国家事务中的平等地位、合法权利而就本国同他国的关系问题所进行的决策；为维护本地区的和平与发发展，而就与本国有关的国际冲突和国际事件所进行的决策；为维护世界和平与发展，而就诸如大气污染、生态平衡、核威胁等关系各国人民生存与幸福的全球问题所进行的决策。

对内政治决策和对外政治决策，虽然范围不同，但却相互关联。一般来说，对内政治决策制约着对外政治决策，对外政治决策是对内政治决策的延续。对内政治决策通常占主导地位,但在特殊情况下,如遭遇强敌侵略,国家和民族面临生死存亡的关头时,对外政治决策的地位就会上升,占据主导地位。

三、战略性决策和策略性决策

以决策的地位和时效范围为标准,政治决策可分为战略性决策和策略性决策。

1. 战略性政治决策,主要是指政党和国家机关就国家政治全局、国家发展方向和长远目标等根本问题而进行的政治决策。这种决策,是政党和国家所代表的根本政治利益和经济利益的集中表现,因而具有整体性、全局性和根本性的特点,并在政治决策中居于主导地位。这种决策规定了政党和国家发展的长远目标,适用于较长的历史时期,因此具有稳定性和长期性的特点。

2. 策略性政治决策,主要指政党和国家机关在实现战略性决策的过程中,就如何具体行动、如何解决一系列问题和阶段性问题而进行的政治决策。这种决策适用于某一局部或某一具体的历史阶段,因而具有局部性和短期性的特点。这种决策是根据不断变化着的具体情况而灵活作出和修正的,所以还具有灵活性的特征。

战略性政治决策和策略性政治决策,有明显的区别,但又有不可分割的联系。其联系在于:①它们是相互依赖的。战略性政治决策是策略性政治决策的依据,策略性政治决策是在相应的战略性决策的指导下作出的,所以策略性决策依赖于战略性决策。策略性决策是实现战略性决策的保证,只有正确制定和实施相应的策略性决策,战略性决策才能逐步变为现实,所以,战略性决策也依赖着策略性决策。②它们的区分是相对的。在较大历史范围内是策略性决策,但在较小的历史范围内就可能转化为战略性决策;反之亦然。

四、常规性决策和非常规性决策

根据对决策对象的了解程度,政治决策可分为常规性政治决策和非常规性政治决策。

1. 常规性政治决策也叫确定性决策,是对决策对象的性质和情况有充分的了解,并且可以推算出预期结果的决策。这种政治决策一般是次一级机关为执行上级决策而作出的实施性决策,具有执行性;这种政治决策通常有既定的决策模式和可靠的信息资料,所以实施结果也较确定、可靠。

2. 非常规性政治决策也叫不确定性决策,是对决策对象的性质和情况有所了解,但对其发展的条件和因素不能完全控制,只能对发展的可能性作出概率性估计的决策。这种决策所要解决的问题,一般是过去没有出现过的或突发性的,因而具有不可重复性。这种决策没有既定的决策模式,对决策对象的了解也不充分,所以又具有风险性。正因为非常规性决策有这些特点,所以决策机关决策时，就应该充分发挥集体智慧，细致分析已掌握的有关情况，多角度权衡得失利弊，从而避免造成决策失误。

五、经验决策和科学决策

以决策方式为标准，政治决策还可分为经验决策和科学决策。

1. 经验决策即非理性决策，是决策者凭自己主观的经验和聪明才智而进行的政治决策。这种政治决策的特点是：其决策意向是"应该如何做"，决策内容有主观随意性，决策过程缺乏充分的预测分析和评价论证，因而决策效益不稳定、有风险。这种政治决策是古代通行的决策方法，尽管缺点较多，但即使现代政治社会，在一定的环境条件下，如在情势紧迫，需要当机立断的情况下，还是必须采用的。

2. 科学决策即理性决策，是决策者借助现代科学方法和技术手段，严格按照决策程序而进行的有科学根据的决策。这种政治决策的特点是：决策意向是"实际怎样做"决策内容有科学依据，决策的过程严格按照程序进行，并建立在调查研究、信息分析和评估论证的基础上，所以，决策较合规律，效益比较稳定。这种决策方式，优点较多，是现代政治决策的理性方式。

第三节 政治决策的模型

政治决策模型是不同学者在研究决策理论的过程中，根据自己的逻辑思路、假设，构造出各种决策过程的理论分析模型。了解政治决策的不同模型，有助于决策者深化决策制定活动，并且根据问题、环境和条件，采取适当的思路和分析框架，制定出正确的决策。政治决策模型主要有以下几种：

一、理性决策模型

理性决策模型又称为科学决策模型，这种模型是从规范的角度去考察问题，它受古典经济学理论影响较大。古典经济学家认为，"经济人"知道全部可能的行动，知道哪种行动能得到最大的效果，知道从所有行动方案中选择最好的一种。强调决策者在决策时奉行最大化原则，抉择最优方案、谋求最大利益。实行理性决策的条件包括：①面对的是一个既定的问题，决策者目标明确，而且该问题有两个以上可供选择的解决方案；②决策者运用一系列的科学方法对每一个决策方案进行评估，并预测出该方案执行后可能产生的后果；③具备一套价值体系，作为从全部备选方案中选定其一的选择标准；④决策者正确的选择能最大限度地实现预定目的、价值或目标的那个方案。

理想决策模型要求决策者始终是理性的，每一项活动也都是理性的活动，整个决策过程都是理性化的，没有任何非理性因素。这是学者们所期待的一种理想决策模式。它的最终目的是希望能够设计出一套程序，决策者能借此制定出以最小代价取得最大成效的合理政策。与其他决策模式相比理想决策模式无疑是最优化的，但在现实的政治生活中，这种模式却难以存在。因为这种模式的使用必须具备一些条件，比如完善的政府结构、畅通的情报系统、准确可靠的数据与反馈资料、决策者能够对社会的各种变量作出正确估计。实际上，当今世界没有一个政治体系可以全部拥有这些条件，所以完全按照纯粹理性的标准进行决策还是不可能的。

二、渐进决策模型

渐进决策模型是直接针对传统理性模式的缺陷，根据实际政策制定的特点，从"决策事实上如何做"而不是"应该如何做"的角度出发建立的一种决策模式。它将决策的运行看成是一个连续不断的渐进过程。这种理论有自己鲜明的特点：①渐进主义。它以已有的政策为前提，在新的条件下，决策者基于过去的经验而对现行政策稍加修改。②积小变为大变。决策在开始时目标并不很清晰，通过一系列渐进的、小的决策逐步趋于一个大致的方向，根据不断出现的限制条件修正目标，最后达到目标。渐进决策并不是不要求变革，而是要求这种变革必须从现状出发，通过一点点的变化，逐步达到根本变革的目的。它认为政策上的大起大落是不可取的，欲速则不达，势必会危害社会的稳定。为保证政策过程的稳定性，要在保持稳定的前提下，通过一系列小变化达到大变化的目的。这种理论的优点在于它适用于行政人员有限的能力和复杂的客观环境，可操作性强；采用不断尝试的方法，找出满意的结果，是一种灵活和显示可行的决策制定模式。

但它也有明显的不足：首先，它着重于短期目标，仅对现有政策作有限变更，有保守倾向。在社会稳定、变迁缓慢的情势下比较适宜，但当社会条件与环境发生巨大变革，需要彻底改革现有政策时，这种模式非但起不到应有的作用，还有可能阻碍社会变革，所以有一定的局限性。其次，它是决策者在应对复杂环境中形成的做法，没有系统的理论指导，发生失误的可能性大。最后，渐进决策是在没有明确目标的状况下实施的，因而缺乏预见性。

三、精英决策模型

精英决策模型是将政策视为反映占统治地位的精英们所持的信念、价值观和偏好的一种决策理论。该模型认为，社会总是分为掌权的少数人和无权的多数人。社会价值的分配是由少数人来决定，政策不是由人民大众通过他们的需求和行动决定，而是由占统治地位的精英们决定，然后由政府官员和机构加以实施。通常并非精英的政策立场受到民众舆论的影响，而是民众对政策的看法常受到精英政策立场的影响。政策是从精英向下流至民众，而不是政府响应民情的结果，也就是说，群众因无权而不能决定公共政策。少数的统治者和杰出人物主要是来自社会中经济地位较高的那个阶层，他们不是被统治者的代表。尽管如此，精英们决定的公共政策并非一定会违背一般大众的福祉，因为从根本上说，公共政策有赖于民众的支持，否则政治系统就不会稳定和持久，再说精英为了竞选连任或流芳千古，在任期内也必须充分表现其政绩。

精英是现行体制下的受益者，从而倾向于维持社会的现状，其态度是相当保守的，不会轻易改变现行政策，即使改变也是渐进的，而非激进、全面的改变。只有当整个社会面临威胁、岌岌可危时，精英为了保全其本身在政治系统中的地位，才会提出根本改革的建议。精英决策模式无疑是一种唯心主义的英雄史观。在任何一个大众参政议政程度比较高的社会中，人民群众的影响占主要地位。从现代民主政治的要求看，政府最基本的目标是维护和增进公共利益，为此，他们在制定政策时，必须要反映广大民众的利益要求和价值取向，必须获得他们的认同和拥护，否则任何一个政治系统都不可能稳定和发展。

四、集团决策模型

集团决策模型将政策看成是集团斗争的产物。其基本假设是，集团之间的相互作用和斗争是政治生活中的基本事实。一般而言，具有某种共同利益的个人，均正式或非正式地结合成某一个团体，以便向政府提出他们的利益要求，并希望通过影响政府的决策行为，来实现自己所追求的价值取向。只有通过团体，个人才能试图获取他的政治优先权。因此，集团便成为个人和政府间的重要桥梁。政府的行政决策过程实际上是集团间设法影响政策的过程，在这种影响下，政策便成为各个利益集团之间竞争后所造成的均衡。这种均衡取决于各个利益团体的相互影响力，一旦这种影响力的格局发生变化，政策便可能随之改变。

按照集团决策模型的理解，政府在制定政策过程中，完全处于被动地位。因为立法机关只能为集团的斗争担任仲裁，认可获得成功的联合体的胜利，并且以法令的形式记录投降、妥协和征服的条件。每一个法令都代表着妥协结果，因为调节集团间利益冲突的过程是依据审议和取得妥协的过程。任何一个立法机关的决议事项，往往代表了投票时相互竞争着的团体之间力量的构成。由此可见，集团决策模型过分夸大了集团的重要性，既低估了决策者在政治过程中所起到的独立的又富有创造性的作用，又没有充分认识到政治生活中其他因素的重要影响。其优点是充分考虑利益集团在决策过程中的作用，对分析和处理具有利益冲突的各种政治、经济和社会行为有较好的作用；但其也有过分夸大集团的重要性，低估决策者的作用及其他因素的影响的缺点。

五、系统决策模型

系统决策模型从系统论的观点出发，把政策视为政治系统对来自环境需求的反应,强调政治系统的环境作用,它将政策的制定放在政治、经济、社会与文化环境中进行考察和解释。政治系统是复杂的,按照系统论的观点,可以把政治过程看做一个黑箱,人们不需要详细过问作为政治系统内部的组织结构和行为过程,只需要了解投入和产出,了解政策制订系统与环境的相互作用和社会反应,而这种相互影响是一个动态的过程。在稳定的环境里,政治系统的反应可以是渐进性地修改政策,而在快速变迁的环境中,则需要对政治系统进行彻底的变革。系统决策模型虽没有很好地说明一项公共政策的决定是如何作出的,但它由于强调系统与环境之间的相互制约,因此比较容易解释公共政策复杂的动态特性。系统决策模型对我们最大的启示是,公共政策制定系统是一个投入—产出系统,它要与环境相互统一,达到动态平衡。

第四节 政治决策的原则、程序和方式

政治决策的原则是对政治决策活动固有规律的概括。政治决策是一项高度综合的复杂活动,要使政治决策切合实际并且有效,就应遵循一定的原则。

一、决策原则

政治决策的原则,是现代政治决策过程固有的反映,是决策工作的行为准则,主要有如下几条。

1. 信息原则。从信息论的角度看,政治决策实际上是收集、加工和转换政治信息的过程,是以政治信息为基础的。通常情况下,政治决策的科学程度,同决策者掌握信息的全面性和准确性成正比。所以,进行政治决策,提高决策的科学性,必须坚持信息原则:高度重视政治信息,多方收集政治信息,细致加工政治信息,准确利用政治信息。

2. 预测原则。科学的政治决策,不仅同决策对象的现状相统一,而且还应有应变性,同决策对象发展的必然趋势与未来前景相一致。政治决策实践表明,缺乏科学预测,不仅会导致决策失误,而且会造成难以弥补的政治损失。所以,进行政治决策,还要坚持科学的预测原则:在对政治信息进行去伪存真、去粗取精、由表及里的比较、选择和分析的基础上,运用由此及彼、由先及后等辩证思维方法,对政治决策对象的变化趋势和发展前途作出正确的预测。

3. 系统原则。政治决策的对象是由若干要素相互联结而成的有机系统,把决策对象视为一个系统,以整体目标的最优化为标准,分系统和单项的目标必须置于整个系统中来分析。因此,进行科学的政治决策,应当坚持系统原则:从非加和性即整体大于部分之总和的要求出发,对整体与部分、内部条件与外部环境、当前利益和长远利益、主要目标与次要目标、各种预选方案与手段措

施等相关要素及其相互关系和相互作用,加以综合分析,从而避免顾此失彼、因小失大的错误,提高政治决策的整体效能。

4. 可行原则。作出政治决策,目的在于实现决策。无法付诸实施,无论多么头头是道的政治决策,也只能是纸上谈兵的无效决策。所以,政治决策必须是可行的决策。制定可行的政治决策,要根据客观实际,确立政治目标,周密分析主客观条件,综合优选实施方案,充分估计实施的后果与影响,从而把需要与可能、目标与结果有机统一起来。

5. 优选原则。政治决策形成的过程,是对若干决策方案进行比较和选择的过程,方案的优劣程度,决定着决策实施效果的优劣程度,所以,选择决策方案,必须坚持从优原则。坚持这一原则,要预先粗拟较多的方案,本着择优的精神,通过全面对比、权衡利弊、筛选预选方案,最后把最佳方案确定下来。

6. 创新原则。政治决策的目的在于变更现在、开创未来,所以,必然要有创新性。创新原则,是政治决策必须坚持的一条重要原则。没有这一原则,不仅不能开创未来,反而会使政治发展滞后。因为,滞后于政治发展的决策,付诸实施,见之于行动,会变成阻碍政治发展的客观力量。坚持创新原则,对决策者说来,必须不断更新观念,解放思想;对决策的内容说来,要同决策对象的现状和必然趋势相适应;对决策趋向说来,则要变革和改造今天,创造新的明天。

7. 适时原则。政治决策的作出必须抓住时机,利用机会,当机立断,适时决策,避免议而不决,贻误战机。

此外,有的学者还提出了信息准确全面原则、行动原则、相关原则等。

二、决策程序

政治决策的程序有四个基本环节:确定决策目标、拟定备选方案、甄别优选方案和追踪修订决策。

(一) 确定决策目标

确定决策目标是政治决策过程的第一步:没有目标,无从决策;目标一错,决策全错。所以,确定决策目标,是政治决策过程中至关重要的一步。

政治决策的目标,是决策者在具体的社会政治环境中,根据主观的需要、客观的条件和实现的可能性而欲达到的行为结果。确定决策目标,首先要找出需要解决的决策问题。找出决策问题的方法,一般有三个环节:①找出问题——找出应有政治状况与现状之间的差距问题。其中,既要找问题的质,即问题的性质、特征;又要找问题的量,即问题存在的范围和程度,由此从总体上确定所需解决的决策问题。②探寻原因——弄清所需解决的决策问题产生的时间、地点与基础、条件,以确定政治决策的基本性质和方向。③分析条件——

分析解决决策问题必须具备的、现已具备的和可以创造的主客观条件，以确定把问题解决到什么程度，从而形成质量统一的决策目标，获得具体而明确的预期结果。确立政治决策目标，应注意三个"统一"：

1. 风险性和可行性的统一。政治决策的可行性是决策目标通过实施过程而变为现实结果的性质，是政治决策的必然要求，没有可行性的政治决策是徒劳的、有害的决策。政治决策也不可能没有一定的风险性，因为决策问题本身十分复杂，其发展变化的许多原因难以人为控制；政治决策者毕竟能力有限，对决策问题的分析有可能出现偏差。确立政治决策目标不可没有可行性，但也不可能没有风险性；只见可行不见风险，会增大风险系数，而只见风险不见可行则会减少可行系数。因此，确立政治决策目标，一定要把它的可行性和风险性结合起来考虑。

2. 兼顾多样和突出重点的统一。国家的政治事务广泛而复杂，享有决策权的机关不仅有不同的层级，而且有不同的部门，所以，政治决策目标必定是多样的，是有各种目标构成的目标系统。在多样的目标中，既有上层的、中层的和基层的政治决策目标，又有长期的、中期的和近期的政治决策目标，还有总体的、局部的和基本的决策目标。在这些意义有别、地位不同的决策目标中，必有一个对于解决政治问题具有决定意义的主要目标。政治决策目标呈现出多样性是必然的，而抓住主要目标是必需的，所以确立政治决策目标，务必要把兼顾多样和突出重点统一起来。

3. 着眼整体和照顾局部的统一。任何政治决策目标，都要注意它的整体效应，不得顾此失彼。在错综复杂的政治事务中，很少存在仅有一个目标的单项决策，绝大部分是有多项目标的复杂决策。复杂决策中的各项目标，都是有机联系的统一体，是整体目标的组成部分或构成环节，它们只有相互统一，寓于整体目标的体系之中，才具有目标的意义。正如人手割下来便失去手的意义一样，局部目标脱离整体目标也将失去自身的目标意义。复杂政治决策的整体目标，由各项局部目标构成，没有局部目标，整体目标只能是空中楼阁。所以，确定政治决策目标，既要着眼于整体，又要照顾局部，把它们有机地统一起来。

（二）拟定备选方案

政治决策目标确定以后，决策便进入拟定备选方案的阶段。这个阶段大体可分三步走。

1. 调查研究，把握具体情况。在拟定方案前，必须通过细致的调查研究，了解与决策相关的环境、条件，弄清实现决策目标已有哪些有利条件，哪些不利条件，通过努力还可创造哪些有利条件，消除或限制哪些不利条件，以及以往有关类似决策的经验教训。这是拟定方案是前提与基础。

2. 大胆运筹，谋划实现方案的途径。这一步，主要是分析各种环境、条件和以往决策的经验教训，计算出事件发生的大体概率，从而明确需要利用的外部环境、可以聚合的有利因素、必须限制的不利条件和采用的方法措施。这是形成备选方案的中介环节。

3. 精心设计，拟定方案。设计、拟定方案，需要决策者及其参谋者以冷静的头脑，进行反复计算、严密论证和细致推敲。在此基础上，提出各种不同的决策方案，并组织人们从不同角度进行议论、论证，以便从中选优。

拟定备选方案应坚持完备性原则，即备选方案应包括所有可能性的方案，而不可有所遗漏。如果某种方案被遗漏，最后的选择就可能不是最佳选择，因为，谁也不能断定漏掉的方案的好坏。

（三）甄别优选方案

备选方案拟定后，决策过程便进入甄别优选方案的阶段。方案的选择，直接关系着行动的方向和达到的目标，所以，优选方案是政治决策过程的关键性阶段。

所谓甄别优选方案，就是对各种备选方案进行定性、定量、定时的分析，对各方案的效能价值、实施后果及其影响作出综合评估，并在此基础上权衡利弊得失，从中选出最优方案，作为最后付诸实施的决策方案。

择优选择方案，要有"优"的标准。一般说来，一个最佳方案，应同时具备五个基本元素：①付出少。即达到同样的目标，而花费人力、物力和财力越少越好。②时间短。实施过程越短越好，见效越快越好。③风险小。决策方案对环境变化和意外事件干扰的适应性越大，风险越小，而风险越小方案越好。④副作用小。执行结果达到预期目标，而产生的其他副作用越小越好。⑤有利于大目标的实现。越有利于大目标的实现越好。可以看出，所谓的最优方案，实际上就是付出最少、见效最快、风险最小、副作用最小、最有利于实现大目标的方案。

优选决策方案不仅要掌握上述标准，而且要有合适的选择方法。其常用的方法有：

1. 经验判断方法。即根据决策者的直接经验或间接经验来对各种方案作出优劣判断和择优选定的方法。这种方法主要适用于常规政治决策。

2. 数学分析法。即计算出决策方案的可控变量，根据可控变量与决策目标的函数关系来优选决策方案的方法。这种方法主要适用于专业性很强和精确度要求很高的政治决策。

3. 实验法。即通过定点实施或模拟实施各种方案，根据实施结果的优劣来判断、优选决策方案的方法。这种方法是选择非常规政治决策的理想方法。虽然理想，但适用范围有限。因为，政治活动中的许多事务是不能试验的。

（四）追踪修订决策

政治决策的对象复杂多变，决策者的视野与能力又都有限，使得一次决策就能完全成功的情况实属罕见，所以，还要有个追踪决策的环节。

追踪修订决策即追踪决策，是针对政治决策方案执行过程中发生的目标偏差，而对原决策所作的修正、补充或根本性的变更。对于追踪决策的概念，人们大体上是从两个意义上使用的：①在广义上，泛指对原决策的修订、补充或根本性变更；②在狭义上，专指对原决策所作的根本性变更。本书是在前一种意义上使用的。进行追踪决策必须处理好三个问题。

1. 弄清决策执行中出现的目标偏差问题。政治决策实施中发生的目标偏差问题，大体有三种情形：①由于实施人员没有按决策方案实施而导致的目标偏差问题；②由于不可控制因素的干扰而造成的实施困难；③决策方案大部分已按程序执行，但决策目标仍未呈现出能够实现的迹象。第一种情形与决策无关，是执行者的素质和思想认同问题造成的。第二种、第三种情形属于决策本身的问题，或者目标有问题，或者方案有问题，或者两者都有问题。对后两种情形，应作具体分析，视其情况分别对原决策进行部分的修改、补充，以致根本变更，重新决策。

2. 抓好决策实施中的信息反馈。信息反馈是控制论的一个基本概念，是指一个系统输出信息，即作用于被控制对象后，把表征其作用结果的信息再输送回来，并对信息的再输出发生影响的过程。这一概念后来也用于政治决策，意为把表征决策实施结果的信息输送回决策机关，从而影响决策机关维持或修改原决策的过程。信息反馈是追踪决策的前提和根据，所以务必及时反馈表征实施结果的各种信息。

3. 信息反馈务求全面、真实。全面而真实地反馈信息，对于有效修正决策至关重要。反馈的信息不真实、不全面，就不能准确反映决策实施过程中的情况和问题，自然也不可能对原决策作出正确的修正。在我国，那种欺上瞒下、报喜不报忧的做法，由来已久，已成顽疾，它给追踪决策带来重大影响，因此必须坚决纠正、防止和杜绝。为了保证信息反馈的真实性和全面性，一方面，应当疏通信息渠道，提高信息反馈人员的素质，另一方面，还应追究那些人为报假信息、造成决策失误的公职人员的责任。

三、政治决策的方法

政治决策是一个完整的过程，从找出问题、确定目标到设计方案、对方案进行选择，就是运用各种方法和手段发现问题、分析问题和解决问题的过程。随着科学技术的发展，以及它在人类社会生活中的广泛应用，政治决策方法日益科学化，形成了许多政治决策的方法。

现代决策技术有"硬"、"软"两方面。硬技术是决策中广泛应用的数学化、模型化、计算机化以及相应的电子数据处理系统和政治信息系统等现代手段。软技术即专家创造力方法，主要是指利用现代科学成就，充分发挥专家才智的具体方法。政治决策中的硬技术和软技术，是相辅相成的，它们相互统一，彼此互补，协同保证政治决策的科学性和可行性。

（一）硬技术

政治决策中使用的硬技术，主要包括数学模型和决策模拟两大类。

1. 数学模型。数学模型是政治决策数学化、模型化和计算机化的核心内容，它要求用数量关系表示出政治决策各变量之间以及变量同目标之间的关系，并用计算机语言编成程序模型，而一旦编制成后，只要把具体决策的参数和条件输入程序，就可由计算机很快求出决策答案。数学模型适用于常规政治决策，可大大提高政治决策的现代化水平，因此应当充分重视。但是，由于政治决策中因素复杂多变，很难使许多决策变量具体化，所以它又有很大的局限性，不适用非常规政治决策。

2. 决策模拟。它是决策方法拟定之后，给它创造一定的条件，通过某种方式的实验，以有形的实验结果，对方案进行分析、评估和修改，最后付诸实施。模拟是实验的理论性概括。实验一般是通过一个或几个方案在局部环境中推行实施，以考查方案的实际效果。而模拟则是根据对决策对象各因素及相互关系的了解，设计出决策方案的实际情景，建立决策问题的模型，通过模型进行实验和分析各方面的效果，或通过数学关系和逻辑关系式，求出决策所需的答案。决策模拟是一项专业性、技术性很强的决策方法，它在政治决策中的应用虽受诸多限制，但的确体现着现代决策技术化的必然趋向。

（二）软技术

软技术的目的在于发挥专家的作用。它的基本内容是利用正确的方法，选择和组织专家，收集、归纳和反复交流专家们的意见，以最后求得正确的决策结论。

软技术作为发挥专家创造力的方法，通常有以下几种：

1. "头脑风暴法"。该方法是以会议的形式，组织专家就政治决策问题，充分发表意见，从而获得各种决策信息和决策方法。它的基本原则是：①鼓励专家自由思考，广开思路，畅所欲言；②追求意见数量，意见越多越好；③专家发表意见时，其他人既不能反驳，也不做结论，但可以补充和发展；④专家发言不能直接宣读事先准备好的发言稿，必须即席发言。这种方法的最大优点是：在政治决策中，不至于漏掉任何值得考虑的信息、问题、想法和方案，可以收到其他方法所收不到的效果。

2."特尔菲法"。该方法也称专家调查法,是通过征询调查表和有控制的信息反馈,使专家们进行有组织且背靠背的思想交流,以减少面对面会议的缺陷,从而达到正确决策的一种方法。其基本做法是函询调查,先由有关专家分别提出意见,加以归纳、整理后,再匿名寄给各专家征求意见,然后再综合整理,如此循环往复,直至意见趋向集中,形成统一的决策意见。

3."德比克法"。该方法是以会议投票方式集中专家意见而作出决策的方法。其做法是:把专家分为若干小组,把决策问题印成卡片,发给专家提出意见;然后收回卡片,汇总意见,再将意见公布出来,让大家讨论,并以投票方式得出小组意见;最后召开全体会议,重新投票,形成总的意见,而后在此基础上作出决策。

4."提喻法"。该方法是通过分解决策问题,加以"提喻"类比而作出决策的方法。这种方法包括两个方面:一是把决策问题分为若干局部问题后交付讨论,这样可以隐去决策问题可能带来的个人利害关系,有利于客观地分析、解释和查清细节;二是讨论不直接涉及决策问题本身,而只用类比的方法,从"提喻"中得到决策启发。

采用软技术方法,有利于发挥专家、学者在政治决策中的积极作用。专家、学者不仅有专业性知识与技术,而且超脱于政治活动中的传统、习惯的束缚,因而能够避免感情用事,对决策问题作出客观的分析、冷静的判断、准确的预测和科学的论证。因此,科学的政治决策无论是确定目标,还是拟定方案,或者优选方案,都要重视专家们的意见,注重软技术的运用。

关键概念

决策;政治决策;国家权力机关决策;行政机关决策;政党决策;战略性决策;策略性决策;常规决策;非常规决策;理性决策模型;渐进决策模型;系统决策模型;集团决策模型

思考题

1. 什么是决策?
2. 什么是政治决策?
3. 政治决策与一般决策有什么不同?
4. 政治决策有哪些特点?
5. 政治决策有哪些类型?

6. 政治决策的原则是什么?
7. 政治决策有哪些模型?
8. 简述政治决策的程序。
9. 政治决策有哪些方法?
10. 我国的政治决策有哪些特点?

第 9 章 政治管理

政治生活根源于人类生存和发展的需要，政治管理不仅与人类的生存和发展有关，更与社会分工有着密切的关系，而且其直接原因就是社会分工的要求。只要有许多人进行协作的劳动，都需要一个统一意志的指挥和协调，需要人们服从于统一权力的权威。政治管理就是对人们政治生活进行的管理，它属于人类管理活动的一种。本章共有三节，第一节从管理、政治管理等基本概念出发，探讨政治管理的产生、发展、特点、内容和本质；第二节从政治管理的动态角度探讨政治管理的领导、决策、组织、执行、协调、沟通、监督等基本方式；第三节从维护现存的基本政治规范，维护政权机关的权威性和合法性，推动经济的健康发展，维护国家统一、民族团结和社会稳定，有利于协调好各种利益关系，保持正常的社会秩序，促进民主政治生活，促进生产力的发展和社会的全面进步，保证我国加速发展和参与国际竞争等九个方面分析了政治管理的作用。

第一节 政治管理的含义

管理自古有之，凡有人群的地方，就会有管理，它是人们有组织地努力所必不可少的。

一、管理与政治管理

关于"管理"一词，美国管理学家丹尼尔·A. 雷恩给了一个广义而又切实可行的定义，他把管理看成是一种活动，即它发挥某些职能，以便有效地获取、分配和利用人的努力和物质资源，来实现某个目标。

那么什么是政治管理呢？对于政治管理，学者有不同的认识，总体上有以下几种观点：

1. 认为政治管理就是对整个社会的管理。这是苏联学者的观点，在苏联宪法中有明确规定，社会主义政治体系保障着对于所有社会事物的有效管理。A.

M. 奥马罗夫在其著作《社会管理》中认为，"与资本主义相比，社会主义实质上具有无与伦比的、更高水平的完整性，无论在经济领域还是在社会政治领域和思想精神领域都是如此。在社会主义社会，生产资料公有制保证了经济、政治、社会和思想上的统一性，也就是社会的统一性。这就在历史上第一次开始了对整个社会——作为社会生活的经济领域、社会领域、政治领域和思想精神领域综合的整个社会组织进行理性的统一的集中管理"[1]。显然，这种观点把政治管理的范围扩大化了，它忽视了人民群众或社会的自治能力，这种扩大化的认识也就必然导致对群众生活中"私密领域"的侵犯。

2. 认为政治管理就是行政管理。这是美国学者的观点，伍德罗·威尔逊在其1887年发表的"行政学之研究"一文中，就是在行政管理意义上探讨政治管理的。F. J. 古德诺在其1900年发表的《政治与行政》一书中，进一步阐述了这一观点。他指出："人类毕竟在任何历史时期都是人类，人们的各种政治组织因此必定基本上具有相同的目的，并且必定会为了满足这些目的而普遍地采取同样的方式。有时，这些政治组织可能会充分地体现在法定的正式政府组织中；有时，而且事实上相当经常地并不体现在其中。这就必须对全部政治生活进行考察。""政治是国家意志的表达，行政是国家意志的执行。"[2] 事实上，行政离不开政治，它是政治的一部分，行政管理应当属于政治管理的范畴，广义的政治管理泛指国家对社会全部政治生活的调控，其中当然包括对国家行政机关自身政治生活的调整。

3. 认为政治管理是"管理众人之事"。这种说法在历史上曾一度非常流行。政治管理众人，其实是政治的社会职能的表现，而在阶级社会中，政治还有阶级统治的含义。可见，这种流行的观点混淆了政治或国家的统治职能与管理职能。[3]

从以上各种关于政治管理的观点，我们可以看到：

1. 政治管理可以说是对人们政治生活进行的管理，它属于人类管理活动的一种。政治生活根源于人类生存和发展的需要，政治管理不仅与人类的生存和发展有关，更与社会分工有着密切的关系，而且其直接原因就是社会分工的要求，马克思指出："一切规模较大的直接社会劳动或共同劳动，都或多或少地需要指挥，以协调个人的活动，并执行生产总体的运动——不同于这一总体

---

[1] [苏] A. M. 奥马罗夫著，王思斌等译：《社会管理》，浙江人民出版社1987年版，第2页。
[2] [美] F. J. 古德诺著，王元译：《政治与行政》，华夏出版社1987年版，第4页。
[3] 杨光斌主编：《政治学导论》，中国人民大学出版社2004年版，第212页。

的独立器官的运动——所产生的各种一般职能。"[1] 可见，凡是有许多人进行协作的劳动，都需要一个统一意志的指挥和协调，需要人们服从于统一权力的权威。

2. 政治管理必须限定于公共领域，即公共政治生活，一旦超越"公共领域"的范围，不仅会干预人民群众的私生活，而且还会极大地破坏政治管理。"公共领域"应当包括宏观的社会环境（即政治、经济、文化制度等）和直接影响人们成长的微观社会环境（即家庭、学校、工作场所、社区背景等）。在相同的政治环境下，人们有不同的具体政治行为，原因之一就在于不同的家庭背景、学校教育和其他微观因素的影响。因此，政府必须对一些微观环境进行适当的管理。同时，也应当看到，微观社会环境对个人政治行为的影响机制极为复杂，决不能因个别的或一时的特殊情况而不适当地放松或过分严格地实施对某些微观环境的管理。[2] 由于传统政治文化的影响，中国社会曾被高度政治化，许多与政治生活没有联系的现象都被赋予了政治意义。对一些毫无政治意义或政治意义极小的行为进行"无限上纲"，从而对之进行强化管理，结果粗暴地侵害了公民的基本权利。比如，我们曾对出身不好的家庭进行极端严格的控制，实际上是片面地强调了家庭环境对个人政治行为的影响。

3. 除了环境因素外，公共领域还包括公民的政治性行为本身，即公民的政治思想、政治态度、政治性言论和政治性活动。人是有各种思想、各种态度、各种言论以及各种活动的，但政治思想、政治态度、政治性言论和政治性活动却总是以政治事件、政治人物、政治问题等为反映对象，而且它们也是会随着政治事件、政治人物、政治问题的变化而变化的。人们常用"政坛风云"来形容多重矛盾交织的社会政治过程。昨天还是政坛上的"宠儿"，转眼间就可能被人们认为是政坛上的"弃子"，这种情形，无论在资本主义社会还是在社会主义社会国家都是屡见不鲜的。许多政治事件都是具有"民意"性质的，当我们就某一具体政治行为的形成过程来考察时，事件对政治行为主要起一种刺激和引发的作用。各种各样的事件经过某一政治行为刺激人们的感官，促使人们进行议论、思考，做出自己的评判，表达自己的见解。对事件的不同意见、不同态度交汇激荡，渐渐就形成了一定的政治性行为。而作为政治活动主体的人是政治行为形成的核心，在政治生活中我们不难发现，有时一个很不引人注意的"事件"，却引发了一场大祸。但有时政府倾全国宣传力量大肆渲染的事件，却未能激发人们关心的热情。究其原因，就在于人的主体因素的差别。人的主体

---

[1] [德] 马克思：《资本论》（第一卷），人民出版社1975年版，第367页。
[2] 李景鹏主编：《政治管理概论》，高等教育出版社1991年版，第17页。

因素对政治行为的影响,不仅表现在受众方面,更重要的表现在行为的主体方面。不同的阶级、阶层、社团、领袖、集团从不同的主体需要出发,都会自觉或不自觉地创造出有利于自身的政治行为。人的主体因素中,最重要的是物质利益因素。当然,如政治立场、政治信仰、价值观念、思维方式等精神因素对政治行为的形成也有着强大的影响。[1]

4. 政治管理是随着阶级的产生而产生的。阶级的产生,使阶级关系日趋复杂化,为了调整这些关系,于是创立了国家。而政治管理是保证有产阶级统治国家的,拥有社会财富的统治阶级,总是把政治管理变成政权工具并使之建立在本阶级独立的经济基础之上。哪个阶级拥有的财富越多,它的权力就越大,哪个阶级权力越大,它对社会的主宰作用就越强。这种占有财富与掌握政权的关系,在阶级社会中,导致了少数有产者把自己的意志以国家的名义强加于无产者身上。为了实现政治管理,只夺取政权是不够的,还必须学会掌握政权。这种本领首先表现在主观与客观的和谐之中,这是一个过程的两个方面。社会在发展和运动当中,社会又是物质运动方式,社会越进步,也应该越统一。因此,保证社会的统一是政治管理的根本任务之所在。同时,历史发展的经验也证明了政治客体的作用。马克思主义奠基人早就发现了这个特点,即:人民群众在创造历史,但历史又不像他们所想象的那样,是不由人们自由选择的,而是在当时已拥有的条件下,摆脱旧社会的束缚而创造着新的历史。[2]

从以上分析我们可以看到,政治管理就是国家权力"按照某种特定的秩序和目标对政治生活进行自觉地、有计划地约束或制约的一定方式。就是说,通过这种特殊的约束方式使政治生活的各方面都能按照某种既定的秩序和目标来运行和发展"[3]。由此可见,政治管理是以国家为中介的政治主体所具有的作用,它为统治阶级关系的形成发挥着影响作用;政治管理的目标是为了维护政治统治和保障社会政治生活的正常运行;政治管理的行为方式是自觉地、有计划地约束;政治管理作用的客体是一般社会成员以及统治阶级自身。所以,政治管理就是建立在这样一种关系上,政治管理并不是单纯的政治性的,可以说,它是社会生活各个方面集中的体现,是为了保证解决社会经济与精神方面的诸多问题,政治管理就是诸多问题的调解者。

二、政治管理的特点

从政治管理的动态方面,即政治管理行为看,政治管理具有以下几个方面

---

〔1〕 刘振洪等主编:《政治学导论》,内蒙古人民出版社1989年版,第405页。
〔2〕 [俄]安德烈也夫著,宋嘉林译:"政治管理与反射性管理",载《呼兰师专学报》1994年第3期。
〔3〕 李景鹏:"试论社会主义民主的运行机制和理论基础",载《政治研究》1988年第2期。

的特点：

1. 政治管理行为是一种矢量。其作用方向和轨道具有明显的指向，政治权力运行的轨迹是单向性的，即自上而下的方向，其轨道呈伞状放射，而且是不可逆的。之所以如此，是因为政治管理的发生机制和国家意志的形成相关。统治阶级的意志通过社会意志的形式集中到一个最高点，政治管理才开始发挥作用。为了达到政令统一，也为了使国家政策得以普遍地有效贯彻，政治管理必然表现为一种自上而下的方向，并作用于放射状的层级轨道当中。

2. 政治管理是少数人对多数人实施的一种管理。在人类历史上，从传统农业社会时代到近代工业社会时代，再从工业社会时代到当代资本主义社会或社会主义社会的各种国家机关，政治管理的实施都是由少数人来推行的。这种现象实际上是一种社会分工的结果。在政治社会中，权力所有者表现为社会中强势集团的整体，而权力的执行者则是由占社会少数的管理者来承担的。政治管理的这种特点，在现代社会表现得尤为明显，这和当今社会权力来源的重大变化有关。

3. 政治管理的实施呈现明显的层次性。政治管理的实施是通过政治组织的层级结构体现出来的，国家政治体系从中央到地方再到基层，都是按照严密的层次进行划分的。这种层次性，使得政治管理主体与客体之间不能简单地发生直接作用，而是要经过若干中介的传递才能完成。所以在实际政治管理过程中，就可能出现管理效能的"衰减"或"折射"等问题。因此，合理的政治管理层次的设置要考虑到有关因素，如管理主体能量大小、传递中介的作用状况、管理客体反作用的大小以及环境、技术等方面的因素。

4. 政治管理作用具有一定的结果。管理措施的实现，必然会出现或正或负的结果。政治管理作用的结果是指在管理过程中，客体服从于主体的状况，亦即社会成员及其所赖以存在的社会组织对于政府或政党的服从情况。结果如何反映出政治权力的强度大小及其政治管理的实施状况，同时它也是检验政治管理目的与公众需要之间距离的重要标准。如果管理客体对于管理主体的反应能够通过正常渠道发生反馈作用，或者社会公众能够保持正常的参与政府或政党的活动，公众就会普遍拥护政府或政党的政策，那么这就说明客体的服从度是比较高的，政治管理的作用的结果也是比较好的。如果管理客体对于管理主体的正当性表示怀疑，社会公众不满意政府或政党的政策，常常就会通过非正常的渠道表示抗议，如非暴力反抗或局部暴力反抗等情况的发生，那么这就说明客体的服从度比较低了，政治管理作用的结果也就不好了。[1]

三、政治管理的内容

政治管理的内容主要包括以下三个方面：

1. 对政治思想的管理。这主要是通过对舆论和传媒宣传什么、不宣传什么以及禁止什么的管理，来控制社会政治思想、规范传媒的行为；影响政治道德观、政治价值观、政治信念、政治态度等。

2. 对政治言论的管理。政治言论是外在的显性行为，是对政治的进一步反应，是政治活动的重要方面。政治言论有口头和书面两种，这里主要是指公民在公共场合发表的涉及社会政治制度、经济制度等方面有影响的言论，除此之外，不在政治管理之列。

3. 对政治活动的管理。政治活动即个人和集团直接围绕国家政权进行的活动，通常指一定时期内为完成一定的政治目的而开展的有组织、有领导、有计划的活动。如选举、结社、集会、游行、示威、罢工、起义等。这些活动直接涉及统治阶级的经济政治利益，直接关系到社会和政治的稳定，因而必须加以管理。[2]

四、政治管理与政治统治的关系

了解了政治管理的含义和特点后，我们来看它和政治统治有什么关系。政治统治在本质上是国家的阶级统治。阶级统治以及统治秩序的稳定，要以国家的社会职能为基础。也就是说，作为社会职能表现的政治管理直接制约着政治统治，并为政治统治服务。这是因为，在存在着政治统治的社会历史时期，人们的政治生活秩序和目标，必然从属于政治统治的秩序和目标。这也就决定了政治管理必然从属于政治统治，甚至可以说政治管理是政治统治的表现形式，即政治统治是政治管理的前提，政治管理是政治统治的基础。二者是相互依存的关系。政治管理的主要任务就是对政治统治的维护和实现。尽管如此，我们还是要看到政治管理和政治统治的区别。

1. 政治管理和政治统治的对象和内容不同。从对象方面看，政治管理的对象包括全社会公民，这里既包括统治阶级内部的成员及其内部事物，也包括被统治阶级的成员；而政治统治是以国家的面目出现的，其对象是指被统治阶级而不包括统治阶级，这体现了统治阶级与被统治阶级之间的统治与被统治的关系。从内容方面看，政治管理的内容往往同社会管理的内容具有交叉性，如对人口、环境、卫生等方面的管理，既属于政治管理的内容，又属于社会生活方

---

[1] 张国庆主编：《行政管理学概论》，北京大学出版社2002年版，第66页。
[2] 石永义等编著：《现代政治学原理》，中国人民大学出版社2004年版，第78页。

面的内容，但不属于政治统治的内容。因此，政治管理实际上是指掌握政治权力的管理者，按照特定的秩序和目标，综合运用政治、经济、行政、法律和道德等约束手段，对整个社会的政治生活进行自觉而有计划的控制的行为方式总和。

2. 政治管理和政治统治的行为主体不同。政治管理的主体通常是政府或准政府组织；而政治统治的行为主体则是由统治阶级组成的以暴力为基础的国家政权机关，如军队、警察、法庭、监狱等国家机器。由于统治阶级实质上是一个阶级对另一个阶级的统治，因此，从根本上说，政治统治的主体不是具体的政权机关，而是整个统治阶级。例如，我们常说资产阶级或无产阶级统治等。

3. 政治管理和政治统治行为方式和手段不同。政治管理主要是调控人民群众的政治性行为，协调一些社会公共事务，因此，管理者和被管理者在根本利益上是一致的，这也就决定了政治管理的行为方式的性质是行政的、民主的，而非专制的。它主要是以政策为基础，采取非镇压方式、运用非暴力手段，即一般是用经济、法律和行政手段，通过领导、策划、组织、协调、沟通、控制、动员、灌输、服务等方式实现政治管理的；而政治统治则是国家行为，是统治阶级针对敌对阶级的统治行为，它是以法律为基础，以暴力为后盾，通过生产资料的垄断，把统治阶级的利益强加于全社会。统治者和被统治者的根本利益是对立的，因而当被统治阶级的行为威胁和动摇统治阶级的地位时，统治阶级常常要诉诸暴力方式来维护自己的统治。在这里，阶级专政是政治统治行为的根本方式，对破坏统治秩序的行为要实行专政、镇压。尽管人类文明已经发展到很高程度，但凡是存在政治统治的地方，政治管理都不能从根本上取代政治统治的行为方式。

由于政治统治关系在形式上表现为国家与全体社会成员的关系，通过这种关系，使统治阶级对被统治阶级的镇压与专政表现为国家对法律的维护。随着社会的进步，政治统治越来越技术化，也越来越成熟，很多时候，政治统治的职能甚至表现为政治管理。成熟的政治管理也越来越使人们很难看到政治统治的阶级专政本质。过去，有人把少数人管理的规律上升为少数人统治的"铁律"，就是混淆了政治统治与政治管理。今天由于政治统治更多地以政治管理为基础，政治统治更加技术化，因此在20世纪90年代以来，西方国家政治管理中出现了"治理"和"善治"思想。

"治理"一词来源于拉丁文和古希腊语，原意是控制、引导和操纵，长期以来，它与统治一词交叉使用，并且主要用于与国家公共事务相关的管理活动中。但20世纪90年代以来，西方政治学家和经济学家赋予了它新的含义，不仅其涵盖的范围远远超出了传统的经典意义，而且其含义也与"统治"相去甚远。现代西方政治学中的"治理"是指政府政治管理的过程，大致有三层含义：一是政权形式和政治权威的规范基础；二是在管理和处理一国的经济或社会事务中运用公共权力的方式；三是政府设计（规划、实施）政策的方式以及履行政府职能的方式。它特别关注在一个限定的领域内，比如市场经济条件下，政府履行好经济管理的职能，维持好社会秩序所需要的政治权威的作用和对行政权力的运用，但这种权威并非一定是来自传统意义上的政府机关。因为，这种治理不是自上而下的过程，而是一个上下互动的管理过程。它主要通过合作、协商、伙伴关系、确立认同和共同的目标等方式对公共事物进行管理，即"治理"的权威源于公民的认同和共识。统治以强制为主，治理以自愿为主。正是由于治理的现代特征，所以"少一些统治，多一些治理"便成为一些西方政治学家们流行的口号。

"治理"研究的是政府如何运用权威、控制力、管理能力以提高管理公共事务的效能，驾驭和推动经济发展。但"治理"也不是万能的，它也内在地存在着许多局限，如不能代替国家而享有政治强制力，也不能代替市场而自发地对大多数资源进行有效配置。为了使治理更加有效，不少学者和国际组织纷纷提出"有效治理"、"善治"等概念。其中"善治"的理论最有影响，善治就是使公共利益最大化的政治管理过程，善治的本质特征就在于它是政府与公民对公共生活的合作管理，是政治国家与公民社会的一种新型关系，是两者的最佳状态。这种合作管理，即善治是否成功的关键在于公民参与政治管理的程度，只有公民具有足够的参与选举、决策、管理和监督等政治权力，才能促使政府并与公众一道共同形成公共权威和公共秩序。因此，保证公民享有充分自由和平等的政治权力的现实机制只能是民主政治，这样善治与民主便有机地结合了起来。专制政治在其最佳状态下，可以有"善政"（即好的政治，是指有利于人类生存和发展的管理理论、管理行为和管理制度），但不会是"善治"，善治只有在民主的条件下，才能真正实现。由此可见，善治实际上是国家权力向社会的回归，善治的过程就是一个还政于民的过程。从这个意义上说，公民和民间社会是善治的现实基础，没有健全和发达的民间社会，没有高素质的公民，就不可能有真正的"善治"。[1]

---

[1] 潘丽萍："论政治管理现代化"，载《中共福建省委党校学报》2004年第2期。

第二节 政治管理的方式

政治管理是一个动态的过程,这一过程是通过领导、决策、组织、执行、协调、沟通、监督等基本方式进行的。

一、政治领导

(一) 政治领导的概念

领导存在于社会生活的各个领域,不仅限于政治领域,无论在哪个领域,我们都可以看到领导与被领导的关系。所谓领导是一种人们相互作用的过程,是某一管理主体通过指挥和说服等手段去影响组织内的个体或群体,在一定条件下实现组织某种目标的活动过程。政治管理中的领导活动就是政治管理主体(国家政权体系)以其权威性指令或引导政治管理客体(全体公民)按照主体的意志和要求去完成某项任务和实现某一目标的过程。没有领导,就无法形成强有力的力量,其政治活动也就会处于无序状态或没有方向,甚至相互冲突,社会的共同目标就不能实现。

从历史上看,领导观念起源于宗教运动。早年的宗教运动,信徒们追随其宗教领袖,像摩西、耶稣、穆罕默德等,他们都是当时伟大的领导者。在前资本主义社会中,领导者的特殊地位形成了明显的统治色彩。资产阶级革命以后,法律规定,统治权力属于领导职位,而不是领导者本身。因此,领导者的观念已由个人的性质转变为领导者与被领导者交互影响的关系。尽管权力职位化了,但政治领导能否有效地发挥影响作用,树立领导权威,还是要取决于领导者的思想、观念、学识、能力、品德、作风、言语及感情的恰当运用,以此来影响成员,实现其目标。因此,现代领导的首要特征是变统治力为影响力,统治力是靠权势从外部驱使被领导者的力量;影响力是靠信任和共识,从内部驱使被领导者的力量。我们知道,革命的根本问题是政权,取得革命胜利的领导者要行使一定的统治权力,不可避免地要首先取得统治的合法性,这种统治力在革命后还会持续一段时间。但是,如果不适时地促进统治力向影响力转化,就不可能取得现代化的进展。所以成功的政治领导重于心理上的感召,而不是强制地驱使他人服从。[1]

(二) 政治领导者与政治管理者

这里有必要对政治领导者和政治管理者加以区分。政治领导者可能是政治

---

[1] 杨光斌主编:《政治学导论》,中国人民大学出版社 2003 年版,第 212 页。

管理者也可能不是政治管理者，反过来，政治管理者可能是政治领导者也可能不是政治领导者。但是政治组织必然存在着政治领导者，没有政治领导者而只有政治管理者的政治组织是不可思议的。因为政治管理必然要以政治领导为基础，政治领导是政治管理的灵魂，政治管理无非是贯彻政治领导的意图、发挥政治领导职能的活动。领导者无论在什么样的组织中都拥有比管理者更为优越的地位，领导者的权威和影响力往往使管理人员手中的权力逊色，领导者往往可以在组织中调动起管理人员无法企及的力量。所以对于政治管理者，特别是对于那些处于政治组织较高层次上的管理人员来说，应当努力成为政治领导者，使职位权力和个人魅力结合在一起，把组织权威变成个人影响力。这样，就不仅能为政治组织的活动指出方向，并创造新的态势和创造新的局面，而且能为政治组织的活动选择方法、建立秩序、维持正常高效的运转。

（三）政治领导行为

政治领导行为也体现为政治支配行为，从支配的角度说，政治领导行为包括强制性的、半强制性的和非强制性的。①强制性的领导行为，即指令性的领导，当人们被置于严密的组织中，而且涉及重大利益的硬性任务时，领导者必须依靠强制力来实施领导，如行政命令的贯彻执行；②半强制性领导，是以非惩罚性作为压力来实施的领导，如党对群众的领导，因为党与群众不存在直接的组织约束性，但它有权威性，与强制性领导相联系，所以可称为半强制性领导；③非强制性领导主要是靠政治宣传、教育等方式造成的思想影响来实现的领导。从政治领导行为的内容看，它是政治管理行为中的主要内容。因为它涉及政治管理的方向问题和政治管理的目标问题。政治领导行为就是要保持对政治管理目标追随的坚定性，使被管理者坚定地、积极地朝着既定方向运动。政治领导过程是通过信息输入（接收信息）、信息综合、政策输出来进行的，在这个过程中，领导者需发挥各种职能，如判断职能，即对复杂的政治情境作出权威性的分析；引导职能，即指导其团体实现既定目标的途径；动员职能，即争取团体中的多数人对其决定的支持。

总之，政治领导在政治过程中起决定性的作用，是政治管理方式的集中体现。如果说政治领导是政治过程的核心，那么政治领导的核心就是政治决策。因此，虽然在政治领导部分，我们不可避免地涉及一些决策因素，但为了更清楚地了解政治决策的含义及其运作机制，还需要单独对它进行深入、系统的考察和分析。

二、政治决策

（一）政治决策的概念

"决策"一词，最早大约出现在我国先秦古籍《韩非子》中，是指决定某种策略或计谋。现代社会科学中运用的决策概念,则是从西方管理学著作中引进的。根据管理学家西蒙的分析,决策概念至少包括以下几层含义:①它是一种行为,一种过程,而不是一种结果。这个过程起源于一定的动机,它的终端是作为或不作为的决定,是确立了的行为取向,但决策本身仅仅意味着一种过程。决策是贯穿在动机和结果之间的中间环节,是从一定动机达到一定结果的桥梁。②它是一种选择的过程,是人类在实施一项改造自然和社会的实践活动之前,对多种可能的行为取向的一种判定和"择一而行"的选择。因此,决策过程是人类解决问题的一个主要环节。③这个过程既可能是理性的,也可能是非理性的。总之,决策就是作出决定,就是人们为实现一个预定目标,在占有一定的信息和经验的基础上,确定人们行动的方案。

政治决策就是对政治生活中需要解决的重大问题运用一定的理论和方法,在分析有关情况和信息的基础上,选择最佳解决方案的活动。这里作为政治决策行为的主体,主要是指执政党和国家的领导者,但政治行为决策主体与政治领导行为主体不是同一关系,而是交叉关系。就是说有些政治决策主体不是领导者,如一些参与政治决策的参谋人员就不一定是领导者。实际上政治决策的主体是政治权力系统,它包括政党、国家权力机关和国家行政机关以及其他参与决策的政治群体。这些政治决策主体对有关社会政治发展的一系列重大问题享有决策权,并进行具体的政治决策活动。政治决策者在进行目标选择时,都会充分注意到各层次、各部门、各方面人们的利益关系并考虑其接受程度。在全方位的权衡中,立足全局、照顾局部,同时兼顾到各相关因素之间的利益关系,以寻求真正的最优目标。可见,政治决策行为在政治管理过程中占有重要地位,它是政治管理的关键阶段。没有政治决策,政治管理系统就不能正常运转,也谈不上政治管理价值的实现。而政治决策的正确与否,对国家和社会的发展有着决定性的影响。因此,我们必须致力于政治决策的科学化。

(二) 政治决策的科学化

1. 政治决策的科学化离不开政治的民主化。中国共产党十四届四中全会通过的《中共中央关于加强党的建设的几个重大问题的决定》中指出:"决策民主化是发展党内民主的重要内容,也是实现决策科学化的前提。"没有民主化就不能广开言路,就谈不上尊重人才,尊重人民的创造智慧,尊重实践经验,因而也就没有决策的科学化。民主政治是政治决策科学化的基础。自中华人民共和国成立以后,尤其是在1957~1977年的20年时间里,我国重大决策的失误都是由于缺少政治生活的民主化而导致的。政治民主的关键是民主制度的建立,如沟通制度、监督制度等。民主作为一种政治管理形式,其内涵有二:①授权,即由名义上拥有国家权力的全体社会成员通过一定的程序把该种权力授予一小部分人，让他们组织合法性政府，并对全社会进行管理；②监督，即确保掌握权力者在管理的过程中或多或少地接受全社会的监督。当然，决策作为政治管理中最重要的方面，对其监督决不只来源于社会。

2. 政治决策离不开程序的科学化。政治决策是一个动态的连续过程，在这个过程中，第一步是由政治主体搜集和处理政治信息；在此基础上进行第二步，拟定决策的初步计划和方案；然后，第三步是按照科学的方法对各个决策方案进行全面论证和评估，为决策提供充足的科学依据，供决策系统进行抉择；决策方案确定之后，第四步就应当输送到相关的组织和机构去付诸实施。在实施过程中要迅速地将执行决策的情况反馈给决策系统，以便决策系统及时纠正决策方案实施过程中的失误和偏差，促使决策目标的顺利实现。

3. 政治决策离不开决策体制的科学化。与以往的个人决策或家长制决策不同，现代决策体制已具有系统性和有机性的特点，在机构上形成了由中枢系统、参谋咨询系统和情报信息系统、审批控制系统等方面组成的有机统一体。在这种情况下，任何决策要实现科学化，都必须在它的每一个环节上有其运作的载体和渠道，从决策的提出、咨询，到决策的确定、执行和反馈，都必须借助于按科学组织原则建立起来的规范化机构。否则，就没有真正的科学决策。规范化的决策机构不仅包括建立必需的机构，还要明确其各自的职能，并在各机构之间建立起既相互独立、又相互联系的关系，这是确保决策科学化的基本条件。信息系统对信息的适用性、准确性和时效性负责；咨询系统对它拟定方案的科学性负责；决策系统对决策方案的选择负责。同时各系统都要保持相对独立，只有这样的决策体制才能保证决策的科学性。

4. 政治决策离不开方法的科学化。在政治决策实践中，由于决策对象和决策内容的不同，决策方法也不同。归纳起来，可分为两大类：一类是定性决策方法；一类是定量决策方法。定性决策方法即"软"方法，是决策者从对决策对象本质属性的研究入手，了解方案的性质、可行性和合理性，然后进行目标和方案的抉择。定量决策方法即"硬"方法，主要是运用数学模型和电子计算机技术解决决策问题；定量决策方法是在定性分析的基础上，对决策对象进行数量研究和计算，以比较方案的优劣。当然，这种区分只是相对的，在决策中，这两种方法常常结合使用。随着传统经验型决策向现代科学型决策的转变，定量决策方法已越来越为人们所重视。

5. 政治决策的科学化还离不开高水平的决策者。优秀的决策者必定是德、才、识、能兼备的。

三、政治组织

(一) 政治组织的概念

组织一词在中国源于"编织"。《辽史·食货志》上就有:"饬国人树桑麻,习组织。"在西方,组织一词源于"器官",指自成系统的、有特定功能的细胞结构,后来逐渐引申去解释社会现象,这就是我们通常所说的各种组织。从一般意义上来说,组织包括两层含义:一是指由若干因素构成的、有序的结构系统;二是指一种根据一定目的,按照一定程序,对一些事物进行安排和处理的活动或行为。前者既包括社会组织,也包括自然组织;后者则是专指人们的活动,可以说,组织就是人们社会活动中分工和协作的方式。两个人以上的群体共同工作,就有一个分工与协作的问题,因为人的知识和能力的有限性决定了人们必须进行分工,以提高效率。分工可以使不同的人在同一时间、不同地点为着同一目标从事相同或不相同的工作。但分工必须协调一致才能发挥出综合效益,所以分工必然要与协作相伴随。而组织是分工的前提,又是协作的基础。任何组织都有三种功能:聚集功能,即通过组织把分散的人力、物力、财力、知识信息等汇聚起来成为一种合力;转换功能,即把汇聚的各种要素组织起来形成一种新的功能;释放功能,即为实现组织目标释放出组织的能量,发挥应有的功能和作用。

政治组织作为名词,是代表选民来选择议员和政治性行政官员,同时也为议员和政治性行政官员寻求选民支持的专业性组织。政治组织也可以理解为在一个国家范围内,以国家政权为主体,包括政党、利益集团等的上层建筑系统。它们的存在和发展决定和影响着其他一切社会组织的存在和发展。只要存在阶级,存在国家,政治组织就必然会存在和发展下去,并发挥其统领一切的政治中枢作用。而作为政治管理方式的政治组织,是指安排分散的人或事物,使其具有一定的系统性或整体性,即组合成为行为系统,建立配合关系的过程。

(二) 政治组织的类型

从各国的实际情况来看,政治组织主要体现为以下三种类型:①国家组织。包括代议组织、行政组织、司法组织三大部分。在我国,代议组织是指人民代表大会和人民政协组织,在西方国家,主要是指参、众议会;行政组织是指从中央到地方的各级政府机构,包括行政首脑、机关以及相应的职能部门;司法组织是指国家法制机关,主要是中央和地方的法院和检察院。②政党组织。它是代表选民来选择议员和政治性行政官员,同时也为议员和政治性行政官员寻求选民支持的专业性组织。在我国,主要是指作为执政党的中国共产党和八个民主党派(中国国民党革命委员会、中国民主同盟、中国民主建国会、中国民主促进会、中国农工民主党、中国致公党、九三学社、台湾民主自治同盟),作为执政的共产党和参政的民主党派，它们共同管理国家，建立了"长期共存、互相监督、肝胆相照、荣辱与共"的良好关系和准则。在西方国家，其政党组织主要包括执政党、参政党和在野党等。③利益集团。它是由有着特定利益的人结成的影响政府决策、维护自己利益的集团。在我国，利益集团主要来自同一阶层或者同一职业领域的成员所结成的集团，如中华全国总工会、妇女联合会、中国文化艺术联合会、中国全国工商联合会、全国青年联合会、中华全国学生联合会等。这些利益集团与中国共产党的关系十分密切，它们都接受中国共产党的领导，主要领导人也由政府任命，它们实际上是中国共产党的外围组织，是中国共产党的有力助手，负责党的政策的宣传工作，把政策传达到社会的各个阶层。同时，它们也积极介入本阶层的事务，如福利、卫生等，通过处理这些社会事务，它们为公民参与基层事务提供了机会。利益集团主要起到参政议政和充当政府助手的作用。

（三）政治组织的特性

政治组织的含义规定了它具有区别于其他组织的相对特征与性质，即政治性、权威性、指导性、约束性、价值性和公利性。①政治性。它是政治组织的首要特质。经济组织的首要特质是获取经济利益，相对于政治组织而言，主要是经济性。然而，政治组织如政党和政治权力机关的活动主要是政治性的，无论是为了夺取政权，还是为了巩固政权，建设经济、文化和改革政治体制，都必须坚持政治标准与政治方向。对于中国现阶段而言，政治体制改革必须始终坚持党的领导，坚持社会主义的政治方向。②权威性。政治组织的权威性是指在整个组织系统中所具有的指挥、控制和协调作用。这种权威既依靠强大的国家机器和法律手段来确立，又取决于政治组织是否为人民群众所拥护，是否具有凝聚力、吸引力和战斗力。一个政治组织，如果在社会公众和国家政治生活中失去了应有的权威，那么，作为政府将会有变更的危险，作为政党就会有解体的困境，而新的有权威的政府和政党将会取而代之，从而保证社会政治秩序的稳定。③指导性。它是指对其他类型的组织和社会成员实施的政治思想、行为规范和具体的经济、社会活动等方面的指导，使之符合统治阶级或全社会的根本利益，维护社会的稳定和协调。在我国，各级国家权力机关和政府部门，都必须坚持共产党的领导，而党的组织只能是政治领导、思想领导和组织领导，党必须在宪法规定的范围内活动，不能党政不分和党企不分，要把党的活动范围界定在对政治、思想和组织领导的范围内。④约束性。它是相对于社会权力而言的法律、纪律和道德方面的监督制约。西方发达国家主要是通过三权分立制度来保障对政治组织的监督与制衡；在我国，民主集中制原则、政治协商和民主监督的制度也是以权力制约权力，防止专制独裁和权力腐败的主要手段。

⑤价值性。不同性质的国家,其政治组织的价值体系是有区别的,如我国的国家组织,它充分体现了为全体社会主义劳动者谋利益的价值意识,而西方的国家组织则代表了资产阶级的利益,是为资产阶级服务的工具。对国家组织而言,都有一定的服务范围,都是为该国利益服务的,它不可能超出一国的范围。

⑥公利性。对于政治组织而言,它主要关注的应该是一种公共利益。在不同的政治组织里,这种公共利益作用的范围和表现形式是不一样的。在利益集团内,它代表着集团成员的公共利益,表现为努力争取本集团的政治、经济和社会利益。在一个政党内,它同样代表着政党成员的利益。虽然也存在在某一阶段,这种利益只体现了少数政治精英的利益,但是该利益集团或政党的活动范围的大小、延续时间的长短是可想而知的。至少它们的目标导向应该较明显地代表本利益集团或政党内大多数成员的利益,即公共利益。而作为政府,虽然在很大程度上也是被某些政治组织,或者说该政治组织中的政治精英控制着,但是任何一个国家的政府,其主要职能是管理社会。这种职能是全体社会成员所依赖的,只不过在这个过程中,各个阶层受益不同。从长远来看,政府如果只使一部分阶层受益,而不去改善其他阶层的状况和利益,这种政府将和利益集团及政党一样,其存在的时间长短也是可以预见的。因此,作为政治组织,其性质必然具有公利性。在我国,作为中国核心的政治组织——中国共产党,它代表了中国最广大人民的根本利益,在这一点上充分体现了政治组织的公利性。

(四) 政治组织行为

政治管理中的组织行为就是把政治管理过程中的不同人们按照某一目标的需要,进行调配、安排,把他们纳入到一定的群体中,使他们遵循一定的规则来行动。它包括划分和分配任务、授予职权、调配人力等。组织与管理是密不可分的,没有组织也就没有政治管理。实际上政治管理中的组织行为,就是对政治领导行为和政治决策行为的保证。我们知道,政治领导行为是对政治活动方向的把握,政治决策行为是对政治活动目标的选择。如果不把人们组织起来,就无法把人们引向一定的方向,也不可能形成管理中的政治决策。政治管理中组织行为的作用,就是要组织人员、资金、物质等,对它们进行合理的安排和利用;建立科学的管理组织机构;把政治目标任务分解为可操作执行的项目;把分解的任务落实到具体的部门或机构、个人;授予权力,使有关单位具有完成任务必需的相应权力,使职、责、权三者统一起来;做好协调、沟通工作,保证分解了的目标能够有效整合。政治管理组织行为的这些作用也是由其本身的特点所决定的:首先,它依靠一定的政治目标和政治力量,把人们纳入到具有权力义务关系的群体中;其次,它用特殊的手段、规章制度来约束人们的活动方向,削弱与既定方向不符合的行为,从而形成预期的合力状态;最后,通过组织行为对偏离既定方向的行为予以惩处，对与既定方向保持一致的行为进行奖赏，促成预期的合力状态持续发展下去。

四、政治执行

（一）政治执行的概念

政治管理中的执行，是指政党、国家机关及政治人物依法实施政治决策，以实现预期政治目标和社会目标的活动的总和。简单讲就是指从决策确定到决策实现为止的全部活动或整个过程。政治执行是一种具有目标导向的活动，是一种实施性质很强的活动，也是一种政治法律行为，具有强制性。政治决策方案只有通过执行，才可能变为现实。执行决定着决策方案能否实现及实现的程度；执行效果是检验、修正和完善政治决策的途径；政治决策水平的高低、体制的优劣，也只有通过执行的效果才能得到评判。所以执行是政治管理中最基本的阶段。

（二）政治执行的特点

政治执行表现出以下特点：①目的性。政治执行旨在实现政治决策目标，离开政治决策目标，政治执行无从发生，即便发生也只能盲目地执行。②迅速性。政治决策目标的实现，一般都有严格的时间限制，政治执行的任务就是以最快的速度，在决策规定的时间内，及时、圆满地实现决策目标。③果断性。政治决策目标实现得越迅速、执行效率就越高，这就要求政治执行必须果断、坚决，如果举棋不定，执行拖拉，不仅会因为延误时机而达不到预期的政治目标，甚至还会阻滞社会政治过程的正常运行。④灵活性。政治执行必须紧紧围绕政治决策目标，严格按照政治决策方案去运作，但也决不能机械、死板地执行决策，而是要结合执行中的具体情况，因地制宜、灵活机动地实现决策目标。因为，机械执行不仅会使政治决策与政治执行中的具体情况相脱节，而且还会因决策执行走样而使决策目标落空，甚至造成重大政治损失。

（三）政治执行的原则

由于政治管理中的执行是一个动态系统，有其特殊的运行规律，因此要遵循一些固有的原则：①忠实决策原则。这是政治决策执行的首要环节，再好的决策，如果在执行中不照办，就等于没有作出决策。执行的根本任务就是贯彻国家法律法规，落实上级的指示和决定，实现政治目标。这就要求执行主体必须全面、正确地理解有关法律、政策、决策和任务，并在执行过程中忠实于有关政策和决策，严格按照决策目标予以实施。②迅速有力原则。执行的意义在于以最快的速度、在最短的时间内圆满地实现决策目标。决策一经作出，贯彻执行得越坚决、越迅速、越有力，效果就越好，因此必须坚持迅速有力的原则。③创新灵活原则。创新灵活就是在准确执行决策的前提下，从实际出发，根据时间、地点和情势的具体情况，创造和制定出灵活的、有效的执行方式和方法，达到最好效果。④计划安排原则。执行要有周密的计划安排，根据任务的轻重缓急，有条不紊、有主有次、有先有后、环环相扣地开展各项活动。⑤团结协作的原则。执行绝不是少数几个人就能完成的工作，它不仅需要正确的领导，更需要全体人员的全力合作，只有上下达成共识，才能更好地实现执行职能。

（四）政治执行的地位和作用

政治执行具有特别重要的地位和作用：①政治执行是实现政治决策目标的唯一途径和根本保证。政治决策目标是观念之中的政治行为结果，只有通过政治执行活动，观念中的行为结果，才能外化为现实的政治结果。②政治执行是检验政治决策方案的基本方法和客观标准。判断政治决策正确与否，最根本的办法就是付诸执行，以执行的最终结果加以判定，目标与结果一致则方案正确，否则便不正确。③政治执行是推动政治社会发展的决定力量。政治执行行为实际上就是改造政治社会的客观活动。它既是构成政治社会的基本内容，也是作出、修订和实现政治决策的客观基础，因而也是推动政治社会和政治决策发展的决定性力量。

（五）政治执行的过程

政治执行也是一个完整的过程并具有阶段性，一般地说，这一过程大体可分为准备阶段、实施阶段和总结阶段。准备阶段是执行过程的第一阶段，准备工作是否充分，直接影响到执行的整个过程。执行所实施的决策和任务决定着准备工作的具体内容，执行的决策和任务不同，准备工作的具体内容也就不同。就一般情况而言，它主要包括制定执行计划、法律准备、组织准备、思想准备、物质准备和技术准备等。各项准备工作都应该本着必要、适当、节约和预防的原则，既不能准备不足，也不能铺张浪费；准备工作就绪之后，执行活动就进入实施阶段。这是整个执行过程中最具实质意义的、最为关键的阶段。实施阶段是由政治管理工作的若干功能性环节所组成的，这些环节主要包括指挥、控制、沟通、协调等；政治管理活动的工作任务完成或基本完成以后，就要对整个执行情况进行总结。所谓总结，就是对执行情况进行全面、深入地检查和评价，肯定成绩，检讨缺点，将实践中的感性认识提升为理性认识，从而获得较为系统的经验教训，据此改进工作，把执行推进到更高水平。总结工作应当坚持实事求是的原则，同时，总结工作还必须注意发现和研究新情况、新问题，为新的决策提供实践依据。

五、政治协调

（一）政治协调的概念

政治协调是指调整政治管理系统内部各机构之间、各人员之间、政治活动运行各环节之间的关系，以及政治系统与政治环境之间的关系，以提高政治管理效能，实现政治目标的行为。可见，协调就是要消除执行过程中的不和谐现象，使参与实施的各部门、各单位和个人相互配合，协调一致，有计划、有步骤、有秩序地实施决策。协调也是一个动态过程，在这个过程中，政治管理机构及其人员作为政治协调的主体，也就是协调行为的承担者，是协调活动的核心，协调者根据政治管理机构的授权或其法定地位带来的权力，以国家强制力为后盾，依据政策法规，对非对抗性矛盾进行协调，要求被协调者必须服从。

（二）政治协调的作用

在政治决策的执行过程中，由于各部门的具体职责和具体任务是各不相同的，各个工作人员所处的地位和所承担的职责以及他们的知识、能力、经验、利益、性格和观察问题的角度都是各不相同的，客观条件的变化和政治资源的缺乏也会造成政治管理工作的混乱。这些因素的存在必然会引发各种摩擦、矛盾或冲突，严重时会影响和干扰政治管理活动的顺利进行。协调的主要作用就在于解决各个部门和人员之间的摩擦、矛盾和冲突。具体来讲，政治协调的作用主要有：①做好政治协调工作可以使各部门和人员在工作上密切配合，和谐一致，避免内耗和互相冲突，从而达到齐心协力、团结一致的目的；②做好政治协调工作可以促进各部门合理配置和有效利用人力、物力、财力和时间等政治资源，精简和优化办事程序和环节，提高管理效率；③做好政治协调工作有助于各部门和人员树立整体观念和全局观念，并从整体和全局立场出发，充分认识本职工作的意义，努力完成本职工作，从而有利于政治管理活动的有序进行；④做好政治协调工作也有助于将分散的力量集中起来，使每个部门和个人的努力成为集体的努力，使单独的行动成为合作的行动，从而产生整体的"合力"。

（三）政治协调的原则

协调也要遵循一定的原则：①依法协调原则。依靠政策法规，协调就有正确的方向，协调的效率就高，协调结果就能符合国家和人民的利益。②统筹兼顾、顾全大局原则。由于政治管理活动必然有全局和局部，有点有面，不同时期管理工作的任务不同，工作的重点也不同。在进行协调时，应该从全局出发，统筹安排，局部需要服从全局需要。③求同存异、动态协调原则。求同存异原则是指协调必须善于寻求和促成有关各方在重要问题方面的共识和统一，暂时搁置下细小问题的分歧，在坚持原则的前提下，作出一定的让步和妥协，做到求大同存小异。动态协调原则是指协调必须根据客观条件的变化，及时协调政治管理过程中出现的新问题。④公正合理、实事求是原则。一方面，协调必须准确掌握和运用有关法律、法规及政策，做到在法律和政策面前人人平等，这是保证协调工作公正合理的重要条件。另一方面，协调必须以客观事实为根据，对工作中的矛盾和冲突一定要弄清原因，分清责任，而不可无原则地进行调和。另外，协调还必须充分考虑有关各方面的具体情况和条件，在人力、物力和财力的配置以及工作任务的分配方面不能搞简单的、绝对的平衡。

（四）政治协调的类型

就政治协调的范围和关系来说，政治协调可分为内部协调和外部协调。首先，内部协调是以提高政治组织整体效能为目标的协调，它可以分为层级结构的协调、横向部门之间的协调、各种资源的协调以及人际关系的协调。层级结构的协调，即是围绕着集权与分权问题而进行的协调，目的是解决效率问题。横向部门之间的协调，即是平行部门之间的协调，目的是解决各部门之间经常出现的职能交叉、权力冲突、责任不明确、办事重复和利益冲突等问题。各种资源的协调，即是对各部门人力、物力、财力等资源分布的不平衡状态的协调，目的是最大限度地发挥资源效益。人际关系的协调，即是对人与人之间经常发生的各种矛盾和冲突而进行的协调，目的是加强团结和组织凝聚力；其次，外部协调主要是与外部环境之间的协调，它包括建立社会反馈体系和民主参与等。为了使政党、政府对社会各方面的信息作出快速、灵活的反应，必须建立社会反馈体系，反映民心民意和社会政治、经济、文化等各方面的发展情况。民主参与是民主政治的重要部分，是政党、政府与社会组织、社会团体以及公众的互动。民主参与不仅是政治管理的理念，更重要的是它必须建立民主参与机制，建立参与渠道。制度化的民主参与是民主政治发展的标志。

六、政治沟通

（一）政治沟通的概念

关于沟通的含义大致有两种不同的看法：①强调沟通是"共享"，即Communication。亚历山大·戈德认为，沟通就是使原为一人或数人所独有的化为两个或更多的人所共有的过程。②强调沟通在于"影响"，这是从沟通的实用性方面得出的结论。奥斯古德认为，从最普遍的意义上说，沟通是一个系统（信源）通过操纵可选择的符号去影响另一个系统，这些符号能够通过连接它们的信道得到传播。总之，沟通就是传递某些信息，以使他人在思想和行为方面发生变化的过程。

政治沟通是指政治体系与外界环境之间、政治体系内部各部门之间、各层级之间、各人员之间凭借一定的媒介和通道传递思想、观点、情感，交流情报信息，以期达到相互了解、相互支持、相互合作，谋求政治体系和谐、有序运转的一种管理行为或过程。简单来说，就是在政治体系中，各种意见、情况、政策、指令、信息由上及下、由下及上和彼此流通（即上传下达）的行为过程。

（二）政治沟通的过程及要素

政治沟通的实质在于信息的传递和处理过程，包括输入、分类、筛选、储存、使用、输出、反馈等环节；政治沟通的目的是统一思想，通过相互交流、相互理解、相互信任、达成共识。由上及下的沟通是使政治管理主体的决策、计划、指令、信息及时为客体所了解和理解，以达到共识；由下及上的沟通是使客体的反映、决策方案的效果及时反馈，以达到对管理行为的及时修正。还有主体内部之间、客体内部之间彼此的沟通，以避免冲突，达到步调一致地为同一目标努力；政治沟通的要素包括发送者、接受者、传送的信息、传送渠道和传送的情境（环境）五个因素，沟通过程就是这些因素相互作用的过程。沟通是政治管理的重要方式和手段，它是实现政治决策化、民主化的重要基础；也是政治执行各环节顺利进行的重要基础；还是实施检查和监督的重要依据；也是所有人员参与政治管理的重要手段。

（三）政治沟通机制

政治沟通机制有两种，刚性机制和柔性机制。在沟通过程中，刚性机制主要是指制度规定不以政治沟通参与者的意志为转移。有效的政治沟通制度安排，是节约沟通成本的有效途径。完善沟通的刚性机制要做到：①理顺各政治机关各部门之间的职能关系。避免各部门的职能交叉，同一职能或针对同一社会事务的功能分属不同的部门，采取行动时，需在不同部门之间进行大量的沟通，尽可能使密切相关的职能归并到同一部门，减少不必要的沟通。②尽可能地变部门间的沟通为部门内的沟通。因为部门内的沟通可以经常化，可以做到深入细致，沟通的渠道缩减，减少不必要的信息失真。把部门间的沟通变为部门内的沟通是提高信息沟通的效率和质量的重要途径。③使经常项目的沟通制度化。通过信息沟通，资源共享，可以大大提高双方处理特定事务的能力。在沟通过程中，柔性机制是指具有较大可变性的约束因素，具有可塑性、可改变性的特点。对执行活动产生重大影响的柔性机制的因素有两个：①语言机制。政治沟通依赖大量的公文往来，要求有一套规范化的、为大家所接受和掌握的信息表达语言系统。只有政治系统内外的信息沟通参与者都能掌握这些约定的机制，沟通才能准确迅速地进行，否则容易造成误解和偏差。②心理机制。沟通的实质是人与人之间的交往，是人的活动通过信息符号传递的延伸。人们对沟通的态度、期望和反应方式等心理机制也会大大影响沟通的效果，有时甚至是决定性的。

（四）政治沟通的类型

政治沟通的类型包括正式沟通和非正式沟通。正式沟通是通过正式组织程序，按组织规定的路线和渠道所进行的信息沟通，它是政治沟通的主要形式。其特点是正式、严肃、约束力强，有一定的连续性和稳定性，缺点是速度慢、刻板。正式沟通又分为下行沟通、上行沟通和平行沟通。①下行沟通是上级机关按照隶属关系自上而下进行的沟通。这种沟通的目的和作用，是将组织的决定和领导的意图传达到下级组织和人员中去，使之正确理解和执行，以便统一意志、统一行动，高效率地实现组织目标。②上行沟通是指下级组织和人员按隶属关系自下而上进行的沟通。这种沟通是下级对上级指示、命令的接受、执行情况作出的反馈，它为上级修正和制定新的决策提供依据，为下级参与决策提供机会。其主要内容有：汇报工作、请示问题、反映情况、提出建议等。③平行沟通也称横向沟通，是指同级组织或同事之间的沟通。其特点是沟通双方处于平等地位，其方式一般是会谈和协商，其性质多为互相支持、争取协调一致。平行沟通要做到平等、真诚、友善，才能取得好的效果。

七、政治监督

（一）政治监督的概念

政治监督是指社会组织、社会舆论和公民以及政治系统（包括政党、政府、立法机关、司法机关）内部，依法对各项政治活动、政治人物及政治系统的工作人员的政治行为的合法性、公平性、有效性进行监督和督促的行为。

政治监督主体由三方面构成：①法定监督主体，即是指享有政治监督职权，能以自己的名义从事政治监督活动，并能独立地承担由此而产生的法律责任的组织。②法律、政策授权的政治监督主体，即依据法律或政策本身的授权（授权的主体资格、范围、时间限制等必须是明确的），负有对特定事项行使政治监督权的组织。某一特定监督事项完成，该监督组织的监督职能也就宣告终结，监督中所产生的法律责任由其自身承担。③委托监督主体，即受法定监督主体的委托，履行政治监督职能的组织。该组织受有权主体的委托实施特定的监督职责，其法律责任由委托机关承担。可见，政治监督主体具有多样性和多层次性的特点。

（二）政治监督的内容

政治监督的内容是指政治过程中政治主体的行为和与其相关的机制。具体而言，就是指政治管理机关的"组织职责、程序、措施与资源"、政治主体的政治行为。可见，政治监督的内容具有双向性，一方面政治监督是对政治管理机关本身，也就是对整个政治活动的全过程的监督，以政治管理的合法性和合理性为标准，以督导政治目标的实现为价值尺度，以查处政治过程中违法不当行为为手段；另一方面，还应就政治过程中的机制因素是否存在问题实施监督。如政治组织的设置是否合理，工作人员的素质条件是否符合要求，相应的法律规范是否一致等进行全面监督。政治监督从决策到执行、结果的全过程进行连续的监督，而这种监督又是周而复始的。

（三）政治监督的原则

政治监督的原则是政治监督活动中最主要、最普遍运用的准则，它是政治监督的根本准绳，贯穿于政治监督的始终，尤其是政治监督存在不确定性或者未就新的社会关系作出具体规定而引起争议时，基本原则能够克服政治监督规定有限性与社会关系无限性的矛盾。同时，政治监督的原则可以弥补法律的漏洞，能够对监督体系自身进行整合和引导。这些原则有：①依法行使职权，不受其他部门、社会团体和个人干涉的原则；②实事求是，重证据、重调查研究的原则；③在适用法律和政治纪律上人人平等的原则；④教育与惩处相结合的原则；⑤监督检查与改进工作相结合的原则；⑥监督工作依靠群众的原则。

（四）政治监督的作用

政治监督的作用主要表现在：①政治监督能有效地强化和改善政治管理，提高政治效能，促进各机关的廉政建设；②政治监督是健全社会主义法治，进一步保障公民、法人和其他组织合法权益的有效制度；③政治监督是改革开放和经济建设顺利发展的重要保障。

（五）政治监督的类型

政治监督的类型依不同的标准有不同的分类：①依据监督主体，政治监督可分为政党的监督、政府的监督、权力机关的监督、司法机关的监督、社会监督等。②依据监督过程，政治监督可分为事前监督、事中监督、事后监督。事前监督是指在某种政治活动开展之前，监督部门围绕政治管理主体的政治行为进行的监督检查；事中监督是指对监督对象在执行法律或实施决策、计划过程中履行职责情况进行的监督检查；事后监督是指对政治行为结束以后所进行的监督活动，是对政治行为结果进行的监督。

（六）政治监督的方式

政治监督的主要方式有：①工作报告。如各级人民政府向上级政府报告工作。②检查。检查与工作报告不同，检查是指政治主体主动了解管理对象活动的行为，一般具有直接、实地、深入的特点，能够比较全面、客观地了解和掌握实际情况，听取和收集各方面的反映和要求。③专案调查。专案调查是指对监督对象发生的重大违法案件或带有普遍性的违法行为组织专门人员进行的专案调查。④审查。审查是指对政治法律文件、命令、措施及财政预算、决算、账册、报表等进行审阅核对的行为。⑤备案。备案是指根据法律规定或监督主体的要求，监督对象将其制定的法规、规章，或采取某些重大政治行为的书面材料报上级部门供其了解情况的行为。⑥批准。批准是指上级对下级工作部门的职权行为进行审查并加以确定的行为。⑦提出议案。⑧改变或撤销。⑨惩戒。

第三节　政治管理的作用

政治管理主要是以领导、决策、组织、执行、协调、沟通、监督等方式发挥作用的，其根本目标就是要维护统治阶级的政治统治。与此相适应，政治管理的作用主要表现在以下几个方面：

一、维护现存的基本政治规范

任何国家的生存和发展都是要以一定的政治规范来支持的，这些政治规范一般在宪法和基本法律中都是加以明文规定的。它们是指维护和贯彻国家宪法和法律所规定的权力分配关系和公民的权利与义务等。宪法和法律规定公民需要遵守什么，不允许做什么，政治管理就要求人们遵循这些政治规范，例如，我国宪法规定了支持社会主义制度的人民代表大会制度、坚持四项基本原则；西方国家的成文宪法或不成文宪法中都体现着权力制衡与分立、私有财产神圣不可侵犯等基本精神。这些宪法中体现出的基本规范，决定和制约着所有其他的政治生活。统治阶级就是要通过政治管理机关的各项职能来维护这些规范，从而获得公民的自觉认同和支持，使公民的政治行为规范化、制度化，以维护统治阶级确定的政治秩序。

二、维护政权机关的权威性和合法性

统治阶级通过政治管理来维护政权机关的权威性和合法性，以增强人民群众对政党和政府的支持与拥护，来维持统治阶级权力中心的地位和统治能力，这也是政治管理的重要任务。在我国，中国共产党的领导地位和执政地位以及人民民主专政国家政权体系的确立，是20世纪中国社会政治管理的历史性选择和伟大的历史性成就，坚持和巩固党的领导与人民民主专政，也是21世纪中国政治管理的基本任务。这就意味着党和国家的权威性和合法性是政治体制改革和社会发展得以顺利推进的基本保证，而政治体制改革和社会发展也必须着眼于为增强人民群众对党和国家的支持和拥护创造条件。所以政治管理在其中起着至关重要的作用。

三、推动经济的健康发展

政治是经济发展的集中表现，在以经济建设为中心的历史时期，只有强化政治管理行为，才能保障实现经济体制和经济增长方式两个转变。在建立社会主义市场经济的新时期，政治管理行为的具体内容，本质上不同于以阶级斗争

为纲的理论。正确处理政治管理行为与经济建设为中心的矛盾，是现实生活中提出的严肃课题。讲政治，强化政治管理行为，不是要放弃经济建设这个中心；抓经济建设，也不是要放弃政治管理。政治管理行为，既产生于一定的经济基础，又为特定的经济基础服务。为了发挥政治管理的导向功能、粘合功能、协调功能，就必须研究社会主义时期政治管理的新情况。在现代社会，经济发展也是政治统治合法化的主要手段，主要是：①通过正确的政治领导行为，来把握改革的方向，遵循适合本国国情的客观规律；②通过政治组织行为，使人们的经济活动遵循市场运行机制，符合国际惯例，更好地实现与国际惯例的接轨；③通过政治决策行为保证国家主权不受侵害，使人民在独立自主的和平环境中从事经济活动；④通过政治协调行为，使竞争中出现的经济利益矛盾予以缓和或化解，使不同阶层的利益在调整中趋于公平合理，使民众的政治需求不断得到满足。

四、维护国家统一、民族团结和社会稳定

国家统一、民族团结和社会稳定代表着中国各族人民的共同利益和愿望，是中国社会进步和政治管理的基本保证。21世纪中国社会主义现代化战略目标的全面实现，更需要有国家的统一、民族的团结和社会的稳定，这就要求我们在政治管理的全过程中，都要始终注意处理好改革、发展和稳定的关系，高度警惕和努力消除一切破坏性及不利的因素，努力维护和发展良好的社会政治环境。

五、有利于协调好各种利益关系

一个社会的阶级、阶层、集团和个人的利益是千差万别的，政治关系后面都存在着利益关系，会产生一系列矛盾和利益冲突，有个人、集体与国家之间的矛盾，也有地区之间的矛盾。所有这一切，都需要政治管理机关去协调、化解矛盾，努力实现全社会的利益平衡。否则，利益的冲突和矛盾的产生可能导致社会秩序的动荡。为了使这种利益关系保持在统治秩序要求的范围之内，政治管理机关就要维护政党的生活秩序所依赖的各种法律、规章、制度和程序，维护社会安定团结，就需要缓和客观存在的利益冲突，协调各种利益得失。在不同的社会制度下，处理公民利益关系的原则会有所不同，但任何社会的政治管理都要解决保障统治阶级的经济、政治利益，还要重点协调好国家、集体和个人的利益关系，在此基础上实现社会利益关系的相对平衡和协调，以缓和利益冲突。

六、保持正常的社会秩序

西方国家称这一任务为"守夜人"的职能，社会秩序的稳定不仅需要执行正常的法规，还要有效地贯彻各项政策。由于中国的政府机构的垂直性和多极

性，政策执行过程中会遇到一定的困难，有时可能不为群众所理解和接受，政策的贯彻执行就更加困难。因此，政治管理部门应努力创造落实政策的各项条件，保证政策的有效执行。同时，通过政治管理，使社会秩序保持稳定，使社会生活处在有序的状态下，以有利于最好地维护和巩固政治统治的合法性与权威性，并为经济、文化的发展创造良好的社会环境。

七、促进民主政治生活

近代以来，不管统治者愿意与否，都要让人民享有一定的政治权利，如参政权，一人一票权。没有人民的支持与认可，任何统治都难以长久地存在下去。为此，统治者必须通过其管理机关来保障公民的基本权利。另一方面，公民权利的获得更有赖于公民自下而上的参与，但政治管理机关会疏通这种参与的渠道，以化解社会矛盾。自上而下的保障机制和自下而上的参与机制无疑促进了人民群众的民主生活，更好地保护了公民权利。

八、促进生产力的发展和社会的全面进步

社会主义的根本任务是发展社会生产力，党和国家的工作重点是经济建设，这是对我国社会主义建设的经验教训和社会主要矛盾进行科学分析后得出的最重要结论，是解决当代一切问题的关键。在21世纪，我们仍要把集中力量，发展社会生产力摆在首要地位。政治管理作为发展整个社会的组成部分，就是要治国安邦，它的核心问题，是如何管理好国家，如何使社会全面快速地发展，使人民安居乐业。所以政治管理必须要服从和服务于经济建设这个中心，为发展社会生产力、促进社会全面进步创造良好的社会政治环境。

九、保证我国加速发展和参与国际竞争

政治活动是国家发展的主要推动力，政治管理的魅力就在于管理出效率、管理出速度，没有一个高效、民主、公平的政治管理，社会就不可能在各个方面快速发展。同时，21世纪的竞争是国与国之间综合国力的竞争，如果没有一个高效、民主、公平的政治管理，没有高质量的决策能力、快速的应变能力和高效处理事务的能力，就会在残酷的国际竞争中败下阵来。所以，必须提高和改善政治管理，以加速我国社会主义建设的步伐和提高参与国际竞争的能力。

可见，上述作用是政治管理的诸多方式协同运行的结果，而其中的政治领导和政治决策又起着决定性的作用，协调、组织、沟通和监督都在政治领导和政治决策过程中体现了出来。

关键概念

管理；治理；善政；善治；政治管理；政治统治；政治领导；政治决策；

政治组织；政治执行；政治协调；政治沟通；正式沟通；非正式沟通；政治监督

思考题

1. 什么是政治管理？其特点有哪些？
2. 政治管理的内容包括哪些？
3. 政治管理与政治统治的区别有哪些？
4. 政治领导者和政治管理者的区别在哪里？
5. 如何理解政治决策的科学化？
6. 如何理解政治管理中的组织行为？
7. 政治执行应遵循哪些原则？
8. 政治协调应遵循哪些原则？
9. 简述政治沟通机制。
10. 简述政治沟通的类型。
11. 简述政治管理的作用。

第 10 章 政治参与

政治参与是指在民主政治条件下,公民依据其所享有的政治权利,进行的影响和干预政治机器运转的一切表现、表演或动作。其目的一方面在于维护社会的基本利益,努力实现社会最低限度的公正,另一方面,则在于监督政治机器,以避免大的错误而实现政治机器的科学运作。本章主要讨论政治参与的概念、影响因素、政治参与方式及政治参与的作用等一般理论。

第一节 政治参与的概念

一、政治参与的含义与特征

政治参与（Political participation）是一种重要的政治行为,是现代公民政治生活不可或缺的组成部分,同时也是现代政治学研究的一个重要术语。作为一个政治学的术语,政治参与一词是由西方政治学者提出来的,而对这种政治行为的追溯一直可以到古希腊的城邦民主时期,在西方近代思想家卢梭和托克维尔的著作中就讨论过公民政治参与的途径和方式等问题,但政治参与真正作为政治学研究和探讨的重要理论话题是 20 世纪 60 年代以后的事情了。各种理论五彩纷呈,但由于研究者的政治环境、研究视角和研究方法上的差异,对于这一概念的界说无论是在内涵还是外延上,目前都存在着很大的分歧。仅就现代西方民主理论不同流派来看,政治参与的内涵就不相同：精英民主理论者认为,政治参与就是参与选举；多元民主理论则认为,政治参与就是"多重对立的少数人"通过选举或非选举活动影响政治决策的过程；参与民主理论则认为强调公民在政治决策过程中的直接参与；协商民主理论的政治参与则强调了通过平等、公开、自由、广泛的讨论作出决策[1]。其他更多流派的理论在政治参与的

---

[1] 参见罗爱武:"何为政治参与——四种当代民主理论的政治参与观比较",载《云南行政学院学报》2012 年第 4 期。

主体、客体、行为方式等方面都存在很多分歧，这些分歧直接影响了研究的深入和交流的有效性。因此，有必要对这一概念重新进行厘清。

美国学者帕特里克·J. 孔奇在专门研究了有关政治参与的诸多定义之后，提出了争论所集中的六个主要问题：①积极与消极形成的比较：应当从行为上来解释政治参与吗？——如选举、政党竞选——还是也包括其被动形成——爱国主义感情，对政治问题的敏感性等。②过分的与不过分的行为之比较：政治参与包括非暴力反抗及政治暴力活动，还是限制在"比较常规"的行动上？③结构性与非结构性目的的比较：是否包括要改变或维护政府形式而作出的努力，还是仅限于改变和维护政府权力和（或）其决策的努力呢？④政府的与非政府的目标的比较：政治参与应限于符合政府权威、政策和（或）制度的行为？还是也应该包括政府范围之外的现象？⑤动员的与自愿的行为的比较：由政府赞助和引导的提高福利的行为应被称为政治参与吗？或这个概念仅应限制在公民为谋求其利益所发起的行为？⑥预期的与预料之外的结果的比较：对政府未预料到的结果的行为能否解释为政治参与？孔奇认为，应该将政治态度和政治情感排除出政治参与的范畴，因为它们属于政治文化的范围；而参与行为中被视为非法、非常规、非正统的"寻衅行为"应该属于暴力型参与行为；政治参与应该是反对或支持国家结构、权威或关于公益分配的决策的活动，与政治无涉的社会活动，只能算是"社会参与"，而非政治参与；是政府主持的，还是公民发起的，并不影响该行为是否成为政治参与行为。

孔奇最终给出的政治参与的定义是："政治参与可以解释为全国或地方、个人或集体支持或反对国家结构、权威和（或）有关公益分配决策的行动。"[1] 孔奇同时强调，这种行动既可以是口头的，也可是书面的；既可以是非暴力的，也可以是暴力的；它可以是温和的，也可以是剧烈的。

另外一个影响较大的定义来自于美国学者亨廷顿和纳尔逊，他们认为政治参与就是"平民试图影响政府决策的活动"[2]。这一概念强调了政治参与的主体是"平民"，这样就将职业的政治人士排除出去了，这部分人包括政府官员、政党骨干、政治候选人和职业的院外活动分子等，他们所从事的职业政治活动都不属于政治参与范围；这一行为的目标指向是"影响政府决策"，如与影响当局的决策无关就只是一般的社会活动；该定义并未区分参与活动的合法性与非

---

[1] 参见［美］帕特里克·J. 孔奇："政治参与概念如何形成定义"，载《国外政治学》1989 年第 4 期。

[2] ［美］塞缪尔·亨廷顿、琼·纳尔逊著，汪晓寿、吴志华、项继权译：《难以抉择——发展中国家的政治参与》，华夏出版社 1989 年版，第 3 页。

法性,因此,在一些国家被视之为非法的抗议、示威、游行、暴乱等,乃至叛乱行为都被纳入了政治参与的视野;亨廷顿和纳尔逊强调政治参与既包含自发的主动参与,也包含被动的动员参与,假如只限定于前者,政治参与行为成了民主政治的特有现象,很多正处于政治发展中的国家就被排除出了政治参与的研究范围。

也有美国学者对以上两种定义提出不同看法,尼和伏巴在《政治参与》一文中对政治参与的界定是:"平民或多或少以影响政府人员的选择及他们采取的行动为直接目的而进行的合法活动。"这一定义强调了政治参与的合法性,非法的活动如骚乱、暗杀和其他类型的公民暴力被排除了;同时他们也将"影响政府人员的选择"视为政治参与的目的,因此,那些由政府动员的"礼仪性"或"支持性"参与,因其未对政府选择产生影响,仅具有形式意义,也必然被排除了[1]。迈伦·维纳也强调了参与的自愿性质,它认为"奉政府之命而参加组织或参加群众集会……",如那种公民对候选人没有选择余地的选举投票,"应排除在外"。[2]

从以上国外学者的政治参与概念界定可以看出,争论主要集中在以下四个方面:①参与主体——是否包括职业政治人士;②参与性质——是否包括动员参与;③参与手段——是否包括非法手段;④参与行为——是否包括政治心理和态度。

国内学者的定义也有不同,王浦劬教授认为,"政治参与是普通公民通过各种合法方式参加政治活动,并影响政治体系的构成、运行方式、运行规则和政策过程的行为"。[3] 这一概念没有回答被动参与的归属问题。杨光斌则认为,"政治参与就是普通公民通过一定的方式直接或间接地影响政府决定或与政府活动相关的公共政治生活的政治行为"[4],他排除了政治态度,但将除了革命以外的暴力行为也纳入了政治参与的范围。孙关宏、胡雨春认为,政治参与是"特定体制框架内普通公民或由公民组成的团体影响政府人士构成和政府政策制定的各种行为"。[5] 这一概念特别强调了公民组成的团体也是政治参与的主体。

综合以上学者的分析,结合我国当前的政治实践,我们认为,所谓政治参

---

[1] 参见 [美] 格林斯坦、波尔斯比编,竺乾威等译:《政治学手册精选》,商务印书馆1996年版,第290~292页。
[2] [美] 塞缪尔·亨廷顿、琼·纳尔逊著,汪晓寿、吴志华、项继权译:《难以抉择——发展中国家的政治参与》,华夏出版社1989年版,第8页。
[3] 王浦劬等著:《政治学基础》,北京大学出版社1995年版,第207页。
[4] 杨光斌主编:《政治学原理》,中国人民大学出版社1997年版,第329页。
[5] 孙关宏、胡雨春主编:《政治学》,复旦大学出版社2003年版,第194页。

与，就是指一个国家内的普通公民或公民组成的团体，依法参加社会政治生活，表达个人或集体意愿，从而影响政权体系的构成，政治规则和政治政策的制定、实施过程的政治行为。

从以上界定可以看出，政治参与具有以下特征。

1. 政治参与的主体是普通公民或公民组成的团体。政治参与的主体是以个人利益为目标的公民或由每一个以追逐个人利益为目标的公民所形成的利益集团、非政府组织甚至是政党组织，需要指出的是，在这些团体中的公民所从事的政治活动也必须是业余的、非连续性的，其参与各种政治活动的行为同时也应当是主动的、非胁迫性的。职业的政治家和专职的政府工作人员所从事的政治活动，往往是代表国家或政府所进行的，行为实施者的个人意志在很大程度上受到限制，实质上是一种国家或政府行为，属于政治管理的范畴，因而不属于政治参与。但政治家和政府工作人员以普通公民身份、根据个人意愿自由参与的政治选举、公投等行为则属于政治参与。

2. 政治参与的目标指向是影响政府的活动。政府活动的内容和范围很广，既有政府的组成，如机构的设置与撤销、政府人事关系的任免，也有政治决策，如政治、经济、社会、文化等法律和政策的制定与实施，重大项目的预决算等。在一个特定政治社会中，政治参与的规模通常为政府职能的实际范围所制约，政府权力越大、管理范围越广，公民政治参与的范围就越广。公民的参与行为，不管最终是否对政府当局产生压力，从而实现政治参与者的愿望，只要实施者的行为旨在影响政府活动，这种行为就属于政治参与行为。公民未影响政府决策的参与活动，如节日聚会、慈善义举、行业联谊、各类兴趣爱好者俱乐部（协会）等，都不属于政治参与。

3. 政治参与是一种政治行为。政治参与是一种表达政治意愿的行为，具有明确的政治目标指向，必须外化为一种具有政治意义的行为。这种行为包括反对或支持、改变或维护政府权威、政治规则、政府政策与人事抉择等活动。如果公民的政治意愿仅仅还停留在内心的喜好或憎恶、热爱或痛恨、无视与冷漠等心理体验和情感阶段，并未试图通过外在的行动向政府表达和传递这一信息，并试图影响政府的决策，那就不属于政治参与，而属于影响政治参与的力度和持久性的政治心理。

4. 政治参与的途径具有多样性。一般有政治投票、政治选举、政治结社、游行集会、罢工罢市、参加听证会、质询会等，在我国还有公民投书信访、上访、与政府官员直接对话等形式。

5. 政治参与基本上是一种体制内的非暴力行为。政治参与是公民履行宪法、法律所赋予的政治表达权利的行为。它是以维护现有的政治秩序为前提的，所以我们不赞成有的学者将政变、暗杀、骚乱和暴动等以非常手段影响甚至改变政府组织的行为视为政治参与，这些非法地影响政府的行为确属一种政治表达行为，但不能划归政治参与的范畴。政治参与应是以参与现行政府（国家决策机关）的政治决策为前提的，以暴力手段否定现行政府的行为把政府当成了反对的目标而不是参与的对象，因此，非法的暴力行为不是政治参与行为。

二、政治参与的类型

由于参与主体的特征、活动的积极性程度、行为方式及参与途径等方面存在着种种差异，各国的政治参与大致可划分为以下几种类型。

1. 个别参与和团体参与。以参与主体的特征为划分依据，可以将政治参与划分为个别参与（个人参与）与组织参与（团体参与）。

个别参与（个人参与）是指公民以个体的身份进行政治参与的活动。公民参与各类政治选举（投票）是个别参与中最主要和最常见的一种形式，但投票活动不是也不应该是公民政治参与的唯一形式，除此外，公民还可以通过网络政治讨论、投书信访、行政听证、与国家公职人员接触、捐赠政治资金等多种形式进行个别参与。

组织参与（团体参与）是指公民与他人合作以特定的团体形式参与政治的活动。团体参与的团体主要有政党、利益集团和非政府组织。它在引导其成员关心政治、动员其成员参与政治活动、培养其成员的政治参与热情、控制政治活动渠道等方面具有优势。在现代社会，各种政治团体在政治活动过程中的作用胜于公民个体，而现代政党组织的行为对政治过程的影响尤为重大。除政党组织外，以组织的形式进行政治参与的重要力量还有利益集团和非政府组织。所谓利益集团就是指基于共同的利益诉求而联合起来的，为实现该团体利益而寻求影响政府政策的一种社会团体。与政党组织参与政治活动的目的不同，利益集团进行政治参与不是为了取得政权，而在于影响政府的决策过程，从而将本集团的主张或政策纳入政治过程，使该团体的利益最大化地得到满足，例如美国的钢铁业协会就经常进行各种游说，影响国会议员提出、通过对其他国家的反倾销制裁法案，从而达到对自己利益的保护。所谓非政府（NGO）这一概念主要是指处于政府与私营企业之间的那块制度空间，以从事社会公益事业、提供公共物品为目的而组成的社会团体。非政府组织具有组织性、民间性、非营利性、自治性和志愿性五个特征，它为了动员政府和各种社会力量，对其所从事的公益事业给予财力和道义上的支持，往往通过各种途径影响政府公职人员的决策意向和社会舆论，从而向政府施压。

2. 主动参与和被动参与。以参与者的主观态度为依据，可以将政治参与划分为主动参与（自主参与、自动参与）、被动参与（动员参与）。

主动参与是指在自愿的基础上影响政府的活动，被动参与则并非出于参与者的自愿，而是指通过他人的引导、劝说、威胁等方式产生的影响政府的活动。两者的根本差别在于参与主体是否具有影响政府的主观意图。主动参与的行为者具有明确的行为意图，被动参与的行为者可能不理解或不明确自己的行为意图。两者的相同点在于都能对政府的决策产生影响。在现代社会中，几乎所有的政治系统中都存在着主动参与和被动参与的混合，政治系统的性质往往决定着哪种参与类型占主导地位。在民主政治系统中，由于政治开明，公民政治素质普遍较高，主动参与类型居主导地位；在专制政治系统中，民众权利意识淡漠，由于长时间的压抑，公民政治素质普遍较低，主动参与的机会较少，被动参与水平较民主政治体制大大增高。

3. 直接参与和间接参与。以参与者是否通过中间环节来影响政治过程为依据，可以将政治参与划分为直接参与和间接参与。

直接参与是指参与者不通过任何中介直接介入政治过程的行为，而间接参与是指参与者通过一定的中介影响政治过程的行为。以投票选举为例，直接选举和全民公投属于直接参与，间接选举和多层次推举则属于间接参与。当然，社会生活中，公民政治行为中属于直接参与行为的还有公民直接与政府公职人员或政治家个别接触、基层自治、政党参与等，而间接参与在现代国家中也大量存在，公民通过自己的代表，如美国的议员、我国的人民代表来参与国务政事，就是间接参与的主要形式，其他如公民向议员反映所关心的政治问题，通过理论宣传，在广播、电视、网络媒体发表政治见解等，这些向政府施压以求影响政府决策的行为就属于间接参与。

4. 制度化参与和非制度化参与。以参与者的行为方式是否由制度作出具体安排为依据，可以将政治参与划分为制度化参与和非制度化参与。

制度化参与是指参与者在参与方式和参与程序方面都有制度化规定的参与活动。比如政治选举，往往在选举的时间、参选人的年龄规定、参与的周期等方面都有相关的法律规定。行政听证也在听证人的选取、听证的程序等方面有相关的制度安排。非制度化参与是指那些仅仅在法律上有权利授予，但在制度上无明确的、具体的程序性规定的参与行为。例如，公民网络政治参与、集会、游行等。

除此之外，还可以根据其他标准，将政治参与分为定期政治参与和不定期政治参与、正式政治参与和非正式政治参与、常态政治参与和非常态政治参与等。当然，对政治参与类型的种种划分并不是绝对的，在大多数情况下，同一种行为由于所选标准的不同，往往可以划归为不同参与类型，同时，各种类型之间还可能产生相互交叉现象。

第二节 影响政治参与的因素

公民政治参与的状况和程度受到多种因素的影响和制约。一个国家的政治、经济、文化发展状况都会影响该国公民政治参与，而与这几个方面直接相关的经济发展水平、公民的社会地位、政治心理、国家政治机制、政治机会等都是影响政治参与的最基本、最直接因素。

一、社会经济发展

一般认为，经济发展是公民政治参与行为的物质基础，一个国家公民的政治参与水平与这个国家经济发展程度是密切相关的。首先，经济的充分发展，提高了整个社会的财富，使更多的人获得了接受更高程度教育和更好的社会地位的机会，同时也就为他们更多地参与政治活动创造了条件。其次，经济和社会的发展使得职业分化和利益分化变得异常迅速，为了保护共同的利益，人们之间结成了各种各样的行业协会和社团组织，这些结成社团的公民为了共同利益而进行政治参与的可能性比孤零零的个人要大得多。再次，经济发展必然带来社会利益的不断变化，利益冲突的可能性及范围大大增加，传统社会中解决纠纷的一些手段往往显得无能为力，使得公民不得不诉诸政治行为来维护并进一步实现自身的利益。例如，现在城市发展中的旧城拆迁问题引发的一系列社会矛盾，其本质就是各方的利益冲突，为了对抗政府的强制拆迁，公民不得不进行政治参与，比如找有关领导反映问题、上访、集会示威等，2004年某地曾出现被强制拆迁户手执《中华人民共和国宪法》对抗拆迁的事件[1]。最后，经济发展的需要促使政府不断扩展自己的职能。在经济高度发展、社会高度分化的现代社会，弱政府似乎很难起到协调社会发展的作用，从全球范围来看，当代各国政府的职能都有扩大的趋势。政府职能的扩大意味着政府对公民生活影响力的增强，反过来受政府行为影响越来越严重的公民势必越来越关注政府的决策，并积极地以自己的行为去影响政府的构成和决策。

需要指出的是，社会经济的发展与政治参与的水平之间并非绝对的正相关关系。有时在一些社会发展、经济水平较为落后的国家，由于强权国家的动员或者因为落后的经济本身已构成社会问题（这时候，经济本身已成为了政治问题），民众的政治参与呈现较高水平；而在一些经济高度发达的国家，由于社会经济繁荣、国家稳定、社会保障机制健全，民众的政治参与水平反而较低。这

---

[1] 参见包丽敏："北京一老人手持宪法抵制强制搬迁"，载《中国青年报》2004年4月5日。

就说明，经济发展并不是决定政治参与的唯一因素，其他诸多因素都有可能影响政治参与的实际水平。但总的看来，政治参与的发展不可能长期建立在落后的经济发展状况之上。

二、社会地位

社会地位反映公民的社会身份。人们通常是根据受教育状况、职业、收入、权力和威望等因素来判断一个人的社会地位的。这些指标结合在一起，就能比较准确地确定一个公民的社会地位。由于社会地位的高低直接与人们的政治影响力强弱相关，从而也与人们的利益能否实现相关。一般来说，在社会分层中处于较高位置的公民往往在社会资源和信息资源的占有方面都处于优势地位，其政治参与能力和政治参与程度都比较高；相反，在社会分层中地位较低的公民，由于其在社会资源和信息资源的占有方面往往处于劣势地位，因此，其政治参与能力和政治参与程度都比较低。正如美国政治学家安东尼·奥罗姆所说的："公民政治参与恰如其分地反映了社会和经济不平等的本质特征，这一点在任何社会都可以得到证实，特别是在资本主义社会。"[1]

在决定人们社会地位的诸多因素中，受教育程度与政治参与程度的关系最为密切。教育有助于提高人们表达思想的能力、对利益的敏感性以及政治社会化的有效性。美国政治学家阿尔蒙德和维巴通过对美国、英国、德国、意大利和墨西哥五国的考察研究发现，受教育的程度与所在人群的参政比例成正相关关系。受教育的程度对其本人的职业选择、个人收入、权力获得、威望建立等都有很大的关系。在影响社会地位的其他因素中，职业因素也会影响政治参与，从事与政治相关性强或受政治影响大的职业的公民更容易参与政治；个人收入也与政治参与有直接关系，一般说来，收入越高，参与政治的可能性就越大，因为个人收入越高，受政治政策的影响就越大，个人就有更大必要去关心政治，同时，较高的收入也为个人参与政治提供了可靠的物质基础；另外拥有较大权力和较高社会威望的人，往往对参与政治有着比较大的兴趣，对政治的参与程度也较高，因为这些人有更多的机会接触各级不同的政治决策人物，也有更多的机会获取有关的政治信息，从而通过正式或非正式的渠道参与和影响政治决策，实现自己的利益或政治期望。

三、政治制度

作为一种政治行为，政治参与必然受到政治自身因素的影响。其中最重要的一个因素就是一个国家的政治运行机制，它对公民参与政治的资格、方式、

---

[1] [美]安东尼·奥罗姆著，张华青、孙嘉明等译：《政治社会学：主体政治的社会剖析》，上海人民出版社1989年版，第286页。

范围等都产生着极大的制约作用。

从本质上来讲，对政治参与有重大影响作用的首要因素是一个国家的政治制度和政治体系的阶级统治性质。在早期的资本主义国家，统治者往往从自身利益出发，排斥和压制广大被统治阶级的政治参与，但随着社会的发展和民主化的加深，当代发达资本主义国家都建立起来了牢固的资本主义民主政体，在资产阶级充分行使政治管理和政治参与权利的同时，也在法律上规定了允许广大被统治者参与政治的权利，使每一位公民从理论上都获得了参与政治的机会。当代社会主义国家也在不断地建设和发展自己的政治文明，在社会主义民主和法治不断健全和完善的过程中，为广大公民的政治参与提供愈来愈好的制度保障。

对政治参与有重大影响作用的另一个重要因素是一个国家的政治运行体制。从世界近代以来的政治实践来看，对公民政治参与影响至关重要的政治运行机制有选举制度、政党制度、监督制度等。

选举制度作为一种政治制度，是指由一个国家的公民按照法定程序、尊崇个人的意愿选择国家公职人员的制度。选举制度分为限制选举制和普选制、不平等选举制和平等选举制、间接选举制和直接选举制、秘密选举制和公开选举制等，不同的选举制度直接影响公民的政治参与程度。从前者转变为后者，意味着公民政治参与的扩大和深化。政党制度对政治参与也有着重大的影响，公民对政党的认同程度影响其参与的热情，同时，政党制度的类型也影响着政治参与，多党制（或两党制）与一党制相比，其可选择性更能引起公众参与的兴趣，多党制下不同的施政纲领更能引起公众的关注。良好的制度必须靠有效的监督去实现，完善的政治监督制度是公民有效、平等地从事政治参与的保障，因此，政治监督制度是否完善直接会影响公民的政治参与。

四、政治心理

从行为主义研究的角度看，人类任何有意识的行为都是在某种心理动机的驱使下展开的，作为政治行为的政治参与同样离不开政治心理因素的影响。

一般来说，心理因素对政治参与的影响主要体现在以下几个方面：①对所获取的利益的估量。人们参与政治是希望获取某些政治利益，并使自己的心理需求得到满足。这些需求包括权力、成就、威望、财富、地位、要求被承认、要求被称赞、操纵欲、责任感等，当一个人的上述政治需求能够从某项政治行为中获得满足时，他就有可能实施某项政治参与行为，否则，他就不会采取行动。②对政治选择的判断。如果一个公民认为自己所面临的各项选择对象之间没有什么重大差异，他自己的任何选择都不会对结果产生什么改变，那他就会觉得没有介入的必要了。因此，那些认为谁执政都一回事的公民往往不会参加政治投票。③政治效应意识。就是公民个人对自己能够影响政治活动的自尊、自信和自我实现的政治倾向。政治效应意识高的公民其参政程度相对来说也高。如果一个公民认为他自己能够对政府的政策制定活动产生影响，他自然会很积极地参与政治，反之则会出现政治冷漠。④政治信任感。指公民对政治制度、政府、执政党、政治家等的信任程度。一般来说，那些政治信任感强的公民，其政治参与程度也高，反之，就会出现政治冷漠、政治斗争甚至政治对抗。

五、其他因素

公民的政治参与不但受到以上因素的影响，其他诸如年龄、性别、宗教、种族、社区性质、是否结社、对参与政治的技术手段的掌握等因素也会造成公民政治参与程度的差别。

除了法律规定的有关政治参与的年龄限制外，一般来说，随着年龄的增长，政治心理的成熟，公民政治参与的程度也会提高。但年龄与政治参与程度并不必然成正比例，例如，老年人随着年龄的增长，政治参与程度会呈现下降趋势。

性别对政治参与也有一定的影响，虽然当今世界对参与政治活动的性别限制已很少存在，但由于历史或文化传统等形成的主客观原因，在许多国家和地区女性的政治参与程度明显低于男性。

宗教、种族等方面的因素可能影响集团意识，而集团意识正好是影响公民政治参与的重要原因。在当代世界，由宗教和种族意识而引发的政治参与正在呈现出上升趋势。20世纪60年代和70年代初美国的黑人民权运动、近年来西方国家穆斯林争取信仰自由的一系列活动都是很好的例证。

社区的性质也影响到公民的政治参与程度。公民身处农村社区或城市社区，其获取和传播有关政治信息的途径、信息获取量都会有所差别，从而影响到政治参与。即便是同处城市社区，由于社区居民的身份、地位构成不同，不同社区的政治参与程度也会不同。

是否结社对公民的政治参与程度也有较大的影响。在现代社会，加入各种形式的组织往往是公民政治参与的基本手段。加入各种组织的公民，其参加政治实践的机会随之增多，而组织为了达成其政治目标，也往往动员自己的成员积极参与政治活动。在卷入各种组织的公民中，参加政党的公民参与政治的比例最高。

现代技术手段也是影响政治参与的因素。在当今社会，交通、通讯等实用技术深深影响了公民的社会活动，交通事业的发达及各种交通手段的完善，使公民外出活动更为方便快捷。现代通讯手段，尤其是互联网的发达，为政府信息的发布、进行民意调查，公民获取政治信息、表达政治态度等提供了广阔的平台，掌握这一技术的公民，往往足不出户就可以参与网上讨论、发表见解、进行投票,既节省了政治参与的成本,同时更好地实现了政治参与。

第三节 政治参与的方式

随着社会的发展,现代公民进行政治参与的方式会越来越多,根据各国的政治实践,政治参与的主要方式有:政治投票、政治选举、政治接触、政治结社、政治表达等[1]。

一、政治投票与政治选举

政治投票是指公民按照法定的程序,对相互竞争的政策、政治候选人、有争议的政治问题采用投票的方式表示其政治偏好或政治态度的一种政治行为。政治选举是指国家或其他政治组织依照一定的程序和规则,由具有一定政治资格的公民抉择一个或少数人充任该组织某种权威职务的一种政治过程。政治投票与选举是现代社会公民最主要的政治参与方式。由于在很长的一段历史中,政治投票几乎是政治选举的唯一方式,因而这两个概念总被人们等同起来。在现代社会,政治投票与政治选举的差别日益明显。一方面,政治投票的适用范围远比政治选举要广泛得多,政治投票不仅仅可以用于政治选举,而且可以适用于任何需要用计票的办法解决的政治问题;另一方面,政治选举也不仅仅是投票而已,从选举过程来看,划分选区、选民登记、政治捐助、政治宣传及其他影响选举活动和结果的行为都可以包括在政治选举的过程之中。

政治投票作为一种政治参与的方式,其目的就是通过计票这种民主形式选举政府官员或决定国家重大政治事务。公民政治投票这种政治行为具有直接性和广泛性,对于政治过程的影响重大,因而成为现代政治生活中最重要的一种政治参与活动。在民主政治比较发达的一些国家,投票这种方式不但用来选择国家官员,更常用于决定国家政策。在一些有着丰富的直接民主经验的国家,还常常利用全民公决的方法决定国家政治的未来走向。政治投票的类型有多种,例如,按投票人意思是否公开可分为公开投票与秘密投票;按投票人的投票自由度可以分为自由投票与强制投票;按投票人是否亲自到投票点投票可分为出席投票与缺席投票等,但不管何种类型的投票,最终都要求投票人对特定问题作出"是"与"否"、"赞成"与"反对"的选择。投票人表达自己选择的"选票"并不必然是一张真正需要填写的纸质选票,它可以通过声音来表达,如直

---

[1] 有些学者主张将政治冷漠也视为一种政治行为,因为它不只是一种心理状态,同时也表达了缺乏政治参与的意义。参见 [美] G. D. 帕尔玛:《冷漠和参与》(英文版),纽约自由出版公司1970年版,第2页。但我们在此仍将其视为政治心理的一种,因为冷漠不是一种积极的外在行为方式。

接回答"是"与"否"、"赞成"与"反对";也可以通过手势来表达,如举手或鼓掌;还可以通过姿势来表达,如用站立表示赞成或反对,也可以从场地的一边走到另一边;在现代电子信息发达的今天,还可以通过按表决器或点击鼠标完成选择。

政治投票最终就是以票数来决定胜出者,决胜规则有全体一致规则、简单多数规则和过半数规则(当然过半数还可以分为简单过半数、2/3多数等)。在政治实践中,全体一致原则往往较难实现,简单多数原则又往往难以服人,所以,体现少数服从多数原则的过半数规则被当代国家采纳的较多。

政治选举有直接选举和间接选举之分。直接选举是指由选民按选区直接投票产生公职人员;间接选举是指由选民选出代表,再由代表来投票选举上一级的代表或公职人员。当今,世界上大多数国家都实行直接选举与间接选举相结合的政治选举制度。现代政治选举也形成了一些基本的原则,主要有:①普选制原则。即公民除受法律规定的少数条件(如法定年龄、居住期限等)限制外,一般不受民族、种族、性别、家庭出身、教育程度、社会地位、财产状况等限制,都享有选举权和被选举权。②平等原则。即每一位选民在一次选举中只有一个投票权,所有选民都在平等的基础上参加选举。平等原则还体现在选区的划分、代表名额分配上适当照顾各民族、各阶层公民的利益。③竞争原则。即选民可在相互竞争的候选人中进行比较选择,通过候选人之间的竞争,选民有更大的余地考虑候选人中谁更能代表自己的利益,从而作出符合自己意志的选择。④秘密投票原则。既指无记名投票,同时也指在选举时所采取的一切保证选民不受他人事前事后的监视、在无任何外在压力下真正按照自己的意愿进行投票的措施,如设立专门的防止他人偷窥得划票室、制定措施防止任何预先在选票上留记号以推测划票人身份的行为等。

政治选举过程一般包括如下七个环节:成立选举主持机关;划分选区;选民登记;候选人提名;竞选(在社会主义国家主要是介绍候选人);投票;计票当选。

在各种政治行为中,政治投票与政治选举可以说是普通公民控制政府的最为重要的、制度化的手段。公民通过政治投票与选举的方式表达自己的政治愿望、从而实现影响政府行为的目的。同时,真正公平、民主的政治投票和选举,不但使公民真正成为国家的主人,提高了他们的政治意识,使他们必须对自己的每一次政治选择负责,同时也会消除公民与政府之间的对立,使政府的更迭和平化、平稳化。因此,要实现政治文明,建设现代民主政治,首先要健全和完善政治投票与政治选举这两种参与手段。

二、政治接触

政治接触，是公民为解决个别政治问题，谋求自己的特殊利益或少部分人的利益而主动与政府官员警醒接触，陈述自己所关心的问题，并试图影响政治决策的政治行为。这种参与往往是公民单独决定参与的目标和内容的行为，因而是一种主动参与。同时，由于政治接触通常以实现个别人或少部分人的具体要求为目标的，所以，一旦具体要求得到满足，参与行为便自然终止。因为其参与主体一般是个人，所以接触的广度和范围有限，较之别的政治参与方式，对政治系统的压力强度不大。其特点是不需要任何中间环节就能够实现政权机关及其公职人员与当事人之间的直接的信息沟通，实施起来比较便捷。

在资本主义国家，公民政治接触包括个别接触和院外活动两种主要形式。个别接触是指公民为了本人或小范围的利益去接触官员或政治家，例如为了入学、就业、安全、交通等问题，去接触议员或行政官员。而院外活动是指个人或团体通过在议会、政府部门外或这些机构设立的接待处与议员或政府官员进行接触，在涉及较多人数的问题上力图影响政府官员的决策行为的活动，例如为支持或反对某项法案、行政决定而进行的接触活动。院外接触活动一般是由某一财团雇佣说客来进行的，这些说客主要是一些熟悉政府运作程序的前议员或前行政官员。因此，院外活动作为一种政治接触形式，属于社会上层的政治行为，基本上与处于社会下层的普通公民无缘。

在社会主义国家，公民的政治接触形式是多种多样的，如在政府部门的公民接待日与政府官员面谈，以座谈会形势与政府官员沟通，通过信访与政府官员接触，甚至直接面见领导人陈述己见等。在我国，信访是公民进行政治接触的一种制度化形式，也就是公民按国家法律规定，通过来信或来访的形式同政府进行的接触。各级政府都设有专门的处理人民来信、接待人民来访的工作机构。由于信访者和信访的内容绝大多数是来自于基层，反映基层群众对各级政府具体工作的意见和建议，对于下情上达，支持和协助政权机关作出正确、科学的决策起着重要的作用。同时，公民的信访也是对政权机关的工作及其公职人员的行为进行监督的重要渠道，它有助于揭露不正之风、发现官员的违法犯罪、提高办事效率、克服官僚主义。因而它是公民关注政治问题、进行政治参与的重要方式之一。另外，近些年来，在我国政治形成一种新的政治接触形式，这就是政治对话。目前这种对话既有通过政府组织实现的直接见面形式，也有网上对话的形式。公民通过对话，反映自己的政治要求和呼声，提出自己的建议，这是一条保证公民参政议政的重要途径。当然，这一新的政治接触形式还需要在程序性和制度化方面不断完善。

三、政治结社

政治结社是指具有共同政治目的的公民，为了相同的利益而结成持久性集团组织。这种组织可能专门致力于某些特殊利益，也可能致力于广泛的公共问题，但其基本的目标是通过自己的活动影响政府机关的决策，并在不同程度上直接参与政治决策。政治结社一般包括参加政党活动和加入其他社团活动两大类。

政党是代表一定的社会阶级或阶层参与国家政治生活的政治组织，是现代国家政治生活中不可缺少的部分，并且以不同方式影响、控制或掌握国家政权。公民在加入政党组织后，不管他自己是否参加了该组织具体的影响政府决策的活动，其加入政党这一事实实际上已构成了一种政治参与。在资本主义国家，公民参加政党活动主要集中在选举期间，当然，公民平时参加反对党的活动对政府进行监督也是一种重要的政治参与活动。在社会主义国家，因为政党保持经常性的活动，所以公民参加政党是一种独立行使的政治参与。在中国，中国共产党是执政党，各民主党派是参政党，公民加入共产党或其他民主党派，都属于政治参与。其主要活动包括参与执政、政治协商和民主监督等。

参加政治社团活动是指公民参加政治性的团体或组织为实现其特殊利益而对政权机关施加影响和压力的活动。在资本主义国家，参加政治社团活动主要就是加入压力集团。压力集团在资本主义国家政治生活中占据了重要地位，在国家立法、政府决策等方面产生着巨大作用。压力集团影响立法机关活动的主要形式是院外活动。院外活动是西方国家中某些压力集团为响应议会立法或政府决策而在议会外或接待处所展开的一系列活动，包括对国会议员进行个别劝说、为议员提供情报资料、参加议会召开的听证会、发动各地基层民众或地方议会议员以多种形式向议会施加压力，从而实现影响国家重大政策的目的。行政部门和行政管理机构也是压力集团影响的目标。影响公众舆论是压力集团活动的重要方式，压力集团通常以报刊、电视、广播等现代传播手段，反复宣传该集团主张，引起广大民众的关注和认同，为该主张进入政治程序作舆论准备，进而对政府决策施加影响。在社会主义国家，政治性社团同样是社会团体中参与政治的重要力量，他们是由社会主义国家各阶层的群众为一定的目的并按照一定的原则建立起来的团体组织。尽管社会主义国家的政治团体代表了各阶层群众的特殊利益和具体要求，但他们与国家之间不存在根本利益上的冲突，这些政治社团在代表和维护各方面群众的利益和要求的基础上，积极成为共产党和政府联系各阶层群众的桥梁和纽带。如我国的工会、共青团、妇联、青联、学联、工商联等组织就是重要的政治社团，他们积极地开展参与政策制定、政策宣传、民主监督和舆论监督等政治参与活动，并通过这些活动，使党和政府的政策主张转化为各自组织的决议和广大职工、青年、妇女等阶层群众的自觉行动。总之，这些团体虽然代表着不同阶层的政治利益，但又同时与政府合作，是参加国家事务管理和社会公共事务管理的重要组织形式。

四、政治表达

政治表达是公民通过宪法规定的手段和机会来表达自己的政治观点和政治态度，从而影响政府决定决策的活动。政治表达主要包括政治集会、政治请愿、政治言论等，公民的这些行为都能够影响政权机关的活动，因而也是重要的政治参与行为。政治表达影响政府的方法主要是通过汇成一种集体效应，使政府明确感受到某些公民的利益要求和支持意向。

政治集会就是众多的公民为了共同的政治目的，在一定的政治目标指导下临时集合起来举行会议，联合表达自己的政治观点，向政府机关表示某种支持或者要求的行为。政治集会作为政治参与的一种形式，分为有组织的政治参与和非组织的政治参与两种类型。有组织的政治集会是指由政府及其工作部门或所属单位，为了达到某种政治目的，或完成某项政治任务，动员和组织群众参加集会进行政治表达的特殊集会活动；非组织的政治集会是指由社会人士出于反对或抗议政府政策，自行策划的，由群众自愿参加的集会活动。官方的有组织集会往往不用向有关部门提出申请，而非组织性的民间集会须经有关政府部门批准，否则视为非法集会。在西方资本主义国家，官方式的集会极少见，公民常常通过某种自发的集会表达自己的政治要求，促使政府改变某项政策，如非政府人权组织经常为国际上发生的人权灾难进行集会，绿色和平组织常常为生态和和平问题举行集会，有关国家的人士经常为克隆人、安乐死等问题进行集会。在社会主义国家，政治集会很多，而且经常是有组织性的活动，其主要集会形式有小组会、群众大会、座谈会等，通过这些形式，公民表达自己的政治观点或意见，向政权机关的工作表示某种支持或提出某种批评意见。

政治请愿是公民向政权机关表达自己对有关政治问题的意见和希望的行为。请愿的内容、方法等都由各国的法律加以规定。在当今世界的大多数国家，游行示威是政治请愿的重要方式。游行是公民持标语或旗帜沿街而行，以表达某种庆祝、纪念、支持、抗议、声讨等；示威是公民聚集在公共场所，以表示某种抗议或义愤情绪，从而显示自己的力量和决心的行为。世界上大多数国家宪法中都规定公民有游行示威的权利，但具体实施细则各国有所不同，同时一般都规定了游行示威者须承担相应的义务。

发表政治言论是公民通过语言文字表达和宣传自己政治主张和政治见解的行为，它是各国宪法都给予保护的公民表达自由的一种，同时它也是现代民主政治的一种体现。发表政治言论有口头表达和书面表达两种主要形式。[1] 现代社会公民发表政治言论主要是通过大众传播工具而形成政治舆论去影响国家政治生活的，因而对国家权力机关的政治活动具有相当的制约作用。具体表现在：①在一定程度上可以影响国家机关政策的制定和实施；②可以监督国家政权机关的活动；③影响国家政权的稳定。在资本主义国家，政治言论自由被当做是一项基本的人权加以宣扬，但实际上各国都通过立法、司法和行政管理等手段对言论自由加以限制，这在一定程度上反映了资本主义国家政权的本质，同时也说明任何权利都不可能是绝对的。在社会主义国家，言论自由也受到宪法保护，但由于民主政治实践的时间还相对较短，民主与法制还不够健全和完善，公民通过政治表达参与国家管理、影响公共政策、监督国家政权活动和官员行为的积极作用还没有得到充分的发挥。

除以上主要的几种政治参与方式外，基层自治也是一种比较重要的政治参与。基层自治组织是特定地区的居民自己组织起来，对居住区基层社会生活进行自我管理的一种组织。在资本主义社会，被称之为"地方自治"。1888年，英国最早颁布了地方管理法，依据该法，选举产生的地方管理机构，成为"地方自治"组织。后来，美国在农业地区的镇和村，分别建立了"镇委员会"和"村委员会"作为地方自治组织。第二次世界大战以后，日本把地方自治写入了宪法，并以此为根据制定了专门的地方自治法。在我国，早先的城镇居委会也具有一定的基层自治性质，值得关注的是，近些年来，我国农村新建立村民委员会制度，实行村民自治。虽然这种基层自治制度还远没有成熟，但它毕竟是我国基层群众自治和直接民主的新实践，是公民参与国家政治活动的重要改革举措。

第四节 政治参与的作用

作为实现公民政治权利的重要方式，政治参与在政治生活中有着非常重要的作用。它和经济发展、社会稳定、社会公平、政治统治合法性等之间都有着密切的关系。

一、影响经济的发展

政治参与对经济发展的影响，随着政治参与的内容及其历史条件的不同而

---

[1] 表达自由的形式有扩大的趋势，在有些国家已不再局限于口头语言或书面文字两方面。例如，美国联邦最高法院通过对"焚烧国旗案"的判决，将焚烧国旗这种用以表达的政治态度的行为视为合法的表达自由（Texas v Johnson，491U. S. 397.）。

有所不同。一方面，非理性的或过度的政治参与会阻碍经济的发展，这主要表现在：政治参与的扩大可能会因此影响政治权力的行使而降低经济增长政策的效率，也可能引起政治形势的动荡而阻碍经济的增长。因此，从这个意义上来说，公民政治参与制约着经济的发展。另一方面，理性的和适度的政治参与对经济发展也有着积极的影响。公民的政治参与可以影响经济资源的配置及其社会效果，同时，也会迫使公职人员的经济决策行为符合效益原则。

另外，政治参与对经济发展的影响也与一个国家的社会发展水平及历史条件有关。19世纪和20世纪初的西方社会政治史表明，当资本主义民主政治首先获得了一定的发展，政治参与扩展到了下层阶级，随之，国家作为经济和社会福利的推动者的作用扩大。因而资本主义经济以前所未有的速度迅猛发展，其在短短数十年的时间里所创造的社会财富已超过了以前几个世纪的财富总和。不仅如此，选举权的扩大也使工人阶级有机会表达自己的利益要求，并因此获得更多的经济上的保护。20世纪六七十年代在西方较为发达的资本主义国家，尤其是北欧、西欧国家纷纷都建立起普遍福利制度，形成了"福利政治"的格局，这也是民众政治参与的结果。但福利社会一旦形成，任何一届政府想要改变这种格局，都会遭到民众的抛弃，这样，政府就背起了沉重的福利包袱，由此就制约了经济的发展。

当代一些国家或地区的政治参与和经济发展之间的关系更加复杂。第二次世界大战后亚洲的韩国、新加坡、中国的台湾地区首先是以较少的政治参与来换取经济的快速发展，虽然其间社会经济平等程度较低，政治稳定性较差，但经济的现代化最终在开明的新权威主义领导层的带领下导向了更高水平的政治民主化，民众的政治参与程度大大得到提高。与此相反的是拉丁美洲的一些国家，高度集权的政府以牺牲民众参与的政治代价并未换来经济的高速发展，政治动荡、经济落后始终是这些国家未解的难题。

二、影响政治稳定

从长远来看，政治参与能够推动政治民主和政治发展。但是，它并不是在任何时间段内都发挥出如此的效能。在特定的时间内，政治参与既可能促进政治稳定，也有可能引起社会动荡，破坏政治稳定。在政治民主与社会经济高度发达的现代法治社会中，不管政治参与程度如何发展，一般不会造成社会的动荡。但对于正在走向现代化的发展中国家来说，情况就变得复杂起来了。

西方政治学家认为，发展中国家在实现政治现代化过程中由政治参与所引发的政治不稳定，其原因不在政治参与本身，关键在于社会动员产生的过高期求与低水平的政治制度化之间所产生的矛盾。

发展中国家的政治现代化首先意味着社会动员和经济发展。美国学者多伊奇把社会动员描述为"一连串旧的社会、经济和心理信条全部受到侵蚀或被放弃，人民转而选择新的社交格局和行为方式"[1]的过程。这一过程意味着人们的社会态度、价值观念和社会期望与以往相比，都发生了重大变化。社会动员提高了人们的追求和期望，如果他们在经济上得不到满足，这些高涨起来的追求和期望就会刺激个人和群体去利用政治手段满足自己的要求。经济发展既可以满足人们的需求，又可以增加社会的流动，让一些人在社会流动中找到自己适合的位置，从而有助于减少人们的挫折感以及由此而产生的政治不安定。但如果社会流动减少，一些人还会诉诸政治手段来满足自己的要求。同时，社会总是存在着经济发展不能完全满足人们对利益的期求，如果一个社会不能对之进行很好的引导，加之社会财富两极化、政治腐败等，很容易导致不利于政治安定的突发事件。

更为重要的是，在发展中国家，被动员起来的社会所面对的是制度化水平很低的社会。这些国家，有些刚刚从传统社会中脱胎而来，有些才从旧殖民体系中挣脱出来，政治体制还未健全、政治经验欠缺、社会精英缺乏、民众更缺少现代社会政治参与的经验、国内的民族矛盾重重，总之，社会的政治、经济、文化诸多方面的制度化水平还很低。一旦这样的社会被高度动员起来，却没有比较完善的制度来保证，社会就会出现长时间的动荡。第二次世界大战后非洲、拉丁美洲的一些国家，辛亥革命后中国的现状都说明了这个问题。

即使在民主政治发达的西方国家，剧烈的政治参与有时也会带来一些政治问题。例如，在20世纪60年代和70年代初期，由于越南战争、种族歧视、水门事件的影响，美国民众的政治参与空前高涨，"抗议的精神、平等的精神、揭露和制止不平等的激情，充满了整个大地"[2]。这一参与热潮一方面造成政府的活动膨胀，另一方面使政府的权威下降。利益集团借政府权威下降之机为自己谋得更多的特殊利益。因此，西方学者提出，当政治参与的价值观增大到最大值时，就需要对之进行合理的限制。[3]

三、影响社会公平和政治统治的合法性

政治参与作为公民表达愿望与要求的过程，可以使政府在制定社会利益分配政策时注意在不同程度上符合这种愿望和要求。一个社会政治参与的广度，

---

[1] 转引自［美］塞缪尔·亨廷顿著，王冠华、刘为等译：《变化社会中的政治秩序》，上海三联书店1989年版，第31页。

[2] ［美］［法］米歇尔·克罗齐、［日］绵贯让治、塞缪尔·亨廷顿著，马殿军等译：《民主的危机》，求实出版社1989年版，第54页。

[3] ［美］［法］米歇尔·克罗齐、［日］绵贯让治、塞缪尔·亨廷顿著，马殿军等译：《民主的危机》，求实出版社1989年版，第102页。

决定了大众参与社会经济的平等程度，"事实表明，较高水平的政治参与常常导致国民产品更平等的分配。"[1] 西方福利社会在很大程度上缩小了社会两极化带来的危机，在一定程度上实现了社会的公平化，这一结果的出现，在一定程度上是广大公民积极进行政治参与和政治斗争的结果。规范化的、广泛的政治参与使得社会各阶层之间的沟通变成可能，政府与民众之间的紧张关系更容易化解，从而也促进了社会的和谐。社会公平是社会主义的重要特征，要构建社会主义和谐社会，建立制度化、规范化、广泛化的政治参与是一个不可或缺的政治要求。

政治参与也会影响政治统治的合法性。政治统治的合法性是指被统治者对于国家政治统治的自愿认同，它有助于社会政治的稳定。合法性认同实际上是"指一种人们内心的态度，这种态度认为政府的统治是合法的和公正的"[2]。合法性的基础是同意，以警察统治的高压手段能换来服从，却无法使人心悦诚服。政府的合法性可以来自长时间的统治、良好的政绩、对国家象征（形象）的宣传和操纵等，但政府组成的结构对合法性的影响也是非常重要的。普遍的、广泛的政治参与能增强民众对政府的认同。当人们认为政府是自己选举的，是公平地代表他们的，他们就愿意表示服从。这就是为什么立法机关必须是由民众直接选举的根本原因。人们不一定相信选举出来的议会必然会干好工作，但他们在选举的过程中相信自己真正被代表了，就会比较平静地看待自己选择的结果。如果议会是由指定人员组成或在选举中有舞弊，像曹锟的选举或墨西哥的议会那样，它对合法性就不会有多大积极意义了。

社会主义国家的政治统治及其管理与人民群众的政治参与，两者是相辅相成的关系。社会主义的国家是人民当家做主掌握政权的国家，没有人民群众对政治的高度参与，就没有社会主义性质的国家政权，政治统治就没有了合法性。因此，发展和扩大人民群众的政治参与，实质上就是在巩固和完善社会主义国家政权，增强社会主义政治统治的合法性。社会主义政权和民主制度愈是巩固和发展，就愈能保障人民的民主权利，愈能促进人民政治参与的发展，也就更具有高度的合法性。

四、影响社会发展和政治文明

从现代政治的发展历程来看，政治参与作为一种发展动力和手段，除了通过影响政治间接影响社会发展外，还能通过推动政治革命和政治变革，直接推

---

[1] [美]塞缪尔·亨廷顿、琼·纳尔逊著，汪晓寿、吴志华、项继权译：《难以抉择——发展中国家的政治参与》，华夏出版社1989年版，第79页。

[2] [美]迈克尔·罗斯金等著，林震等译：《政治科学》，华夏出版社2001年版，第5页。

动政治的变迁和社会的进步。

政治参与权的扩大，使众多的民众能够参与国事，发挥保持国家稳定和维护社会秩序的作用；广泛的政治参与，有利于实现社会公平，使大多数人能够获得最大的利益；大批精英的参与，为社会训练和选拔了优秀的政治家；通过政治参与活动增强了公民的权利意识和自我价值意识，提高了他们的社会地位。同时，政治参与活动还可以经常提醒统治者和被统治者，不要忘记各自对社会所承担的责任。这一切都有利于推动政治和社会发展。

高水平的政治参与本来就是政治文明的必备内容。政治民主的推进，使政治参与的广度和深度不断增强，政治参与的法制化是政治民主化的保证，在不断的政治参与中，公民的参与能力也得到了锻炼，政治参与的效果也就越来越明显，参与质量也越来越高。通过不断发展的政治参与，现代文明社会所需的民主政治制度得以完善，公民普遍参与的政治文化得以形成，政治文明的时代也就随之到来。

关键概念

政治参与；制度化参与；非制度化参与；政治接触；政治结社；政治集会；政治请愿；政治言论

思考题

1. 简述政治参与的特征。
2. 政治参与可以划分为哪些种类？划分标准是什么？
3. 政治参与有哪些形式？
4. 影响政治参与的因素有哪些？
5. 现代政治选举的基本原则有哪些？
6. 政治参与有哪些作用？

第五编　政治发展

　　政治发展的含义有广义和狭义两种，广义的政治发展泛指政治系统存在状态，由相对简单的均衡状态不断向相对复杂状态的正向变迁，主要表现为政治系统出现的诸如系统要素的量的增多和质的改进、系统结构日趋复杂而又容易协调、整体的功能日益多样化和专职化及系统整体能量的不断提高等；狭义的政治发展仅仅是指广义政治发展的某一方面或某个阶段，在外延和内涵上均等同于发展中国家的政治现代化。本篇所说的政治发展兼具广义和狭义两种含义，我们首先要关注广义的政治发展，以便了解政治发展的常见形式和基本规律等，其次，我们也必须关注作为狭义政治发展的政治现代化，以便了解政治现代化的常见形式和基本规律等。

　　政治现代化是政治发展在特定历史阶段的表现形式，它的使命和任务就是不断推动政治系统和政治权威朝着科学化和民主化的方向前进，提高政治系统的适应性及处理各种问题的能动力量。政治民主既是政治现代化的重要组成部分，也是衡量政治系统实现政治现代化程度的重要标准，它表现为一系列人文价值的关怀和政治制度的公开、公正和公平。

第 11 章 政治发展的一般理论

政治发展的现象丰富多样，它不仅普遍存在于政治社会的各个发展阶段，而且也大量存在于政治社会的各个环节和各个方面，可以说，政治发展是政治社会中最普遍的政治现象之一。我们要了解政治发展的各种表现、各个方面及其社会影响等，必须首先关注政治发展的普遍性特征及基本规律，了解关于政治发展的一般理论。

第一节 政治发展的含义

一、政治发展的概念[1]

政治发展现象虽然由来已久，但是，政治发展理论却兴起较晚，大致出现于 20 世纪 50 年代，主要由西方学者特别是美国学者所创立，而后很快就风靡全球，成为西方政治学理论界的时髦话题，流行于大部分国家的学术理论界和政治界，对各国尤其是发展中国家的社会政治产生了深远的影响。政治发展理论在西方风靡了半个世纪，出现了许多著名的政治发展理论专家，如加布里埃尔·阿尔蒙德、卢西恩·派伊、卡尔·多伊奇、塞缪尔·亨廷顿等，也涌现了许多重要的理论成果，如阿尔蒙德和柯尔曼合著的《发展中地区的政治》、阿尔蒙德和鲍威尔合著的《比较政治学：发展的研究》、派伊的《政治发展面面观》、亨廷顿的《变动社会的政治秩序》，以及柯尔曼等人合编的《政治发展的危机和序列》等。[2]

政治发展研究取得的辉煌成果有目共睹，但是，各国的研究者们在政治发展理论的基本概念、范畴等方面仍然存在巨大分歧，特别是在政治发展的含义上，尤其如此。在归纳概括政治发展的定义之前，我们先把学术界流行的政治

---

[1] 参见王宗礼："论建构中国特色的政治发展理论"，载《探索》2004 年第 6 期。
[2] 参见杜才平："西方政治发展理论述评"，载《松辽学刊》2001 年第 4 期。

发展定义简要地罗列如下：

1. 政治发展就是建立西方式政治体制的过程，即政治发展实际上是后发现代化国家的政治体制向发达国家政治体制模式的定向过渡。这是西方学者在20世纪50年代提出的具有代表性的政治发展定义，在政治发展理论界具有广泛的影响。

2. 政治发展就是政治现代化，就是传统政治社会向现代政治社会的过渡。所谓政治现代化，就是政治结构的分化和功能的专门化、政治权威的法制化与社会公众的广泛政治参与等。塞缪尔·亨廷顿是该种观点的主要代表人物。

3. 政治发展就是公民组织化程度的提高和参与广泛化的过程。它过于强调政治发展的一些外在表现，而忽略了政治发展的实质性内容。公民组织化的程度和广泛参与固然是政治发展的重要方面，但是，如果组织化民主精神、广泛参与缺乏理性等前提，所谓公民组织化程度及广泛参与等就不一定是政治发展的产物。

4. 政治发展就是民族国家统一及国家建立的过程。它把政治发展等同于独立的民族国家的形成过程，它同样强调了政治发展的外在表现，而且把政治发展的内容限定在了一个极其狭隘的范围内，不仅忽略了政治发展的实质性内容，而且把政治发展看做是一个在有限的时间内就可以终结的政治事物，违背了政治发展具有的普遍性特征。

5. 政治发展就是政治体系能力的增长。如政府的效率、政治领袖和政治权力的动员能力等都是体现政治体系能力增长的重要方面，这种观点强调，政治体系的科学性是衡量政治发展的重要指标，但是，如果把政治发展仅仅限于政治体系的科学性及活动效率等方面，那么它自然就忽略政治发展中政治民主的重要性，因而继续犯了以偏概全的错误。

6. 政治发展就是政治民主化的发展过程。它的错误，仍然是以偏概全，把政治发展的部分内容当做是政治发展本身。

7. 政治发展是一个从古至今并向未来延伸的政治生长过程。该定义走出了把政治发展等同于政治现代化的认识误区，确认了政治发展最基本的本质是政治生长过程，比较准确地把握住了政治发展的科学内涵，其缺陷是比较笼统，没有进一步揭示政治发展的最典型的表现。

8. 政治发展是正向的政治变迁，是通过扬弃代价，以寻求不断发挥人的政治潜能的政治体制和政治生活方式的过程，以及这些体制和生活方式的生长过程。该观点同样没有把政治发展等同于政治现代化，而是把政治发展放在了广阔的政治历史中，集中概括出政治发展的实质是政治体系在发挥人的政治潜能及建构相应体制等方面的不断生长。

上述各种政治发展的定义都有某种局限性，不能完整而系统地对整个政治系统的发展作出概括，或者将政治发展局限于政治系统的某些方面，或者认为政治发展仅仅适用于欠发达国家的政治现代化，或者毫无必要地强调不属于政治发展内容的所谓代价，总之，上述各种定义都显得多少有些狭隘。

我们认为，所谓政治发展，应当是指整个政治系统发生的包含着系统增量的变迁过程，它可能表现为系统要素的质量不断改善，系统要素的数量不断增多，系统的结构日趋复杂而和谐，系统的功能日益多样化及专门化，系统整体的加工、服务和输出等能力不断提高等。政治系统时时刻刻都处在不断变化的运动状态中，该运动状态可能是一种系统本身没有产生新的系统增量的静态均衡状态，也可能是系统本身发生了致使新系统增量产生的动态均衡状态，系统新增量既可能是系统稳定情况下的持续增长，也可能是系统由稳定经过紊乱而再次稳定过程的伴生物。不管其过程、形式或形态如何，只要一个政治系统在变化过程中产生了新的系统增量，我们就把这种产生系统新增量的过程看做是政治发展。[1]

二、政治发展的特点

如上所说，政治发展最大的特点就是产生了新的系统量，即政治系统的变化过程伴随着新的系统量的出现，不论是要素方面的变化，还是结构功能方面的变化，抑或是系统能力的变化等都是政治发展的重要表现。综观人类社会的政治发展现象，我们可以发现政治发展所具有的常见或一般特点，这些特点对于了解政治发展的实质和规律等是十分重要的。一般来说，人类社会政治发展的常见特点有如下几个方面：

1. 政治发展最基本的一般特点就是它的发展属性，即它是与人类历史发展趋向呼应的，正向地产生系统增量的政治变迁。人类政治社会作为一个有机的政治系统，它时时刻刻都处在新陈代谢的发展过程中，时时刻刻在产生多多少少的新系统量，尽管有时候，政治系统产生的新系统量在数量、质量或影响力等方面似乎十分的微不足道；但只要政治系统的发展没有产生出足够多的瓦解和消释自己的新系统量，它就不会把自己推向死亡的绝境，即便是政治系统的瓦解和消释导致了一个政治系统的死亡，那也还是政治发展的产物。总之，不论政治系统的新系统量表现如何，只要政治系统的变迁产生了新的系统量，我们就可以把它称作政治发展。

2. 政治发展的普遍性是政治发展的重要属性。它有两方面的含义：一是指

---

[1] 王楷模：《现代政治概论》，陕西人民教育出版社 1998 年版，第 44~46 页。

政治发展作为一种政治现象是普遍存在的，它不仅是指发展中国家的政治现代化。任何政治社会都存在形式、程度和影响力不同的政治发展现象，不论是发达国家自觉进行的，有目的、有计划的政治改革，还是原始蒙昧时代政治系统的自发的政治进步，都是普遍存在的政治发展现象的重要组成部分。二是指所有政治现象都是政治发展的题材，不能把政治发展的题材限定在某个或某几方面，同样，政治发展自始至终都贯穿于政治过程的各个环节，而不能把它仅仅同政治过程中的某个环节联系起来，更不能把纷繁复杂的政治发展简化为一套指标体系。

3. 政治发展具有推动社会发展的能动作用。这是政治发展的另一个重要特点。一方面，政治发展提高了政治系统的质量和能力，使得政治系统能够更好地为社会生活的各个方面提供及时而优质的管理和服务，从而能动地推动社会的发展；另一方面，政治发展的结果可能直接地转化为某些优质的社会公共产品，能够为人们发展自己的特殊才能和满足自己的特殊需求铺设基本的公共平台，通过能动地供给公共产品，推动和促进各个群体利益的发展，并最终产生能动推动历史前进的积极作用；另外，政治发展更重要的能动作用可能是积极地为人们的发展创造战略性条件，比如政府为社会发展制定出科学的路线、方针和政策等，就是一种积极的政治发展措施。政治发展对社会整体产生的积极能动作用是有目共睹、众所周知的。

4. 政治发展有历史进步性。具体表现在：一方面，它不断地把政治系统推向一个日益民主的存在状态，政治发展越来越把政治系统变成了一个公共存在物，自古希腊以来，人类的政治系统在不断地强化它的公共本性而日益淡化操作者的私人利己属性；另一方面，政治发展不断把政治系统推向一个科学而高效的存在状态，人类政治系统的各个要素、各个方面都显示出了日益科学化的发展趋向，不仅各个要素自身的素质和能力呈现出科学化的理性特点，而且政治系统整体结构和功能等方面也日益呈现出了科学化的理性特征，这时的政治系统已经成为一个掌握丰富科学工具的高精度、高效率的存在物。政治发展不断科学化和民主化的趋势恰恰与人类历史的整体发展趋势十分接近，从而成为推动人类历史前进的重要进步力量。

三、政治发展的类型

各种各样的政治发展现象交错综合，以至整个政治发展看上去似乎有点扑朔迷离的朦胧感，让人捉摸不透。如果没有一种类型或形态的分析方法，我们很难准确而系统地梳理纷繁的政治发展现象，因此，我们对于政治发展也必须依照类型或形态学方法进行最基本的类型划分。一般来说，政治发展有政治革命、政治改革和政治现代化三种基本类型。[1]

1. 政治革命是政治发展的一种常见类型，它较多地出现于人类文明尚未进入近现代社会以前的各阶段，而在人类掌握了巨大物质力量的近现代社会则相对受到了限制。政治革命具有政治发展的基本含义及一般特点。政治革命总会产生积极推动历史前进的新的政治系统量，只不过政治革命产生的新系统量一般总是表现为出现了具有决定意义的政治系统质，并且必然伴随着政治系统结构、功能等革命的重大调整。但是，政治革命所产生的政治系统的新系统量总是伴随着文明社会的巨大阵痛而出现，在某些时候，如果政治革命的风帆失控，就会使新生的政治系统增量被瓦解或抵消，从而影响政治革命的积极能动作用。[2] 在政治理性不很发达的发展中国家或转型期国家，政治革命的风帆比较容易失控，所以近代以来政治革命所产生的政治系统增量或多或少都要受到革命热情和社会阵痛的瓦解或抵消，甚至有时候还会把政治系统带入一种完全匪夷所思的窘迫境界。但在特定情况下，政治革命却又成为当事人不得不进行的选择。

2. 政治改革作为政治发展的一个基本类型具有悠久的历史，它曾经长期是一种不彻底的妥协式政治发展的基本形态。近代以来，它作为和平、理性的政治发展的基本形态，更多地受到不同阶层的青睐，成为人类自觉运用科学理性谋求政治发展的常规形式。政治改革产生政治系统增量的方式，主要是依靠科学的理性工具对原有的政治系统进行自觉的改造，以提高各个要素、各个方面和各个环节的科学含量。政治改革可能没有政治革命那样的浪漫激情，也可能产生不了政治革命孕育出的那样令人神往的政治风浪，但是，它把政治系统增量的产生诉诸理性而和平的方式，把政治发展完全变成一个最大限度地追求政治系统增量的客观过程，避免了令人心悸的社会阵痛，也避免了热情和社会动荡对政治系统增量的瓦解和抵制，从而成为近现代社会一种比较理想的政治发展类型。

3. 政治现代化是人类社会发展到一定阶段出现的政治发展形势，它关注的

---

[1] 目前，学术界对政治现代化的理解不尽相同，本书所谓的政治现代化，不仅包括发展中国家在政治方面赶超西方的政治现代化，而且也包括发达国家政治系统的政治现代化，即指一切在政治上实现了现代民主，体现科学理性的文明的政治系统。

[2] 康德针对法国大革命过程中的"悲惨和恐怖"，指出："我们亲见这场极有才华的民族的革命在我们面前进行，它可能成功或失败。它充满如此悲惨和恐怖，以致任何善于思索的人决不会再以这样的代价来决心从事这样的试验了。就是这场革命，我要说，它在未卷入其演出的观察者心上，却唤起一种几乎是狂热的同情。"见李泽厚：《批判哲学的批判——康德学述》，人民出版社1979年版，第17页。

焦点是政治系统怎样具有现代政治的那些标准特点和属性，比如大众化、世俗化、民主化和科学化等。政治现代化不同于政治革命或政治改革那样只关注手段和方式，而是一种兼顾手段、方式及发展目标的自觉的政治发展；政治现代化也不同于政治革命和政治改革那样具有自发的普遍性和广泛性，任何政治社会即使没有明确的奋斗目标也会自发产生政治革命或政治改革，而政治现代化则是政治发展中的一种特例，它只存在于传统政治系统已经自觉改变其存在状态而努力达到现代政治系统的政治社会中，不论自发现代化国家的政治现代化，还是发展中国家的政治现代化，它们的社会本质都是一样的，都是力图确定现代政治的基本特点和属性，并找到由传统政治系统转变为现代政治系统的动力及捷径。

第二节　政治发展的动力

政治是人类社会中的一种重要能动力量，是人类集体进行自我操作所必需的基本能动性，因此，政治时时刻刻都处在与众多社会事实互动的过程中，其发展变化也经常地受到众多社会事实的推动。其他人类群体的活动也多多少少会影响到某人类集体的社会能动性，从而也对政治系统的发展产生影响，人类集体中的社会能动性也会自觉认识到社会发展的趋势而自觉地改造现有政治系统。政治发展的实质既然是政治系统的增量变迁，那么，它的发展和进展也自然受到了其他社会事实的力量推动，当然政治系统的自我认识在自我更新的政治发展中也起到了重要的引导作用。

总的来说，政治发展受到了方方面面的力量和因素的推动，而这种推动力量的构成比例和作用方式又严重影响了政治发展的具体方式及其进程和结果。

一、政治发展的动力

我们已经知道，政治发展的动力其实就是推动或促进政治系统出现增量变迁而导致政治系统的质量进一步攀升的其他社会因素或社会事实的冲撞、刺激和鼓励、拉动等客观作用力。[1] 一般来说，政治发展的动力有以下几类：

1. 社会发展的整体态势拉动了政治系统的增量变迁，产生了政治发展现象，社会发展中各种社会事实的客观要求是政治发展的基本推动力。我们知道，政治是建立在众多社会事实基础之上，为众多社会事实服务的上层建筑，它的性

---

[1] 政治发展的推动力总是由多种力量共同构成或集成的合力，而人的能动力量仅是合力构成的一部分，但这一部分在有时候却可以起关键性引导作用，人的不同选择将影响推动政治发展的合力构成。

质、形式、结构、功能及效力等都必须与社会事实的性质和需求相一致，否则，社会事实就要反抗乃至改变政治系统。人类社会中的众多社会事实从来就是变化不居的，社会事实的本质、形式、形态、需求及相互关系一直都处在变化之中，没有一劳永逸形成的社会事实，也没有绝对不变的社会事实需求，人类社会的各种社会事实总是在人类自觉不自觉的努力下发生着各种各样形形色色的变化。一般情况下，任何人类群体的社会事实都不是处在一种匀速变化的发展状态，而是存在一种相对稳定和急速变化交替的状态中，而社会事实的相对稳定状态就使得与众多社会事实相对应的政治系统也处在一个相对稳定的存在状态。在这种状态下，政治系统不需要作出明显的调适性行为，只要按照常规就可以圆满地满足社会事实的诸多政治需求，政治系统自然处在一种相对静态的均衡状态，因而也自然不存在政治发展。但是，社会事实却时时处于非匀速变动状态之中，政治系统与社会事实之间的互动关系总会由于彼此不适应而产生某种张力，而这种张力通常都表现为社会事实对政治系统作出了新的要求，并表示出某种政治逼迫性。如果社会事实的新要求得不到满足，那么，政治系统就会出现权威失落，面临信任危机，甚至面临政治合法性危机，影响政治系统的稳定和存续。

2. 人类社会中的政治系统是共同体集体能动性的表现，它的发展经常是在社会事实没有充分表现出政治逼迫性的时候，就积极主动地进行了一定程度的自觉发展。这种自觉政治发展一般都是政治学系统理论指导或引导的结果，而人类社会的政治发展总是会多多少少受到政治学理论的影响，人类政治学理论的成熟程度在某种程度上决定了政治发展的水平。因此，政治学理论是政治发展中起重要作用的能动性因素，是政治发展的重要牵引力，它在政治发展的每一个环节上都有重要的牵引作用。首先，社会事实的新政治需求本身就受到了政治学理论的指导，因此，政治学理论在一开始就影响了各种社会事实的新政治需求的形成及其根本特点，影响了社会事实政治要求的内容及基本形式等。一般来说，政治革命的系统理论如果影响了人们的普遍政治需求，那么，政治发展的形式及激烈程度就都必须与社会事实的革命性政治要求相呼应，而发生的政治发展也自然只能是政治革命；如果政治改革的系统理论影响了人们的普遍政治需求，那么，政治发展的形式及温和程度也就自然适应社会事实的改革性政治要求，而政治发展的形式也自然是政治改革。其次，政治学系统理论也是政治发展具体操作的理性来源，为政治发展的进行提供各种方向、策略、手段、目的等方面的精神和智力支持，不仅在社会事实政治逼迫下的政治发展必须借助于政治学理论的系统指引，而且没有社会事实政治逼迫下的政府主导的政治发展更是依赖于政治学系统理论的支持。任何形式的政治发展都必须依赖政治学理论的指引，都离不开这个重大的牵引力。

3. 不同政治共同体之间的文化交流和彼此冲撞也是政治发展的重要推动力量，特别是在社会转型期，政治共同体之间的冲撞在政治发展方面的重要作用就越是明显。严格说来，人类历史上比较重大的政治发展基本上都会受到外来文化的重要影响，政治现代化是近代以来最有影响的政治发展，它的出现固然有多方面的原因，但是，各种不同类型的文化传统，如古希腊政治传统、罗马政治传统和中世纪教会传统及具体的部落文化传统等的共同参与仍然是政治现代化得以发生的一个重要条件。如果每一个民族文化都坚决地抵制外来文化的影响，都极力消除外来文化的影响，那么，人类的政治发展史就必须重新写过，而且，人类政治文明的层次和水平等也都不会是现在这样一个高度发达的状态。当人类的政治文明进入一个比较成熟的阶段之后，任何政治发展都基本上体现了本民族的政治自觉性，都体现了对本民族政治本性的执著守护。如果在这个时候，该民族需要进行转型式政治发展的话，那么，外来文化的影响就成为一个具有决定性影响的重要因素。中国传统社会在 19 世纪中叶不可避免地遇到了转型式的政治发展问题，而中国自身的政治传统又已经成熟过度，那么，漂洋过海而来的西方殖民势力在某种程度上就成了中国社会实现转型式政治发展的关键要素。它提示中国传统社会进行转型式政治发展的必要性和必然性，提供新型政治形态的基本学理依据，它提供了新型政治社会的标准样子及美好前景，它还一次又一次地逼迫中国传统社会进行转型式政治发展。外来的殖民文化无形之中成了中国传统社会发生转型式政治发展的一种重要动力。

4. 人类社会中许多注定要发生的事情在实际发生的时候都需要某些或某个事件作为启动媒介，政治发展也是如此，所以，我们必须高度重视重大政治事件对政治发展各方面、各环节的重要刺激或激励作用。人类历史上的重大政治事件从来都是政治发展的重要推动力量。一方面，重大政治事件刺激或提醒了许多社会事实的政治性及政治意义，使许多默默无闻追求实现具体利益的社会实体把注意力转移到政治方面来，从而推动了社会各个阶层和各个社会事实的政治性的自觉形成，并最终促使社会事实把它的政治需求积极地表现出来，形成社会事实对政治系统的政治逼迫；另一方面，重大政治事件还会改变社会事实政治需求的表现形式及激烈程度，社会事实普遍的政治需求被政治系统有意忽视和故意打压的重大政治事件一旦发生，人们就会由于改变对政府当局的看法而相应地改变表达和实现政治需求的基本方式，由温和而变得激烈，由政治改革而渐趋于政治革命，并因此而改变社会各方的政治实力对比；另外，积极的重大政治事件还会把政治发展的积极成果牢固地确定下来，成为政治系统中最基本、最核心的存在之一，不可怀疑，不可移易，更不准推翻。1688 年，英国的光荣革命及《权利法案》确立了英国近代的君主立宪政体；1911年，中国的辛亥革命及《临时约法》也牢固地确立了中国现代的民主共和国政体。消极的重大政治事件也会从反面刺激并促使人们进行政治反思，自觉认识并努力剔除暴露出来的政治弊端，而政治发展也往往会从社会普遍的政治反思中得到无穷益处。

二、政治发展的机制

任何政治发展都受到社会具体条件的制约，特别是社会传统所决定的具体运行机制的制约，即任何政治发展都只能在一定的社会运行机制中发生，既受到社会机制的支持，也受到社会机制的制约。另外，政治发展自身也有一个运行和实现机制的问题，它既体现了社会传统和各派政治势力对政治发展的态度，也是政治发展得以现实发生的基本形式与途径。

一般来说，政治发展的机制受到以下四方面内容的影响和制约。

1. 整个社会运行机制是政治发展赖以发生的起码前提，任何政治发展都必须在一定的社会运行机制中发生，通过社会运行机制完成自己的发展，并通过社会运行机制反作用于社会整体本身。我们知道，任何政治发展都是在一定形态、一定特征的既成社会中发生并被最终完成的，而既成社会固有的一套社会运行机制必然会影响、制约，甚至规定政治发展的方式、途径和程度等。比如，中国传统社会的运行体制整体上完全不同于日本传统社会，不论是民间社会集成社会团体的方式，还是政治机器中政治权力的分配和运行方式，两国之间都存在明显的差别。这一点现在已经成了众所周知的常识。那么，明治维新和戊戌维新作为传统社会向近代社会转型的重大政治发展，其形式、机制和结果都表现出了重大差异，其结果的不同早就为人所熟知，而形式和运行机制方面的不同则是在最近十几年才被国人意识到。政治发展形式和机制的不同，根本上还是取决于两国不同的社会运行方式。

2. 政治发展到底采用什么样的运行机制还取决于政治共同体长期形成的政治传统、政治规范和政治运行机制等一系列重要因素。政治传统涉及的内容非常广泛，但其核心则是一整套性格化的稳定存在，其中就包括该政治共同体普遍喜欢或讨厌的政治机制。比如，中国传统社会就十分向往君父—臣子这样的社会关系格局和社会运行体制，而十分厌恶"无君无父"的社会运行状态，一直信守"家有千口主事一人"、"天无二日"、"国无二君"、"家无二尊"等与传统政治体制相适应的基本政治信条。这些信条也确实活生生地体现在中国近代的规范和政治运行机制中，使得中国近代社会的政治规范和政治运行机制仍然保留着中国古代政治的全貌，从而使得与中国传统政治精神大为不同的近代化政治转型一直不能顺利进行，且总是迟迟不能实现。因此，政治传统、政治规范和政治机制在中国近代的政治发展中都具有某种迟滞或阻碍的政治作用。

3. 政治发展自身的机制还受到各派社会政治势力的力量对比的影响和制约，任何政治发展都必然涉及社会各派政治势力的政治利益得失，而政治发展的不同机制则是影响各派政治势力的政治利益得失的关键环节。因而，政治发展的机制问题就成了各派政治势力争先关注、争先讨论的焦点，而关注和讨论的结果往往都是政治势力强大的一方对政治发展的机制选择产生决定性影响，政治势力力量对比从而发生变化，这就会影响到政治体制的选择问题。戊戌变法时期，中国社会上政治势力最强的社会派别仍然是传统思想主导下的统治阶层，而主张维新的人当时还处在中国近代政治社会的边缘，没有太大的政治势力，因此，戊戌变法一旦采取了比较激烈的政治发展道路就势必会遭到社会优势政治势力的激烈反对，导致顽固势力进一步主宰了中国政治社会的命运。庚子辛丑之后，洋务思维的政治变法思潮渐渐成了社会优势政治势力的指导思想，而政治发展的机制选择也就自然采取了洋务运动式的政治发展机制，这就是晚清新政所采取的政治机制。

4. 政治发展机制还受到政治发展理论等重要思想因素的影响和制约，人类社会的政治发展从自发状态日益进入自觉状态，而理论的影响和作用也随之日渐重要。自 19 世纪中叶以来，自觉设计的政治发展机制在现代政治发展中已经为一个非常流行、非常强势的主流选择，许多后发现代化国家的政治现代化基本都带有自主选择和自觉发展的特征，其最典型的例子就是日本明治维新以来的一系列政治发展措施，大部分都是近代政治理论主导或影响下的产物。

政治发展的机制确实是多种因素交叉影响综合作用的结果，但是，不同时代决定政治发展机制的重要要素又存在明显区别。政治不发达状态的政治发展一般都是在政治传统产生和支持的政治当权派主导下的自发政治发展，而政治比较发达状态中的政治发展机制则往往取决于社会各派政治势力的力量对比和政治发展理论的指导。

每当政治发展成为一个急迫的社会要求时，人们都会在政治发展机制的选择上颇费踌躇，或者无可奈何只好任其自然听之任之，或者在不同的政治发展机制之间反复权衡，或者各种不同的政治发展机制之间竟至发生政治冲突而不得不将政治发展的急迫事务搁置起来。历史的经验说明，人类社会的政治发展必须确立一个稳定的运行机制，而且该机制还必须为自身的不断完善确定制度化、权威化的运行机制。其核心之一，是大力发展社会民主，完善社会操作机制的制度化、法律化和权威化，从而建立社会各派政治势力和平博弈的公共舞台及良好机制。其核心之二，就是钻研和发展各种社会人文科学理论，推动政治发展理论的不断更新：一方面，使政治发展理论成为各派政治势力构建基本共识的理论基础；另一方面，使政治发展理论在政治发展机制的选择和优化等方面提供足够多的智力支持。

三、政治发展的过程

政治发展始终都是社会生活的一个部分或一个环节，因此，政治发展自始至终都受到整个社会生活的影响、推动和制约；同时，政治发展又总是表现为其内部各要素、各环节之间不断互动的过程。因此，政治发展也自始至终都受到其内部各要素、各方面和各环节的影响、推动和制约。不论是政治发展的环境，还是其重要的构成成分，都会在政治发展的过程中留下或浓或淡、斑斑驳驳的身影。政治发展的过程既展示了社会环境的强大影响，也展示了其自身的诸多特点，同时还展示了政治发展所经历的一般工艺流程。

我们当然不能、也无须描述政治发展的各个细节，而只能探讨一下政治发展中的重要影响要素及其主要环节，通过分析主要环节上的重要影响要素的作用方式和机制，力图描摹出一个政治发展过程的一般理论模型。一般来说，政治发展所经历的主要环节有如下几方面：

1. 政治发展是社会生活的客观要求，不论是和风细雨式的改革化政治发展，还是急风暴雨式的革命化政治发展，也不论社会的政治发展要求是否已经被社会各阶层各方面势力所广泛认识到，政治发展都只能是而且必然是社会生活的客观要求。因此，政治发展的第一个重要环节就是把自己变成社会生活急需满足的需求，否则，政治发展就会由于缺乏社会生活的必然性支持而难以发生，即便勉强发生了也必定难以为继。社会生活表示政治发展需要的方式有很多，但是其基本类型不外乎两种：一是社会各阶层各方面通过联合或各自的政治运动或活动来表示，比如，在民主政治体系比较健全和发达的政治社会，社会各阶层各方面的政治势力经常通过游行、集会、结社、罢工等来表达他们共同的政治发展需求；二是社会中的先进政治势力先期认识到政治发展对于社会生活的必然性和必要性，并主动提出政治发展的动议，或者争取社会各阶层各方面的广泛支持，或者直接诉诸政治发展的行动。比如政治革命的启动就是由少数先进人士认识到政治革命的必然性和必要性，并通过他们经常、大力地争取社会各界理解、同情、支持和加入的政治工作，使他们提出的政治革命的动议能够获得足够的社会资源的支持，从而顺顺利利地开展起来并获成功。社会转型时期政治改革的启动也基本上是由少数先进政治势力认识到政治改革的必然性和必要性，并通过他们经常、大力地争取社会各界理解、同情、支持和加入的政治工作，使他们提出的政治改革的动议能够获得足够的社会资源的支持，从而顺顺利利地开展起来并获成功。如果一时还得不到社会公众的普遍理解，那么，少数先进政治势力依然可以凭借自己掌握的丰厚政治社会资源进行政治改革，通过政治改革的成功为自己的行为争取政治合法性。

2. 政治发展还必须有一个进步的政治核心来积极组织和不断推动。一方面，政治发展只有通过一定的政治核心才能提出完整科学的政治发展方案，包括政治发展的方针、策略、步骤和指导思想等；另一方面，政治发展只有通过一定的政治核心才能争取到社会足够多的资源支持，并把获得的各种资源充分有效地开发利用起来；另外，政治发展还必须通过一定的政治核心组织社会生活中的各派政治势力，形成一个稳定和谐的发展环境，提高政治发展的含金量。历史经验已经表明，政治核心是政治发展的关键性要素，凡是政治发展比较好的社会，一般都存在着稳定的政治核心势力。政治发展几乎没有实质性效果的社会，一般而言都缺乏一个稳定的政治核心势力。强势的政治核心不断地变来变去是政治发展的大忌。近代英国是世界上的第一个现代化社会，其中就包含了政治形态及政治生活的现代化，而政治现代化又是政治发展的主要类型之一。英国近代政治现代化的遥遥领先和率先完成是政治发展大幅度前进的典范，之所以如此，原因是多方面的：英国自中世纪晚期就存在的议会虽然不是铁板一块，但其主流派政治势力基本上一直是一个稳定的政治核心势力，在英国政治现代化的过程中，这种核心政治势力一直承担着政治思想启蒙、政治发展设计及政治发展的主导等重大任务。东方传统社会的现代转型也包含政治发展的内容，其中日本明治维新的成功在很大程度上要归功于日本传统社会将近结束时涌现出的部分近代化了的一批开明武士，他们在日本近代化的过程中长期充当了社会政治发展的稳定政治核心，进行近代化政治启蒙，设计了日本政治近代化的政治发展方案，并成为推动日本社会政治发展并掌握政治发展方向的现实政治力量。

3. 政治发展的发展趋势越来越显示出政治发展方案的重要性。如果说前近代社会的政治发展经常是自发、自然地发生的话，那么，近代以来的各种政治发展则基本上都具有某种自觉的性质，任何有效而积极的政治发展都必定存在一个合情合理的、比较科学公正的政治发展方案，任何没有科学公正发展方案支持的政治发展今后都很难取得实质性成果。政治发展方案的重要性主要表现在以下诸方面：①政治发展方案一般都是由社会的先进政治势力制定的，在人民根本利益和社会发展趋势上有一定的历史进步性，体现了一定的政治思想原则，如果政治发展方案能够被社会各阶层各方面势力所认可，那么，政治发展方案在客观上就具有统一思想认识和某种程度的政治启蒙意义；②政治发展方案一般都是认真调查和科学认识的结果，具有一定的科学性，能够为政治发展提供各个方面的理论指导和技术支持，从而在政治发展中可以极大地发挥人的能动性、积极性和创造性。政治发展方案还可以不断吸取人类优秀文化遗产，使人们的政治发展策略不断优化,争取能够在现有条件下制定一个体现最优化原则的政治发展策略,不断提高政治发展的速度及政治发展结果的科学含金量;③政治发展方案是建立在社会各派政治势力合作基础上的,体现了一定的社会政治势力对比及其相互间的政治合作机制。政治发展能否接受一个理性化、科学化的政治发展方案,取决于社会各派政治势力之间的相互关系,也反映了社会各派政治势力之间的相互关系,政治发展方案在政治发展中还具有整合社会各派政治势力的重要作用。因此,不论哪种类型的政治社会,拥有一个受到各阶层各方面政治势力赞同的政治发展方案都是非常重要的。

4. 政治发展需要社会投入巨额资源,需要社会各阶层、各方面政治势力的积极行动,而政治发展方案确实有助于动员并合理利用社会的各种资源,也确实有助于人们在积极行动中的协调。一方面,政治发展方案在社会各阶层各方面政治势力间广为传播,赢得了他们的衷心拥护,为政治发展动员了大量的、不同类型的社会资源,做好了社会资源投入规划;另一方面,政治发展方案还启蒙了大批社会群众,使他们明确意识到自己的使命及能力所及,既保证了人们在政治发展过程中发挥各自的积极作用,也保证了社会各阶层各方面政治势力在积极行动的时候保持高度配合。一般来说,政治发展方案越是具有社会认同感就越能获得社会的衷心拥护,从而也就能够动员更多种类、更大数额的社会资源;政治发展方案越是具有思想启蒙性质,越是具有比较高的科学含金量,它就越是能够合理地调配各种政治势力的积极作用。中国改革开放以来的政治发展方案是这方面的典型,它保持了非常高的社会认可和忠诚程度,也保持了比较高的科学含金量,同时又能够调节、调配好社会资源投入及各派政治势力的政治行为。因此,改革开放以来,中国社会的政治发展既和谐又富于成效。反之,政治发展方案就既不能动员起足够多的社会资源,也不能合理地调配社会各派政治势力的积极作用,而社会资源投入总量和类型的不足及各派政治势力的不和谐都会影响到政治发展的效果。中国近代社会的政治发展一直没有得到社会各阶层、各方面政治势力的积极认同,而近代化的政治发展方案的制定更是迟迟提不上议事日程。康有为、孙中山等虽历经艰苦终于提出了近代化政治发展的具体方案,却又因为彼此之间势同水火而难以形成一个各阶层各方面政治势力共同认可和忠诚的政治发展方案,而每一种政治发展方案都不能动员和聚集足够的社会资源,同时每一种政治发展方案都在科学含金量上明显不足,既不能调节社会资源的使用比率及使用过程,也不能合理调配社会各派政治势力的政治行为,以至中国近代前80年的政治发展既步履艰难,又收效甚微。

第三节　政治发展的功能

政治发展的实质就是政治系统均衡状态的不断优化及系统能力不断提升的过程，它的功能是多种多样的，其中最重要的功能主要表现在政治系统的改善和服务能力及质量的改善两方面。我们此处不拟详细论述政治发展的全部社会功能，而只想述说政治发展在改善政治系统存在状态和提高对外服务能力及水平方面的功能。下面，我们就将政治发展上述两方面的功能分成四个部分逐一详细论述。

一、政治发展促进政治民主

政治发展从来都是政治系统改善其存在状态的最好方法，也是政治系统解决自身问题经常采取的方法，不论是政治发展中遇到的新问题，还是政治系统存在的老问题，政治发展对于它们都有非常好的治疗效果。政治系统存在的问题虽是由各种各样的因素造成的，但是，政治民主不够或根本没有政治民主则是导致政治系统产生各种问题的重要原因之一，政治民主的产生和发展也必将有利于政治系统内部各种问题的解决。因此，政治民主始终既是政治发展的重要内容，也是政治发展所要达到的主要目标之一。

一般来说，政治发展总是积极地推动了政治民主的发展，至少也为政治民主的发展准备了条件。政治民主虽然由来已久，但是它真正成为一种世界性政治发展潮流只是近代社会的产物，我们所说的政治发展积极推动和促进政治民主的政治现象也主要是针对近代社会而言的，这个判断在前近代社会只有很狭小的适用范围，即只适用于古希腊、罗马等存在政治民主的社会共同体。顾准的《希腊城邦制度》考察了古希腊国家的发展历程，认为它同样也经历了如同罗马那样的王政时期。古希腊的政治民主虽然带有自身性质决定的某种必然性，但是，其正式出现并呈现出比较高的发达状态则完全是政治发展的产物，罗马共和国的政治民主同样是自身必然的政治属性通过政治发展而出现的积极政治成果。政治发展一方面导致政治共同体内单个政治人能力、地位等大幅度提高，另一方面还导致了政治系统出现结构性、功能性的调整，政治系统的各个要素的变化和政治系统的结构、功能的调整最终推动和促成了政治民主高度发达的政治状态。前近代政治共同体的大多数都不具备发展出政治民主的内在必然性，因此不论政治发展怎样推动了单个政治人能力的提高，也不论政治发展导致了怎样巨大的结构性、功能性调整，它们的政治发展都不可能产生积极推动政治民主发展的作用，反倒是政治发展越发表现出遏制政治民主产生的强劲势头。

近代以来，世界各国都被无情地卷入世界一体化的历史运动中，身不由己地被强制改变着，世界各国被历史运动无情改变其本来面目和基本性质的运动就是所谓的现代化或近代化运动，即使是内发型现代化国家也同样逃脱不掉被世界一体化运动强制改造的命运，历史本来就没有给人类社会及各个民族国家留下足够多的选择机会。因此，对于许多民族国家而言，政治发展积极推动政治民主发展的政治形势也基本上完全是一种历史被动的产物，基本没有多少积极性、主动性，但是，这个政治形势一旦确立就变得不可移易，甚至不可动摇，几乎又成了世界各国的某种共同的奋斗目标。一般来说，政治发展积极推动和促进政治民主的功能主要表现在以下几个方面：

1. 单个政治人是政治系统的基本构成要素，而政治发展恰恰提高了单个政治人的政治能力，改变了政治系统基本构成要素的性质、要求和功能等。从近代民族国家政治民主的发展情况来看，政治民主的发展首先或最重要的变化都与单个政治人的变化有必然关系，而单个政治人的变化又都与政治发展的过程或实践有必然关系。英国是世界上第一个发展出近代政治民主的民族国家，之所以如此的原因固然有很多，比如英国《大宪章》及多铎王朝的自由政治传统就是一个很重要的决定性要素，其中最重要的原因恐怕还是政治发展改变了单个政治人的基本能力及基本性质。如果没有人的基本能力和基本素质的提高，英国的政治民主恐怕就只能停留在《大宪章》规定的贵族水平上。正是由于政治发展锻炼了单个政治人，提高了新阶层、新势力及普通民众的政治参与热情，增长了普通人参与政治所需要的基本才干及基本品德素质，以至于各个阶层都把政治民主权利看做是一个政治人的最起码的政治前提，看做是一个政治人的最基本的标志。当人口中的大多数都坚持政治民主乃是政治人最基本的标志，那么，政治发展就必然最终导致政治民主的大幅度发展。总之，政治发展的结果及运动锻炼了民众，刺激了他们政治民主的激情，提高了他们参与政治民主的基本素质及基本能力，导致了各个阶层的普通民众把政治民主作为自己存在的最基本的政治前提，从而致使政治民主随着政治发展的前进而一路高歌猛进。

2. 政治发展逐渐改变了政治系统的基本形式，也逐渐改变了政治系统的结构和功能，从而为新鲜血液的进入铺平了道路，为政治民主发展必须容纳新政治势力和新政治要求等做好了准备。一般而言，政治系统的基本形式及其结构和功能都是相对稳定的，而社会各派政治势力在政治系统中的地位和作用、收益等也是相对固定的。如果政治系统内部没有能导致政治系统的整体特征、形式、结构和功能等发生根本变化的一系列增量，那么，政治系统就会维持一种动态平衡，政治系统各部分及各派政治势力在政治系统中的角色和收益也不会发生根本性变化。不论是新政治势力，还是旧政治势力的新政治要求，都会由于政治系统的动态平衡而无从实现。如果一切新东西皆不能顺利进入政治系统，那么，政治民主的发展自然就提不上议事日程。政治发展的实质就是政治系统的动态平衡被打破之后出现的一个系统性跨越，其中包括基本形式、主要结构和基本功能、能力等发生重大的变化，或者是形式变得复杂化而不得不进行专门职业分工，或者是主体结构变得更加有机和谐，或者是基本功能出现重大调整，或者是政治系统的能力出现大幅度提升。不管如何，政治发展打破了原有的政治系统平衡，为各种新鲜东西进入政治系统的有机整体提供了机会，而政治社会的新鲜东西也确实通过政治发展而有机融入了新的政治系统，并最终实现和改善了政治民主在整个政治系统中的重要地位。

3. 政治发展客观上造成了一些新机会，使得政治系统的新成分能够现实地融入和改造政治系统，从而把政治发展对政治民主的积极推动和促进作用现实地发挥出来。我们知道，任何理论必然性证实的社会存在都必须经过一定的实践性环节，否则就不可能由理论必然性转变为现实存在，政治发展对政治民主的必然推动和促进作用也是如此。一方面，政治发展在客观上打破了旧政治系统的平衡，使政治社会出现了这样那样的角色或功能缺口，这些具体的角色或功能缺口必须有人补充，否则，正常的政治生活及政治系统的正常功能就会受到影响，甚至会导致政治系统的瘫痪；另一方面，政治发展又确实锻炼了社会成员，尤其是其中的积极分子，他们具备了弥补政治角色和政治功能缺口的政治热情、政治能力及基本政治素质等，他们在政治发展的历史运动中脱颖而出成为政治发展运动中的积极分子，甚至成为政治发展运动的领导核心。总之，政治发展为新鲜政治血液融入和改造政治系统，积极推动和促进政治民主提供了施展才华的舞台。不论是中国近代社会的政治发展，美国独立战争时期的政治发展，还是法国大革命时期的政治发展，它们一方面把旧政治系统变得日益千疮百孔，使它越来越显示出政治角色及政治功能的巨大缺口，一步一步把旧政治系统推向了万劫不复的绝境；另一方面，政治新鲜血液在政治发展的过程中渐渐成熟，他们在政治热情、政治能力、政治素质等方面不断得到锻炼和提高，并最终在政治系统中获得了重要的地位和角色，成为实现和发展政治民主的核心力量，而政治民主也自然通过他们获得了巨大发展。

随着人类政治社会的发展，政治发展对于政治民主的积极推动和促进作用会更加明显和强烈，这一点已经被过去的政治历史充分证实，而且还将被以后的政治经历继续证实。

二、政治发展调整社会政治格局

政治发展在积极推动和促进政治民主的同时也极大地改变和调整了社会的政治格局，使政治格局变得更加和谐，更为稳定。政治发展调整社会政治格局的方式和途径有许多，我们不能一一详细论述，只能对其中比较重大的方面作一些大致的描摹和梳理。大致来说，政治发展调整社会政治格局的基本方式有如下几个方面：

1. 政治发展提高了政治系统中各个政治实体的素质及各种能力，从而为原先没有政治实力或政治实力很小、根本不能影响公共权力决策的政治实体提供了改善自己处境的契机，一旦众多的弱势或劣势政治实体改变其原有的政治地位，那么社会政治格局就必然会发生重大改变。普通民众在旧中国专制政治时代曾经是社会政治的最底层，饱受政治的欺侮和凌辱，缺乏起码的政治实力来抵制专制权力的不法侵害，以至成了社会政治体系中名副其实的弱势或劣势政治实体。如果政治没有发展，那么各政治实体之间在政治实力上就根本不会发生有利于普通民众的变化。但是，政治发展的客观存在性决定了传统政治格局中政治实体之间的政治实力必然这样那样地发生一些根本性变化，如弱势或劣势政治实体愤而造反，一举成为影响社会政治格局的重大政治势力，以至成为社会政治格局调整的最大得利者。但凡政治发展都或多或少具有调整社会政治格局的基本功能，不论是传统社会政治格局调整中的改朝换代，还是近代以来普通民众追求彻底解放的新型革命，都造成了政治机器的大换血，从而对社会政治格局进行了有利于原先弱势或劣势政治实体的调整。另外，政治发展还在客观上普遍提高了政治实体的文明程度，改变了非弱势或非劣势政治实体对弱势或劣势政治实体的整体看法及相关态度，使得社会各阶层普遍形成关注和关怀弱势或劣势政治实体的良好习惯及社会气氛等，既改善了弱势或劣势政治实体的处境，也提高了非弱势或非劣势政治实体的文明程度，社会政治的基本格局也必将由于政治实体的普遍变化而发生根本性的重大变化。

2. 政治发展造成的政治实体素质及相关能力的普遍提高必然进一步推动社会政治格局发生重大而深刻的变化，特别是在社会政治系统的整体结构和相关功能等方面。一般系统论的原理表明，系统中各个要素的能量及功能等的变化必然会改变系统本身的能量及功能现状，而能量及功能的改变又与系统的结构性变化紧密相关，反过来，系统的结构性变化又促进了系统能量和功能的变化，而系统能量和功能的变化又促进了各个要素功能、结构和能量等的变化，于是，各个要素与整个系统呈现出相互推动、彼此促进的良性循环。政治系统中各个政治实体功能和能量的大幅度改变必然会改变政治系统整体的功能、能量和结构等；反之，政治系统的功能、能量和结构的大幅度变化也必然会改变各个政治实体的能量及功能，政治实体与政治系统也处在一个良性互动的循环中，通过彼此间不间断的相互推动使双方不断改善其存在处境，提升其存在质量。社会政治发展史表明，各个政治实体的素质、能量的增长总是不均衡的，各个政治实体之间在发展过程中所获得的素质及能量总是存在或多或少的差异，特别是当政治实体具有阶层、部门或地区性意义时就更是如此；当不同政治实体之间在从政治发展中获得利益的不均衡达到一个限度以后，社会政治的发展就可能会突然改变了它历来维持的利益分配格局而发生政治革命或政治改革；政治革命或政治改革一旦爆发，各个政治实体从政治发展中获得的利益就会重新达到一个新的均衡点，社会政治系统就会发生重大的结构性变化，从而彻底改变原先的社会政治格局。当社会政治改变其基本格局的方式带有自发性质的时候，政治实体素质和能量的提高对社会政治格局的影响往往具有突然爆发的性质，即使爆发的基本形式是政治改革，它也带有政治革命的基本性质。如果是在风平浪静的社会环境中，各个政治实体之间已经建立起基于理性和实力的和平博弈机制以后，它们之间在素质和能量发生变化的情况下也会静悄悄地改变社会政治的基本格局。这种改变一般不具有突然爆发的性质，一方面，人类已经掌握的巨大能量具有双面性，人们在考虑用武力实现社会利益重新分配的时候不得不顾忌巨大能量的负效应，因此，各个社会政治系统现在一般都不倾向于通过赤裸裸的暴力来实现社会公平；另一方面，各个社会政治实体之间已经建立起了经常性的信息、能量的互动渠道，拥有了权威化的社会势力的博弈机制，各个社会政治实体更多地依据自己所掌握的社会资源来随时调配各方在政治发展中获得利益的比重，政治素质和能力的变化随时都会如影随形般地在政治博弈中表现出来，政治实体之间已经不存在导致巨大政治波动的根本前提。

3. 政治发展导致的结构性变化自然要影响到社会政治系统的功能，在客观上导致政治系统发生功能性的重大变化，这种功能性变化反过来又巩固和加速了政治系统的结构性变化，同时也为调节各个政治实体通过政治发展获得利益的比例准备了社会政治前提。如果社会政治系统的功能没有发生根本性变化，那么各个政治实体在政治发展中获得利益的比例和方式等都不会有重大变化，即各个政治实体之间政治利益的调整只能是一定限度以内的量上的调整，而不具有大幅度调整的质上的变化。比如中国传统政治系统的功能在两千年中没有发生根本性变化，不仅政治系统能够提供、愿意提供的功能类型没有根本变化，就是各个功能针对的社会群体也同样没有发生根本性变化，以致各个政治实体从政治发展中获得利益的方式、途径和比例等都没有发生根本性变化。如果说各个阶层都曾经从政治发展中得利的话，那么，各个阶层所得利益的方式和比率基本上具有同比增长的性质。但是，中国自近代以来在政治系统的功能方面发生了极其重大的变化，特别是新型政治价值体系对社会政治的全面渗透，使得中国社会政治的整体功能发生了明显倾向于普通民众的根本变化。那些满足民众需求的社会政治的功能得到了极大的发展，民众参与政治发展的方式和机制也渐渐完善起来，民众客观上还大大提高了自己从社会政治发展中获得利益的比重。总之，社会政治整体功能的变化客观上对社会政治格局发生了深刻和深远的影响，不仅改变了政治机器中各种功能的调配比例以及具体功能对应的政治机器本身的结构，而且还改变了社会参与机制，社会参与机制客观上发生了与社会政治系统的整体功能性改变相适应的变化，不论是参与的人群、参与的方式，还是不同人群的参与的制度等均发生了重大变化，并且最终导致各个阶层从政治发展中获得利益的方式及利益分配比重发生了改变，从而将社会政治发展的积极影响在政治实体的利益获得上牢牢固定下来。

4. 政治发展造成的各种职位空缺为新型力量参与政治社会提高了现实可能性，而大量新型力量的参与将从根本上改变社会的基本政治格局。任何政治系统都具有结构和功能等的稳定性，而这种稳定性往往与政治系统中各派势力相对固定的地位和作用有必然关系，一旦这种相对固定的必然关系发生改变，那么政治系统的结构和功能就会发生重大颠覆性或改造性变化。当社会政治系统的发展没有出现重大功能或结构性调整时，政治系统中各派政治势力的地位和作用总是相对固定的，这种情况下，政治系统从社会中获得能量、信息和物质支持的方式也是相对固定的，不论是新型的社会势力，还是旧社会势力企图寻找的新参与方式及力度等都缺乏现实可能性。但是，当社会政治系统的发展出现了重大结构性和功能性变化时，政治系统从社会中获得能量、信息和物质的类型、方式和不同阶层不同方面的输出份额等，就会发生重大改变，新型的社会势力或旧社会势力就会趁着社会功能调整出现的新资源空缺而现实地创造出新的能量、资源、信息和物质的输入方式，这种输入方式一旦制度化就会使各派社会势力在政治发展中获得的利益和职位永久化。

总之，政治发展的结果会表现在社会政治系统的各个方面、各个环节和各个部分，而社会政治系统中各个方面、各个环节和各个部分的发展都会导致社会政治格局的调整。不论是系统要素的增多，系统要素的素质和能量的提升，还是系统整体的结构和功能等，都既是推动社会政治格局调整的重要方面，也是社会政治格局调整的重要表现。毫无疑问，上述各方面要素都是政治发展推动并调整社会政治格局的重要方面，它们中的任何一方面都能够单方面推动并调整社会政治格局。但是，政治发展导致的社会政治格局的调整通常都是上述各方面要素共同作用的结果，在政治发展推动并调整社会政治格局的过程中，上述各个方面往往相互推动、彼此促进，使得社会政治格局的调整客观上获得了系统的推动力，其结果是政治发展在社会政治格局调整中的作用，远远大于各个方面各自推动作用的算术和。一方面，各个方面的要素同时作用于社会政治格局的调整过程，从不同的方面共同推动和促进社会政治格局的调整；另一方面，任何一个方面的要素一旦发生客观作用，它就必然会对其他要素的作用产生积极影响，从而使各个要素的具体作用都远远超过了它的能力所及。

三、政治发展提高政治操作的科学含量

政治发展客观上调动了各个方面参与社会政治操作的积极性，提高了政治操作的科学含量和客观社会效果。一方面，政治操作能够得到多方面社会政治势力的智力支持；另一方面，政治发展由于调动各个方面的参与积极性而减少了政治操作过程中的能量内耗。

政治发展提高了政治操作中的科学含金量及客观社会效果，这已经是一个众所周知的社会事实。但是，政治发展到底怎样提高政治操作的科学含金量和客观社会效果却仍然没有得到合理说明，以至于人们一方面对于提高政治操作含金量和客观社会效果表现出了浓厚的兴趣，而另一方面，人们又往往讳言政治发展对于政治操作的积极功能，而导致政治操作的质量和效益往往与社会发展的客观需要不相适应。为此，我们非常有必要对政治发展积极推动和提高政治操作的科学含金量及客观社会效果的过程及各个方面作一简要论述。

一般而言，政治发展积极推动和提高政治操作的科学含金量及客观社会效果的途径有以下几个方面：

1. 政治发展普遍提高了社会政治操作者的素质和能力，特别是发展出了一个为政治操作服务的专门的知识领域及专业人才队伍，使得政治操作有了明确而合理的理论工具的指导，通过自觉运用先进理论而提高了政治操作本身的科学含金量及客观社会效果。人类作为能动地创造自己历史的物种，理论方法的发展对于他们行为的精确程度和客观效果之好坏具有决定性作用，人类社会所有的社会行为都受到理论的制约、影响和推动，政治行为亦然。当人类的社会行为还缺少系统理论方法支持的时候，各个领域、各个方面的社会行为都由于缺乏理论的引导而相对缺乏自觉的能动性，或者表现出来的行为能动性具有较大的猜想成分和较大的盲目性，即使是一个简单的社会操作也可能是先辈们通过无数次试错实验最终得来的，而一旦得来就不敢、也不愿轻易变迁，即使是遇到更好、更高明的操作方式也拒绝作出任何改变。各种各样的社会操作方式都是人类长期在经验中黑暗摸索的产物，在操作的精确度上远远不能与今天由系统理论支持的各种社会操作相比，远古时代的弓箭射手技艺再娴熟也远不如今天精确制导的导弹精度高杀伤力大。政治操作的方法在古代社会同样是杰出人物从经验中黑暗摸索的产物，一般来说，古代社会的政治操作都具有不可传递、不可学习的性质，政治操作的水平完全取决于政治行为人在经验上的丰富和为人的机警，理论对于他们没有太大的指导意义。尽管古代社会的政治操作可能包含了丰富的政治智慧，但是其整体操作水平始终受到政治发展水平的制约，根本不能与今天的政治操作相比。政治发展导致的人类政治能力的增长及

政治理论的发达，最终把人类的政治操作变成了由系统理论自觉塑造的产物，使政治操作变成了具有比较高的科学含金量及客观社会效果的高精尖社会产品，它不再仅仅是经验丰富的人在经验摸索中得来的智慧和机警，而是表现为一系列可以学习、可以传递的行为方式和工作程序。一个人只要受到相应的理论教育就会具有相应的政治操作能力，因此，政治发展最终还导致了公务人员素质和能力的普遍提高，使各个方面、各个部门、各个类型的公务人员在政治操作中表现出和谐，从而提高了整个政治系统的政治操作能力和客观工作效果。

2. 政治发展普遍提高了社会政治参与者的素质和能力，激发了他们进行政治参与的激情，发展了他们进行政治参与的社会政治组织和制度，使得各个阶层的政治参与都表现出了比较高的科学含金量及良好的社会效果。各个阶层、各个方面政治势力的普遍理性化参与则从整体上保证了公共政治机器的政治操作结果，都是经过社会充分博弈的产物，是社会各个阶层、各个方面政治势力集体智慧的结晶，具有比较高的科学含金量和良好的社会效果。社会政治操作的科学含金量和良好社会效果并不是以某些政治实体的自诩为标志，也绝不以某些政治实体的意志为转移。科学含金量和良好社会效果不是单凭政治愿望就可以一厢情愿地获得的，而是必须建立在一个相对民主和理性的社会运行机制上，强调发挥各种政治势力的主观能动性，经过充分的社会博弈，才能比较现实地提高政治系统整个操作机制的科学含金量和良好社会效果。一般来说，政治参与的自觉程度、政治自我的成熟程度、政治理性的发达程度、政治参与组织和制度的完善程度、政治参与的真实程度及广泛程度等，都是影响整个政治操作系统科学含金量和客观社会效果的重要决定性因素。政治发展又往往促进政治参与的自觉程度，加速了政治参与者政治理性的成熟程度，同时还完善了政治参与的组织和制度系统，进一步保证了政治参与的真实有效等。总之，政治发展总是推动和促进了政治参与的积极变化，从而保证政治参与的科学性、真实性和广泛性，保证社会各个政治势力进行政治博弈的公正性、有序性、科学性和有效性。

3. 政治发展还催生了各种各样的政治科学，培植了各种各样的政治操作理性和实践理性，既提供了衡量政治操作的一套标准，也提供了政治操作所必需的技术和智力支持，而不论是衡量标准，还是技术和智力支持，都是政治操作不断科学化、高效化的有力推动者。政治发展不仅提供了政治理性发展的必要性和可能性，而且政治发展还为政治理性发展提供了必须的研究素材及研究方法，也为政治理性的发展提供了充裕的资源投入，使政治理性的发展获得了现实的可能性。我们知道，人类的政治操作不论多么简单粗疏都受到了人类理性自觉努力的决定性影响，特别是在政治理性充分发展以后，政治操作对人类理性自觉努力的依赖程度进一步加深，以至任何政治操作都包含了丰富明确的社会要求及要求实现的方式和程序等，都成了人类政治理性自觉努力的产物。一方面，人们的政治操作都有一个基本的行为模型，是按照一定的标准精心设计的结果；另一方面，政治实体的政治操作都尽可能多地利用已经发达的各种各样的政治理性，希望把自己的政治操作变成具有较高的科学性、可行性和比较高的成功系数的高精尖政治操作。人们从政治发展带来的诸多好处中意识到了政治理性的重要性，并尽可能地利用各种手段研究政治发展中的新现象、新问题，推动各种各样政治理性的发展，争取在政治认知理性、政治价值理性、政治实践理性等诸多方面取得丰硕的成果，以便能够使政治实体的政治操作更具积极性、科学性和经济有效性。反过来，政治理性的日益发达又推动和促进了政治发展的蓬勃势头，增强了政治系统的自我发展能力，解决了政治发展中遇到的一系列难点、重点和焦点问题，一次又一次地导致政治系统获得重大战略性突破，把人类的政治操作越来越变成了政治理性的精心设计和杰作。

值得注意的是，尽管政治理性在政治操作中的地位和作用日益重要，但是政治理性永远都不能发展到一劳永逸地解决一切政治问题的程度，也永远发展不到政治理性完全、完美设计政治操作的程度。也就是说，人们永远都不能指望政治理性可以给政治系统中的每一项操作及政治系统整体的操作一个完整、完全和完美的方案，政治理性永远都不可能发展到"包治百病"、全能指导政治生活的程度。人们既然不可能运用政治理性把人类所有的政治操作都变得如同钟表运行那样有条不紊，那么他们自然也不应该向政治理性提出这样的奢望。我们在极力发挥政治理性积极功能的同时，一定要防止变相政治神话的复活。

四、政治发展推动社会全面进步

政治发展的功能多种多样数不胜数，但是，各种各样功能的总的结果是推动了社会的快速发展和全面进步。社会的全面进步涉及社会发展的方方面面，既是一个综合性的发展目标，也是一个综合化的衡量社会发展程度的标准，还是各个方面社会生活具体发展的前提和基础。不论怎样；社会的全面进步已经成了今天社会发展必须追求的重要内容，其在社会发展中的重要作用也已经是一个人所共知的社会常识。社会的全面进步固然是社会多种因素共同作用的综合结果，但是不同要素在社会全面进步中的地位和作用并不相同，而政治发展却由于自身固有的方式、因素、结果等的综合性成为社会全面进步的重要推动者。

虽然政治发展推动了社会的全面进步已经是无可争议的社会事实，但是，政治发展如何推动社会全面进步却仍然是一个有待充分研究的内容。一般而言，政治发展推动社会全面进步的力量主要来源于以下几个方面：

1. 政治发展促进了社会上各种政治势力的平衡发展，强化了政治势力的人文属性，造就了各种政治势力相互尊重的社会环境，从而强化了不同政治势力之间的合作倾向，淡化了彼此之间的对立倾向，创造并维护着一个比较好的发展环境，使得社会的各个方面都能够尽其所能、尽情发展、各得其所。人类政治史表明，政治发展从来都倾向于民主和科学的势头。虽然政治发展并不总是能够顺利产生政治民主，但是正如托克维尔所说"人民生活中发生的各种事件，到处都在促进民主。所有的人，不管他们是自愿帮助民主获胜，还是无意之中为民主效劳；不管他们是自身为民主奋斗，还是自称是民主的敌人，都为民主尽到了自己的力量。……身份平等的逐渐发展，是事所必至，天意使然。……它是普遍的和持久的，它每时每刻都能摆脱人力的阻挠，所有的人和所有的事都在帮助它前进"[1]。政治发展所显示出来的大众化使得政治越来越成为社会各阶层、各方面政治势力共同的工具，促进了不同政治势力在政治面前的地位平等和力量平等，而平等总是属于民主性的政治因素，即便是专制政体中的平等也不例外。政治发展的结果总是或多或少促进了不同政治势力之间地位、力量、作用和利益的平等，而平等又总是促进社会和谐发展和全面进步的积极因素。如果社会中各派政治势力之间存在严重的地位和力量不平等，那么，不论体制如何民主，政治都不可能创造和谐有序、共同发展的良好环境，而人类的全面进步也必然要受到不良社会发展环境的影响或严重制约，同时社会的进步成果也多多少少受到不同政治势力的矛盾、冲突和争斗的损耗。反之，如果社会中各派政治势力在政治操作中的地位和力量比较平等，而相互之间又存在良好的政治合作关系的话，那么，不论政治体制如何专制，各派政治势力都会通过政治机制进行充分的政治博弈，达到地位、力量和利益等方面的和谐调配，从而把各种政治势力的注意力和精力主要集中在谋取共同发展的方面上来，最终有利于形成一个良性的社会发展机制。

2. 政治发展的重要结果之一就是政治系统的不断优化。一方面，政治系统随着政治发展，越发具有了充盈的活力和无限魅力，另一方面，政治系统的操作能力和服务意识也不断提升。政治发展史表明，人类的政治发展在把政治机器变得越发复杂的同时也日益提高了政治系统的蓬勃活力，并且也提高了政治系统整合社会的亲和力，政治系统越来越显示出可以信任、可以依靠的迷人魅力。在前近代社会，政治系统虽然具有全面控制、主宰和支配社会生活的全能权力，但是人类整体上还没有获得起码的自主和自尊。一方面，一切政治活动

---

[1] [法]托克维尔著，董果良译：《论美国的民主》（上卷），商务印书馆1988年版，第7页。

都带有神学色彩，而不得不听命于天神或上帝，从而造成政治系统在操作方面缺乏足够的自主性和自由度，而表现出僵化或程式化特征，僵化或程式化的政治系统缺乏应付社会变化的灵敏度和应变精神，并且缺乏自我更新的自觉性，这就造成了政治系统在整体上缺乏足够的活力；另一方面，政治系统的维系也基本依靠人们已经形成的某种宗教信条，一旦宗教信条受到挑战，政治系统的权威性、合法性和迷人魅力等就会烟消云散，而政治系统就会陷入混乱状态。政治发展不仅发展了各种政治实体的能力，提高了政治实体应付社会变化的灵敏度和应变精神，而且把整个政治系统都变成了一个以政治理性为基础的政治有机体，政治系统越来越表现了比较高的灵敏度、自由度、应变精神，越来越具有了自觉、自主、自由运用政治理性的客观能力，从而保证了政治系统始终具有充盈的蓬勃活力；同时，政治系统的维系也开始主要依靠政治系统自身有机性及客观效率，政治系统中的各个部分、各个方面和各个环节都成了彼此不可分离的、有机整体的必要成分，除了在政治系统中相互依赖，它们几乎没有任何选择的空间，而且政治系统的高效操作对于它们来说也是一个重要的吸引力，政治系统的权威性、合法性和迷人魅力开始主要依赖政治系统自身的有机性和经济高效的操作能力及积极主动的公共服务精神。

3. 政治发展客观上提升了政治系统在社会系统中的重要性，人类社会的全面进步越来越依赖于政治系统的质量高低和能量大小，越来越取决于政治发展所取得的积极成果的质量和数量。社会的全面进步是一个非常复杂的社会系统工程，其中既有政治系统的积极协调、计划、组织和控制等产生的积极效应，也有社会系统自身不断努力所产生的积极效应。在政治系统和社会系统还处在比较简单的欠发达状态时，社会系统自身的努力是关键性方面，而政治系统在其中的作用则居于次要地位；当政治系统和社会系统由于不断发展而日趋复杂化之后，社会全面进步的幅度、程度和速度等就取决于社会集体公共意志的质量，而产生社会集体公共意志的政治系统在社会全面进步中就占据了相当重要的关键地位，从而导致政治系统不断优化的政治发展也就在社会全面进步中占据了相当重要的关键地位。一般来说，政治发展的实质是人类自觉创造历史的集体能动性的发展，随着政治发展的不断演进。一方面，人类社会能够及时形成社会迫切需要的、高质量的集体公共意志，并保证该集体公共意志能够有效地发挥积极作用；另一方面，人类社会的发展能够尽可能多地从形成的集体公共意志中得到丰硕收益，并使得人类社会的发展和全面进步越来越依赖于政治发展的积极成果。现代政治发展理论的研究表明，政治发展在人类社会现代化的过程中扮演着相当重要的角色，社会发展的质量和全面进步的程度等在某种程度上都取决于政治发展的方式及结果。在政治现代化进展比较顺利的国家，社会发展和进步的各个方面、各个环节和各个部分都受到了社会集体公共意志的激发、协调和控制，社会发展的计划性、目的性、协调性和全面性等比较强。因此，社会发展的质量和社会全面进步的程度及速度等一般都取得了举世瞩目的巨大成就，从而实现了该社会快速崛起的夙愿。政治现代化进展比较曲折的国家，社会发展的质量和社会全面进步的程度及速度等一般都不同程度地遇到了坎坷，社会发展的质量一般都比较低劣，而且社会发展长期缺乏社会集体能动性的有效调节和指导，社会进步的全面性和协调性比较欠缺，社会进步的速度则犹如老牛拉破车般迟滞不前。

4. 政治发展从政治上改善了社会全面进步的国内国际环境，并进一步改善了社会全面进步的其他各项条件，促进并加快了社会全面进步的步伐，保证了即将发生的社会全面进步的质量。政治发展首先改善了国内的政治环境，不仅使得社会的全面进步有一个稳定的政治环境，而且使社会进步能够及时且尽量多地从社会各方面取得实质性支持。国内政治环境对于社会进步的影响是非常重大的，以至于国内政治环境从根本上决定了社会进步的步伐。国内政治环境的进步倾向是社会全面进步的重要保证，国内政治环境所包含的技术性因素的理性程度又是社会全面进步的重要促进力量。晚清时期，中国社会的国内政治环境糟糕到了极点，不仅社会集体公共意志的开明性不足，而且连起码的公共性也严重不足，行为能力中的技术性因素则只有很小的科学含金量，政治操作技术严重落后，国家机器存在的合法性越来越受到了各阶层、各方面人士的普遍质疑，各阶层、各方面人士在形成社会集体公共意志方面具有非常严重的、不容调和的矛盾和冲突。国内如此糟糕的政治环境不仅使得国家机器在促进社会全面进步方面缺乏计划性，而且国家机器自身就具有反社会进步的因素，以至于本来应该采取的积极措施迟迟不采取，而本不应该采取的保守或反动措施却频频出台，社会公共意志的形成机构完全站到了社会进步的对立面上，其结果就是社会全面进步的长期迟滞不前。直到有一个革命性的政治发展改造了旧国家机器，社会才能在全面进步的大道上阔步向前。国际政治环境对于社会进步的影响也非常重要，社会进步能否受到国际进步势力的普遍同情和支持是社会全面进步的重要影响因素，而国际进步势力支持和同情的程度则又与社会中已经存在的进步势力的大小强弱有必然关系，而社会中的进步势力又是该社会政治发展的产物，其进步势力的大小强弱取决于该社会政治发展的水平和程度。一般来说，政治发展顺利的社会中往往存在着一个稳定且势力庞大的社会进步势力，使得该社会容易得到国际进步势力的普遍同情和真心支持，而国际中立势力也会表现出一定程度的同情和支持，从而创造出一个有利于社会全面进步的国际政治环境。有利的国际政治环境又促进和推动了国际进步和中立势力的同情和支持，巩固和扩大了社会中进步势力的影响力，从而大大促进和推动了社会的全面进步。

关键概念

政治发展；政治革命；政治改革；政治现代化

思考题

1. 政治发展有哪些主要特点？
2. 政治发展的动力有哪几类？
3. 政治发展的影响和制约因素有哪些？
4. 政治发展的过程一般包括哪些主要环节？
5. 政治发展积极推动和促进政治民主的功能主要表现在哪些方面？
6. 政治发展调整社会政治格局的基本方式主要有哪几个方面？
7. 为什么政治发展可以提高政治操作的科学含量？
8. 政治发展推动社会全面进步的力量主要来源于哪几个方面？

第 12 章 政治民主化

政治民主即民主政治。民主政治是同专制政治相对的政治现象,是近现代政治社会发展的必然潮流和客观趋势,也是人类长期追求的政治理想和奋斗目标。当然,民主并不是完美无缺的制度,诚如英国政治家丘吉尔所言,民主是最糟糕的制度,但还没有比它更好的制度。我们或许可以举出民主制的许多弊病,但是它的最大价值在于,人们在民主制度下自己管理自己,不屈从于个别人或少数人的意志,从而实现了人的尊严。民主也不是灵丹妙药,人类社会的许多问题并不是建立了民主制就可以迎刃而解,但是,民主也许比其他制度更能有效地应付现代社会的种种挑战。民主或许不是最有效率的制度,但它能够使多数人免于受压迫的命运;民主制度也会犯错误,但它具有较好的内在纠错机制,从而使它不容易犯最严重的错误。总之,民主是人类迄今所发现的最理想的制度设计,凭借它,人类的政治生活才有可能步入理性化和人道化的状态。

民主也是我们共和国的生命,"中华人民共和国"最主要的意义就是人民当家做主。中国共产党的十六大强调党内民主是党的生命,十七大强调人民民主是社会主义的生命,十八大明确指出协商民主是我国社会主义民主政治的特有形式和独特优势。民主已经不是喜欢或不喜欢的问题,而是一种不可阻挡的潮流。所以本书把它放在最后,作为全书的总结和归宿。第一节主要介绍了民主与政治民主的内涵,以及民主政治的基础和条件。一般把实现民主的过程称之为民主化,第二节主要介绍三种民主化理论,并对当今世界的两种政治民主模式进行了简要介绍和评价。第三节对我国社会主义的政治民主化提出了一些概括性的建议。

第一节 政治民主

民主的概念,通常是在广义与狭义两个意义上来使用的:在广义上用来指称民主的社会管理形态;在狭义上则指称民主政治。所以了解民主政治,首先要了解社会民主。

一、社会民主

社会民主是一种社会管理形态，是在社会生活的各领域，以尊重多数人的意志、利益和平等权利为原则的社会管理形态。

社会民主是客观存在的社会现象。在原始社会，没有阶级、国家和与之相联的政治，但是有民主。恩格斯在《家庭、私有制和国家的起源》中，根据摩尔根等人提供的有关资料，对原始社会的民主作了详尽的分析。按照恩格斯的论述，原始社会的民主，是"古代自然长成的民主制"[1]，是在原始氏族、部落、部落联盟这样一些社会组织序列中，全体社会组织成员一律平等、共同决定和管理社会事务的制度与活动。其基本内容是：①全体氏族成员，都是平等的和自由的；酋长和军事首领都不能要求享有任何特权。②氏族的酋长和军事首领，均由氏族成员选举产生，并经过氏族成员共同决定，可以随时撤换。③氏族的最高权力机关，是一切成年男女都享有平等表决权的氏族议事会。④部落的最高权力机关是部落议事会，它由地位平等的各个氏族酋长和军事首领组成。⑤部落联盟的最高权力机关是联盟议事会，它是由权限平等的各氏族酋长组成的。⑥部落议事会和部落联盟议事会的活动方式是公开举行会议，氏族成员都可以参加、发言，影响议事会的决定，但没有表决权。

在未来的共产主义社会，也没有阶级和国家，但仍然有民主。列宁说："只有共产主义才能提供真正完全的民主。"[2] 可见，共产主义社会不但有民主，而且是完全、真正的民主。在共产主义社会，由于生产力高度发展，社会财富极大丰富，人们各尽所能，按需分配；人的素质空前提高，社会成为每个人、一切人的自由发展的联合体。所以，只有在共产主义条件下，才会有真正的、完全的民主。共产主义条件下的民主，是一切社会成员完全平等地按照大家的共同意志，富有成效地管理社会生活的社会管理形态。列宁也曾说过："只有在共产主义社会中，……民主才开始消亡。"[3] 但他所说的将要消亡的民主，只是作为国家形态的民主政治，而不是社会民主。同阶级与国家相联系的政治民主，只是人类民主长河中的一种特殊而短暂的民主形态。

二、政治民主

民主出自古希腊文 demokratia，由 demos 和 kratos 所合成，前者意为"人民"和"地区"，后者意为"权力"和"统治"，其原义是"人民的权力"、

---

[1]《马克思恩格斯选集》第 4 卷，人民出版社 1972 年版，第 100 页。
[2]《列宁选集》第 3 卷，人民出版社 1972 年版，第 248 页。
[3]《列宁选集》第 3 卷，人民出版社 1972 年版，第 247 页。

"人民的政权"或"人民进行统治、治理"。马克思主义认为，民主政治是以多数人的意志为政权的基础，承认国家权力归人民所有，全体公民享有自由、平等权利的政治制度和政治统治形态。对于民主政治的基本内涵，可从如下三个方面加以把握。

1. 民主是一种国体。列宁说："民主是一种国家形式，一种国家形态。"[1] 政治民主首先体现在国体上，正是在这个意义上，我们说民主是一种国体。从国体意义上说，民主属于统治阶级，同专政是同一统一体的两个方面，即给统治阶级赋予事实上的民主权利，而对敌对阶级实行事实上的专政。民主与专政作为同一统一体的两个方面，既有区别，又有联系。其区别在于：①对象和范围不同。民主是向内的，在统治阶级内部实行民主；专政是向外的，对敌对阶级实行专政。②方法不同。民主的方法是以理服人和求同存异的和平方法；专政的方法是凭借暴力的强制方法。它们的联系在于，两者相互依存，互为条件：一方面，民主是统治阶级专政的前提和基础，统治阶级只有在其内部实行民主，才能组织和调动整个阶级的政治积极性和政治统治力量，从而有效地对敌对阶级进行统治。实践证明，在统治阶级内部，民主越真实、越广泛，其专政力量就越强大，统治地位也越巩固。另一方面，统治阶级的有效专政是其阶级民主的政治保证，只有强有力的专政，才能巩固统治阶级的政权，也才能保证统治阶级享有民主。如果统治阶级的专政无效，政权丧失，其阶级民主也就不复存在了。

2. 民主是一种政体，一种统治形式。民主政治不仅体现在国体上，同时也体现在政体上。因此，它也是一种政体，一种统治形式。

在政体意义上，民主是相对于专制而言的一种政权组织形式和政治统治形式。专制是一种由权力无限的君主或元首实行个人独裁统治的政体，它的典型形式是奴隶社会与封建社会中的君主专制政治和当代资本主义世界曾出现过的法西斯独裁政治。专制政治与人民或人民代表及其派生的国家机构行使国家权力的民主政治是根本不同的。

（1）理论基础不同。民主政治的理论基础是人民主权论。这一理论立足于人民主权的基本立场，认为国家权力来自于人民的委托，受制于人民的共同意志，建立在公民普遍同意的基础上，因而是合法性的公共权力。专制政治的理论基础是唯心主义的君权神授论、元首崇拜论和英雄创世论，这些理论认为，君主的权力是上帝授予的，元首的权威是至上的、决定社会历史的，因而其权

---

[1]《列宁选集》第3卷，人民出版社1972年版，第257页。

力不容置疑，不可侵犯，臣民必须绝对服从。

(2) 权力结构不同。在民主政治中，国家实行分权或权力分工制度：国家机构由若干机关组成，如立法机关（或权力机关）、行政机关和司法机关等；这些机关各掌其权，各司其职，并相互制衡或权力机关制约其他机关。专制政治中，国家权力集于君主或元首个人手中，国家一切政务、大事均听命于君主或元首的决断；君主或元首的权力不受限制，其他国家机构均为君主或元首的办事机构。

(3) 治国方式不同。民主政治在治国方式上，实行理性指导下的法治，体现民意的法律成为调整社会关系和规范社会行为的基本准则，社会政治生活被纳入法律轨道，按法律规定有序进行。专制政治实行非理性的人治，法律决定于君主或元首的意志，可以任由君主或元首更改，因此君主或元首的个人意志，就成为统治国家的依据和社会政治生活的准则。

(4) 政治后果不同。民主政治中，由于国家权力来自人民的委托，要受民意的制约；国家以法统治，而法律又体现民意；国家以暴力为依托，但暴力被严格限制在法律的范围之内。因此，公民有较多的社会政治权利和安全感，政治社会有良好的秩序而良性运行。在专制政治下，由于国家权力归君主或元首个人所有，并按君主或元首的任性意志来行使；同时，暴力恐怖是君主或元首实现其权力与意志的基本手段，所以，必然产生普遍性的滥用权力和践踏人权，造成经常性的政治腐败，使公民生活在没有安全感的暴政恐怖统治之下。

政体是国体的体现，因此，作为政体的民主，在不同的国体下，有着不同的阶级性质。在古代的奴隶制民主政治下，民主实质上是奴隶主阶级的民主；在中世纪的城市民主制度下，民主建立在封建行会的基础上，具有封建性质；在资本主义国家，民主实质上是资产阶级民主；而在社会主义条件下，民主才是无产阶级和广大劳动人民的真实民主。

3. 民主是一种国家活动的原则。民主政治通常遵循着这样一些基本原则：

(1) 平等与自由相统一的原则。民主作为"人民的统治"、"人民的权力"，意味着人民集合体中的个体都是平等的。个体之间无论有何差异，都享有平等的权利，不允许任何人享有特权。同样，民主也意味着自由，人民之中的每个个体都有权自由支配自己的身体和意志，有权决定自己的事务和行为。在民主政治中，平等与自由是相互统一的，自由是平等的自由权利，平等是自由的平等权利。一方面平等是由自由来规定的，如果平等的内容不是自由的权利，是平等地受奴役，那就不是民主政治意义上的平等；另一方面，自由也是由平等来设定的，个人行使自由权利，必须自觉履行自己对他人和集体自由应尽的义务；如果只要自由不尽义务，甚至损害他人和集体的自由，那么自由的权利就变成了特权，就不是民主政治意义上的自由了。

（2）多数裁决与允许少数保留意见相统一的原则。民主不是大家各行其是的极端民主化，而是按照集体意志对公共问题作出决定。对公共问题作出决定，只能采用多数裁决即多数决定的原则。因为，在民主制度下，虽然大家都享有平等参与决定的权利，但由于大家的认识和利益要求等诸方面存有差异，不可能形成完全一致的意见，所以只能按照一定的程序，将各种意见付诸表决，人人平等，一人一票，按多数人的意见作出决定。决定一旦作出，无论是投赞成票的多数还是投弃权票、反对票的少数，都必须在行动上遵照执行，否则就会导致无政府的混乱状态。允许少数保留意见，是指在保证贯彻执行多数人意志的前提下，保障少数人的权利，允许少数人坚持和保留自己的观点、意见和思想。在民主政治中，多数裁决和允许少数保留意见也是同一统一体不可分割的两个方面。因为，如果没有少数服从多数，不能按照多数意见作出统一的决定，就谈不上人民统治，民主就是一句空话；可如不允许少数保留意见，因其意见是少数而强迫其放弃自己的意见，无异于剥夺了这些人自由、平等的权利，民主也就不是真实的本来意义上的民主了。

（3）选举、监督国家公职人员与服从国家公职人员依法管理相统一的原则。民主政治不可能是人民的每个个体都能经常直接地参加行使国家权力和每个公共问题都由全体人民——公决的直接民主制，而通常采用间接民主制，即人民把国家权力委托给代表人民意志的国家机关来行使的制度。在这种情况下，要保证国家机关及公职人员真正代表人民行使权力，保障政治统治的民主性质，就必须一方面贯彻选举、监督的原则：①实行普选制。即通过普遍、平等、自由的直接或间接的选举，产生国家机关和公职人员，并实行严格的任期制，定期换届选举，以防止少数人长期垄断权力，导致民主权力变质。②建立分权制约的机制。即根据权力特点，把国家机关划分为中央与地方两个基本层级和立法、行政、司法三个基本权力机关，分别行使属于自己的权力，并且相互监督制约，以防止权力专断，导致民主权力变为专制权力。③实行人民群众的评议、监督和罢免制度。国家机关及公职人员的权力，是人民赋予的代表人民的意志来行使的，所以，人民群众不仅有权通过各种途径对国家和社会公共事务提出建议、意见和批评，而且有权对国家机关及其工作人员实行监督，直至罢免和撤换不称职的国家公职人员；而国家机关则应政治公开，重大问题让群众知晓，以便人民群众监督。另一方面，实行民主政治，还要贯彻服从国家机关及公职人员依法管理的原则。人民群众不仅不能干扰国家机关和国家公职人员依法执行公务，而且必须遵守法律，履行义务，执行国家机关及其公职人员依法制定的政策和作出的决定，自觉维护他们的权威，服从他们的合法管理。只有这样，才能防止"极端民主化",使人民的集体意志在政治活动中变为政治现实。在民主政治中,这两方面的原则也是不可分割的统一体。如果没有普选、分权制约和人民群众的有效评议、监督与罢免制度,就难以保证人民委托出去的权力一定代表人民意志,自然也难以保证人民统治的民主政治不会变质。同样,如果人民群众不去自觉服从国家机关和国家公职人员的依法管理,就会导致无政府状态,不可能形成统一的人民意志,自然作为人民统治的民主政治,也就付之东流了。

三、民主政治的基础和条件

任何一种政治,都建立在与之相适应的经济关系的基础之上。如果说专制政治的经济基础是自然经济,那么民主政治的经济基础则是商品经济关系。政治社会发展史表明,凡是商品经济较为发达的时期与地区,都产生了不同程度及不同形式的民主政治。在商品经济较为发达的古希腊,产生过以雅典为中心的民主政治;在中世纪工商业较发达的地中海沿岸,出现过威尼斯、热那亚、佛罗伦萨等城市共和国的民主政治;而近代资产阶级民主,则是资本主义的商品经济代替封建的自然经济的必然结果。为什么商品经济必然成为民主政治的经济基础呢?商品经济本能地要求民主政治,而民主政治的基本原则又植根于商品经济关系之中。①在商品生产中,生产者都是独立自主的,遵循着自由、自主的原则,对自己的生产和交换拥有自我决断和自我选择的自由权利;②在商品交换过程中,买卖双方地位平等,遵循着等价交换的原则,都有平等的成交或不成交的决断权;③商品交换和资产让渡的成交权,是以当事人双方自愿为基础的,这至少在形式上意味着成交的决定是参与交换的当事人共同作出的,成交决定权力的基础是交换人的共同意志。商品经济中的自由平等原则和成交决定权以共同意志为基础的性质,同民主政治的原则与性质是同质的。正是由于商品经济与民主政治有同质的原则和性质,它既本能地要求建立与它相适应的民主政治,又能为民主政治提供得以扎根的经济土壤。所以民主政治也就自然而然地建立在商品经济关系的基础之上了。

民主政治不仅要有与之相适应的经济基础,而且还要具备这样一些必要条件。

1. 具备一定的民主文化水平。民主文化水平有两个方面的内容:①民主政治水平,包括人们参政、议政的政治知识,自由和平等参与的民主意识,以及实行民主政治的自觉性、意志力和实践能力;②文化水平,即人们参政、议政所需的思维文化素质,包括明辨是非的判断力、进行预测的创造力和运用文字、语言传输信息和交流思想的表达交际能力等。其中,前者是民主政治的内在根据,人们只有具备了一定的政治知识、民主意识和实行民主的自觉性、意志力以及实施民主政治的实践力,才能建立起民主制度、行使民主权利、参与民主活动,形成民主政治。后者是民主政治的文化条件,人们只有具备了一定的文化素质,有一定水平的判断力、创造力、表达交际力,才能有效地掌握和运用政治知识,确立普遍的民主意识,提高实行民主的自觉性和意志力,形成进行发言、报告、演说、调查、论辩、质询、提案、表决、投票等实施民主政治的实践力,才可能有现实的民主政治。列宁说,文盲是在政治过程之外的。在一个文盲充斥的国家,建立民主制度和发展民主政治无论如何也是不可能的。

2. 具备必要的武装力量和法制条件。任何国家的民主政治,都是以国家的安全、安定为前提的。威胁国家安全、安定的,一是来自国内被压迫阶级的政治反抗;二是来自国外敌对势力的颠覆和侵略活动。而要镇压被统治阶级的反抗,防御外部敌人的颠覆,维护和保障国家的民主政治,就要有足够的武装力量,这是保障民主政治的强力条件。法制也是民主政治的重要保障,其保障作用在于:①它确认民主政治制度,规定国家内部的权力关系,从而使民主政治制度化;②它规定公民在国家政治生活中的地位及其享受的政治权利与应尽的政治义务,从而使公民的民主权利与义务关系规范化;③它规定国家各权力机构行使权力、其他政治实体和公民行使政治权利的活动程序,从而使民主政治的活动有序化、程序化;④它对破坏民主制度、侵犯公民权利等违法行为,依法进行纠正和惩处,从而保证民主政治运行的有效性。所有这些都表明,法制的确是民主政治的重要保证。

3. 要有一定的生产力水平。民主政治的产生与发展归根到底依赖于一定的生产力水平。因为:①社会生产力水平只有达到一定的程度,解决了公民吃、穿、住、行等基本物质生活问题,公民才有闲暇过问政治,行使民主权利,参与民主活动,使民主政治名副其实。如果公民物质生活贫困,终日为养家糊口劳碌奔走,以求免受饥寒之苦,那么,民主对他们说来,就只能是可望而不可即的奢侈品。②社会生产力只有达到社会化大生产的水平,才能有大规模的商品经济关系,也才能在商品经济的基础上促进民主意识的提高,建立起近现代的民主政治制度。③社会生产力只有达到机器化大生产的程度,能够提供交通、通讯、印刷、广播、电视等政治信息的传播设施,才能拓宽人们的视野,提高人民的民主意识和参政能力,从而也才能扩大民主政治的活动空间,促进民主政治的不断发展。

民主政治的这些条件是相互联系、相互补充和相互促进的统一整体。只有同时具备了这些条件,才能造成现实的民主政治。

第二节 政治民主化

民主政治是现代政治发展的必然趋势。学界把实现民主政治的过程称之为政治民主化。本节首先界定政治民主化的内涵,其次对当代三种比较有影响的政治民主化理论加以简要介绍和评价,最后,介绍并分析当代两种主要的政治民主模式,解释我国社会主义民主政治的特点与优越性。

一、政治民主化的内涵

根据美国政治学家亨廷顿的"波"理论,到20个世纪90年代末,历史上共发生了三次民主化浪潮,第一次民主化浪潮发生在1828~1926年,有33个国家完成了民主变革;第二次民主化浪潮发生在1922~1943年,在此期间40个国家发生了民主化变革;第三次民主化浪潮始于1974年,到1990年它使33个国家发生了民主变革。[1] 有学者认为,我国自1978年以来的经济、政治体制改革也是第三次民主化浪潮的一部分。中国的改革开放,适应了当代世界发展的潮流,其取得的伟大成就,也是对人类政治发展的重大贡献。

按照一般的理解,"民主化"就是指以政治民主为目标的政治变革过程。但政治民主化的具体内涵是什么呢?对于这个概念,不同的学者有着不同的理解。下面,我们择要列出几种具有代表性的观点。我国学者刘军宁认为,政治民主化指的是"一个国家从不民主走向民主的过程。它涉及对公民的权利和自由的规定与保障,改变正式和非正式制度的性质、制度性权威的运作方式,有利于制度发展和制度建设的社会环境,这一过程还涉及锻造民主政治所需要的价值观和政治文化、市场化的经济制度、为民主的理想和制度提供社会依托的市民社会"[2]。陈振明和李刚认为,从广义上讲,"政治民主化可以理解为在人类历史发展进程中,政治从少数人统治向多数人统治发展的全过程";而"狭义的政治民主化是指:从传统社会向现代社会转型过程中,政治的形式和内容从非民主走向民主,特别是从专制走向民主的过程"[3]。

美国学者波特认为政治民主化是这样一种政治变革过程:"由较少负责任的政府转变为较多负责任的政府;由较少竞争(或完全没有竞争)的选举转变为较为自由与公正的竞争性选举;由严重地限制人权和政治权利转变为较好地保

---

[1] [美] 塞缪尔·亨廷顿著,刘军宁译:《第三波——20世纪后期民主化浪潮》,上海三联书店1998年版,第13~15页。
[2] 刘军宁主编:《民主与民主化》,商务印书馆1999年版,第14页。
[3] 陈振明主编:《政治学——概念、理论和方法》,中国社会科学出版社2004年版,第420~421页。

护这些权利；由市民社会只有弱小的（或完全没有）自治团体转变为具有享有较充分自治和数量较多的自治团体。"[1] 阿根廷学者奥唐奈和美国学者施密特在二人合著的一篇名文中指出，"民主化是指公民权利的规则和程序应用到之前没有被应用到的政治制度中、扩展到之前没有被包容进来的人民中、延伸到之前不是通过公民参与解决的问题和制度中的整个过程"[2]。

综合各位学者的观点，我们认为，政治民主化就是由非民主的政治体系向民主的政治体系进行全面而深刻转变的政治变革过程。

二、政治民主化理论

面对民主化的大潮，政治学家们试图找到民主制度得以出现的原因，并鉴别出其中的主要因素。他们想要解释为什么民主化在某些国家能够成为强大的驱动力，而在其他国家却没有什么力量或根本不存在；为什么在特定的历史时刻，民主政治会成功根植于某些区域，而在其他区域却无法出现。学术界把对这些问题的研究和理论称之为民主化理论。我们这里介绍三种比较有影响的民主化理论：现代化理论、政治转型理论和结构主义理论，并分别加以简要评价。

1. 现代化理论。美国政治学家李普赛特是现代化解释范式的开创者。他在其代表作《政治人》中提出了"经济发展与民主"的论题，认为一国的民主化与该国的社会经济发展程度或现代化程度密切相关。在李普赛特看来，市场经济是现代民主的源泉，因为它创造出巨大的财富，造就出一个受教育程度较高的中产阶级，并且带来了许多有利于民主的文化变革。他指出，市场经济与民主之间的重要联系之一，就是市场经济大大降低了阶级冲突。"对于下层阶级来说，经济发展意味着收入增加、更大的经济安全和更高的教育。这使得处于这个阶级的人们能够发展出有关政治的更为长远的视角和更为复杂且渐进主义的观点。只有当下层阶级处于相对富裕的状况时才有可能接受这种渐进式改革。另一方面，财富和教育水平的增加，也使得下层阶级有更少意愿去接受极端主义的意识形态，这同样有助于民主的发展。……财富增加与民主发展之间的因果性联系，不仅表现在改变了工人阶级的社会状况，而且表现在改变了阶层结构的形态，使它从下层阶级庞大的金字塔形结构转变为中产阶级庞大的菱形结构，从而大大提高了中产阶级的政治地位。由于一个庞大的中产阶级能够奖励温和的且民主的党派并惩罚极端主义组织，因此它能够在缓和冲突方面起到很

---

[1] David Potter, *Democratization*, Polity Press, 1997, p.6.
[2] Guillermo O'Donnell, Philippe C. Schmitter, and Laurence Whitehead, *Transition From Authoritarian Rule: Tentative Conclusions About Uncertain Democracies*, The Johns Hopkins University Press, 1986, p.8.

大作用"[1]。

为了论证自己的观点,李普赛特还对许多国家进行了比较。他首先把欧美国家划分为三类:民主国家、不稳定民主国家和独裁国家,又把南美诸国划分为民主国家、不稳定独裁国家与独裁国家三类。然后依照国家财富总额、工业化程度、都市化程度和教育水平等指标对这些国家进行比较。他通过对比表明,与独裁和威权国家相比,民主国家普遍呈现出较高的平均社会经济发展水平。基于这些证据,李普赛特得出结论:国家越富裕,其维持民主体制的机会越大。

之后,又有许多学者按照李普赛特的范式解释民主与民主化。后来的研究不仅考虑到社会经济发展本身所带来的影响,也把社会经济发展与其他变量的相互作用纳入考虑范围,如政治文化变迁、种族分裂与冲突、政治制度与政党体系、殖民遗产、国际关系等因素。也有一些学者试图把所有这些因素结合在一起来解释民主化。

归纳来说,这种民主化解释范式试图把这一事实理论化:现代民主制度是随着资本主义的发展出现于现代世界的。它试图界定出使民主得以产生和发展的各个具体的要素。这是现代化理论的力量之所在。然而由于现代化理论假定资本主义与民主之间存在一种过于简单的且线性的关系,因此导致它必然是反历史的。它的反历史性就在于它假定所有社会都能够复制那种实际上仅仅发生于特殊时代与环境之中的转变过程。现代化理论没有认识到一个社会在试图复制另一个社会时,在不同时刻所发生的事情和所面对的各种困难。

2. 政治转型理论。以罗斯托为代表的政治转型理论对李普赛特的现代化理论范式提出了挑战。罗斯托在《民主的转型》中指出,现代化范式其实关注的是"什么因素最能保存或提升民主的健全与稳定",而他想要考察的是一个在前的问题:最初的民主如何形成?罗斯托强调,要实现民主首先要存在一个统一的民族国家:"国家的绝大多数公民必须认同或精神上不抵触他们所属的政治共同体"[2]。他进而假定创立民主是一个动态的过程,这个过程包括三个阶段,分别是准备阶段、决定阶段和适应习惯阶段。

(1) 准备阶段。在此阶段向民主转型的国家会陷入长期且不确定的政治抗争之中,突出的表现就是一批新制造业精英在工业化过程中崛起,并开始向那些企图维持现状的旧精英要求在政府中占有重要地位。当然,不同的国家会经历不同的抗争过程,但总会出现对立群体间的重大冲突。罗斯托称之为"猛烈

---

[1] S. M. Lipset, "Some Social Requisites of Democracy: Economic Development and Political Legitimacy", *American Political Science Review*, 53, 1, p. 78.

[2] Rustow, D. A., "Transition to Democracy: Toward a Dynamic Model", *Comparative Politics*, 2, 3, p. 352.

的家族反目"。简而言之，民主是伴随着冲突甚至暴力而生的，而不是产生于纯粹的和平进化。这有助于解释为何早期阶段的民主如此脆弱，为何许多国家无法顺利通过准备阶段。原因就在于强烈的冲突甚至会导致统一国家陷入分裂，或者某个群体的势力强大到完全压倒敌对势力，结束不确定的政治抗争，从而阻断通往民主之路。

（2）决定阶段，也被称作初步转型阶段。这个阶段是重要的"历史时刻"，此时卷入不确定的政治斗争的各个党派决定作出妥协，并接受那些能够使各方得以共享政权的民主规范。罗斯托认为，在这个阶段，各个党派的领导者之间的选择和谈判起着尤为关键的作用。

（3）适应习惯阶段。在罗斯托看来，在前一个阶段，各个政党之所以接受民主规范，可能是出于现实的考虑。然而，这一些规范一旦得以确立就会逐渐成为习惯。某些参与妥协决定而建立民主的政治精英，在初期可能是勉强忍受这些规范，但这样的精英最终会被那些已经习惯并由衷地信服这些规范的新精英取代。经过这样一个阶段，民主政体才可以说稳固确立起来了。

罗斯托之后的转型理论家们更多地集中考察威权领导人与民主反对派之间进行的互动、协定和讨价还价。认为这些交易导致了国家的转型，是威权主义与稳固的民主之间的过渡点。在这个过程中，民主实践的一些制度性规定也得以制定出来。转型理论强调，成功的转型依赖于包括即将下台的威权领导人在内的各路精英之间能否达成妥协和一致。他们否认民主的出现取决于大的结构性形势。他们的结论是，高超的领导能力再加上一些运气，是民主体制得以确立的关键。

通过上面的介绍可以看到，政治转型理论把政治谈判与经济环境分离开来，强调前者在民主转型中的作用。它把民主看做是由有意识的、坚定的行动者创立的，并假定他们具备一定的运气，而且愿意为了目标作出妥协。因此，民主并不需要非得等待经济条件的成熟，或者等待民主派在经济恶化导致的政治斗争中取得胜利。这种理论范式的优势在于把民主研究置于主流的政治学方法论与认识论之中。通过利用政治行动理论，转型理论为民主化提供了一种"政治的"解释。

转型理论也受到了严厉的批评。首先，它显然是极度精英主义的，过于强调政治精英在民主转型中的作用。其次，它也是过于经验主义的和唯意志论的，这表现在它试图把基于南欧和拉美的实践建构起来的理论应用于向中欧、东欧、非洲和亚洲一些在文化上、政治上和经济上差别巨大的国家和地区。有学者指出，这些问题都源于转型理论过于险隘地理解民主。转型理论家们只是简单化地把民主看做政治领导人之间通过协商谈判确立的一系列政府程序，认为确立起一系列统治制度，民主就实现了。这显然把民主与它的基本内涵——人民进行统治——割裂开来了。同时，转型理论把人民大众置于通往民主之路上的旁观者的地位，严重忽略了人民大众的抗争在一些国家的民主转型中发挥的决定性作用。它也忽略了公民社会在民主化过程中的重要性。

3. 结构主义理论。结构主义理论是一种"大历史"理论，它认为历史是"发现那种肉眼不可见的结构的工具"。结构主义者感兴趣的是韦伯意义上的国家与诸阶级之间的变动关系如何塑造政治体系。同样他们也承认集体行动的重要作用。他们认为民主并不是一夜之间形成的，也不是仅仅由于某个人、某个群体或某个阶级想要民主，民主就出现了。结构主义者通过考察长期的阶级冲突来研究国家的转变，以此来解释为什么某个国家的民主会在某个时间出现。结构主义也包含着一种有关民主的政治经济学要素，因为它强调经济方面的变化如何会导致社会冲突或阶级冲突，尽管就其本身来说，经济变化并不被看做对政治结果具有决定作用。与现代化理论不同，结构主义并不认为存在适合任何国家的普遍性要素，而是在不同的国家实例中鉴别出不同的影响因素。

摩尔的《民主与独裁的社会起源》是运用历史—社会学的范式研究民主化的里程碑性著作。[1] 他对八个大国从19世纪到20世纪的历史进行了比较性研究，包括英国、法国、美国、德国、俄罗斯、日本、中国和印度。他从每个国家迈向现代化的过程中鉴别出了不同的历史轨迹。对摩尔来说，每个国家的发展结果取决于农民阶级、地主阶级和资产阶级这三个主要阶级之间的互动关系。根本而言，民主的出现有两个条件：①小农经济的逐渐消亡，以及随着城镇化和工业化的扩张，农民转变为城市工人的机会逐渐增加，解决了"农民问题"；②资产阶级在争取国家控制权的斗争中击败地主阶级。而后者对于国家转变为民主制度或是另一种形式的独裁起着决定作用。

摩尔的研究主要集中于最初的民主制度的出现，因此有一定的局限性。后来的学者如卢斯切梅耶和斯蒂芬等人依据后来的历史和民主制度向全球的扩展，对摩尔的理论进行了改进。[2] 他们把自己的理论框架称为"新比较政治经济学"。这个术语意味着他们努力把一个具体国家的政治体系与更大的社会权力问题联系在一起进行考察。他们的工作吸收了古典社会学和马克思主义的一些观点和方法，并对此进行了综合。这种研究范式具有突破性的意义，因为它强调他们所谓的"三个权力结构"的影响：相关的阶级权力、国家权力和跨国权力

---

[1] [美]巴林顿·摩尔著，拓夫等译：《民主和专制的社会起源》，华夏出版社1987年版。
[2] D. Rueschemeyer, E. Stephens and J. Stephens, *Capitalist Development and Democracy*, Cambridge: Cambridge University Press, 1992.

结构。

他们认为社会冲突和阶级冲突构成了对权力与国家进行分析的起点，这个观点显然是从马克思主义中吸取的。对于摩尔的三阶级论和对农村变迁的强调，他们增加了对其他从属阶级，尤其是城市工人阶级的研究。但是他们对阶级分裂和阶级斗争的强调与马克思主义有所不同，因为他们认为国家和国家体制对民主的发展也发挥着重要作用。特别是，他们主张，虽然在资本主义体系中国家特别依赖于资产阶级，但这并不总是阻碍工人阶级组织去改革国家。换句话说，他们把民主化看做一个资本主义国家被迫接受改革的结果，而不是看做资本主义生产关系的发展会自动带来的结果。如果从属阶级一方没有成功的且自觉的改革策略，资本主义国家将不可避免地成为威权主义国家。此外，他们指出第三个因素的作用也不可忽视：跨国权力。对于那些不发达国家和附属国家，尤其如此。因此，在任何有关民主化斗争的分析中，地理政治学要素都是不可忽视的。然而，他们并不认为自己掌握了民主与跨国关系中的政治—经济依赖之间的全部联系。换句话说，外部依赖是支持还是阻碍了民主化，仍旧是不清楚的。

概括来说，结构主义研究范式的特点可以归结为以下三点：①它的研究重点是阶级、国家与跨国权力的结构变迁，认为特定结构模式的变迁会引导国家体制向着民主化方向发展，而其他的结构模式则会导向威权主义统治。②它以长期的历史变迁为解释依据，它的分析方法是对各个国家的民主化历史进行比较，以此鉴别出民主化的历史肇因。③民主制度的历史路径基本上取决于结构变迁因素，而不是精英群体的主动性和选择。虽然政治精英的选择也发挥着重要作用，但这些选择只能通过参照其所属结构所提供的限制和机会来加以解释。

结构主义的力量在于它的基础深厚和较强的解释力，而且也在于它为跨时代和跨国别或跨地区的比较提供了可能性。然而，结构主义范式也受到了一些批评。一般而言，结构主义与强调个人能动性和意志在政治中的重要作用的进路相冲突，也与后现代主义的这个观点相冲突：权力是一个变动弥散的概念，从而不能以静态的方式加以理解，权力总是处于变动不居的各种关系之中。因此，对结构主义的主要批判既是本体论的也是认识论的：它对世界的看法过于简单或者是完全错误的。有学者指出，按照结构主义理论，政治变迁完全是由外在条件决定的，历史的发展不需要任何人去做任何事。然而，结构主义事实上承认人的能动性在政治变迁中具有相当大的作用。变迁的主要参与者是阶级或国家。但这种集体行动观念并不能让那些只把个人当做行为者的批评家满意。还有学者提出了一些基于经验事实的批评。我们知道，结构主义强调长期的历史变迁，然而这似乎无法解释有些国家出现的急剧的民主化变革。

三、当代世界的两种政治民主模式

归纳来说，当代世界主要存在两种政治民主模式，一种是资本主义民主政治，另一种是社会主义民主制度。这两种模式在内容、形式和实质上都存在重大的区别。因此，推进中国的政治民主化，首先要明确我们要建立和完善的是具有中国特色的社会主义民主制度。

（一）资本主义的民主政治

1. 资本主义民主政治的产生。资本主义民主政治的产生是历史发展的必然。

（1）资本主义商品经济的发展为资本主义的民主政治提供了经济基础。在封建社会的后期，资本主义的商品生产方式已经产生；随着民族国家的形成、国外市场的开辟、国内市场以及度量衡和货币的统一，资本主义的商品经济关系得到了空前的发展。而商品经济的发展，不仅提出冲破封建君主专制制度和建立资本主义民主政治的要求，而且为实现这种要求创造了经济前提和经济条件，所以，资本主义民主政治的产生，首先是资本主义商品经济关系发展的必然产物。

（2）资产阶级的政治启蒙运动为资本主义民主政治的建立提供了理论指导。资本主义商品经济关系的发展，客观上要求用资本主义的民主政治取代封建的君主专制政治。为了适应这种要求，资产阶级的思想家发动了各种形式的政治思想启蒙运动。14～16世纪，资产阶级思想家们发动了气势磅礴的文艺复兴运动。他们提倡理性，反对神学；提倡个性自由，反对封建禁锢；提倡平等，反对封建等级特权；提倡现世幸福，反对禁欲主义；提出了争取人权、自由、平等等民主权利要求，对人们冲破封建政治和封建神学的束缚起到了很大的思想解放作用。17～18世纪，资产阶级思想家进一步引申了启蒙运动中的政治思想。他们提出的"自然状态"、"天赋人权"、"自然法则"、"社会契约"、"主权在民"、"分权制衡"和"法制"等理论，不仅进一步系统地提出了资产阶级对于自由、平等、财产和生命安全等民主权利的要求，而且系统论证了实现这些权利所需的民主政体的合理性和必然性；不仅提出了民主政治的原则和架构，而且论证了维护民主政治的法治措施与防止民主政治变质的防范措施。这对资产阶级建立资本主义的民主政治有着巨大的启迪和指导意义。

（3）资产阶级革命是实现资本主义民主政治的基本途径。专制君主不会自动放弃王位，于是资产阶级在民主政治理论的指导下，发动了资产阶级革命，借助广大劳动人民的力量，推翻了封建专制统治，建立了自己的国家政权，从而使资本主义民主变成了客观的政治现实。

2. 资本主义民主政治的内容、形式和实质。资本主义民主政治的内容和形式，可以简要地概括为"代议政治"、"普选政治"、"分权政治"、"政党政治"

和"人权政治"。

（1）"代议政治"。代议政治是资本主义民主政治的核心，其基本内容是：在全国划分选区，由公民定期选举产生一定数额的代表（议员），由代表组成议会，代表公民行使权力，按多数原则决定国家重大事项。

（2）"普选政治"。普选政治是指公民及各政治组织的成员，依据法律及其他规章，选举和更换各国家机关公职人员以及政治组织领导人的政治活动，当然也包括寓于其中的原则、方法和制度。普选是选民普遍、平等、自由地行使其民主权利的一种政治形式，也是整个资本主义民主政治的重要基础。

（3）"分权政治"。分权政治是资本主义民主政权的内部结构和运行原则，它的基本内容是"分权制衡"：①在各级政权层级内部，按照分权原则，把属于本层级的国家权力划分为立法、行政和司法三种基本权力，并设立与之相应的国家机关，由议会、政府和法院分别行使这些权力，它们各司其职、互不僭越。按照制衡原则，三个权力机关相互制约，任何一个机关的权力，既制约其他机关的权力，同时也受制于其他机关的权力，通过权力制约达到权力平衡；②在中央与地方国家机关之间，也有一定的分权制约机制。在中央权力高于地方权力，中央制约地方权力的前提下，地方政治权力保持相对独立，事实上也监督制约着中央权力。国家各个层级内部和层级之间的分权制约关系，对于防止集权专制，保障民主政治具有重要意义。

（4）"两党政治或多党政治"。两党政治是资本主义国家中，两个势均力敌的政党长期轮流执政的政党政治。多党政治是资本主义国家中许多政党相互竞争和联合组织政府的政党政治。在两党或多党政治中，各党依法共存，相互独立，在法律上地位平等；不仅各党的执政地位是暂时的，可以互易位置，就是获得执政地位的政党，也要受各在野党的监督和制约。实行两党政治和多党政治，便于防止专制政治，保护资本主义的民主政治，这也是构成资本主义民主政治的重要内容和重要形式。

（5）"人权政治"。人权政治是资本主义民主政治体系的逻辑起点与逻辑归宿。资产阶级早在其革命前夕，为动员全社会的力量推倒封建专制，建立资产阶级民主政治，就在其社会契约论和天赋人权论中，提出了人人天生就有自由、平等等权利。资产阶级革命胜利后，这些理论成为资本主义国家宪法和法律的基础，因而各资本主义国家的宪法和法律一般都声称保护公民的民主权利，即保护公民的人身、财产、言论、信仰、集会、结社、游行等自由的权利和诉讼、选举和被选举平等等权利。从逻辑上说，公民的这些权利，应是资产阶级民主政治的起点和归宿点。因为公民只有享有这些权利，才能广泛参与政治，实现政治民主；而公民在政治生活中享有了这些权利，则表明民主政治得到了实现。

资本主义的民主政治,从形式上看似乎是公民政治,但实质上却是对资产阶级的民主和对劳动人民的统治。

(1)从代议政治看。议员虽由公民定期选举产生,但充任议员的历来绝大多数是资产阶级的财团巨头、商业大亨及资产阶级的政治代表。这些议员只能代表资产阶级的利益,实现资产阶级的民主,而且他们越能实现资产阶级民主,也就越有利于资产阶级对无产阶级和劳动人民的统治。对此,列宁曾指出,代议政治是"每隔几年决定一次究竟由统治阶级中的什么人在议会里压迫、镇压人民——这就是资产阶级议会制的真正本质,不仅在议会制的君主立宪国内是这样,而且在最民主的共和国内也是这样"[1]。

(2)从普选政治看。现代资本主义国家形式上是实现了普遍平等的选举权,但普选所表现的民主,排除了民主的当选,而局限于民主的选举,局限为把有权镇压人民的人派到议会和各种国家机关中去。普选政治的这种实质,是由资产阶级与劳动人民在财产占有上的巨大差异造成的,是由资产阶级的财产和金钱力量决定的。因为,大多数穷人经济力量单薄,根本无法对国家政治施加影响,而使普选权变得有名无实;资产阶级则财大气粗,可以以金钱为筹码,垄断选举,操纵政治,因而也垄断了国家政权。

(3)从分权政治看。现代资本主义国家的"三权分立",实质并无阶级分权的意义,而仅仅是资产阶级内部的权力分工。这种"分权制衡",在资产阶级内部的确具有相互监督、相互制约的机制,对于处理资产阶级内部不同集团之间的矛盾,防止资产阶级民主蜕变为极少数人的专制独裁统治有着重大的客观作用。资本主义国家"分权制衡"的政治机制越健全,资产阶级的民主政治就越巩固,自然也就越能加强它对无产阶级和劳动人民的政治统治。

(4)从政党政治看。无论是两党政治还是多党政治,都是资产阶级内部不同的集团和派别对国家权力的再分配。无论资产阶级政党之间有什么分歧、争论和争夺,但资产阶级在整体利益和根本利益上的一致性,决定了它们无论是两党轮流执政,还是多党联合执政,实质上都是资产阶级专政。马克思主义经典作家论及美国两党政治时指出,我们看到的是"两大帮政治投机家,他们轮流执掌政权,用最肮脏的手段为最卑鄙的目的运用这个政权,而国民却无力对付这两个大的政客集团,这些人表面上是为国民服务,实际上却是统治和掠夺国民的"[2]。

(5)从人权政治看。各国宪法和法律确认了人人平等、自由地参与政治等

---

[1]《列宁全集》第25卷,人民出版社1988年版,第405页。
[2]《马克思恩格斯选集》第2卷,人民出版社1972年版,第335页。

民主权利。从形式上看的确是够民主的了，但在事实上，真正能够行使这些权利的人权政治，只能是有钱有势的资产阶级的人权政治。人权政治对绝大多数穷人来说，只能是偶然品尝一下的奢侈品。因为，经济上受剥削、受奴役的人民，根本没有闲钱来换研究政治和从事政治的闲暇。

3. 资本主义民主政治的历史地位和作用。资本主义民主政治尽管是狭隘的、残缺的和虚伪的民主，但仍然占有重要的历史地位，具有巨大的历史作用。

（1）资本主义民主政治否定了封建的专制政治，是人类政治文明史上的一大进步。资本主义民主尽管是虚伪的，但在唯物史观看来，资本主义的代议政治是对君主专制的否定，它意味着国家权力不再属于个人，而属于阶级集体；社会公职不再决定于国家权力的君主"所有制"，而决定于选举的结果。资本主义条件下的选举和人权政治，承认公民享有平等、自由和选举与被选举等权利，确认了秘密投票、多数当选和限定任期等原则，意味着人民改变了早先在君主面前等于零的"平等"地位，废止了世袭制和终身制。资本主义的分权政治，也明显优越于君主的个人独裁，它经过几百年的发展，形成了一整套比较健全、成熟的运行机制。这都表明，资本主义的民主政治首先是人类政治文明史上的一大进步。

（2）资本主义民主政治在政治民主史上具有"承前启后"的政治作用。资本主义民主政治已在世界多数国家建立和发展起来，它既继承了古代民主政治中的基本形式和原则，又克服了抽签选举等古代民主的许多幼稚性，突破了城邦式民主的狭隘界限，拓宽了民主政治的领域和范围。同时，它所奉行和提供的"代议"、"普选"、"多数裁决"、"分权制衡"等民主原则和民主形式，还为社会主义的民主政治所批判地继承、改造而利用，从而使民主政治在世界范围内蓬勃兴起，进入新的历史发展时期。既然资本主义民主政治继承和发展了古代的民主政治，同时又为现代的社会主义民主政治提供了可资借鉴的原则和形式，那么，说它在民主政治史上具有"承前启后"的历史地位和历史作用，也就顺理成章了。

（3）资本主义民主政治为无产阶级和劳动人民的自我解放斗争创造了某些有利条件。在资本主义的民主政治中，无产阶级和劳动人民享有一定的民主权利，可以在一定范围内和程度上同资产阶级进行合法斗争，维护和争取自己的合法权益。通过这种斗争，也可以从思想上、政治上、组织上锻炼革命队伍，掀起工人运动，造就无产阶级政党及其领袖集团，从而为社会主义革命做好准备。

（4）资本主义民主政治作为资本主义社会的上层建筑，为资本主义的生产方式服务，同资本主义国家的社会生产力发展基本相适应，因而可以反过来促进社会生产乃至整个社会的发展。然而,随着生产力的发展和生产关系的演进,资本主义的民主政治必然要同社会生产的发展相矛盾,变成束缚社会生产的政治桎梏。这时,它就丧失了自我存在的必然性,并且为新型的社会主义民主所代替。

(二) 社会主义民主政治

各社会主义国家的民主政治,虽然由于其民族文化背景的不同而各具特色,但较之资本主义民主政治,又有其共同的一般特征。社会主义民主政治区别于资本主义民主政治的应有特点是:

1. 民主政治的指导思想和政治前提不同。资本主义的民主政治是在资产阶级民主理论指导下,借助劳动人民的力量,通过资产阶级革命建立起来的,但在建构民主政治时,许多国家还保留了某些旧的国家机构。而社会主义的民主政治则是在马克思主义科学政治理论的指导下,在无产阶级政党的领导下,通过广大劳动人民的革命斗争和在彻底砸碎旧的国家机器的前提下建立起来的。

2. 民主政治的经济基础和阶级实质不同。资本主义的民主政治,是以资本主义私有制为主体的经济关系为基础的,是维护资本主义社会制度、服务于资产阶级根本利益的政治上层建筑。而社会主义民主政治的经济基础,则是以公有制为主体、多元经济成分并存互补的市场经济,是为广大劳动人民根本利益服务的政治上层建筑。

3. 民主政治的主体及其广泛性和真实程度不同。资本主义民主政治的主体是资产阶级,民主政治权利归资产阶级所有,除资产阶级之外的公民享有的民主权利极其有限。社会主义民主政治的主体是工人阶级及其(通过共产党)所领导的广大劳动人民,人民是国家与社会的主人,一切权力属于人民所有,公民享有的民主权利不仅是真实的,而且是广泛的。

4. 民主政治的前途不同。资本主义的民主政治在资本主义社会的产生和发展时期,同社会生产方式基本上是相适应的,但随着生产方式的发展,资产阶级的民主政治就会变得同社会生产发展的要求格格不入而阻碍社会的发展,所以它必然被否定,为社会主义民主政治所代替。社会主义民主政治同社会生产方式的发展虽然既相适应又相矛盾,相适应的方面应当是主要的,而且由于工人阶级政党以解放全人类为目标,所以其所领导的民主政权,可以自觉调节它同社会生产方式之间的矛盾,并最终自行消亡,复归为最高层次上的社会民主。

中国社会主义民主政治,既有社会主义民主政治的一般特点,又有自己的特殊内容。

1. 人民代表大会制度是中国社会主义民主政治的根本制度。中华人民共和国是工人阶级领导的、以工农联盟为基础的人民民主专政的社会主义国家。这一性质决定了中国人民是国家和社会的主人，一切权力归人民所有，人民享有管理国家事务、管理经济文化事业和社会事务的权利，这是我国社会主义民主政治的核心。为保障人民的主人翁地位和保证人民行使民主权利，我国把人民代表大会制度作为国家的根本政治制度。人民通过选出的代表组成的各级人民代表大会，代表人民行使管理国家的权力。同时，我国还在基层实行群众自治，人民群众依法管理自己的事务。随着社会的发展，人民群众自治能力的提高，人民群众自治的直接民主政治形式，将逐步扩大到社会的各个方面。

2. 人民代表大会制度下的权力分工结构。马克思曾针对资本主义国家三权分立的弊端，在总结巴黎公社的经验时指出，社会主义国家的政权结构应当是"议行合一"的结构：由同一个人民代表机构统一行使立法和行政权力，它的成员不仅代表人民的意志进行立法活动，而且同时又是行政官员，亲自执行自己制定的法律。这种决定和执行国家重大事务的权力由同一国家机关统一行使的权力结构，在巴黎公社实行过，但在以后的社会主义国家并未真正采用。中国共产党在领导中国人民建构国家权力结构时，根据中国的国情，发展了"议行合一"的制度，采用了既不同于"议行合一"，又不同于"分权制衡"，既吸收这二者的优点，又优越于这二者的民主政权结构。这可称作为人民代表大会制度下的权力分工结构。它的基本内容是：①把国家权力和国家机构划分为立法（决策）、行政（执行）、司法（维护决策及执行）三个基本环节，由全国人民代表大会及其常委会行使立法权（最高决策权），国务院行使行政权（决策执行权），最高人民法院和检察院行使司法权（维护决策和维护决策执行过程的权力）。②行使这三项权力的国家机关，各有自己相对的独立性，相互间有明确的职权分工，在宪法和法律规定的职权范围内分别行使属于自己的权力，而不相互僭越。③三个国家权力机关及权力不是并列的和分散的，而是以人民意志所形成的国家最高权力为核心的统一的权力体系。人民代表大会代表人民的意志来决策的权力，是国家最高权力；其他权力都统一于国家最高权力，行政、司法机关由国家权力机关任命，向它负责并报告工作。人民代表大会制度下的这种国家权力结构，不仅在中央实行，而且在地方也采用，所不同的是地方人民代表大会及其常委会所行使的是宪法所赋予的、在不违背宪法和法律前提下的地方性法规制定权和对本地区重大问题的决定权；地方政府与司法机关的活动范围局限于本地区。我国人民代表大会制度下的这种权力结构，既可以防止权力过分集中，又可以避免三权分立制度的权力分散和相互掣肘扯皮的弊端，因而是优于"分权制衡"的理想的权力结构。

3. 真正的普选、监督和罢免机制。为了防止社会公仆变为社会的主人，防止民主政治蜕化变质，从而保障人民当家做主的地位和权利，我国根据马克思主义经典作家关于要在事实上保障人民对国家公职人员享有的普选权、监督权和罢免权的主张,依法建立了人民对国家机关工作人员的选举、监督和罢免机制。我国宪法规定,各级人民代表大会由民主选举产生,对人民负责,受人民监督,原选举单位有权依照法律程序罢免本单位选出的代表;人民可以通过各级人民代表大会罢免其所产生的同级公职人员。人民的普选、监督和罢免机制,既是我国社会主义民主政治的重要内容,也是维护社会主义民主政治的重要保证。

4. 中国共产党领导的多党合作政治。这种政党政治是在我国长期的革命与建设过程中形成的,其基本内容是:①在社会主义民主政权中,中国共产党是领导核心,是执政党,各民主党派是与共产党通力合作的参政党;②在共产党与民主党派的合作中,合作的目的是维护和实施宪法,合作的基础是党的四项基本原则,合作的方针是"长期共存、互相监督、肝胆相照、荣辱与共";合作的基本规范是国家的宪法和法律,共产党和各民主党派的活动都要以宪法和法律为准则;合作的基本方式是政治协商。这种政党政治有利于改善党的领导,团结各阶层人民,反映广大群众的意愿,扩大民主政治的基础,防止党派纷争和政治动荡,从而发展社会主义民主政治。

5. 协商民主是我国社会主义民主政治的特有形式和独特优势。协商民主强调,人民应该在通过选举、投票行使权利以及作出重大决策之前进行充分协商,尽可能就共同问题取得一致意见。相对于资本主义民主仅仅强调选举民主而言,我国社会主义民主也极为强调协商民主。协商民主不仅能够反映中国特色社会主义民主的特点,而且具有别的民主形式所没有的优点。①协商民主是人民当家做主的重要表现形式,反映了公民有序参与政治的特点。②协商民主可以大大提升决策的科学化、民主化与合法性。③协商民主贯穿于从决策到实施的全过程,它不仅仅关心谁来决策,更关心怎样决策、决策怎样实施以及决策的结果。④协商民主力争通过对话,求同存异形成共识,从而大大降低社会多数与少数之间形成对立与分裂的可能性。⑤协商民主在共识形成过程中更关注整个社会的共同性与整体利益,反映的是最大多数公民的要求,而不是迎合某一部分人的利益。把选举民主与协商民主这两种民主形式相互结合、相互补充、相互支持、相互配合好,就能够最大程度地实现人民民主。[1]

我国社会主义民主同所有社会主义民主一样,不仅批判地继承了民主政治史上的优秀成果,而且第一次把剥削者的民主转变为劳动人民的民主,把民主从少数人扩大到社会成员的绝大多数,因而在迄今为止的民主政治史上,是真正

---

[1] 李君如:"怎样推进协商民主广泛多层制度化发展?",载《光明日报》2013年12月7日。

的最高类型的民主政治。我国政治民主化就是要不断完善和发展这种民主模式。

第三节 我国社会主义政治民主化

我国的社会主义民主政治建设，是一项十分复杂而艰巨的系统工程，总体的建设模式和思路，是实现保证人民当家做主、坚持共产党的领导和加强法治建设的有机统一。按照这一模式，完成这项工程，必须做好这样一些工作。

一、发展市场经济

发展市场经济对社会主义民主政治有着极其重要的意义：一是发展市场经济可以创造丰富的社会物质财富，既能提高人民的物质生活水平，又能增大文化教育投入，促进人们文化素质的提高，从而为人民实现其民主权利提供物质条件；二是发展市场经济可以造就独立自主、地位平等、公平竞争的经济实体，从而为民主政治奠定社会基础；三是发展市场经济可以帮助国民抵制封建思想的消极影响，培育民主政治意识，提高政治行为能力。由此可以看出，发展市场经济对民主政治建设具有决定意义。

培育和发展社会主义市场经济，在当前主要应做好这样一些工作：①不断深化社会主义经济体制改革，完善以公有制为主体、多种所有制经济共同发展的基本经济制度，形成自主经营和自负盈亏的多元社会经济实体；②加快培育市场体系，建立健全统一的全国市场，建构平等合理的市场竞争规则，创造完善市场体系的环境条件；③建立健全以市场经济规律为基础的市场运行机制，利用价格机制调节供求关系，利用供求机制调节生产消费关系，利用平等竞争机制刺激经济活力，促进社会资源的优化配置；④建立和完善规制市场经济的法律规范、行政规范和道德规范，以使市场经济健康发展。

二、改革政治体制

民主政治是通过政治体制来实现的，所以，建设民主政治不能不改革、完善政治体制。我国社会主义政治体制的改革，主要应在如下两个层面上来进行：

1. 在国家形态上，应做好三个方面的工作：

（1）摆正党与人大（包括常委会）的关系，保证各级人大真正享有法定的地位和权力。做到这一点，应采取以下措施：一是明确人大及其常委会与同级党委的职权范围，党组织不得直接干预人大职权范围内的事务；二是党的方针、政策和建议，只有经过法定的程序、人大的确认，才能成为法律或国家机关的决定；三是党组织不能作出和发布同宪法和法律相抵触的任何决议与指示；四是党组织必须积极支持广大人民群众通过人民代表大会制度行使国家立法权。

（2）在国家机关之间，应实行分工制约的原则。坚持这一原则的基本要求是：合理配置国家机关，明确划分各自的职权范围；各机关之间既相互配合、合作，又互不越权、相互制约。这样，既可以保证国家权力的统一性，从而有效实现国家权力职能，同时又能防止集权专断，避免民主政治蜕化变质。政治史实证明，没有分工制约，必然导致集权专制。分工制约是防止政治专制，实现民主政治的重要保证。

（3）在人民、人大和政府三者的相互关系中，特别要健全前者对后者的选举和监督、罢免制度。在人民代表大会制度下，人民的集体意志是通过人民代表大会来确立、通过人民政府来实现的；人民代表能否代表人民的意志，取决于人民能否选准和有效制约人民代表；人民政府能否真正实现人民的意志，取决于人民代表大会能否选准和制约行政官员。所以，建立健全人民对人民代表和人民代表对政府官员的选举、监督和罢免制度，就显得更为重要了。我国已有的宪法和法律，已经明确了选举、监督和罢免制度的基本精神和基本原则，但在操作的程序和方法上，还缺少具体的规定，所以，健全这些制度，主要应从操作的程序与方法方面着手。

2. 在基层民主制层面上，应抓好这几项工作：①在企业、事业单位，在基层乡村、城市街道建立健全民主自治组织，以便扩大直接民主的范围；②在这些自治组织中实行直接选举和罢免制度，改变基层政府指派自治组织负责人的做法，以防自治组织中的负责人专横跋扈，滥用权力，侵害职工、居民和村民的民主权利与合法权益；③重大问题交由职工代表大会等自治组织的全体成员充分讨论和表决决定，以便重大决策能够集中集体的智慧，符合集体的意志，体现大家的利益。

三、健全社会主义法制

我国社会主义民主政治已由宪法确定下来，但仅此是远远不够的，还需做好如下三方面的工作：

1. 创制和更新固定民主政治新成果的具体法律。随着社会主义市场经济体制的建立和发展，民主政治也必然通过政治体制改革而取得新成果。这些新成果，需要具体的法律固定下来，否则民主政治的新成果就可能很快消失，或者畸形发展。比如，为解决中央权力过分集中而下放的权力，如果不用法律形式固定下来，就可能因为领导人的交替而再集中上去，或者某些地方领导机关要求获得更多的权力而过于分散中央权力。

2. 加快保障人民民主权利的配套立法。我国宪法已经规定了人民的民主权利，但保障这些权利的相关法律并不配套，这使侵害人民权益的丑恶现象不能得到有效惩治，人民民主权利难以保全。因此，发展民主政治务必要加快创制保障人民民主权利的立法步伐。

3. 创制规范公民如何行使民主权利的法律、规范。公民虽有法定的民主权利，但缺少如何行使民主权利的形式、范围、程序和方法等具体法律规范，如果长此下去，公民的民主权利要么不能充分实现，要么胡乱行使，滥用权利，造成社会动乱。因此，还必须依照宪法精神，有计划、有步骤地配套制定有关公民具体行使民主权利的法律规范。

社会主义民主和法制是相辅相承的。没有民主政治就没有法制；同样，没有社会主义法制，民主政治也不会存在。所以，社会主义民主政治的建设，必须同社会主义法制建设配套进行。

四、培育民主意识

人们（官员与普通公民）的民主政治行为，是由民主心理启动的和民主思想引领的。进行民主思想教育，宣传和普及民主政治知识，增强人民的民主意识，在民主政治建设中具有重要的地位和意义。培育民主意识，主要应从两个方面来进行：

1. 大力消除封建专制主义的影响。封建专制主义的影响，是社会主义民主政治建设的大敌。它在权力结构上，集中表现为高度集权，把权力集中于少数人手中；在权力行使原则上，集中表现为重权轻法，重人治轻法治；在上下级关系上，表现为官本位格局，一切上级说了算；在权力行使方式上，表现为家长制、一言堂，一切由长官个人说了算；在干群关系上，一方面是"为民做主"，另一方面是百依百顺，期盼清官。这都是遏止民主政治的桎梏，必须逐渐打破，并消除其影响。

2. 利用各种形式，通过各种媒介，采用各种方法，进行民主政治教育。通过教育，使人民真正懂得什么是社会主义民主，自己享有哪些民主权利，怎样保护和正确行使其民主权利，以及如何建设和发展民主政治的知识和道理，人民才能自觉、正确地参与政治实践，保证社会主义民主充满活力和健康发展。

五、发展党内民主，引领社会主义民主政治建设

中国共产党是执政党，是社会主义民主政治建设的领导者。能否发展党内民主，对于能否搞好社会主义民主政治建设至关重要。只有党内政治充满民主活力，党才能担负起领导社会主义民主政治建设的历史重任，推动社会主义民主政治的健康发展；反之，如果党内民主遭到破坏，其他社会政治生活中的民主也就会跟着受到摧残。建国初期，党内民主生活正常，较好地处理了党同人大、政府、司法机关和民主党派的关系，调动了各方面的积极性，因而促进了社会主义民主政治的健康发展。20世纪50年代后期开始，党内民主越来越受压抑，违背民主原则的现象不断滋长，终于导致了十年动乱，结果使社会主义民主政治遭到破坏。十一届三中全会以来，党内民主得到了恢复和发展，随之，社会主义民主政治也得到重建与发展。实践证明，发展党内民主，是建设社会主义民主政治的关键，以党内民主来推动人民民主，是发展社会主义民主政治的一条切实可行、易于见效的途径。

发展党内民主，主要应做好这样几项工作：

（1）健全党内集体领导制度和民主集中制度，充分发挥党的代表大会和党委会的集体决策作用。

（2）完善选举制度，改进选举方法，使各级党的代表大会及其产生的领导机关，能够切实代表广大党员的意志。

（3）贯彻公开原则，健全监督制度，强化党的各级纪检机构，以保障党内政治民主正常化。

（4）加强思想教育，增强全党的民主意识，为发展党内民主打好思想基础。党内民主对于社会主义民主具有极大的示范作用，党内民主建设是社会主义民主建设的重要内容，搞好党内民主建设，必然带动整个社会主义民主的发展。

社会主义民主政治是人类历史上最后一种政治形态。它的发展过程是政治民主走向社会民主的"回复"过程，当它完成了自己的历史使命，社会进入共产主义时，它便走到了自己的历史终点，为更高形态的社会民主所代替。

关键概念

社会民主；政治民主；直接民主；间接民主；协商民主；政治民主化；现代化理论；政治转型理论；结构主义理论；资本主义民主；社会主义民主

思考题

1. 社会民主的内涵是什么？
2. 如何全面理解政治民主的内涵？
3. 直接民主与间接民主这两种民主形式哪一种更适应现代国家？
4. 民主制度的价值在哪里？其弊端又有哪些？
5. 政治民主化的内涵是什么？
6. 成功的民主与社会和经济的发展之间存在什么关系？
7. 全球化时代，一个国家或地区是否仍有可能保持其独特的民主模式？
8. 什么是协商民主？如何理解它与选举民主的关系？
9. 请比较现代化理论、政治转型理论和结构主义理论这三种政治民主化理论各自的优缺点。
10. 你认为我国社会主义民主政治建设最需要解决的重点问题是什么？

参考书目

1. 《马克思恩格斯选集》，人民出版社 1972 年版。
2. 《列宁选集》，人民出版社 1972 年版。
3. 《毛泽东选集》，人民出版社 1966 年版。
4. 《邓小平文选》（第一卷、第二卷），人民出版社 1994 年版。
5. 《邓小平文选》（第三卷），人民出版社 1993 年版。
6. 邓初民：《政治科学大纲》，中国社会科学出版社 1984 年版。
7. 李元书主编：《现代政治学概论》，黑龙江教育出版社 1993 年版。
8. 王沪宁主编：《政治的逻辑》，上海人民出版社 2004 年版。
9. 王浦劬等：《政治学基础》，北京大学出版社 1995 年版。
10. 杨海蛟主编：《现代政治学》，山西高校联合出版社 1996 年版。
11. 王仲田主编：《政治学导论》，中共中央党校出版社 1997 年版。
12. 杨光斌主编：《政治学原理》，中国人民大学出版社 1997 年版。
13. 王邦佐等主编：《新政治学概要》，复旦大学出版社 1998 年版。
14. 王楷模：《现代政治概论》，陕西人民教育出版社 1998 年版。
15. 王惠岩主编：《政治学原理》，高教出版社 1999 年版。
16. 陈振明主编：《政治学——概念、理论和方法》，中国社会科学出版社 2004 年版。
17. 朱光磊：《政治学概要》，天津人民出版社 2001 年版。
18. 施雪华主编：《政治科学原理》，中山大学出版社 2001 年版。
19. 孙关宏、胡雨春主编：《政治学》，复旦大学出版社 2003 年版。
20. 杨幼炯：《政治科学总论》，台湾中华书局 1967 年版。
21. 陈鉴波：《现代政治学》，台湾三民书局 1986 年版。
22. 李景鹏：《权力政治学》，黑龙江教育出版社 1995 年版。
23. 王沪宁：《比较政治分析》，上海人民出版社 1987 年版。
24. 李景鹏主编：《政治管理学概论》，高等教育出版社 1991 年版。
25. 曹沛霖：《政府与市场》，浙江人民出版社 1998 年版。
26. 刘泽华主编：《中国政治思想史》（三卷本），浙江人民出版社 1996 年版。

27. 刘泽华主编：《中国传统政治哲学与社会整合》，中国社会科学出版社 2000 年版。
28. 刘泽华：《中国的王权主义》，上海人民出版社 2000 年版。
29. 徐大同总主编：《西方政治思想史》（五卷本），天津人民出版社 2005 年版。
30. 徐大同主编：《现代西方政治思想》，人民出版社 2003 年版。
31. 岳麟章主编：《当代西方政治思潮》，陕西人民教育出版社 1988 年版。
32. 王楷模、岳中峰：《西方政治法律思想史》，陕西人民教育出版社 1993 年版。
33. 唐士其：《西方政治思想史》，北京大学出版社 2002 年版。
34. 林尚立：《国内政府间关系》，浙江人民出版社 1998 年版。
35. 陶东明、陈明明：《当代中国政治参与》，浙江人民出版社 1998 年版。
36. 郭定平主编：《政党与政府》，浙江人民出版社 1998 年版。
37. 施雪华：《政府权能理论》，浙江人民出版社 1998 年版。
38. 周淑真：《政党和政党制度比较研究》，人民出版社 2001 年版。
39. 李元书主编：《政治发展导论》，商务印书馆 2001 年版。
40. 燕继荣：《政治学十五讲》，北京大学出版社 2004 年版。
41. 朱光磊：《当代中国社会各阶层分析》，天津人民出版社 1998 年版。
42. 张江河：《论利益与政治》，北京大学出版社 2002 年版。
43. 周少来：《人性、政治与制度：应然政治逻辑及其问题研究》，中国社会科学出版社 2004 年版。
44. 张师伟：《民本的极限——黄宗羲政治思想新论》，中国人民大学出版社 2004 年版。
45. ［美］约翰·肯尼思·加尔布雷思著，陶远华、苏世军译：《权力的分析》，河北人民出版社 1988 年版。
46. ［英］罗素著，靳建国译：《权力论》，东方出版社 1988 年版。
47. ［美］科恩著，聂崇信、朱秀贤译：《论民主》，商务印书馆 1994 年版。
48. ［美］塞缪尔·亨廷顿著，王冠华、刘为译：《变化社会中的政治秩序》，上海三联书店 1989 年版。
49. ［美］塞缪尔·亨廷顿著，刘军宁译：《第三波——20 世纪后期民主化浪潮》，上海三联书店 1998 年版。
50. ［美］马丁·李普塞特著，张绍宗译：《政治人——政治的社会基础》，上海人民出版社 1997 年版。
51. ［美］莱斯利·里普森著，刘晓等译：《政治学的重大问题——政治学导论》，华夏出版社 2001 年版。
52. ［美］迈克尔·罗斯金等著，林震等译：《政治科学》，华夏出版社 2001 年版。
53. ［美］乔·萨托利著，冯克利等译：《民主新论》，东方出版社 1993 年版。
54. ［英］戴维·赫尔德著，燕继荣等译：《民主的模式》，中央编译出版社 1998

年版。

55. [美] 罗伯特·A. 达尔、布鲁斯·斯泰恩布里克纳著，吴勇译：《现代政治分析》，中国人民大学出版社 2012 年版。
56. [美] 约瑟夫·熊彼特著，吴良建译：《资本主义、社会主义与民主》，商务印书馆 1999 年版。
57. [美] 格林斯坦、波尔斯比编，竺乾威等译：《政治学手册精选》，商务印书馆 1996 年版。
58. [美] 罗伯特·A. 达尔著，李风华译：《论民主》，中国人民大学出版社 2012 年版。
59. [美] 詹姆斯·布坎南著，平新乔、莫扶民译：《自由、市场与国家》，上海三联书店 1989 年版。
60. [美] 安东尼·奥罗姆著，张华青、孙嘉明等译：《政治社会学：主体政治的社会剖析》，上海人民出版社 1989 年版。
61. 邓正来、[英] J. 亚历山大编：《国家与市民社会：一种社会理论的研究路径》，中央编译出版社 1999 年版。
62. [美] 丹尼斯·朗著，陆震伦、郑明哲译：《权力论》，中国社会科学出版社 2001 年版。
63. [美] 汉斯·J. 摩根索著，徐昕、郝望、李保平译：《国家间政治：寻求权力与和平的斗争》，中国人民公安大学出版社 1990 年版。
64. [英] 戴维·米勒著，邓正来译：《布莱克维尔政治学百科全书》，中国政法大学出版社 2002 年版。
65. 马清槐译：《阿奎那政治著作选》，商务印书馆 1982 年版。
66. [古希腊] 亚里士多德著，吴寿彭译：《政治学》，商务印书馆 1965 年版。
67. [英] 霍布斯著，黎思复、黎廷弼译：《利维坦》，商务印书馆 1996 年版。
68. [法] 卢梭著，何兆武译：《社会契约论》，商务印书馆 1980 年版。
69. [法] 孟德斯鸠著，张雁深译：《论法的精神》，商务印书馆 1987 年版。
70. [英] 洛克著，瞿菊农、叶启芳译：《政府论》，商务印书馆 1997 年版。
71. [法] 托克维尔著，董果良译：《论美国的民主》，商务印书馆 1988 年版。
72. [美] 林德布洛姆著，王逸舟译：《政治与市场：世界的政治——经济制度》上海三联书店、上海人民出版社 1996 年版。
73. [德] 尤尔根·哈贝马斯著，曹卫东译：《合法化危机》，上海人民出版社 2000 年版。
74. [美] 曼库尔·奥尔森著，陈郁等译：《集体行动的逻辑》，上海三联书店 1996 年版。
75. [英] 詹姆斯·布赖斯著，张慰慈等译：《现代民治政体》，吉林人民出版社

2001 年版。

76. ［美］古德诺著，王元译：《政治与行政》，华夏出版社 1987 年版。
77. ［英］密尔著，汪瑄译：《代议制政府》，商务印书馆 1982 年版。
78. ［英］维尔著，苏力译：《宪政与分权》，生活·读书·新知三联书店 1997 年版。
79. ［美］哈罗德·D. 拉斯韦尔著，杨昌裕译：《政治学：谁得到什么？何时和如何得到？》，商务印书馆 1992 年版。
80. ［美］戴维·伊斯顿著，马清槐译：《政治体系——政治学状况研究》，商务印书馆 1993 年版。
81. ［英］约翰·邓恩编，林猛等译：《民主的历程》，吉林人民出版社 1999 年版。
82. ［美］加布里埃尔·A. 阿尔蒙德等著，曹沛霖等译：《比较政治学：体系、过程和政策》，东方出版社 2007 年版。

第二版后记

《政治学原理》第一版出版于2006年。本教材是基于我校政治学原理课程的教学需要编写的，出版后一些知名院校也把本书作为政治学原理教学用书或主要参考教材。在教学过程中，我们发现第一版教材内容偏多，不利于教学，加之需要汲取近几年政治学原理教学与研究的新成果，以提高本书质量，因此应约决定修订本教材。

本教材第一版，由王楷模、田正利、张师伟主编，除主编外，谢斌、张宏斌、程亚冰、刘文沛、王伟勤、康鸿老师也承担了书稿撰写工作。本教材修订本是在第一版工作的基础上，通过彼此合作、集体努力完成的，是集体劳作的结果。本教材修订版，由王楷模、张师伟、丁韶彬主编，陈博、杨立峰为副主编。承担各章具体修订工作的是：绪论（王楷模、丁韶彬），第一、三章（田正利），第二章（陈博、田正利），第四章（刘文沛），第五章（丁韶彬、张师伟），第六章（王伟勤）、第七章（康鸿）、第八章（宋伟、王楷模）、第九章（谢斌）、第十章（张宏斌）、第十一章（张师伟）、第十二章（杨立峰、王楷模），全书由主编集体把关，丁韶彬做了统一全书体例、格式和一些文字修改上的具体工作。

在本教材修订、出版过程中，得到了中国政法大学出版社、西北政法大学教务处、政治与公共管理学院的大力支持，在此一并谨致谢忱。

本书虽然做了修订，但囿于我们的学术视野和专业水平，仍然会有疏漏和不足之处，敬请读者批评指正。

王楷模　张师伟　丁韶彬
2013年12月